国家重大出版工程项目
“十二五”国家重点图书

中国古建筑丛书

广西古建筑

（上册）

◎谢小英 主编

中国建筑工业出版社

审图号：GS（2015）2780号

图书在版编目（CIP）数据

广西古建筑（上册）／谢小英主编．—北京：中国建筑工业出版社，2015.12
（中国古建筑丛书）
ISBN 978-7-112-18390-6

Ⅰ.①广…　Ⅱ.①谢…　Ⅲ.①古建筑－介绍－广西
Ⅳ.①K928.71

中国版本图书馆CIP数据核字（2015）第200239号

责任编辑：唐　旭　李东禧　杨　晓　吴　绫
书籍设计：康　羽
责任校对：张　颖　刘梦然

中国古建筑丛书
广西古建筑（上册）
谢小英　主编
*
中国建筑工业出版社出版、发行（北京西郊百万庄）
各地新华书店、建筑书店经销
北京锋尚制版有限公司制版
北京顺诚彩色印刷有限公司印刷
*
开本：880×1230毫米　1/16　印张：20¼　字数：535千字
2015年12月第一版　2015年12月第一次印刷
定价：318.00元
ISBN 978－7－112－18390－6
（25822）

《中国古建筑丛书》总编委会

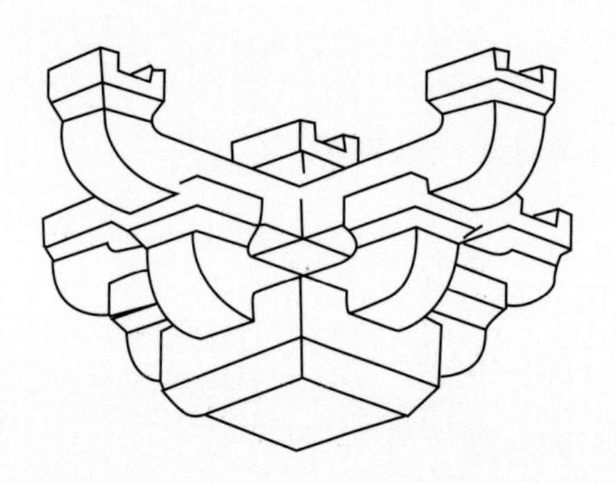

《广西古建筑》

主　编：谢小英
副主编：熊　伟　韦玉姣　吴　兵
顾　问：杨绿峰　吴伟权　覃　溥　谢日万　罗汉军
审稿人：陆　琦

总 序

中国历史悠久，地大物博，人口众多，是一个多民族的国家，文化遗产极为丰富。中国古建筑是世界建筑史上的四大体系之一，五千年来，光辉灿烂，独特发展，一脉相传，自成体系。在建筑历史发展过程中，从来都没有中断过，因而，积累了大量的极为丰富的优秀建筑文化遗产。中国古代建筑的实践经验、创作理论、工艺技术和艺术精华值得总结、传承和发扬。

中国古代建筑具有强大的生命力，首先是独特的地理环境。中国位于亚洲东方，北部有长白山、乌苏里江高山河流阻挡，西有天山、喀喇昆仑山脉和沙漠横贯，西南有喜马拉雅山脉，东南则沿海，形成封闭与外界隔绝的地域，加上地处热带、温带和寒带，宽阔的地理和悬殊的气候，促进建筑与环境的巧妙和谐结合。

其次，独特的民族性格。中国是以汉族为主的多民族所组成。以中原文化为主的汉族人民团结、凝聚着居住和生活在各地的少数民族。由于各民族的历史、文化、宗教信仰、生活习俗与审美爱好的不同，以及他们所处地区的自然条件和地理环境的差异，长期的劳动实践，形成了各民族独特的性格和绚丽灿烂的建筑风貌。

其三，文化的独特体系。中国文化是以黄河流域中原文化为中心，周围有燕赵文化、晋文化、齐鲁文化、吴越文化、楚文化、秦文化和巴蜀文化所烘托，具有历史渊源长久、人类智慧集中、思想资源丰富的特点。中国传统文化思想的集中表现是以儒学、道学为代表，其后，佛教的传入与中国传统文化的结合，形成以儒学为主的儒、道、释三者合一的中国传统文化思想。归纳起来，就是天人合一的宇宙观念，以人为本、和为贵的人文思想，整体直觉的思维方式，真善美相结合的美学观念。

封闭而独特的地理环境，团结凝聚而又富于创造的民族性格，以儒学为主的文化独特体系，创造了中华民族的雄伟壮丽的建筑工程。长期的经验积累，独树一帜，虽经战争的炮火，民族之间的斗争与融合，外来文化之传入及本土化，但中华民族建筑始终一脉相传，傲然生存下来，顽强发展，独树一帜而不倒，在世界建筑史发展中是罕见的、独有的。

中国古代建筑发展经历了原始社会、奴隶社会和封建社会三个历史阶段。

旧石器时代，原始人群利用天然崖洞作为居住场所。南方湿热多雨，虫害兽多，出现巢居。1973年，在浙江余姚河姆渡村发现大约建于6000～7000多年前的、长约23米、进深约8米的木构架建筑遗址，推测是一座长方形、体量相当大的干阑式建筑，这是我国最早采用榫卯技术构筑房屋的一个实例。

原始社会晚期，黄河流域有广阔而丰厚的黄土层，土质均匀，含有石灰质。黄河中游的氏族部落，在利用黄土层作为壁体的土穴上，用木架和草泥建造简单的穴居，逐步发展到浅穴居，再到地面上的房屋，形成聚落。

奴隶社会，夯土技术逐步成熟，宫室建于高大的夯土台上，木构建筑逐步成为中国古代建筑的主要结构方式。等级制度出现。工程管理有了专职的“司空”，以后各朝代沿袭发展成为中国特有的工官制度。

封建社会初期，高台建筑盛行，修建了长城、驰道和水利工程。东汉时代，建筑中已大量使用成组的斗栱，木构楼阁增多，城市和建筑类型扩充，中国古代独特的木构建筑体系基本形成。

两晋南北朝是我国历史上充满着民族斗争和民族融合的时期，佛教的传入，宗教建筑大量兴建，高大的寺庙、壮丽的塔幢，石窟中精美的雕塑和壁画，这是我国古建筑吸收外来文化使之本土化的创造时期。

隋、唐统一全国，开凿贯通南北的大运河，促进了我国南北物资和文化的交流和发展。唐代的长安、洛阳成为世界上最大的城市。木构建筑的宫殿、楼阁和石窟、塔、桥，无论布局或造型都具有较高艺术和技术水平，唐代建筑已发展到成熟的阶段。

宋、辽、金时期，南方在经济和文化方面居于先进地位。由于手工业分工更加细致，国内商业和国际贸易活跃，城市逐渐开放，改变了汉以来历代都城采用的封闭式里坊制度，形成沿街设店的方式。建筑的设计和施工达到一定程度的规格化、制度化，公元12世纪初在总结经验的基础上编写了《营造法式》这一部重要文献。

元代大都建立，喇嘛教和伊斯兰教建筑影响到各地。明、清时期官式建筑已经达到完全程式化、定型化阶段。明代后期出现资本主义萌芽，清代在城市规划上、建筑群体布局和建筑艺术形象上有所发展，例如北京城、故宫、天坛等。民居、园林和民族建筑遍布各地，呈现一片繁荣景象。

中国古建筑有明显的特征。在城市规划上，严谨规整、对称宏伟，表现出庄重威武的中华民族性格。单体建筑中，雄伟的飞檐屋宇、大红的排列柱廊、高大的汉白玉台基，呈现出崇高壮丽又稳定的形象。黄河流域盛产的木材资源，形成了中国古建筑木构架体系的特色。室外装饰的富丽堂皇、金碧辉煌，室内陈设装修的华丽多样、细腻雕饰，体现了中国古建筑绚丽多彩的民族风格。

聚居建筑方面，包含民居、祠堂、家庙、书院等遍布全国各地，它们与人民生活息息相关。各地各族人民根据自己的生活习俗、生产需要、经济能力、民族爱好和审美观念，结合本地的自然条件和材料，因地制宜、因材致用地进行设计与营造。他们既是设计者，又是营建者、使用者，可以说设计、施工、使用三位一体，因而，这种建造方式所形成的民宅民间建筑，既实用简朴，又经久美观，并富有民族风格和地方特色。

中国古园林的特征。以自然山水即中国山水画为蓝本，并以景区、景物和建筑、山水、花木为构件，由景生情，产生意境联想，达到艺术感受。皇家园林因其规模大、范围广，其园林布局自秦、汉时期的一池三岛，到唐、宋以山水画为蓝本，明、清仍沿袭池中置岛古制，但采用人工造山置水的方法。

明、清私家园林因属民间，士大夫文人常在宅后设园休闲宴客，吟诗享乐，其特点是以最小的场所造成无限的景色为目的。因其规模小，常以叠石或池水为主，峰峦洞壑、峭壁危径或曲径通幽取胜。在情景中则采用巧于因借、精在体宜的手法。

我国是一个人口众多的多民族国家。相传秦汉以前，中华大地上主要生存着华夏、东夷、苗蛮三大文化集团，经过连年不断的战争，最终华夏集团取得了胜利，上古三大文化集团基本融为一体，历史上称为华夏族。春秋、战国时期，东南地区古老的部族称为“越”，逐渐为华夏族所兼并而融入华夏族之中。秦统一各国后，到汉代都用汉人、汉民这个称呼，直到隋、唐，汉族这个名称才固定下来。

由于各民族的历史文化、宗教信仰、生活生产、习俗性格的不同，又由于各族人民所处地区的自然条件和环境的不同，导致他们各自产生了富有特色的建筑和民宅，如宏伟壮丽的藏族布达拉宫，遍布各族聚居地的寺院庙宇、寨堡围村、楼阁宅居，反映了绮丽多彩的民族风貌。

中国传统文化渗透了中国古建筑，中国古建筑深刻地体现了中国文化。

新中国成立后，作为全国性有领导有组织地编写中国古代建筑史，第一次是1959年，由原建筑科学研究院组织“编写三史”开始。当时集中了全国高等院校、科研部门分工编写，1962年由中国工业出版社出版《中国建筑简史》第一册（古代部分）。随后，又组织有关院校、文化、历史、考古等单位对古代建筑史有研究的人员，经多次修改，由刘敦桢教授执笔主编的《中国古代建筑史》，于1966年完成。由于“文化大革命”，未能出版，1980年才由中国建筑工业出版社正式出版。作为高等院校的中国建筑史教材则由全国高校教师编写，参考了上述专著，由中国建筑工业出版社1982年出版。

作为系统的、全面的、编写中国古建筑丛书是从1984年开始，当时作为《中国美术全集》中的一个门类——建筑艺术，称为《中国美术全集·建筑艺术编》，共6辑，包含宫殿、坛庙、陵墓、宗教建筑、民居、园林，1988年完成出版。

第二次编写从1992年开始，编写的原因是《中国美术全集·建筑艺术编》6辑出版后，各界反映良好，但感到篇幅不够，它与我国极为丰富的建筑文化遗产大国不相适应。于是，再次组织编写《中国建筑艺术全集》丛书30辑，其中古建筑24辑，近现代建筑6辑。古建筑部分仍按类型编写。该丛书中的24辑于1999年5月出版。

由于这两次丛书都是全国性编写，按类型写，又着重在艺术，因此，一些地方特色和民族特色的、中型的优秀古建筑就难于入选。为了弘扬和传承优秀传统建筑文化体系，总结经验和规律，保护我国优秀传统建筑文化遗产，因此，全面地、系统地、按省（区）来编写古建筑丛书是非常必要的、合时宜的。

本丛书编写的主要特点是：其一，强调本省（区）古建筑的民族特色和地方特色；其二，编写不限于建筑艺术，而是对本省（区）古建筑的全面叙述，着重在成就、价值、特色、技术和经验、规律等各个方面，这是我国民族和地区的资料比较全面和丰富的传统建筑文化丛书。

陆元鼎

2015年1月10日

前　言

广西简称“桂”，是一个多民族聚居的省份（自治区），主要居住着汉、壮、侗、苗、瑶、仫佬、毛南、回、京、彝、水、仡佬等12个民族，壮、侗、仫佬、毛南为广西的土著民族，其他民族在不同历史时期，从不同的地方迁徙而来。其中汉族人口2767.6万人，少数民族人口1775.4万人，少数民族人口占总人数的39.08%。

但这种汉族人占多数的人口结构是明朝以后才逐步形成的，在明朝以前，气候湿热、山多地少的广西是汉族人望而却步的“瘴乡”，因此迟至明代，广西人口主要以土著民族和外来少数民族为主，汉族人口所占比例低，主要是军事移民和政治移民。但这些数量占少数的汉族移民，依靠其政治、经济、文化上的影响力和优越性，占据了广西土地肥沃的平原和重要的交通要道，他们以治所为中心，向四周传播着他们迁出地的文化、艺术，其中很重要的就是迁出地的建筑形制和建筑技艺。

至清代，由于清统治者进一步在广西推行改土归流政策，以及优厚的垦荒政策，吸引周边人多地少省份的民众到广西垦荒，使汉人南迁广西的步伐加快，形成汉族移民入桂的高潮。至此，汉人从点状分布演变成连片的块状分布，一改以往以少数民族人口为主的分布结构，在桂北、桂东北、桂东、桂东南形成以汉族人口为主的大聚居区，这些地方的少数民族要么被迫西迁，要么接受中原文化的教化，逐步“汉化”。在桂中、桂南，汉族人呈带状分布，文化辐射力度较以前增强数倍，深刻影响着周边的少数民族民众。

正是在明末清初这一相对集中的时期内，汉族移民入桂的规模巨大，再加上政治、经济、文化上的强势，使迁出地的建筑文化得以较完整的保留，并形成强大的潜流，改写了广西建筑文化的分布格局，外来建筑文化最终在广西东部成为主流，并导致广西东部建筑格局逐步迈向民系化。其中桂林府、平乐府的湘赣移民较多，其建筑与湘赣建筑一脉相承，显现许多湘赣建筑的特点。梧州府、浔州府以及今钦海防一带（清代这一地区属广东省管辖）多为广东移民，其民众多操粤语，其建筑更接近粤中广府建筑风格。又因为广东商人为广西各地街镇（包括桂西）经商者之翘楚，在广西形成“无东不成市”的格局，所以广西除桂林府、庆远府、镇安府、泗成府，以及平乐府、柳州府部分外的其他府的街镇公共建筑或深或浅地受广府建筑影响。此外，客家人也在明清时大量涌入广西，主要集中在桂东南的郁林州、贵县、桂平、平南，以及桂中的柳州附近、桂东的贺县等地，呈小聚居大分散格局，由于客家人对其语言、文化的坚守，即使在人口不占优势的情况下，客家人依然保持着他们聚族而居的传统和以土为主要建材的建筑文化，并对其周边的少数民族建筑产生重要影响。

广西西部是西南和华南的“结合部”，以山地、丘陵为主，至今都以少数民族人口为主，其民居一直沿用适应炎热气候和多变地形的干阑式建筑，木构架方式南北有别，其中桂西北多用穿斗式木构架，桂西南多用大叉手木构架。但土司衙署、宅第及此区域的寺庙等公共建筑多用汉族的建筑式样，其形制、木构架和装饰皆受汉族建筑的影响。

广西中部是少数民族建筑文化与汉族建筑文化的碰撞区。此区原以少数民族聚居为主，明代因大藤峡等少数民族起义之故，中央政府多屯军于此，汉族人口比例有所增加。又经过多次交锋，少数民族起义失败，许多少数民族民众被迫躲入桂西的大石山区避难，汉族所占比例继续增大。总体而言，相较于桂东，桂中汉人依然没有占压倒性优势，仅呈带状分布于桂中水土较为肥沃的盆地和重要的交通节点，但他们却依凭其政治、文化上的优势，坚持着自己的语言、文化和建筑形制，向楔子一样插进少数民族的聚集地，向带状区周边少数民族辐射、传播着自己的建筑艺术，涵化此区少数民族的建筑文化，使其呈现或湘赣建筑，或广府建筑，或客家建筑的特色。同时，远离带状区的汉族建筑反过来也受少数民族干阑式建筑的影响，呈现精彩的"在地化"演变过程。

由上可知，广西古建筑，无论是坛、庙、民居还是亭、台、塔都具有一定的群体特征和分布规律，这种特征有受地理、气候、建材影响的方面，也有受移民迁出地影响的方面，其中少数民族建筑更多受前者的影响，汉族建筑更多受后者的影响。汉族建筑因其迁出地不同，其建筑的平面布局、外部造型、建筑技术就不同，并且这种差异有可明确指出的区域分布规律，这是广西古建筑的一大特色。而《广西古建筑》正是以这一特色为主线，分区梳理了广西各地古村落、宅第的特点，也在寺、庙、楼、塔等建筑类型的分析中注意了区域群体特征与单体建筑间的联系，试图在呈现广西古建筑全貌的同时，能带领读者较深入地理解每座单体建筑的特点、价值和背后的成因。

然而，在本书付梓之前，学者对广西古建筑的研究较少，可借鉴的文献资料和实地测绘资料缺乏，因此前期调研工作成为必要。工作量极大的调研工作，非个人力量所能承担，因此我们一方面以广西大学土木建筑工程学院民族建筑研究中心的九位教师为核心，深入广西各地乡村进行测绘，另一方面借助广西文化厅文物局以及广西住房和城乡建设厅的力量，完成了一批古建筑和古村落的测绘，使本书得以在规定时间内完成。

本书是广西古建筑研究的初步成果，由于前期积累尚浅、时间紧迫，还未得以深入就将呈现于读者面前，其中未免存在粗浅或错漏之处。此外，引用他人研究成果和图片虽已尽量在书中标注，但也难免疏漏，还望各位同仁及读者见谅，并不吝赐教。

谢小英

2015年3月16日

目 录

（上册）

（下册）

总　序

前　言

第六章　宗祠、宅第、园林

第七章　其　他

第八章　广西古建筑构架及形式

广西古建筑

第一章 绪论

第一节　地理

广西的总体地势是北高南低，其中作为云贵高原延伸部分的西北部特别高。由于广西周围高山环绕，所以广西其实是一个四边高中间低凹的盆地。形成广西盆地地形边缘的山脉有：广西西北部和北部属云贵高原边缘的金钟山、岑王老山、青龙山、东风岭、凤凰山、九万大山和元宝山等山脉，山体大都呈西北—东南走向，平均海拔1000～1500米，其中元宝山和岑王老山分别达2082米和2062米；东北部属南岭山地西段，猫儿山、越城岭、海洋山、都庞岭、萌渚岭分布其间，海拔1500～2000米，广西第一高峰——猫儿山（海拔2141米）、第二高峰——真宝顶（海拔2123米）都分布在这里，山体大都呈东北—西南走向，沟谷相间，平行排列，中间形成东北至西南向的通道，其中猫儿山—越城岭和海洋山之间为著名的湘桂走廊，自古以来就是南北交通要塞，对广西的文化、经济发展起着重要的作用；广西东部、南部和西南部为大桂山、云开大山、大容山、六万大山、十万大山、大青山和六韶山所包绕，山体较低，平均海拔在1000米以下，山体平缓、谷地开阔，是广西经济林的主要分布区；广西中部的架桥岭、大瑶山、莲花山、镇龙山、白花山、大明山和都阳山构成著名的弧形山脉，弧形山脉内缘是以柳州为中心的桂中盆地，弧形山脉外缘，沿着右江、郁江和浔江分布着右江盆地、南宁盆地、郁江平原和浔江平原，这些地方光热资源丰富，冬季温暖，除右江盆地外，降水丰沛，是广西农业发达地区[①]。在广西盆地中央，除去弧形山地外，其他地区广泛地分布着低山丘陵，所以广西向来有“八山一水一分田”的说法，山地和丘陵占全自治区土地面积的71%左右。

此外，广西境内大小河流众多，大多沿着地势呈倾斜面，从西北流向东南，像叶脉一样向中部偏南汇集，形成了横贯广西中部的以红水河—西江为主干流、支流分布于两侧的树枝状水系：其中红水河、柳江汇流成黔江，左江、右江汇流成邕江（下游称郁江），黔江与郁江合流为浔江，再汇入从北流入的桂江、贺江，从南流入的北流江等，形成广西流域面积最广的水系。红水河—西江流域全长1239公里，流域面积占广西总面积的85.2%，共同组成西江水系，向东流入广东境内。此外，独流入海的水系主要分布于桂南，流域面积占广西总面积的10.7%，较大河流有南流江、钦江、北仑河等，均注入北部湾，是广西历代通向海外的主要交通枢纽。汇入长江的水系主要分布于桂东北，流域面积占广西总面积的3.5%，主要的河流有湘江、资江，组成湘江的上源，经湖南汇入长江，是岭南最早沟通中原的要道。

偏于中国一隅的广西，山地分布广泛，不便耕作，加上可怕的瘴疠，使中原汉民望而却步，所以广西在漫长的历史中成为土著民族和外来少数民族的乐土。虽然从秦（秦以前）以降，一直有汉人因为政治、军事的原因陆续迁移至广西，但大多呈点状分布于各府城、县城，人口所占比例极小（图1-1-1）。汉人文化虽作为官方强势文化楔入少数民族地区，产生了相当的影响，但由于人口数量的限制，其向四周扩散的力度和范围均有限。因此，直至明代，广西仍维持少数民族众而汉民寡的格局，汉人主要集中在重要交通走廊、交通枢纽的两侧（两岸），以及中东部的各省治、府州县治及附近不大的范围内。[②]这样至明代，汉族建筑文化除了在桂林府、梧州府等政治、文化、经济较发达、汉人相对较集中的地区呈块状分布，一些重要的水路、陆路交通范围呈线状分布（全州—桂林—梧州一线，以及浔江、郁江、黔江沿岸）外，在广西东、中部的大多区域内仅局限于局部的点及其所辐射的有限范围内，远不足以形成面状的分布，也不足以形成线状分布；整个西部依然是少数民族建筑的天下。到清代中期，由于移民剧增，除了继续填补桂东剩余间隙外，原为汉人所不屑的桂中盆地、丘陵地区，成为新移民的热点，这样整个东部都以汉人为主体，呈连续块状分布，汉族建筑成为主流，这一区的少数民族均采用汉族的建筑形制；中

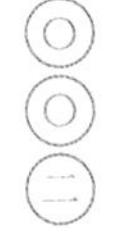

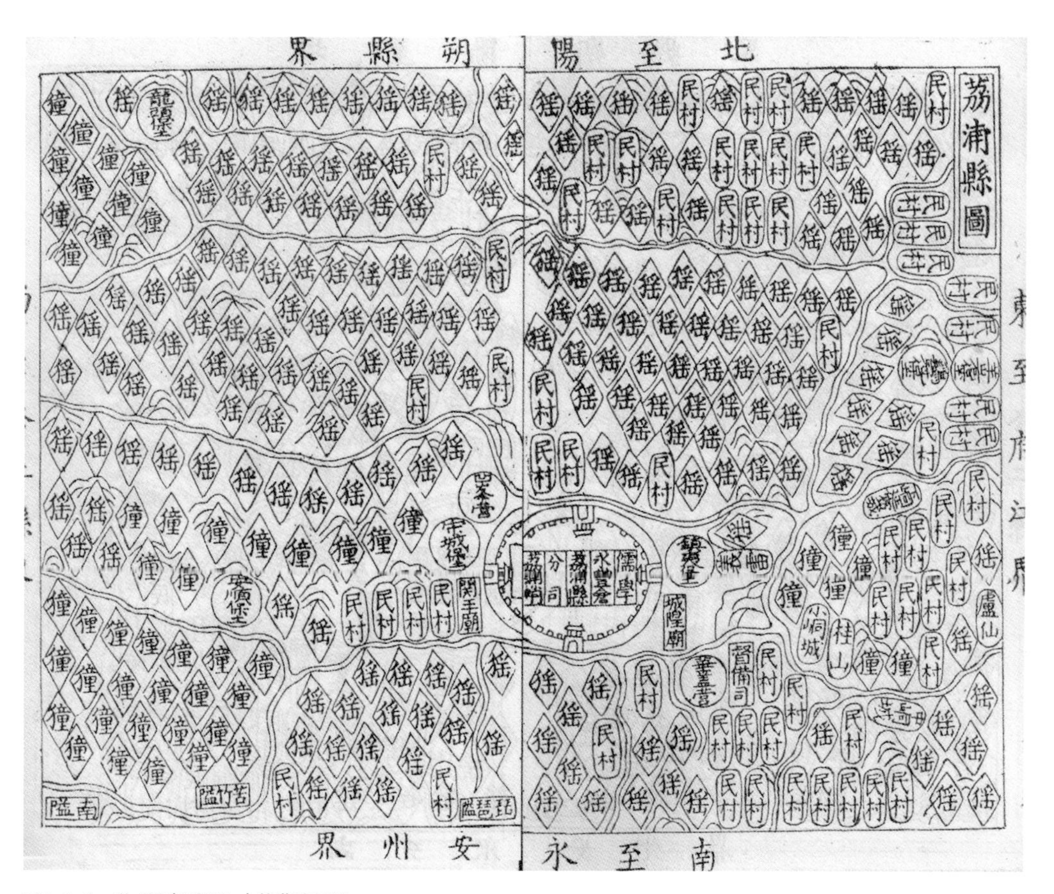

图1-1-1　明《殿粤要纂》中的荔浦县图

部盆地、谷地依然是汉族、少数民族的混杂区，“涵化”与“在地化”加剧，建筑也呈现多彩的混合趋势；东部、中部的很多壮族、瑶族、苗族等由于起义的失败以及大量汉人的进入，被迫西迁，或进入中、东部的大山内，形成中、东部大山内以及整个西部高山丘陵地带以少数民族建筑为主的态势。

“八山一水一分田”的地理形势也造就了广西建筑的垂直分布态势及山地干阑建筑灵巧多变的形式。由于土地肥沃的平原、盆地十分有限，往往被政治、军事、经济上占优势的汉族占据，从事水稻种植及商贸活动；少数民族中的壮族、侗族、仫佬族等由于是土著民族，也能退而求其次，大多占据水土较丰美的山间谷地平原，从事水稻种植；而外来的瑶族、苗族等则通常退居贫瘠的高山地带，从事陆稻杂粮农作。这种分布态势进一步加大了各民族间的经济差距，形成优者更优、弱者更弱的马太效应，反过来再一次强化这样的分布格局，最终形成“汉族占街头，壮族占水头，瑶族占菁头，苗族占山头”的分布形式。在这样的分布态势主导下，汉族基本上居于大江、大河两岸的平原、盆地位置，采用汉族合院式民居，经济发达的甚至形成庭院深深的多进、多路的豪宅。壮族、侗族、仫佬族等土著民族情况相对复杂，在较平阔的河谷平原地带，交通较发达，与汉族交流较多，汉化程度也较高，通常采用汉族民居。在狭窄的河谷平原地带，为让出更多的耕地，则退居山麓或半山坡，采用干阑式建筑。由于水土丰美、经济相对较好，这些土著民族的村落规划、村落中的公共建筑（鼓楼、风雨桥、亭子、戏台）、单体建筑的体量、材料及装饰等大多优于广西其他少数民族。居于高山上的苗族、瑶族也采用干阑式建筑，但其村落规模、建筑单体体量、工艺等大都逊于土著少数民族。

由于广西山多，陆路交通很不发达，主要仰赖水路交通，因此水路成为外来人员、文化、物资进

入广西的主要干道。如来广西戍边的军事型移民多沿着水路或者古驿道进入，然后由屯戍地向周邻地区扩散；来广西从事商贸活动的移民则多分布在桂东北、桂东、桂东南、桂南和桂中地区的沿江一带，水路不畅的桂西地区则少有进入；清代来广西垦荒的移民，除沿江继续填补东部平原的隙地外，大多数沿河流进入了桂中山区，甚至桂西少数民族聚居区[3]。由于不同地域的汉移民从不同的水路进入广西的不同区域，他们带来了不同地域的建筑文化，这些建筑文化因其文化上的强势而成为区域的主导。这样，流域而非大山、大岭成为广西汉族建筑地域风格或民系风格主要的分界标志。

如桂北、桂东北的移民大多为军事移民，至清后商业和农业移民才开始增多，桂北、桂东北卫所的戍边的士兵及家属多来自湖广、南直隶、江西等地，垦荒、商贸的移民也多来自湖南、江西、湖北一带，皆从长江流域顺湘江、漓江而下，或为镇压桂中的少数民族起义而进入柳江和黔江，因此这一流域范围内的民众多操西南官话，建筑有浓郁的湘赣特色，并夹杂一些江南特点。桂东、桂东南的移民先为军事移民，明清以经济移民成为主体，清后农业移民增多，但依然以经济移民为此区域的强势力量。无论哪种移民，他们自明代始多从广东顺西江而来，经浔江而上郁江，或从海路经南流江、钦江、北仑河而北上，在桂东、桂东南流域及卫所附近形成线性和块状聚居点，而后向四周扩散，连成一片，广东话成为主要交流语言，广府式建筑成为这些流域的主体建筑风格。

其间也有依同样路线从闽西或广东东北部迁来的客家人，但由于经济上的相对弱势，只有部分从事商业，农业上除了明代从福建沿海路迁入的客家人聚集在桂东南南流江的博白、陆川一带外（由于北面有崇山阻隔，东边有云开大山，西边有大容山—六万大山—罗阳山，形成半封闭的凹字形地理区间，阻碍了其向北边扩展），清代迁来的客家人在这一区域也只能填补广府人空隙，因此形成小聚居大分散的格局，更多的客家人进入广西中部甚至西部垦荒、经商，与广西少数民族杂居，或进入矿区采矿。客家人在广西中部、西部虽然数量不多，但由于文化、经济上较少数民族强势，因此在少数民族环绕的情况下依然能保持自身的方言和建筑文化，甚至使周边的少数民族也接受了客家建筑的形制，形成一个个客家建筑聚落。

第二节　气候

广西南北跨5.5个纬度，东西跨7.6个经度，南北之间的纬度差异和东西之间的经度差异，使广西气候既南北不同，又东西有别。南北气候的差异，主要表现在温度上：北部夏热冬冷，四季分明，气候特征与黔南、湘南、粤北类似，属中亚热带；南部夏长冬短或全年无冬，气候特征与粤西南、闽南相似，属南亚热带。其中湘桂走廊是南北气流运行的通道，是冷空气入桂的主要途径，使桂东降温比桂西明显；桂东、桂南、桂西南光热资源丰富，冬季温暖。

东西差异主要表现在降水上：东部年降水量为1500～2000毫米，降水日数160～190天；西部年降水量多在1200～1500毫米之间，降水日数140～160天，因此东部降水量和雨日均比西部多。其中有三个年降水在1990毫米以上的多雨区：十万大山南侧的东兴至钦州一带；以大瑶山东侧的昭平为中心的金秀、蒙山一带；以越城岭至元宝山东南侧的永福为中心的兴安、灵川、桂林、临桂、融安、融水等地。以及三个年降水量只有1085～1251毫米的少雨区：以田阳为中心的右江河谷及其上游的“三林”一带；以宁明为中心的明江、左江河谷至邕宁一带；以武宣为中心的黔江河谷。

广西太阳辐射和日照时数分布的特点是：高大山脉以南的区域太阳辐射和日照时间相对较少，其中广西的四个低值区就位于都阳山南侧的都安、大瑶山中部的金秀、六韶山区的那坡及桂北边缘山区，年太阳总辐射不足4050兆焦/平方米，年日照

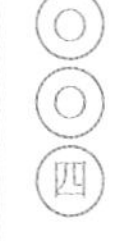

时数在1400小时以下；河谷、平原、沿海及高大山脉以北的区域太阳辐射和日照时间相对较多，其中四个高值区是：南部沿海的钦州、北海、涠洲岛；右江河谷的百色、田阳、田东；明江河谷的宁明、上思；云开大山西北侧的梧州、岑溪、陆川等地，年太阳总辐射超过4700兆焦/平方米，年日照时数在1740小时以上。

总体而言，桂北、桂西北、桂东北夏季炎热，冬季湿冷，因此这一带的建筑不但要解决夏季遮阳、通风的问题，还要解决冬季防寒的问题，主要采用的方法是：大量运用木质围护结构，窗、门、隔墙等都运用木材，木围护结构的建筑，保温（隔热）性能优异，据相关研究表明，厚150毫米的木结构墙体，其保温性能相当于610毫米厚的砖墙；由于夏季需要通风，因此这一带的建筑多用敞厅，敞厅无法采取整个房间采暖的做法，故多采用局部采暖的方式，如火盆、火炉等。为了便于遮阳，合院采用横长天井式，天井的长宽比约为2：1或3：2，正房及天井两侧的厢房或高墙投下大面积阴影，减少了太阳辐射，也有利于营造风压差，实现空气的对流，起到降低室内的炎热及防潮的作用。此外，天井还解决了雨水进溅问题，起到保证厅堂干燥，组织室内排水、组织室内采光等作用（图1-2-1）。

桂东、桂东南、桂南夏热冬暖，雨量大，因此这一区的建筑要解决防高温辐射、防雨、防潮、防风等问题，这一区的建筑不但天井小，还多采用面宽小、进深大的平面形式（如骑楼、竹筒屋），便于遮阴，同时室内空间加高，便于通风散湿。为了获得更多的通风，村落整体进行统一布局，运用前水塘、后树林、梳式街巷、坐东北向西南的统一建筑朝向，创造良好的通风。这一带也是台风、热带风暴经常光顾的地带，为了抵御强风，往往采用抗风性能较好的插梁式木构架和穿斗式木构架，或直接以山墙承重，并加大檩条的密度。此外，屋面坡度平缓，用厚重的辘

图1-2-1 桂北民居敞厅、木门窗及天井

图1-2-2 桂东南民居过厅、天井

图1-2-3 桂北干阑建筑

图1-2-4 桂西南干阑建筑

筒瓦，以石灰砂浆裹垄，以减小风力的破坏；檐柱多采用石柱或砖柱，室内柱础也相对较高，对防雨、防潮产生较大作用（图1-2-2）。

桂西、桂西南炎热，山多林茂，虫害较多，雨季集中，因此这一区的建筑多采用木构干阑：建筑底部架空，对防洪涝、防虫害有很好的效果，因为架空通风条件好，有利于居住部分的防潮，房屋围护灵活。桂北山区干阑建筑的敞廊部分其外墙为活动式，夏季可以打开通风，冬季则封闭挡风。桂西南整年炎热，其围护结构则通透、多留空隙，加大室内通风；建筑屋面坡度大有利于排雨水，挑檐深远可有效防止雨水对房屋的侵袭（图1-2-3、图1-2-4）。

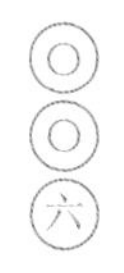

第三节　历史沿革

早在70万年前广西就有原始人生息，10万～2万年前，在桂北、桂西、桂南的山区里活动着“柳江人”，在约一万年前的旧石器时代晚期，“麒麟山人”已学会制造和使用工具。商周时代，居住在广西地域上的“骆越”、“西瓯”、“苍吾”三个种姓部落与中原地区开始交往。到春秋战国时代，中原汉人把种族复杂的岭南等地总称为“百粤”地，广西地域是“百粤”的一部分。至秦代，秦始皇派军南下，征服土著“骆越”.“西瓯”民族，统一岭南，在岭南地区设置桂林郡[④]（治布山县，今贵港境），象郡（治临尘县，今崇左市境），南海郡（治番禺，今广东广州市）。并且为了运输军队和粮饷开凿灵渠，沟通漓江与湘江，贯通长江流域与西江流域，促进了南北经济文化交流，成为中原文化、物资进入岭南的最重要通道。秦亡之际，赵佗趁机割据岭南，建立南越国，以武力攻占桂林、象郡，广西大部分地区属南越国辖地。赵佗采用“以夷制夷”的政策，从而出现“粤人互相攻击之风益止”，“华风日兴，入汉以后，学校渐竑”[⑤]的新局面。

西汉初期对岭南民族采用羁縻政策，追认赵佗为南越武王，后南越统治集团内讧叛离汉朝，汉武帝派伏波将军路博德率兵南下，从湖南进入广西，“出零陵，下漓水……下苍梧”[⑥]，击败南越军，使岭南统归汉朝。汉武帝在广西地域上划分并设置苍梧、郁林、合浦等郡[⑦]，还设置交趾刺史部（治广信县，今梧州）统辖各郡县。到东汉时，改交趾刺使部为交州刺史部（治所仍在广信，今梧州）。

魏、蜀、吴三国鼎立时期，孙权派兵进入广西地域，然后沿西江往东占据整个岭南地区。其建制仍沿袭汉朝，但将交州刺使部从广信（今梧州）迁至番禺（今广州）。在广西地域上设置苍捂、郁林、始安、临贺、桂林、合浦等郡，以及合浦北部尉，隶属交州[⑧]。司马炎建立晋朝之后，统一岭南，在广西地域上设置有郁林、晋兴、合浦、永平、苍梧、临贺、始安、桂林等郡[⑨]。

杨坚取代北周而建立隋，派大将领兵从湖南进入广西境，实行招抚民族首领的政策，得冼夫人支持，使桂州（今桂林）刺使钱季卿归附，从此，广西地域统归于隋朝。当时在广西地域上设置苍梧、始安、郁林、合浦、宁越、永平、熙平（治所在广东）、零陵（治所在湖南）等郡，在郡之下统辖60多个县。

唐高祖武德四年（公元621年），唐朝派大将李靖率兵进攻两湖，直下岭南，并平定肖铣的地方割据，使岭南各郡县统归于唐朝，并招抚各民族首领，得到诸州首领的支持。唐玄宗时划全国为十五道，两广地域称岭南道，懿宗时分岭南为二道：以广州为岭南东道，以邕州为岭南西道，大致确定两广的区域范围。岭南西道下辖桂州、昭州、贺州、富州、梧州、藤州、龚州、浔州、象州、尹州、柳州、宜州、环州、田州、思恩州、澄州、邕州、宾州、峦州、横州、贵州、容州、牢州、绣州、郁林州、白州等，分别管辖各县和羁縻土州[⑩]。此外，为了强化政权，在岭南西道下设桂管经略使（治桂州，今桂林）、容管经略使（治容州，今容县）、邕管经略使（治邕州，今南宁），直辖各州县，同时岭南西道治邕州（今南宁）。五代十国时期，马殷在南方割据，其子马希范占领桂州（今桂林）。刘龚在番禺（今广州）称帝，后改南汉。当时，广西地域的北部属楚，南部属南汉。公元948年，南汉击败楚军，广西地域统归南汉。其政区建制，仍沿袭唐代州县制，由军事节度使治理各州县。

宋开宝三年（公元970年），由大将领兵从湖南进入广西地域，平定南汉，广西地域各州县统归宋室。宋太祖统一全国后，推行路、州、县的建制，今广西称广南西路，简称广西路。广西路治桂州（今桂林），下置桂、柳、邕、容、象、融、昭、梧、藤、龚、浔、贵、宜、宾、横、化、高、雷、琼、平、钦、廉、白、观、郁林等二十五州[⑪]。到南宋时并为二十州，并把桂州升为靖江府，宜州升为庆远府，由州府直辖各县。与此同时，在少数民族地区设置羁縻州。

元世祖至元十三年（1276年），派大将阿里海牙领兵南下，攻占靖江府（今桂林），占领各州县，广西地域统归于元朝。元代改广南西路为广西两江道宣慰使司，隶湖广行中书省。后因湖广地域宽广，为了加强统治，划湖广之南部置广西行中书省（治靖江路临桂县，今桂林市），简称广西省。在广西省下设置靖江路、柳州路、南宁路、梧州路、浔州路和平乐府、郁林州、容州、象州、宾州、横州、融州、藤州、贺州、贵州、太平路、思明路、镇安路，以及庆远南丹溪洞军民安抚司、田州路军民总管府、来安路军民总管府、龙州万户府等，分别统辖各县和羁縻州[12]。

明太祖朱元璋派大将领兵分别从湖南、广东夹攻广西，明军长驱直入，很快占领广西地域。朱元璋推行司、府、县（州）政区制，全国分为13个布政使司，广西布政使司是其中之一，改靖江路为桂林府，为布政司治所。其下辖桂林府、平乐府、柳州府、梧州府、浔州府、庆远府、南宁府、思恩府、太平府、镇安府、思明府等，分别管辖50个县、48土州和4个长官司。此外，于洪武二十七年（1394年）将原属湖广的永州府所辖全州、灌阳一带划拨广西桂林府管辖。为了统一指挥抵抗日本倭寇对沿海地区侵犯的需要，将原属广西的钦州、廉州府一带划拨广东管辖[13]。这样，广西彻底成为一内陆省份，对外贸易被广东垄断，经济下滑，与广东的差距拉大。从人口分布看，明代广西东部为汉族与少数民族杂居的状态，以桂林府、梧州府汉人较密集，辐射范围也较大，呈块状分布，东部其他地域的汉人依然以点状分布为主，周围瑶民环绕；中部、西部在明嘉靖之前依然以少数民族为主，其中瑶、壮占绝大多数[14]，瑶族主要生活在平乐、柳州、庆远等府的山谷中，壮族主要生活在广西西部及柳州、平乐、庆远等府的崇山峻岭之中。嘉靖之后，在中部连续发生了几次重要的少数民族的起义（大藤峡起义、古田起义、马平起义），明政府便屯兵于柳州及附近，置柳州卫、浔州卫和来宾、迁江、贵县、象州、宾州、五屯等守御千户所，这使广西中部柳州一带的汉人增多9万人，而起义的主体——瑶族、壮族则被迫从水土较肥美的中部山谷地带迁入西部或大山避祸，这样在明中期以后广西中部一带也逐渐形成汉族与少数民族杂居的状态。但由于中部长期的战乱，经济无法正常发展，汉人的数量虽有所增长，但也相对有限，因此明后期，中部地区一直处于汉族与少数民族的势力拉锯战中，汉文化与少数民族文化相互渗透。其他少数民族数量相对较少，其分布规律是：侗族、仫佬族人分布在桂北地区；苗族主要分布在桂林、柳州、南宁三府及直隶州的某些州县；“狼人”[15]数量不多，但因充当“狼兵”的关系，被分散在广西各地。

清顺治七年（1650年），清兵南下围攻桂林，平定南明桂王政权，统一全国。改广西承宣布政使司为广西省，省会驻桂林。经过多次调整，至清后期，广西省下设置桂林府、平乐府、柳州府、梧州府、庆远府、思恩府、浔州府、南宁府、泗城府、镇安府、太平府，以及郁林直隶州、归顺直隶州、上思直隶厅、百色直隶厅、龙胜厅等，分别统辖49个县、24个土州、4个土县、10个土司、3个长官司。土州、土县、土司、长官司的地域，由土官世袭治理，流官佐之。至清代后期，广西的土州、土县、土司陆续进行改土归流。到清末民初，改土归流基本完成。从人口数量及分布来看，清代较明代有显著变化：一是清代全国人口激增，由于广西开发较晚，人少地多，成为移民的热土，越来越多的汉人入桂。据统计，由清初至嘉庆、道光的190年间，湖南、广东、福建各省农民陆续移入广西，其中以湖南、广东两省为最多，福建次之。到鸦片战争前夕，广西人口数量发展到9340018人，比明朝万历六年（1578年）人口增加6倍。二是从分布看，广东、福建移民继续填补桂东、桂东南隙地，湖南、江西移民继续填补桂东北隙地，使整个桂东北、桂东、桂东南的汉族人口成为主流，整个区域尊崇汉文化；桂中盆地、谷地成为外来汉族移民的又一热点，这些移民往往以市镇为据点向四周

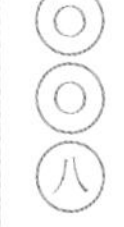

扩散，将成熟的手工艺技术、耕作技术以及强势的汉文化带到周边的少数民族村落，使“蛮”逐渐转化成“民”，汉族比例增多、影响力急剧扩大，桂中逐步成为以汉文化为主导，少数民族文化为辅的区域；桂西、桂西南也有部分汉族移民迁入，来源有二：①四川、贵州、湖南、湖北的大批汉族因战乱避走桂西南丹、凤山、天峨、东兰、隆林、西林、乐业等地，被迫分散居住在山区，形成“高山汉族”；②由于土州的改土归流，中国东南沿海的部分破产商人、手工业者、农民也进入桂西、桂西南地区经商、垦荒等，但这些汉族移民仅占桂西、桂西南人口的少数，少数民族人口依然是桂西、桂西南的主流，汉族移民亦主动融入少数民族文化。

第四节　广西少数民族分布、文化及建筑概况

广西地处祖国南疆，是少数民族自治区之一，有12个世居民族，分别是壮、汉、瑶、苗、侗、仫佬、毛南、回、京、彝、水和仡佬，其中壮、侗、仫佬、毛南为广西的土著民族，其他民族在不同历史时期，从不同的地方迁徙而来。

广西是百越之地，自古是少数民族土著的居住之地，商周时代，居住在广西地域上有“骆越”、“西瓯”、“苍吾”三个种姓部落，其中桂江流域生活着西瓯人，左右江流域生活着骆越人。秦汉时期，中原汉人成一定规模迁入广西，开始了与少数民族杂居、共同开发广西的历程，但当时“骆越人”、“西瓯人”还未形成共同的语言、共同的地域、共同的经济生活、共同的文化心理素质，民族自我意识缺乏，因此未形成壮、侗等少数民族。直至唐宋时期，广西土著少数民族经过分化、融合，以及几次大的少数民族起义，民族自我意识增强，逐渐形成了壮族、侗族、仫佬族、毛南族，其他的几个主要外来少数民族（如苗、瑶）也大致在此期进入广西。宋以后至明清，回族、彝族、京族、仡佬族、水族等也陆续迁入。因明末清初的征战，广西受创严重，汉人在清代大量迁入，致使汉族人口在桂东地区大大超过少数民族人口，在桂中地区汉族人口大量增加，有效控制当地的市镇，汉族文化成为这些区域的主流，部分少数民族迁入桂西地区，形成少数民族主要分布在桂西地区的格局。

一、壮族

壮族是我国少数民族中人口最多的民族，广西壮族人口为1518万人，占全自治区总人口的33.2%，为世界各国壮族人口最多的地区。广西壮族主要分布在南宁、百色、河池、柳州4个地区，还有一部分散居于自治区内的66个县市，主要分成8个壮文化片区，8个文化区的界线并非泾渭分明，它们多相互交叉和渗透，这也正好反映了壮族文化的整体性。

1．桂中南壮文化区。涵盖桂平、武宣、贵港、上林、马山、都安及来宾市红水河以南地区。巫教比较流行，民歌主要为五言欢类，盛行勒脚歌和壮戏。语言为红水河土语区，受汉语古平话影响较深。

2．桂中北壮文化区。包括柳江、龙江一带的象州、荔浦、阳朔、永福、鹿寨、柳州市、柳江、来宾、忻城、宜山、合山等县市。这一区受桂东北汉族文化的影响较大，语言为柳江土语区和部分红水河土语区，但对外沟通用西南官话（桂柳话）。盛行歌圩，流行壮戏（此区的西部、西北部）和汉族彩调（此区的东南部分），服装基本汉化。

3．桂北、桂西北壮文化区。包括红水河上游与融江之间的龙胜、三江、融安、融水、罗城、环江、南丹、天峨、东兰等县。本区位于云贵高原边沿，山高路险，冬季较为寒冷。社会发展较为滞后，民俗较为浓厚，有氏族制的痕迹，这一区崇奉壮人的始祖——莫一大王。

4．桂东北壮文化区。包括贺江上游流域的贺州市、钟山、富川、恭城，广东连山、湖南江华等县。这一区域山峦丛立，多小块平原及台地，冬冷夏凉。语言为红水河土语区，风俗浓淳，歌圩盛行。

5．桂南壮文化区。包括邕宁南部、扶绥、上

思、防城、钦州、灵山、合浦等县。这一带气候炎热，雨量充沛，是水稻的主要产区。其间地势较平坦，南临北部湾，水陆交通方便，商业较发达。正是如此，此区的汉人数量也很多，因此当地壮族受汉文化影响较深，如这一区在语言上属邕南土语区，但对外交流用粤语或古平话。

6．桂西壮文化区。包括邕江北部到右江河谷一带的横县、宾阳、邕北、武鸣、隆安、平果、田东、田阳、百色等。这一区位于桂中交通枢纽的位置，是古代广西通往云贵的重要通道，又是桂西的政治中心，因此古代商业有一定的发展（是宋代马纲所在地），人才辈出。此区语言为邕北土语区和右江土语区，歌圩发达，受汉文化影响较晚，也相对较弱。

7．桂西南壮文化区。包括左江一带的崇左、宁明、凭祥、龙州、大新、天等、德保、靖西、那坡等县。此区多为丘陵和台地，气候炎热，雨量充沛，土地肥美，是壮族重要的水稻产区。本区城镇多用粤语，但乡村用左江土语和德靖土语。这一区歌圩、曲艺都很盛行，也是南路壮戏的流行区，其间的花山壁画反映了壮人早期的生活、文化。

8．桂边壮文化区。本区为古句町国所在地，包括田林、西林、隆林、凌云、凤山、乐业等县，其间岑氏统治长达1000多年。此区多高寒山区，语言以桂边土语为主，对外交流常操西南官话或粤语。隆林、西林流行北路壮戏，古代青铜文化有一定的发展。

壮族文化源远流长，但壮族也是最为汉化的一个少数民族，其汉化分成物质、制度、精神三个层面。①首先在物质层面上，壮族的金属生产工具普遍受中原影响，铜质的武器和相应的铁质工具也明显地受汉地影响，水稻种植、大豆玉米种植、桑蚕养殖等也源于汉族。②在制度层面上，土司衙门仿中央王朝六部设吏、户、礼、兵、刑、工六房。③在精神层面上，壮族唐宋以来的教育，全部是汉文教育，除初级教育用双语外，其教育思想、内容、方法均相同，也以儒家的思想为核心；其经商意识也是受汉族的影响。

正是由于壮族汉化程度较高，因此作为物质与精神层面共同的体现者——建筑也概莫能外，广西西部的壮族建筑虽然一直沿用高2～3层的干阑建筑形式，但平面布局中加入了汉族建筑的中轴意识，入口和堂屋呈轴线，一些壮族宅第和公共建筑甚至直接运用汉族的建筑形式和装饰，如桂西岑氏家族建筑群和忻城土司衙门等。广西西部壮族建筑的另一个特点是运用大叉手式木构架，柱子与檩条不对位，但随着汉族建筑元素的加入，一些地方融入了桂北穿斗式木构架的构架方式，使瓜柱、落地柱与檩条对位，有的甚至放弃大叉手木构架，直接运用穿斗式木构架或者运用源于广府式建筑的插梁式木构架。桂中、桂东的壮族建筑则与汉族建筑无异，平面、构架、形制、装饰如出一辙（图1–4–1～图1–4–4）。

图1–4–1　桂西百色市德保县足荣镇那亮村那雷屯那雷屯壮族民居

图1–4–2　桂南邕宁县蒲庙镇北觥村汉化的壮族民居

图1-4-3　桂西南那坡县达文屯壮族干阑民居大叉手木构架

图1-4-4　桂西百色田林县平山乡香维村壮族民居大叉手木构架

二、侗族

侗族聚居区在云贵高原与华南丘陵之间的一片狭长山地，位于东经108°至110°、北纬25°至31°之间，是云贵高原、湖南丘陵、广西丘陵的交会区。其中，广西侗族分布在三江侗族自治县和龙胜各族自治县，属于云贵高原向广西丘陵过渡的山区，山地占整个区域面积的近90%，兼有低丘陵及河谷盆地的地形特征，是“九山半水半分田”地理态势。这里的山多为土山，土层深厚，地质适中，适宜杉、松、竹、油茶等林木的生长，加上充沛的雨水，这里素有“杉海油湖”之美称，是广西重要的杉树产地和油茶产地。由于侗族所居住山区生态环境良好，保证了人们的基本生存，因此侗族社会相对稳定，较少向其他地区流动，形成了重耕田渔猎、轻商的社会民风，以及独特的民族习俗与生存技能。

侗语属汉藏语系壮侗语族侗水语支，分南北两种方言，广西侗族属南侗语区。据考证广西侗族是百越族中骆越的一支，从汉代以前的岭南百越和汉以后别称为“僚”的一部分发展形成的，自秦汉时代起，由于战争和灾荒等原因，陆续迁徙到黔、桂、湘交界的山地中，到唐宋时期，侗族才开始分化成单一民族。

侗族文化具有越僚文化共有的特征，如多神崇拜，以蛇、鸟为图腾，普遍制作、使用铜鼓，习惯断发文身，以稻作种植为主，居住干阑式建筑，以船为主要交通工具等，其中多神崇拜与祖先崇拜相混合的产物——“萨”崇拜，在其信仰体系中占据重要位置，是侗族人的精神支持。

侗族的“萨”崇拜产生于封建集权制在侗族社会尚未完全取得支配地位以前的时代，侗族人相信他们能在“萨”的护佑下，将一切不幸拒之侗乡门外，将五谷丰登赐给侗乡。同时，“萨”信仰具有推动侗族社会美德的作用，让侗民坚信积社会功德会给自己及后代带来幸福，因此，侗族村寨中的凉亭、风雨桥、福桥、鼓楼等公共建筑多是村民们自发捐建。广西侗族村寨都祭祀“萨”，将祭祀“萨”的地方称为“萨岁坛”。萨岁坛是在建立新寨时同步进行的，其选址非常重要，一般选择在村寨的中心、鼓楼坪边或是寨头、寨脚等空旷显眼、地势较高之处（方便全寨人的祭祀或集会），按地理先生的占卜在此范围内选择吉地。萨岁坛一般采用坐北朝南正位的方向，有的坛而不屋，有的屋而为庙，称为“萨堂”或“萨屋”，萨屋一般由杉木构筑，面阔一至五间不等，用歇山顶，以正南北的子午向为准开门，其外围设围墙和大门，以防牲畜入内践踏（图1-4-5）。侗民在进入村寨居住前，要先在萨岁坛烧火，然后各家各户都来到萨岁坛内取火种回屋生火，表示“萨”的后裔继承。过节、过年或是举行重大活动，全村寨或是族人都要到萨岁坛或萨堂前举行祭祀活动。若遇到村寨不安，全寨也要到萨岁坛前烧香作揖，祈祷“萨”来保护。

此外，侗民还十分崇敬土地神，家中神龛下设土地祠，村寨寨门边、凉亭旁设土地祠，要道、山坳边到处都设有土地祠，以供人祭祀，以保侗民的平安顺意。土地祠一般以青石或片石垒砌，尺度很小，一般面阔一间，中开拱门，用庑殿顶屋面（图1-4-6）。对一些造福于村寨、侗寨的英雄、先贤也立庙崇拜，如三王宫、飞山宫（也称杨公庙，祭祀杨再思，如柳州三江县高友寨飞山宫）等（图1-4-7），这些庙宇大多不建在村内，而是建在村外的水口上或村寨边，有的甚至是在水口位置的风雨桥上立庙，如受汉文化影响的武圣殿。而佛教、道教在明清时期也进入侗族区域，一般将佛寺、道观建在远离村寨的深山之中或幽静的山谷里，其形制多有汉化倾向。

侗族的血缘联系紧密，习惯聚家族而居，一般小寨几乎都是一寨一姓，大寨则数姓以其姓氏捐建的鼓楼或祠堂为核心分片居住，一族姓起一座鼓楼或一座祠堂[15]。但无论是单一姓氏的小寨，还是多姓氏的大寨，都以款来作为内部管理，维护房族和村寨的秩序，确保族群的和谐相处，并通过“大款”、“特大款”联合各村寨，排除村寨纠纷、抵御外敌、维护侗族安全（图1-4-8、图1-4-9）。

侗族村寨中的民居及公共建筑一般沿等高线分布，均采用杉木构筑，为典型的少数民族穿斗式木构架，卯榫工艺有自己的特色，常用收分、升山等手法，屋顶多用五分水。其中民居采用3～4层高的干阑式建筑形式，其平面布局维持较为原始的前堂后室的布局形式，火塘是民居的核心。由于建筑沿等高线分布，地形相对陡峭，因此广西侗族的垂直交通——楼梯一般附着在主体框架之外，为了防风雨，多在此空间上设披檐，所以侗族建筑与壮族建筑在外在形式上的最大区别就是侗族建筑有层层披檐。整体而言，侗族以及侗族建筑受汉化的程度都较低，能一直沿袭自己的工艺和特色。

图1-4-5　三江县良口乡和里村萨坛

图1-4-6　三江县八江乡马胖寨土地庙

图1-4-7　柳州三江县高友寨飞山宫

图1-4-8　柳州三江县高定寨

图1-4-9　三江县良口乡和里村欧阳屯杨氏祠堂

三、仫佬族

仫佬族绝大多数居住在广西罗城仫佬族自治县，部分散居在忻城、宜山、柳城、都安、环江、河池等县境内，与壮族、汉族、瑶族、苗族、侗族、水族等民族杂居。仫佬族使用仫佬语，其语言与毛南语、侗语、水语相近，大多数人通汉语，部分人还会说壮语。

仫佬族多居于山谷间的平原，水流蜿蜒、山清水秀，以种植水稻为主。其分布地区还蕴藏着丰富的煤、硫磺资源，素有“煤乡”的美誉，因此仫佬族人形成采矿的传统。

仫佬族是由古代的“僚人”发展演变而来，大约在宋代形成单一的民族，至迟在元末、明初居住在今罗城一带，并设立流官，推行里甲制度，建立了相当于乡、村的里堡组织，并在每年向朝廷交纳夏、秋两个季节的粮税米。到清代，仫佬族地区县以下划分为“里”，在“里”下面设有“冬”，每个“冬”大约有十多户人。“冬”原是为缴纳粮款而划分的社会基层单位，由于仫佬族大部分同姓聚族而居，因此“冬”下又划分“房”，它实际上是封建宗法制度下的分支组织。

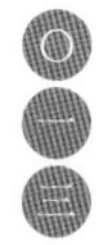

仫佬族没有统一的宗教，由于其先民崇奉自然而发展了多神信仰，如仫佬族人认为每个村寨都有龙神，每个家庭也有龙神，凡是村寨发生不幸，全寨子的人要举行“安龙”活动；如果家庭内部发生不幸，则全家人要举行“安龙”活动，以求平安无事。再如，他们也同壮族一样信奉花婆，但凡无法生育的人家都要请花婆回家，日日供奉。仫佬族还受汉族文化影响，多信佛、道，在明清时期修建了许多佛寺、道观，但大多已经倾毁，无法保存至今。仫佬族有自己的民间文学、神话传说，但并未形成自己独有的艺术形式，多吸收汉族的艺术，如桂东北汉族的彩调等。

就此可以看出，仫佬族的民族性格比较广厚、宽容和开放，对其他民族的文化，特别是先进的汉文化采取兼容并蓄的姿态，甚至是崇尚亲近的心理，热衷学习、吸纳汉族的文化和技术，因此仫佬族无论从语言、文化还是风俗习惯上，其汉化倾向都比较浓重，建筑的汉化程度同样较高。

总体而言，仫佬人的村落多背靠石山，面临田地，聚族而居。其中，水田区的建筑在平地上，峒场区的建筑在斜坡上。一般同姓的大都居住在一个村子里，如果一个村的居民虽同姓但不共祖，也必须分段居住，相互不能混杂。建筑通常采用合院式或一明两暗式。合院式多为三合院，也有L形院落，院门可正开对着堂屋正门，也可侧开对着厢房；一明两暗式多用凹字形门斗。正屋多用阁楼，底层住人，阁楼存放杂物。建筑多为砖构硬山顶，也有部分使用泥坯砖悬山顶的，但无论哪种均采用硬山搁檩式木构架（图1-4-10、图1-4-11）。

四、瑶族

瑶族是我国人口较多的少数民族之一，主要分布在广西、广东、湖南、云南、贵州、江西等省（区）的130多个县市（自治县）境内。其中广西的瑶族人口147万余人，占全国瑶族总人口的56%以上，是全国瑶族最多的省（自治区）。广西瑶族主要分布在金秀、都安、大化、巴马、富川、恭贺6个瑶族自治县和龙胜、全州、灌阳、资源、平乐、荔浦、兴安、永福、临桂、融安、融水、贺州、钟山、昭平、宜州、南丹、东兰、天峨、凤山、马山、上林、上思、桂平、凌云、那坡、田林、西林、田东等县市。

瑶族大致在隋唐时从零陵、衡阳等郡迁入今广西东北部，宋代时，部分瑶族迁移到广西东北部的静江府（今桂林）所属各县和融州（今融安、融水）等地，部分瑶族甚至进入桂西北。元代，瑶族深入广西腹地。明代广西已然成为瑶族的主要分布地区，但发展极不平衡，发展较快的地区已接近汉族地区的水平，而偏远地区的瑶族“随溪谷群处”，甚至不从事农耕。然而，影响广西瑶族

图1-4-10　柳州柳城古砦古廨古城建筑群

图1-4-11　柳城县仫佬族民居

图1-4-12　柳州市融水县大浪乡大新村红邓屯村口土地庙

发展的最大事件是从明洪武年间开始历时250多年的瑶族大藤峡起义，此次起义遭到了明政府大规模的征讨，并先后进行三次血洗镇压，迫使大批瑶族四散逃难躲入广西大瑶山或进入桂西的大石山区避难，使这些地区的瑶族有所增多，另一些则受官府的招抚，下山移迁到丘陵谷地定居，长期与汉壮民族杂居交往，民族文化互相交融，成为耕种水田、旱地，纳租税的平地瑶和民瑶，因此大藤峡起义奠定了今天广西瑶族“大分散，小聚居”的分布特点。

广西瑶族有原始的自然崇拜、祖先崇拜和图腾崇拜。原始初民相信万物有灵，将大自然的许多现象，如天空的日、月、星辰，大地的山、河、石、土等都加以神化，并对它们进行崇拜，其中又以雷神、雨神、山神、土地神、火神崇拜为甚。如大山里的瑶族认为山是有神鬼管理的，特别是一些高山，离天最近，犹如天梯，神从天上下来，从山顶走到人间村寨，因此当地瑶族一般都不愿到那些被认为有山神住的高山，怕自己的运气不佳被山神勾走灵魂。所以，山子瑶不会在两山相对应的山坳处建村寨；布努瑶则通常在山边用石板架成小神庙，里面置块小石头代表山神，上山前要叩拜；白裤瑶进山狩猎前也要祭祀山神。

瑶族也有拜土地的传统，土地祠一般位于村口某棵大树下，或大田边，通常以一块石头作为神像来祭祀，不做雕刻，经济较好的村寨则建面阔一间的木构土地庙，内置石块进行祭拜（图1-4-12）。一些建立较早、被认为显灵的土地神后来会成为村民共同祭祀的神灵，并发展为村寨的社神，被请进盘王庙，在盘王庙内右边的墙下立一石头为土地公偶像，石前放一个碗作香炉，供人们烧香供祭。广西环江一带的瑶族认为社王是保护禾苗的神祇，社王庙则通常建在田峒里，凡在这一带占有田地的人家，都共祭这个社庙。大瑶山里的5个支系的瑶族都祭社王，村村有社，而且有的村内同姓还共有小社，早期无社庙，常以石头为神像，安置于大树下，后来才搭建简陋的小屋，遮蔽风雨。

瑶族还相信火神，如广西百色一带的山子瑶认为，家中火塘是火神居住的地方，也是火神的神位，所以，火塘中的火种要长期保留，不能让其熄灭，否则就意味着火神出走，家道不兴，妖魔鬼怪就会来家扰得家无宁日。每月的初一、十五，要在火塘边插香供火神，家祭时也要祭火神。

此外，广西瑶族有始祖崇拜，勉瑶支系瑶族以盘瓠崇拜为主，布努瑶以密洛陀崇拜为主，拉珈瑶以伏羲女娲崇拜为主。盘瓠崇拜是以神犬为崇拜对象的图腾崇拜，其主体神话为盘瓠神话，由此衍生出漂洋过海神话以及千家峒传说。盘瓠崇拜渗透于勉瑶支系瑶族社会文化的方方面面，以12姓瑶人为主体的姓氏系统，以盘王神话为起始的长鼓文化和服饰文化，以盘王庙（盘古庙）为主的崇拜文化等，其中盘王庙自南北朝始便出现在今广西境内[16]，但因明代对瑶族起义的镇压，广西瑶族的盘王庙大多已消失在历史的长河中，现存的盘古庙主要分布在今来宾所辖区域内[17]，贵港、玉林、柳州、贺州等地也有零星分布，它们大多建在村头或村尾处。布努瑶的密洛陀崇拜是以创始女神密洛陀为对象的女神崇拜，以神话中由密洛陀所赠予的铜鼓为女神象征，渗透到以祝著节为代表的节庆集会、以砍牛治丧为代表的丧葬仪式、以油锅组织为代表的社会组织中去。拉珈瑶崇拜的始祖为伏羲兄妹，其主体为洪水神话，却加入了更多的道教成分，染上了浓郁的道教色彩。

图1-4-13　贺州市富川县新华乡东湾村民居中的香火堂

瑶族还有家先崇拜（即祖先崇拜），“家先”是瑶族的祖先，是在生前通过和具备了一系列宗教仪式，去世后在“家先书”上记载下法名取得神灵世界的地位，并得到子孙供奉的家庭或家族祖先。家先的一个灵魂就住在家中，因此瑶族在家中立香火堂或神龛，平时经常性地供奉家先（图1-4-13）。神龛均设在厅堂，一般安置在正中，与大门相对，但盘瑶和山子瑶的神龛不设在正中，而是设在厅堂右侧。厅堂有两个侧门，一个是家人出进的，在近火塘的侧门是供姑娘谈情说爱用的，正门只是在做丧事时使用，房屋一般都很少开窗，如十万大山中的山子瑶，龙胜盘瑶等。

图1-4-14　柳州市融水县大浪乡大新村红邓屯高山红瑶村寨

广西的瑶族大多居于高山之中，生活于比其他民族更高的海拔之上，山区瑶族分布较为稀松，夹杂在汉族或壮族村寨之间，房屋一般建在半山腰或山头近似小块台地的地带，或几十户集中一处，或几户甚至一两户散落山间，村寨的距离或近或远，断断续续地连在一条线或是一大片区域中（图1-4-14）。部分瑶族人无奈居住在“九分石头一分土”之称的石山或半石山地区，如广西都安瑶族自治县，无法种植水稻，只能见缝插针般种些玉米等对雨水、土壤要求不高的作物。广西瑶族还有一部分居住在气候温和、雨量充沛、土地肥沃的丘陵河谷地带，如富川瑶族自治县的秀水村，以稻作为主，而且有着较丰富的山林资源。

由于广西瑶族分布极广，地理、气候、社会文化、信仰都有差异，加上人口数量少、经济普遍落后，因此瑶族的建筑往往采用周边民族的建筑形式。如富川、恭城一代的平地瑶，由于是被政府招安的瑶族支系，汉化程度高，建筑与其周围的汉族建筑无甚区别，多采用合院式地居，青砖硬山顶，硬山搁檩式木构架等（图1-4-15）；桂北山区里的龙胜盘瑶、花瑶和红瑶，其民居与龙胜壮族干阑式建筑一样，甚至工匠都是延请当地壮族的木工师傅。一些高山上的瑶族在民国时还过着刀耕火种的生活，为了方便迁徙，使用非常简陋的竹屋，如大瑶山里的板瑶。

图1-4-15　贺州市富川县朝东镇福溪村汉化的平地瑶村寨

五、苗族

苗族是中国南方少数民族之一，广西有苗族人口48万人（据2007年统计），约占全区总人口的0.96%，约占全国苗族人口的6.7%。广西苗族主要居住在融水、隆林、三江、龙胜四县，其余则散居于资源、西林、融安、南丹、都安、环江、田林、来宾、那坡等县（自治县）境内，呈大分散小聚居的特点。

约在宋代时期，苗族陆续迁到今天融水苗族自治县境内的元宝山周围和三江县境内。另一部分则沿着黔南路线不断向西迁徙，到了明末清初，有的迁到了南丹县山区，有的则从黔西南迁到今天的隆林各族自治县境内的德峨山区。另一支则从湖南城步等地迁到广西资源、龙胜，从而形成了广西苗族的分布格局。

广西苗族多在高山密林中安居，因此很自然地形成自然崇拜的传统，其中特别崇拜枫树、蝶母和脊宇鸟，并信奉飞山神、梅山神、五谷神、田神、土地神、雷义神等。苗族认为枫树心孕育了蝴蝶妈妈，蝴蝶妈妈与泡沫结合生下了12个蛋，其中一个蛋孵出了苗族的始祖姜央，因此苗民们特别敬奉枫树和蝶母。据说苗族每迁徙一地，都要先种枫树，枫树种活即可定居，否则再迁异地[19]。以前，广西桂北的苗寨，都喜欢在村口种植巨大的枫树，以保护村寨，人们常去枫树下祈福消灾。而且村中具有神圣性的物件也喜欢用枫树木制作，如杀牛用的撬棒，拴牛的神柱、最早的祭祀的木鼓、早期建筑中的中柱（中柱是苗族建筑中的“墨柱”）等。蝴蝶图腾则多在苗族姑娘的衣饰打扮中出现。脊宇鸟（亦称继尾鸟）则可以从融水苗族芦笙坪上的芦笙柱顶端看到（图1-4-16）。

此外，苗族还信奉飞山神、五谷神、田神、土地神、梅山神、雷义神等。在苗族人看来，飞山神是管理大山的主神，桂北一些苗族村寨会在村旁建

飞山庙或飞山宫，每年插秧完毕，或遇虫灾、兽灾，都要上庙供祭。广西苗族还特别崇拜土地神，几乎每家每户都设“土地屋”，村口大树下或寨门旁也常设土地屋，土地屋由石头垒砌，内供土地公、土地婆。对保护农作物的五谷神，有的村寨会隆重建庙祭之，有的地方还举行“跳香会”祭五谷神。猎人们则特别敬奉梅山神（梅山大王），出猎前和狩猎归来均用动物祭祀。

广西苗族十分崇拜祖先，但通常无祖宗神台神榜，而以火塘中的三脚架代表祖宗神位，逢年过节在火塘边祭祀祖宗，三脚架禁踏踩。草苗则在火塘角落放上一个小木凳作为祖先座位，上面放些香纸和蜡烛，但烧香化纸仍在火塘边。因此，火塘成为苗民家中非常重要部分，既有生活价值又有崇高的精神意义，这直接影响到苗民建筑的家庭划分和空间布局。苗族的家庭是按照一个火塘（“干基督”或火坑）来计算的，如果已经分居，不在一个火塘吃饭，即使是父子母女这样的骨肉同胞也不能视为一个家庭。因此，火塘在苗族人的社会生活中占据重要位置，火塘是一个家庭的核心空间。当然，由于受汉族文化的影响，广西一些地区的苗族也在其厅堂中设有祖宗神台、神榜，火塘则旁落于厅堂一侧，有的甚至以姓氏为单位建庙以祭祀祖先（图1-4-17）。

从居住习俗上看，广西苗族喜欢聚族而居，单家独户居住的很少，寨子的规模从十几户至几十户、上百户不等（图1-4-18、图1-4-19）。他们重视群体文化、群体关系，特别是以血缘关系为纽带的家族、亲属关系。因此，广西苗族多单姓村寨，即一个姓氏一个村寨，一个核心家庭就是一个住宅单元，儿子长大结婚后就分家另建房屋居住，在条件允许的情况下，选择比邻而建，所以村寨内相互间都有血缘关系，大小事情大家都通力合作、相互帮助。苗族村寨大多设有寨门，寨内大多种植有保佑风调雨顺、寨子平安的保寨树。

广西大部分苗族村寨内建筑都采用干阑式建筑形式，面阔二至五间不等，高通常为3层（底层圈养牲畜、中层住人、上层储存谷物），中层通常由火塘间、敞厅（敞廊）、卧室组成，其中火塘间是就餐、议事和会客的重要场所，是整个平面的核心，敞厅、卧室围绕其布置。但桂西地区部分苗族由于受其他民族建筑的影响，采用地居式建筑，一般为一明两暗式，通常正中为堂屋，设祖宗神台，两侧左右间分作前后两半，除一间设火塘，其余大多作卧室。广西苗族民居木构架普遍采用大叉手与穿斗式相混合的木构架形式（龙胜地区苗族除外，他们的民居多用穿斗式木构架），即檩条由大叉手（大斜梁）承托，瓜柱与落地柱与檩条相对位（图1-4-20）；广西苗族的公共建筑为了获得更大的室内崇拜空间，则多采用桂北插梁式木构架。

图1-4-16　柳州市融水县四荣乡田头村苗寨芦笙柱

图1-4-17　融水苗族民居火塘

图1-4-18　市融水县四荣乡田头村苗寨

图1-4-19　苗族民居

图1-4-20　桂北苗族民居大叉手木构架

六、毛南族

毛南族是广西土著民族之一，是从百越中的“僚”支分化、发展而来的，自宋代以后，史籍上曾有“茆滩”、“茅难”、“冒南”、“毛难”等称谓，1956年被正式确认为单一民族，称“毛难族”。毛南族现有七万多人口，绝大多数居住在河池市环江县，其余分布于河池、南丹等地。毛南族聚居处地处云贵高原东南端，海拔500~800米，境内崇山峻岭，他们世代以农业为主，在两山夹着的大小不等的平地间引水、开田、种稻，俗称“田峒”或“半石山区”，这些地区就形成了人口密集的村寨。境内还有广阔的石山区，因土地贫瘠、水源缺乏，不宜耕种，素有“九分石头一分土”、“滴水贵如油”之称，因此这些地区村屯极为分散，村民主要以经营山地旱作农业为主，还要通过采集、狩猎等方式来补充生活的不足。

毛南族信仰多神，所崇拜的神大体分为家内供奉的神与家外供奉的神两种，其中家内神有祖宗、财神（又称土地神）、灶王、婆主（即圣母娘娘）、三界公爷、社王、观音等，前五种神都写在一张红纸上，贴在厅堂的神龛处，过年过节全家供祭。家

外供奉的神有莫六官、李广将军等，莫六官被认为是地方保护神，人们在结婚、还愿时均请莫六官。李广将军被认为是护卫人畜平安的村神，神位通常设在每个村头的入口处。毛南族在生产过程中，也经常进行各种求神活动，如求雨要到龙王庙或龙坛，祈求丰收要敬土地神……这些家外神的神庙或神坛，一般位于村口或村寨边界之外。此外，毛南族每个村寨后面都保留风水林，风水林被视为祖先和神灵居住的场所，禁止砍伐，因此保护了村寨的水源。

由于毛南族聚居地山多地少，因此毛南族的村寨一般都建在山麓和山腰上，依坡而建，极少占用良田。毛南族建房无一定的方向或布局，离耕地近、避风、光照充足是毛南族村寨和民居择址的重要原则，所以毛南族的村寨多背靠山岭、面向开阔地，沿等高线分布。在田峒区的村寨，鳞次栉比，排列密集，高低错落有致，通过宽约1.5米的主道和0.5米的巷道连通各家各户；在石山区的村寨，则大多独立建房，很少有几户或十几户并排在一起的情况，因而村宅结构较为松散。

毛南族民居大多采用干阑式建筑，通常面阔三间，进深三至四间，高三层，一般底层圈养牲畜、存放柴草、工具，二层是厅堂、卧室所在，三层放置粮食或其他杂物。进入二层起居空间的楼梯置于

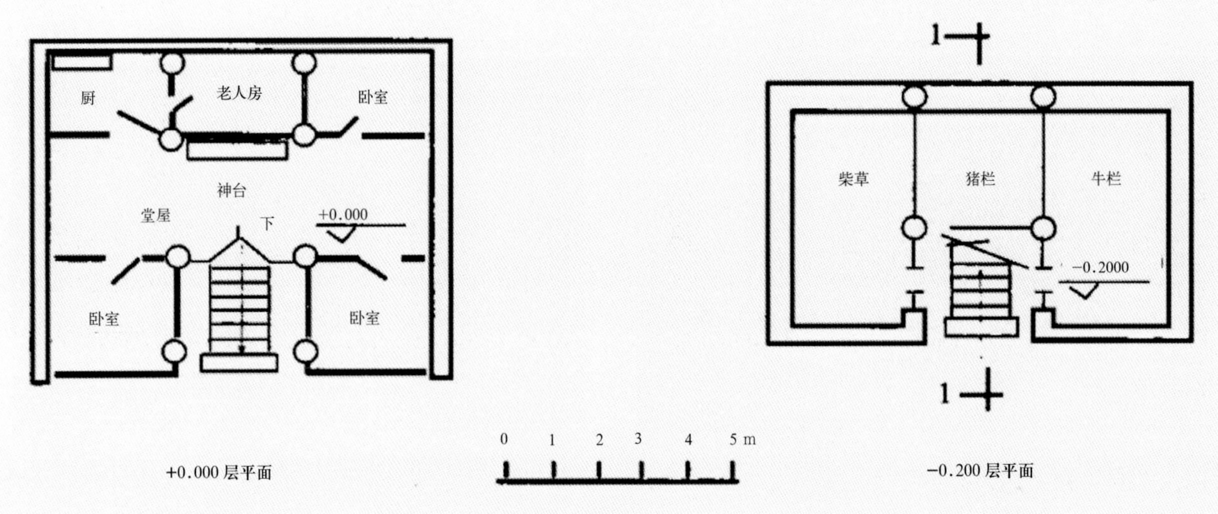

图1-4-21　环江县南昌屯谭居（图片源自：《广西民族传统建筑实录》第89页）

图1-4-22　环江县毛南族民居（图片源自：http://bbs.25yz.com/forum.php?mod=viewthread&tid=120858）

檐面明间正中，与二层厅堂神龛以及户主卧室处于同一轴线，具有较强的中轴对称布局意思，反映了汉族建筑文化对毛南族空间意识的影响。但二层空间依然保持着百越民族早期的平面布局形式——“前堂后室”，在厅堂（也称堂屋）正后方（即明间后跨）设户主夫妻的卧室或老人室，卧室两侧（即两次间后跨）分别设灶堂（厨房）和侧室（侧室可作为卧室或存放家杂的储物间），也有将灶堂置于次间中跨至后跨，但无论是在次间中跨还是后跨，灶堂已不是室内空间的核心，其地位被厅堂的神龛取代。此外，入户大门两侧还设有卧房，使二层平面呈凹字形，有凹入式门斗的意象。这两间卧室向前檐开窗，可以获得较好的通风和采光，通常为子女的卧室或客房。

毛南族传统民居一般采用混合式梁架，其中明间为穿斗式木构架，但不设中柱，使中跨尺度拉大，使厅堂空间更为开阔；次间为硬山搁檩式构架，直接将檩条搁置在山墙上。民居通进深17～21檩不等，用四柱（落地柱），柱与柱之间用“木栌”（即穿枋中的穿）拉牵成“排檐”（即一榀梁架）。通常“母柱”（即金柱）的直径要明显大于“子柱”（即檐柱），母柱和子柱都垫有高约70～80厘米高的圆锥形柱础。

毛南族居住于大石山区，区内石材丰富，墙基以及一层墙体多用条石或毛石垒砌，具有很好的防水、防潮效果。一层以上用夯土墙或砖墙，隔热和防寒性能比木板隔墙或竹席垫类更优。用夯土墙则屋顶为悬山式，出檐较远，保护土墙；用砖砌山墙则屋顶为人字形硬山顶，山墙檐角有高挑的起翘，翘尾是向上弯曲的卷草，檐下是白地的墀头。

七、回族

广西回族共有人口约3.04万人（2000年第五次全国人口普查资料），绝大多数居住在桂林市（城区、郊区）以及临桂县，其余分布在柳州、南宁、灵川、永福、鹿寨等市县。回族进入广西始于宋代，但大量进入广西是明清两代，主要从江苏、云南、陕西、河南、四川、广东等地迁徙而来，在广西大多从事农业、商业和手工业。

广西回族长期与汉族杂居，语言，服饰、居住等方面与汉族基本相同，但广西回族和全国各地的回族一样，信奉伊斯兰教，清真寺是他们精神和生活的中心，回民聚居的街道或村落大多建有清真寺，便于回民祈祷、聚礼。据《桂林简史》载：“桂林东江穿山清真寺，建于明时，因遭明清鼎革之变，该地清真寺毁于兵燹，教胞迁徙流亡，至前清顺治、康熙间，始复集于桂林。清顺治十八年于西外街购地重建清真古寺，康熙间建立文昌门清真寺及东洲马坪街清真寺，雍正年间建立西门内崇善街清真寺，嘉庆年间建立东门外盐街清真寺，道光年间建立南门内通泉街清真寺，咸丰二年经洪杨之变文昌门外清真寺被焚毁，光绪末年建立正阳街西巷清真寺，民国元年建立八角塘清真寺。”[20]在广西回族村落，每村必建一座清真寺，清真寺是村落布局的核心，多位于村落西侧，坐西朝东，使米哈拉布可以无遮拦地朝向圣地麦加的克尔白房，村落中的民居围绕清真寺进行布局，朝向与清真寺的朝向（即坐西朝东）完全一致，其高度不能超过清真寺，清真寺的西面也不可以建民居，以保证清真寺在村落中不可逾越的地位。

广西回族传统清真寺的平面布局和建筑形制，与广西地区的其他寺庙建筑大体一致，通常为一路多进合院式布局，中轴线上布置主体建筑——大门、议事大厅和大殿，中轴两侧对称布置一些附属建筑，如经堂、阿訇住房、沐浴室、塔布房等。议事大厅和大殿面阔三间、硬山顶建筑，明间梁架多用插梁式木构架，使中跨空间成为一个整体性强的大空间，方便回族人民在殿内进行集体礼拜，次间梁架多用穿斗式木构架或硬山搁檩式构架。

广西回族民居与当地的汉族民居形制几无二致，一般的为青砖硬山顶建筑，贫困些的为夯土或泥坯砖悬山顶建筑，通常为一进或两进的合院式，坐西向东，院门开在正面中央。正厅面阔三间，明间为厅堂，次间被均分隔成四个卧室，卧室上方设

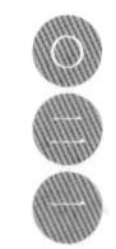

图1-4-23　临桂县六塘镇清真寺大殿梁架

图1-4-24　临桂县旧村回族民居

图1-4-25　临桂县旧村回族民居正厅梁架

图1-4-26　宜州市龙头乡龙盘村龙马屯砖石干栏民居

阁楼。厅堂向天井开敞，厅中的太师壁将厅堂分为前后两个部分，太师壁前进深大的空间称为堂屋，太师壁后的小空间称为二堂背，堂屋与二堂背间通过太师壁两侧的门相连，二堂背开后门与巷道相连。厅堂明间为穿斗式木构架，次间则将檩条置于山墙，梁架通常朴素无彩绘，仅在脊檩下以阿拉伯文书写“朵耳”，请真主赐福家庭，凸显了回族民居的特色。广西回族民居的厅堂也不设香火案、神龛和天地君亲师牌位，这是与汉族厅堂又一相异之处。厅堂前天井两侧设厢房，北边坐北朝南的厢房作厨房，南边坐南朝北的厢房多作为杂物间，厢房为单坡屋顶，向天井放坡，经由天井同一排水。

八、其他少数民族

1. 京族

京族是广西少数民族中惟一以渔业为主的民族，人口约1.3万人，其祖先于明代由越南涂山一带因捕鱼漂海而落居于广西北部湾的澫尾、巫头、山心等地。

京族多聚村而居，村落前或旁多保留茂密的自然林，以阻挡、缓解热带风暴的风力，对村子土地也有一定的保护作用，这样的树林被京族人民视为“神林”，不允许砍伐。村落里的房屋并不集中布局，结构较为松散，每家每户四周都留有空地，周围种植一些带刺的植物以作篱笆。

京族传统民居为竹木结构建筑，这类建筑均为低干阑建筑，竹编地板离地面约20厘米，人居其上，鸡鸭禽类栖其下。竹木结构的民居通常面阔三间，“人”字形悬山顶，以茅草或竹篱编织成的帘块作围墙，稍讲究些的就在帘块上抹泥巴，以防风雨。室内明间为厅堂，厨房偏于一脚，其余为卧室，早期不做间隔，后为隐私之故添加隔断。为防风暴，建筑较低矮，正面檐口高度仅有2米左右。20世纪50年代时，这种传统民居建筑在沥尾岛仍有较多保留，但今天已被钢筋混凝土结构的民居所代替。

2．彝族

我国彝族主要分布在四川、云南、贵州等地，广西彝族人口仅0.62万人，占全国彝族人口的657万人的很少一部分。广西彝族主要分布在邻近贵州、云南的边缘县份如隆林、百色、凌云等县，其祖先分别来自云南大理、文山等地及贵州盘县、兴义一带。彝族先民进入广西最早为公元3世纪三国战乱时期，最晚一批彝族先民抵达现居之地的时间为明朝洪武年间。迁入的原因有两种，一是“随水草为生”，朝四面八方迁徙而有部分彝族先民入桂；二是因战乱避祸之故迁入。

广西彝族人民通常与苗、壮、仡佬等民族杂居，所居之地崇山峻岭，连绵不绝，地形大都在海拔1300～1400米以上，气候寒冷。境内十分之七八是石山，十分之一是半石山，只有十分之一是山洼泥地。彝族人民主要从事农业，辅以林、牧副业，粮食作物以玉米为主，用材林主要有杉木、栎木(柞木类)、竹类、泡桐、红椿芽、铁力木等。

彝族民居多采用一明两暗的地居形式，通常坐落于山麓或山腰的坡地，沿等高线分布，没有固定的朝向，视山的走向以及采光、通风而定。为适应坡地，地基由毛石垒砌、找平，在其上建夯土墙、茅草顶（传统彝族民间多茅草顶，少瓦顶）的房屋。房屋面阔三间，次间向前檐凸出，形成凹字形平面，入口阶梯、宅门和厅堂神位居于同一条轴线，具有较强的中轴对称感，突出了厅堂的地位。

明间厅堂中有木隔墙将厅堂分为两个部分，隔墙中央供神位和灶君，神位下不置香案，而是简易的在墙上钉一块木板，置香、纸钱和祭品等，神位下面一般放一张碗柜。厅堂隔墙后为退堂，是一个通道空间，可由此进入后卧室和厨房。厅堂左右两次间分别为厨房和卧室，厨房内设火塘和灶台，火塘靠近前檐，并设门与前廊相通，人们可以不用通过厅堂直接进入厨房。为防寒，厨房内侧通常设铺位给身体羸弱的老人或客人居住。卧室一般被隔成前后两个，其上设阁楼放置粮食和杂物。明间用穿斗式木构架，每榀梁架有5棵落地柱，总体进深四跨，前跨为入口檐廊，其他三跨为室内空间。次间用硬山搁檩的构架方式，檩条搁置在泥墙上，并伸出山墙约70厘米左右，以保护夯土山墙。

3．水族

广西水族人口1.15万人，主要分布在南丹、环江、河池、宜州、融水、都安等县（自治县）、市，先祖都是从贵州荔波县迁徙而来，与当地的壮、苗、毛南、布依、汉等民族交错杂居，形成大分散、小聚居的分布特点。

广西水族居住在广西北部的丘陵山区，山岭间大小不同的谷地（当地人称为“峒”或“鼻”）就是水族人民的主要生产资料，水族以稻作农业为主，谷中溪河提供了充足的灌溉用水和生活用水。为了不占用不多的平峒耕地，水族人基本上就近居住于平峒周边的坡地上。水族较少单姓村落，大多两三个姓氏的居民组成一个村落，不同形式成团块居住，团块间有道路、水塘等作为边界相隔。

水族民居有木构干阑式、砖石干阑和泥坯墙地居式三类，木构干阑式更为古老，但已完全消失；砖石干阑则是受汉族建筑影响发展而来，建筑精美，但遗存少；泥坯墙地居多为新中国成立后修建，在此不作讨论。

砖石干阑建筑大多面阔三间，高两层，一层高约2米，以砖石砌筑、山墙面开门、前檐面设花窗，主要用来圈养牲畜、存放柴草等。前檐面中央设石砌台基直通二层，二层是生活区，起居坐卧都在此层，其平面为一明两暗的凹字形，明间凹进呈门斗状，厅堂、入口及入口阶梯呈一条直线，中轴对称意识明显。厅堂由木隔板分为前后两个区，前为主要的仪式、待客、活动空间，后为交通空间，并设后门通巷道，木隔板上贴祖宗神位，供奉香火。厅堂两侧次间为卧室、厨房，卧室通常被隔成两间，其上设阁楼，厨房通常位于左后或右后的一间卧室，其上不设阁楼。水族砖石干阑建筑采用穿斗式

木构架，山墙为前端起翘的金字形山墙，博风及墀头位置刷成白色，与青砖对比强烈，颇有艺术性。

4．仡佬族

仡佬族是广西少数民族中人口最少的民族，现有0.29万人，是在明清时期从贵州迁移来的，主要分布在隆林各族自治县及西林县，多与其他民族交错杂居。广西仡佬族居住地区多为海拔800～1000米的石山丘陵腰间，地势高耸，温度较同纬度其他地区寒冷，有“小东北”之称。

广西仡佬族建筑多为面阔三间、一明两暗式的地居建筑，以土作为主要建材，以木竹为筋，早期以茅草为顶，新中国成立后改为瓦顶。建筑多请壮族工匠设计、建造，因此建筑从形制到构架多于当地壮族建筑相近。

第五节　广西汉族移民类型、分布及对建筑分布的影响

秦代以前，广西这块土地上便产生了青铜文化，但由于受五岭山脉的阻隔，相对较闭塞，其中唯一的通道便是从东北向西南的天然峡谷——湘桂走廊，正是这条走廊使居住于广西的西瓯人在春秋战国时便与楚文化、中原文化产生了交流。但终因山高路险，对外交流受到极大的限制，中原的文化和精耕细作的技术无法顺利传入，西瓯、骆越人的生产力水平较中原大为落后。

秦统一岭南后，开灵渠沟通长江流域和西江流域，开潇贺古道沟通今湖南与广西，使中原的政治、文化、物资、人员、技术等能顺江（道）南下岭南，从此岭南一带得以长足发展。但更为重要的是，由于广西自然条件恶劣，经济发展水平和人口数量长期低于中原地区和邻近地区，因此自秦以降，除了官方推进的汉文明不断输入外，汉族移民从未间断地进入广西的东部、中部，特别是明清时期，大规模汉族移民从周边省份迁入广西东部、中部，由于迁移时间相对集中，人数众多，加上文化上的强势，使这些地域成为中原文化教化、涵化广西土著及其文化的重要场地，广西的土著民族逐渐“汉化”，这形成了强大的文化潜流，改写了广西文明的类型，原有文明因传承势微而锐减，外来汉文明最终在广西东部、中部成为主流。几大汉族民系在此间上演着精彩的势力生成、发展、割据的大戏，这同时奠定了今天广西汉族建筑的分区，以及汉族与少数民族建筑的分区的格局基础，广西可以指出的建筑风格分区正是在明清这段大移民时期形成的。

一、汉族移民类型及进入时期

（一）政治移民

这是指因仕宦、谪迁等政治因素，以及改朝换代、战争、动乱等原因而滞居广西的外来人口。广西地处偏远，自然条件十分恶劣，本身缺乏对自发移民的吸引力，因此在明清以前，进入广西的移民主要是政府强制性的：谪迁罪犯、官吏和军事移民。自秦以来，为了更好地对广西进行统治，历代都派大批官员到广西的各级治所，有的官员因中原多故、王朝更迭被迫留下，有的因好山好水主动留下，有的不幸死于任期，其子孙无奈留下。另外由于广西自然条件恶劣，是流放犯人的理想之地，一批批犯罪政客、官僚、文人和下层百姓被发配广西，其中一部分终老不归。

（二）军事移民

这是指以军队士卒身份或以镇戍广西为主要目的的迁移人口。广西地处中国南疆，远离中央政权，但又有极大的边防价值，因此历代均以重兵镇戍广西，其中很多人落籍广西，秦、汉、唐、宋时期的戍军和明代的卫所士兵都属此类。

秦代为统一岭南有大规模的军队进入广西，经过艰苦卓绝的战斗，最后留在广西的军事移民约十万。汉代派二十余万大军平定南越，其后在各郡县（包括广西西部在此时也设郡县）都屯军镇守，汉人数量总体增加。

唐时，广西少数民族起义不断，同时南诏等少数民族政权也乘机攻占桂西地区，因此唐政府派出大批军队进入广西征讨和戍守，士卒多来自今湖

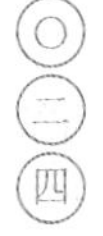

南、湖北、安徽、山东等地，大量中原汉人亦随之迁移到广西。

两宋时期，广西先后有多次少数民族起义，因此宋朝在广西布置禁军、厢军和乡兵3种军队（外来士兵多来自今湖北、湖南、安徽、山东一带），镇压侬智高后屯兵更盛。宋政府对广西西部少数民族采取“以民官治理之，以兵官镇压之，以诸峒财力养官军，以民丁备招集驱使”[21]的政策，甚至任命一些有功的将校为土司直接管理相应的羁縻州，并留下部分随征士卒分戍各地。由于宋朝驻军一般都带家属，因此来广西戍边的汉人数量进一步增加，其影响范围有所扩大，呈墨迹形式向四周扩散。宋末元军进入广西时，宋军以失败告终，被迫解散落入民籍。

明代实行卫所制度，规定凡为军者，“皆世籍”，称为“军户”，军人必须结婚，携家属，戍守于指定的地点。广西卫所的官兵有相当一部分是由内地汉族区携同家属前来，他们驻守于固定地点，“三分守城，七分屯种”，战时听从调遣，战毕返回驻地，成了大规模的汉族移民。据相关统计，明代在广西境内共设有10卫、20千户所，驻兵最多时达128892名，合家属约38万左右[22]，是土著人口的四分之一强，其中作为明代三司治所的桂东北，为军事移民最集中之地，其间的土著人口远远少于汉族军事移民人口。这些军事移民来源广泛，但以湖广、广东及包括今江苏、安徽等地在内的南直隶人最多。其分布区域，则根据卫所的设置，大致集中于桂东、桂中，而重点分布在省治和各府州县治、交通枢纽，如桂江、浔江、郁江、黔江沿岸的桂林、柳州、南宁、梧州、桂平等地，大体上是桂林为中心的桂北以湖广、江西、山东、南直隶等地移民为主，这为西南官话在桂东北区的普及奠定了基础，也使桂东北的建筑带有湘赣及江南特色。到了明成化年间，两广总督军门长年驻扎梧州，梧州地区成为继桂东北后又一个重要军事移民据点，但这一地区的士兵多来自广东。随着梧州政治、军事地位的上升，人口数量的增多，来此从事商业活动的商人也不断上升，其中以粤东人为最，粤文化逐渐成为以梧州为中心的桂东地区的主流，其建筑也广受广府式建筑的影响，甚至许多工匠就来自广东地区。桂中地区，明以前以少数民族居多，因屡有少数民族起义，又是广西腹地的交通咽喉，有明一代在此设立了许多卫所，官兵和家属共9万人，这些外来的汉族人渗透到此区的少数民族聚居地，使这一地区的少数民族逐步汉化，少数民族建筑也开始采用汉族建筑的形式。此外，以南宁、横州为核心的桂南地区卫所，将士和家属4.5万人，以宜州为核心的庆远卫及河池守御千户所，其军事移民达3万人以上。最终形成沿桂江、浔江、郁江、黔江一线分布汉族军事移民的态势，但除了桂林、梧州、南宁以汉人移民占优势外，其他地区多处于“汉戎”交融的状态。至清代，卫所陆续废除，这些军籍人口都被改为民籍，彻底成为百姓。

由于卫所人员多从异地迁到一个陌生的地方，其人口来源又相对集中，所以有极强的认同感，这种认同感使聚居在卫所城池之内或附近堡寨之中的军事移民能顽固地保存迁出地的文化风俗习惯，并因其政治上的优越性，以及较高的文化、技术水平，使其处于文化强势地位，将迁出地文化、信仰、方言向聚居地四周辐射、扩散。因此，明代军事移民的分布状况奠定了明清时期广西经济的发展和民族人口的地理分布，也奠定了广西建筑民系分区划界的基础。

（三）经济移民

这是指来广西从事农业生产、商业、手工业、采矿及其他经济活动的迁移人口。由于广西山多田少，自然条件恶劣，在其他省份耕地与人口发展相和谐的时期，鲜有经济移民进入广西。唐宋以后，长江流域一带长足发展，至明清时期出现了人多地少的矛盾，特别是福建、江西、广东、湖南等地区。而此时，广西仍处于地多人少、开发滞后的状态，因此自然吸引着这些人口爆满的邻近省份的无地或少地的农民、手工业者、商人前来开发。如明代一部分汉人是在“盐商中纳”的商屯活动中进入广西，所谓“盐商中纳”即为了弥补各卫所军粮不足，招

募商人于边疆开垦种植，将所获粮食就地交给军队食用，然后由当地布政司及都司发给凭证，于产盐处照价支给食盐，使盐商得以贩卖牟利。于是，商人们在有利可图的情况下，出资金招募一些佃户在各地进行屯田垦殖。这些佃户的民族成分可能不只有汉族一种，但可以肯定其中汉族占了相当大的部分，他们也成为进入桂中、桂西的汉族移民。

在明代的基础上，清朝时期汉族人继续向广西迁移，清朝的迁移以自发迁入为主，其原因有二：一是，中原战乱不已，南明驻扎广西，出现汉族人向广西迁移的高潮，“沿河各县避难迁入者为数甚多”[23]，这批移民以江河沿岸的城镇为集结点，而后再向广大的农村地区辐射；二是，广西连年战乱，兵民死伤惨重，大片土地荒芜，经济遭到严重破坏，清政府出台一系列优厚的垦荒政策，吸引周边人多地少省份（湖南、广东、江西）的民众进入广西垦荒（带来先进的生产技术与工具）、经商（落籍城镇，投资开店或投资开矿，足迹深入到八桂内地，或瞄准中越边境，开展广西最早的边境贸易活动）或从事手工业（靠金、木、石、泥等手艺营生，为广西带来先进的手工技艺），移民大多进入汉族人口最多的桂东北、桂东、桂东南，使此区域的人口结构朝以汉族人口为主的方向发展和演变。到了清中期，许多汉族人口迁入了明代还较少有汉人足迹的桂西壮族土司地区，迁入的汉族多为商人，也有一些农民。

这次移民高潮使广西桂东北、桂东、桂东南、桂中、桂南的汉族人口数量剧增，很多当地的少数民族被汉化或被迫迁出，汉族文化成为这些区域的主体文化，同时划定了广西建筑民系的范围，形成了各民系建筑的工匠体系及建筑形制特色。

二、汉族移民的分布及对建筑分布的影响

（一）湘赣人及湘赣式建筑分布

桂东北地区地处中原与岭南交通的要道，秦以前便与中原进行交流，今天出土的很多器物，其形、其纹都显示出楚文化的特点。入秦以后，中央封建政权最早在这一带确立了统治，开凿灵渠，加大了与中原的交流，因而此地区深受中原先进文化的影响，经济、文化发展水平较高。除了政治移民、军事移民外，良好的气候条件和较好的汉文化氛围也吸引了来自中原地区的经济移民。这些明以前的经济移民大多来自湖南，其原因之一是桂东北的全州、兴安、灌阳、资源等县直至元代都隶属于以湖南为中心的政区，而非广西，所以其民众就是湖南人，自然受湖南楚文化的影响；其二，桂东北地区的湘桂走廊，为北来的移民提供了进入广西的便捷路径，而此间水土丰美易于种植，所以与广西东北部在地理上同属于一流域的湖南人，在人口日多、耕地日少的情况下，很自然地向广西东北部流动，定居于此。

明以前，进入广西的移民更多的是军事移民，军事移民中向来以湖北、湖南、江西一带的兵士为主，至战乱频仍的明代，更有大批来自湖广和南直隶、江西等地的驻军。由于元末明初“江西填湖广”的运动使湖南、湖北的人口中有很大一部分为江西人，特别是湖南[24]，因此，这些军事移民大多受湘赣文化浸淫，相应的桂东北地区受湘赣一带的语言、文化、建筑工艺的影响深远。

广西在明末清初遭受战争破坏较大，桂北地区更是人烟稀少、土地荒芜。因此，自平定三藩之乱后，清廷即着手对包括广西在内的西南地区进行大规模的招民垦荒，大批无地少地的湖南、江西农民来到桂北地区开荒。此外，由于人多地少，也由于外来资本的侵入，大量少地、无地的湖南、江西民众纷纷进入桂东北地区从事手工业和商业等经济活动，他们不仅广泛分布在今桂柳官话区各县（桂林府及平乐府的平乐、荔浦、富川、蒙山、钟山），还大量进入桂中中心城镇（如柳州）等，掌控着这些地区的经济命脉，除粤商外，无其他商帮能出其右。

因此，至明清，桂东北的桂林府、平乐府一带的中心城镇及各县、村以及桂中的中心城镇的汉人多以湘赣移民为主，其文化、习俗、建筑艺术也多

图1-5-1　桂北湘赣式建筑之一

图1-5-2　桂北湘赣式建筑之二

受湘赣影响。其中桂林府城镇中的公共建筑及民居，平乐府平乐、荔浦、富川、蒙山、钟山的民居，桂中中心城镇的公共建筑和民居都为湘赣式建筑，这些区域属于湘赣式建筑的核心区；而平乐府平乐、荔浦、富川、蒙山、钟山城镇的公共建筑多采用湘赣与广府相融合的形制，桂中各县、村的建筑多采用湘赣式建筑与其他民族或民系建筑相融合的形制，这些区域属于湘赣式建筑的次生区（图1-5-1、图1-5-2）。

（二）广府人及广府式建筑分布

至迟到唐宋时期，广东移民开始进入桂东南地区，如贵县，但相关记载极少，可见当时的广府移民仅是一个发端，并不具备一定规模。到两宋时，广东移民渐多，主要移居桂东苍梧、郁林、桂平，反映了桂东南地区对广东移民的吸引力增大。元代，见于记载的移民活动甚少，多为政治上逃避战乱而来。明代外地移民入桂，总体上以军事留戍为主，其中地处两粤之交的桂东、桂东南地区以广东军事移民为主。特别是自明成化以后梧州成了两广总督军门驻扎地，万余名广东士卒云集，常年更番戍守，加上商业往来，聚集了大批来自广东广府地区的移民，粤语直接成为当地语言中的一部分。清代迁入桂东南地区的广府移民主要以商业移民为主，因为到清代的广东已出现人多地少的情况，为生活所迫和广西优厚垦荒政策的吸引，大量广东移民进入广西。进入广西的路线大致有两条：一是沿着西江逆水直上，到达封开和梧州，然后通过各个支流到达桂东南或广西的其他地区；另一条水路是从南海到北部湾，经南流江、钦江、茅岭江到达桂南和桂东南以及广西其他地区。其中操粤语的广府移民主要分散居住在浔江、郁江、黔江等流域的梧州府、浔州府、今钦海防一带（清代这一地区属广东省管辖），以及平乐府的贺州、昭平。

广州是清朝对外的唯一口岸，商品经济发达，广府地区民众大多潜移默化被培养出来经商的意识，“崇利”心理倾向较强。在这样的心理导向之下，广府移民多以商业为生，即使初来时是以垦荒种植为主，也渐渐地加入进获利更多的经商队伍，在民众经商意识淡薄的广西从事商品贸易活动，逐渐在桂东、桂东地区的梧州府、浔州府、今钦海防一带，以及平乐府的贺州、昭平建立一个又一个粤商会馆，可见粤商在这些区域已然成规模。到清中后期，粤商以商人会馆为基础，沿江向广西腹地深入，分布在广西的12个府（州）、50多个县份，涵盖了除桂林府等少数地方外整个广西，形成了广西街镇“无东不成市”的商业发展格局，成为左右广西大部分地区商业经济的主导力量。由于其经济地位，决定了粤商在这些地区各地街镇的话语权和文化辐射主体身份，其语言、文化成为这些街镇的主导，其做工精湛、装饰精美的会馆及民居成为广府商人的标识，是各地争相借鉴、模仿的对象。

因此，到明清时期，广府人的分布界线已经清

图1-5-3　桂东南广府式建筑之一

晰，其中梧州府、浔州府以及今钦海防一带是广府人分布的核心区，这一区的民众操粤语，受广府文化浸染很深，建筑也采用广府式风格，甚至直接延请广府师傅来桂建宅；平乐府的贺州、昭平，南宁府，以及左右江的城镇是广府文化及广府建筑的次生区，这些区域在街镇上说粤语，公共建筑多为广府式建筑或融入很多广府式建筑的符号，如山墙、屋脊、彩绘、葫芦形瓜柱等，街镇民居则表现为广府建筑与本土建筑相融合的态势，而街镇之外依然讲地方语言，建筑也多用其他风格的建筑形制，所以这些地区属于广府式建筑的次生区（图1-5-3、图1-5-4）。

（三）客家人及客家建筑分布

从宋代开始，就有一些客家人从闽、粤、赣等地的客家聚居区迁入广西的博白、陆川、贵县，富川、恭城、平乐、苍梧，桂中的柳州、来宾、武宣等地也有部分客家人迁入。但这一时期迁入广西的客家人数量不多，零星分布于广西各地，没有形成相对集中的聚居区，只能算作客家人入桂的前奏。

明代入桂的客家人数明显增多，主要有三种来源：一是官宦游学后留居。二是政府组织移民。由于广西发生大藤峡起义，多次被镇压，起义人民被杀戮甚惨，广西成了人烟稀少的荒凉之地，为此，明政府运用强制手段辅以一定的经济补助和优惠政策，多次组织移民迁往桂东南等地垦荒屯田，这些移民大部分来自福建汀州府各县。三是为谋生而来。这一时期，由于闽、粤、赣一带地区，人口急剧膨胀，出现了人多地少、生存艰难的局面，因而许多人不得不远走他乡，寻找新的谋生之路。据统计，明代迁入陆川县的客家人占其总数的80%以上，仅有少数为清代迁入。博白县的客家人，大部分也是同期来自福建闽西地区，其他地区也有不少的福建客家人迁入。

清初，经过南明政权的抗清斗争和“三藩之乱”，

图1-5-4　桂东南广府式建筑之二

广西人口大量减少，农业生产破坏严重。为恢复经济，清政府采取鼓励垦荒的移民政策，推动了大量的汉族人民从周边各省迁入广西，其中有不少来自闽、粤、赣的客家人，形成了清初（从康熙至乾隆100多年间）客家人入桂的第一次高潮，这批客家人的主要迁入地是桂东南的郁林州，以及贵县、桂平、平南等地。此外，桂中的柳州附近以及桂东的贺县（今贺州市）也是这一时期客家人迁入最多的地方。清中晚期（咸丰、同治年间），从嘉应州迁往粤西六县的客家人发生了一场大规模械斗，虽经官府的调解亦未能解决，造成数以10万计的客家人因战败而被遣送到或逃到广西桂中的柳江、柳州、鹿寨等地，形成清代客家人入桂的第二次高潮。清末（19世纪末期），随着广西少数民族地区"改土归流"的完成，吸引了大批广东客家人迁入桂北的龙胜、三江以及桂西的矿场等，形成客家人入桂的第三次高潮。

因此，广西客家族群在广西形成了"小集中，大分散"、"东南稠密、西北稀疏"的格局，其三大聚居区：一是桂东南区，这是客家族群的最大聚居区，客家人口所占的比例为25.21%，比例最高的为博白县和陆川县，达到了65%以上；二是桂东区，客家人口所占的比例为15.06%，其中的贺县则达到了45%，这是第二大客家族群聚居区；三是桂中区，包括柳州、来宾、贵港等地的部分县，客家人口都超过了10%以上。

桂东南客家聚居区，由于客家人口迁入早、数量众，因此其语言、文化、建筑都极具客家的特点。桂东贺县以及桂中的客家聚居区，虽然在人口数量上并不具备压倒性优势，迁入时间也相对较晚，但由于这些地区原居住的多为耕种技术、经商意识、文化发展比较落后的少数民族，因此客家人能在这些少数民族人口众多的地区形成自己的文化岛，坚持自己的语言、文化和建筑风格，甚至向其周围辐射，使周边的少数民族采用客家的建筑风格（图1-5-5、图1-5-6）。

综上所述，广西汉族民系建筑的分布与汉族移民息息相关，是受汉族移民建筑文化影响的结果，其分布、村落格局、建筑形制均反映了迁出地的特色，同时在汉民系周围的次生区域以及两股民系势力相角力的地域，则出现了精彩的汉族建筑与少数民族建筑、不同汉族民系建筑间相互交融的现象，既反映了建筑有趣的"在地化"过程，以及广西木构建筑的发展和演变，也是研究广西历史变迁、民族学、人类学的不可多得的佐证。

图1-5-5　广西客家建筑之一

图1-5-6　广西客家建筑之二

注释

① 广西壮族自治区气候中心编著.广西气候.北京：气象出版社，2007.

② 桂林当楚越之交，被山带江，“俗尚质朴，不渔则樵”，灵川以北，阳朔以南多瑶、壮，“故独桂城之民有宁字全次之人，文亦盛于他州”（《大明一统志》卷八三《桂林府》）。

③ 钟文典.广西通史（第1卷）.南宁：广西人民出版社，1999.

④ 此期，全州、资源、灌阳一带属长沙郡。龙胜、三江、天峨、南丹一带属黔中郡。

⑤（明）黄佐《广西通志》。

⑥《水经·漓水注》卷三十八。

⑦ 此期，全州、资源、灌阳一带属荆州零陵郡。龙胜、三江一带属武陵郡。天峨、南丹一带属益州牂牁郡。

⑧ 此期，全州、灌阳、资源一带属荆州零陵郡。龙胜、三江一带属武陵郡。天峨、南丹一带属益州牂牁郡。

⑨ 此期，全州、灌阳、资源一带仍属零陵郡。天峨、南丹一带属牂牁郡。西林一带属兴古郡。

⑩ 此期，全州、灌阳一带属江南西道永州管辖。

⑪ 广南西路的政区范围，除今广西之外，还包括雷州半岛和海南岛一带，此外，全州一带属荆湖南路管辖。

⑫ 全州、灌阳、资源一带仍属湖广行省管辖。此外，将原属广西省的雷州半岛和海南岛一带划出来，成立海北海南道宣慰司（今属广东、海南地域）。

⑬ 同时，将海北海南道（雷州半岛、海南岛一带）复归广西，不久，又重拨广东。

⑭ 明代中期，有人曾对广西各族所占的比例进行过估计：“广西岭徽荒服，大率一省狼人半之，瑶壮三之，居

民二之”（《世宗实录》卷三一二，嘉靖二十五年六月丁亥。顾祖禹在《读史方舆纪要》中也持这种观点。）柳州府虽连桂林，但“郭以外，绕地率瑶壮矣”，故“风气与中州异”，男子耕田，妇人不事蚕作，以绩麻织布为业。庆远府在桂西北，“环绕土夷”，“民之家一而瑶壮之穴九”，其人“以岩穴为居止，常持兵以事战争”。平乐府也是瑶壮聚居之处，“自昔号瘴乡”，“民居多茅茨竹户”。梧州府与广东接壤，众水环绕，气候多变，其民“力田务本，不诱末作”。浔州府“地广山深，瑶狼错杂”，瘴气严重，民以“力耕为业”。南宁府“为粤西壮郡，虽丛错三十六峒……盖视诸郡独夷旷，屯可容数万人”，“人性轻悍，俗惟种田”（（明）杨芳：《殿粤要纂》卷三；《大明一统志》卷七八）。其他府州多为瑶、壮生活之处，少数民族更占多数。

⑮ 狼人：即俍人，指明代中叶至清代主要分布于广西一带的壮族。如：狼师，是指俍人组成的军队；狼兵是明代对广西的“东兰”、“那地”、“南丹”、“归顺”诸土司兵的称呼。

⑯ 三江县寻江以北不同姓氏以鼓楼为核心组织居住，寻江及以南地区不同姓氏则以祠堂为核心组织居住。

⑰ 南朝梁任的《述异记》记载：“桂林有盘古祠”，这里的桂林不是现在的桂林市，而是南北朝时期的桂林即桂林县或桂林郡，其中心在今广西象州一带。

⑱ 据广西壮学学会会长覃乃昌先生调查，此区域共有28处盘王文化遗存，在武宣县东乡河两岸几乎每个村屯都有盘古庙。

⑲ 朱慧珍，贺明辉主编.广西苗族.南宁：广西民族出版社，2003：88.

⑳ 覃乃昌主编.广西世居民族［M］.南宁：广西民族出版社，2004：186.

㉑《文献通考四裔考》卷七四，“原蛮”条引《桂海虞衡志》。

㉒ 黄佐．广西通志.卷三一.兵防五.

㉓（民国）．雷平县志.第二编.

㉔ 据谭其骧先生的研究：湖南人以江西籍居多，且江西人移到湖南后，大都以稼穑耕垦为主，因避免长途跋涉，江西南部之人大都移向湖南南部，江西北部之人大都移至湖南北部。

广西古建筑

第二章　城镇聚落

广西城镇聚落分布图

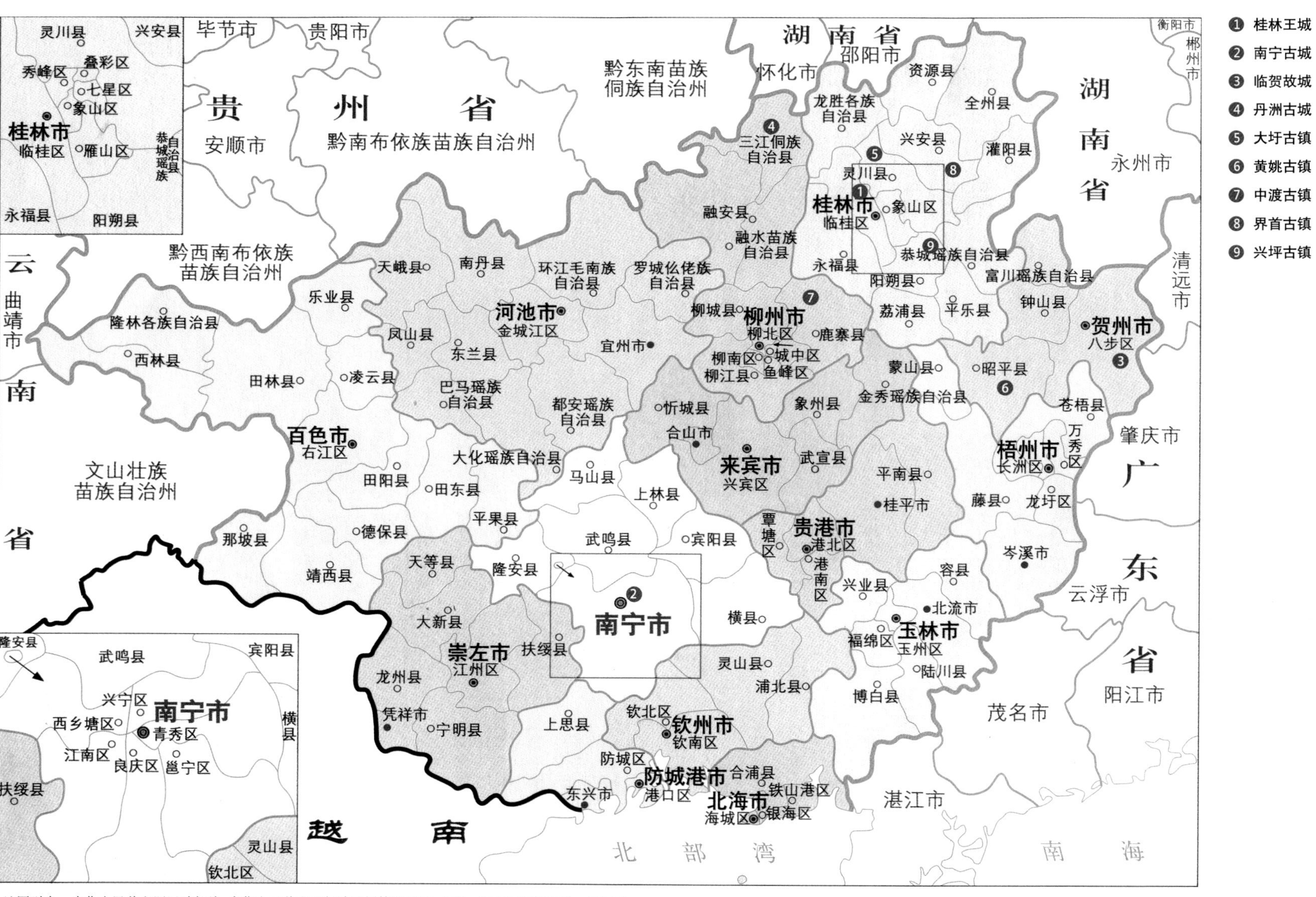

（地图引自：中华人民共和国民政部编. 中华人民共和国行政区划简册2014. 北京：中国地图出版社，2014.）

第一节　概述

广西古镇的功能变化大体上经历了从军事要塞—行政中心—商贸集散—衰败凋零—旅游重构的过程，对应这样的功能使用，古镇的空间也体现了与功能相匹配的布局。随着时间的变迁，古镇完整保存下来的已经很少，我们今天所指的广西古镇，泛指那些经历历史更迭之后，建筑遗存相对完整，古民居历史较久远，尚保存有一定规模的连续的历史风貌古城、古镇。

一、广西古镇的分布

城镇选址与水系息息相关。在古代，漓江主要起着联系广西与北方汉族的交通功能，因此，沿湘江水系下来的中原汉族基本通过漓江沿岸登陆广西，基本上在宋以后兴起的古镇选址都是考虑漓江流域沿岸，广西彼时的古镇大多分布在漓江水域。因为受到中原文化影响较早，整个桂北留下的古镇也最为丰富，相当大量的古镇物质空间文化有一定年代、结构精巧，空间价值高。

广西水系发达，广西境内85%以上的地面皆属于西江流域。河水大都顺地势的总倾斜方向，从西北流向东南，干流横贯广西，境内干流有红水河、黔江和浔江，支流分布两侧，遍布广西全境，其中以郁江、柳江、桂江最大。西江干支流构成一个以梧州为基点的扇状水系网。近代西江是广西对外交通的主道，既是汉人南下的主要通道，亦是岭南与中原沟通经济文化的走廊。新中国成立以前的广西运输基本依靠水运，西江沿岸的经济形成了经济带，各个沿岸小镇纷纷崛起，其功能各有不同，有桂东南集散中心桂平江口镇、贺州八步镇等。

综上所述，广西城镇的发展与广西的水运交通密不可分，其选址建设紧靠西江流域沿岸。钟文典在《广西近代圩镇》的研究中指出：广西近代圩镇的布局与西江水系网的构造是相一致的。由此归纳：广西古镇的分布与西江水网基本同构，呈扇形分布，桂北部分古镇呈现与湘江水系同构的状态。

二、广西古镇的空间布局

从空间形态上看，广西的古城镇有的从村寨聚落发展而来，因此，其空间结构是村寨空间的延续。因为广西有靠水形成的渔村和靠山形成的山村等，在这样村落基础上发展形成的城镇和村落的空间形态类似，分为单线型、复线型、网络型等几种形态；同时，广西的古镇也有从圩市规模逐渐扩大发展而来，因为商品交换形成的大规模的聚集，最后成为城镇，这一类的古镇一般也为线性布置，与从村落发展形成古镇空间不同的是，这一类古镇依托商品经济为主，依托码头形成线状商业街，商业街会呈现前铺后宅、商住两用的建筑形式；第三种古镇是在原来的县治所在地发展形成，因此这一类古镇除了具有经济功能之外还同时是政治、经济的中心，在空间布局上除了具有线状的空间形态之外还会出现更多的放大的“点”式空间节点。

单线型古镇：主要由圩市发展形成，依托圩市形成一个聚集点，由这个聚集点通过交通道路为主要轴线，组织各个功能场所，这类古镇功能单一，其主要为交通功能，随着社会制度的变迁、市场经济的发展，功能逐渐退化，完整保留下来的实例不多。单线型古镇的巷道一般为直线，虽然不是笔直的道路，但是方向性强，视线无遮挡，交通顺畅，两边建筑布局较规整。

复线型古镇：当单线型空间不能满足城镇发展的空间要求时，城镇就会从单线的一个集聚点向另一方向发展，形成“十”字、“T”字的空间形态。如商业空间集散过于繁忙之后就会形成多个码头，因此单个码头聚集点就会向另一个方向增加多个码头聚集点，由于复线型古镇是在单线型的基础上发展起来的，除交通功能显著之外，其商业功能更加突出。复线型古镇在宋代以后出现，即形成于依托水运的商品贸易集散往来逐渐频繁的时期。

网络型古镇：随着社会组织日渐复杂，城镇规模不断扩大，线型的空间已经不能满足古镇发展的时候，网络型古镇就应运而生了。其主要特点是随着路网结构的改变，空间结构从线状开始向复合状发展，具体说来即内部道路发展成为纵横交错的“井字形”或者“方格网”状布置，因为是在复线型基础上发展而来，因此，为了因地制宜，会受到地形等因素的影响，呈现自由式和规整式两种主要形态。

三、广西古镇的建筑特色

广西城镇建筑从建筑类型上看一般分为居住类和公建类，公建一般围绕古镇中的“市”这个中心展开，或形成传统的商业街道，或设立集中的商品交易集散场所。公建集聚的地方一般布置在人流聚集的交叉点，形成镇上的公共空间和大型的活动场所。居住类的建筑或绕公共中心节点沿街道方向排列，或与商业主干道相融合，形成商住两用的居住建筑，公共建筑和居住建筑不管如何组合，都会呈现古代城镇功能演变下清晰的道路系统关系。

从建筑的序列感方面看，古镇建筑多姿多彩的外观和立面，传达了强烈的界面连续的序列感，同时它也成为广西传统建筑中最突出的形象，是地方性和民族特性的标志。沿水而筑的古镇，从河面眺望，前景是水，中景是建筑的屋顶和立面，远景是群山和天空。连续的屋面和立面形成了错落有致的界面，间或有巷道伸向河面，在均匀中打破秩序，进一步丰富了界面的层次，界面还集中展现了群体建筑的体量和优美的轮廓线，与天空融合形成优美的天际线，给人以富于节奏感的群体观感。

从建筑围合形成的街道内部看，复线和单线形成的街巷，两面的建筑围合形成的空间，形成天空、屋顶、两侧建筑立面、地面四个面组成的画面。城镇民居的屋顶以硬山、悬山两种屋顶类型为主，两侧建筑立面的对景，道路尽端建筑突出形成的视线的焦点，形成的空间层次丰富多变，步移景异、移步换景，地面铺装考究，青石板和鹅卵石材质的纹理质感丰富，整个四面形成的围合空间饱满，目不暇接。街巷形成的内部围合空间整体体现了现存古建筑因地域不同、贫富不同，装饰各异，丰富多彩，反映了不同的自然和人文背景。

从建筑的结构方面看，广西现存古镇以汉族聚居为主，而汉族民居多以砖木结构为主。汉族民居使用大面积的清水砖墙，除了安全防卫的实质功能外，还使宅内自成一个与外界隔绝的空间，形成一种外实内虚的神韵。从建筑整体来看，勒脚、墙身、屋檐有明显水平划分，使房屋显得舒展流畅。

从建筑承载的功能来看，一般的传统城镇，主要是以商贸经济为主体的城镇发展模式，因此，商业建筑占领最核心的区位，一般分设在街道系统的主干道两侧，商业开发空间呈线性模式扩展，最终形成网络化的商业居住开发模式。可以说，在古镇的活力指数上，街道是最具有生气和活力的空间载体。店铺以1～2层木结构建筑为主，沿街整齐排列，商业形式多为零售业，又因为多是前店后宅的功能，所以生活和商业在街道上混合，形成特有的公共空间。骑楼式的沿街铺面在近代普遍出现，其在清末的广西古镇已开始形成，如界首古镇，绵延两公里的骑楼，上楼下廊，楼下作商铺，楼上住人，跨出街面的骑楼结构，既能够扩大居住面积，又可形成下部的防雨遮阳，方便顾客自由选购商品，是广西沿江沿海城镇一种极有特色的建筑物。这种建筑是为适应南方天气炎热多雨、商业楼宇密集等情况而建造的。骑楼除满足使用和适应气候功能外，在后期其外形也受到注重，随着外来建筑形式的传入，也影响到骑楼，骑楼的造型产生了各种不同的形式，如传统式、西方古典式、现代式、折中式等。

从民居建筑的空间肌理上看，有两类是形成古镇图底关系的重要组成部分。一类是沿街建筑，另一类是内街小巷的住宅建筑。沿街式的居住建筑，多数表现为沿街“平板式”的商住两用型和“竹筒楼”的骑楼式风格建筑，主要建在商业购物中心地带。沿街建筑的平面的空间特点是，按线形生长，多呈现“一”字形和“L”形，与道路垂直，具体说来，某栋“一”字形或“L”形即为“竹筒楼”，

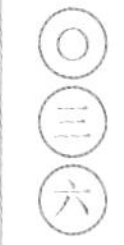

若干长短不一的“一”字形、“L”形呈线性连续排列生长。第二类为内巷而置的居住建筑，多为联排设置的竹筒屋或明字屋，也有三间两廊式民居，建筑肌理较丰富，会呈现“一”字形、“L”形、“U”形等，层数一般为单层或二层，这一类肌理呈条状网格化的平面格局。

第二节 古城

一、桂林古城

（一）桂林概况

桂林市位于广西东北部，北邻龙胜，南连荔浦、平乐、恭城，东接灵川，西临永福，是桂北乃至中南地区首要的政治、经济、文化中心。

桂林主城位于桂林、阳朔石灰岩溶蚀盆地的北端中部，盆地内石峰林立、洼地绵延，属典型的岩溶（喀斯特）地貌（图2-2-1、图2-2-2）。漓江沿岸，虽无广阔的平原，但地势平坦，平地面积较大，建设用地条件良好。古城筑于河流凸岸，地势高于周边，能有效防治水患，避免洪水侵袭。

古代五岭以南多为原始森林，多瘴气，不宜人居，只有今桂林市地界气候宜人，且无瘴气侵扰。文豪杜甫《寄扬桂州》诗云：“五岭皆炎热，宜人独桂林。”

桂林古属“百越之地，战国属楚”，秦一统天下后在岭南设桂林、象郡、南海三郡。位于湘桂走廊两端，扼粤西咽喉，沿漓江，入湘江，可北抵中原；沿漓江，汇西江，入珠江，可直达广州，为水陆交通枢纽，是连通岭南与江南的要冲。《粤西文载》卷三十记载：其位于“湘水之南，粤艮之西……遥制海疆，旁控溪峒，宿兵授帅”，可见桂林乃岭南重要的政治军事中心之一。

桂林筑城历史源远流长，汉代利用山河地势之险筑关固守；唐代建子城、修外城、筑夹城，形成前朝后市的城市格局；宋代，依山傍水扩建街市，构成不规则的南北长、东西窄的城市形态；明代，

图2-2-1 桂林城区俯拍图（一）

图2-2-2　桂林城区俯拍图（二）

图2-2-3　靖江王府正门

图2-2-4　靖江王府内部庭院

城市以叠彩山、王城、象鼻山为南北轴线发展，形成东西狭南北长的长方形城镇，此格局保留至今；清代，桥梁技术的发展突破了漓江对城市空间拓展的分隔限制，桂林第一次跨越漓江向东拓展。

经过历朝历代的规划与建设，桂林城市功能已不仅仅是一方政治与经济文化中心、军事重镇或交通枢纽，而是融合山水与人文景观，成为风貌独特的山水名胜旅游观光型城市。

（二）桂林靖江王府

庄严宏伟的靖江王府位于桂林市中心独秀峰下（现称桂林王城），是明代靖江藩王的府邸，始建于明洪武五年（1372年）（图2-2-3）。在明代数十个藩王府中，靖江王府建成时间最早、使用时间最长、保存最完好，其建筑规制最为特殊，文化内涵十分丰富（图2-2-4）。

自洪武九年（1376年），朱守谦就藩，直至王室覆灭，先后有14个藩王居于此地。1650年被清军定南王孔有德举火焚毁。一座历经250多年风雨的王城，变为焦土，仅剩下石头城和承运门、承运殿的台基遗址。

清顺治十年（1657年）在靖江王府旧址上修建广西贡院，以后屡次增修、扩建。建有龙门、公堂、明远楼、东西文场、号舍，以及监临、誊录、对读等诸多廨宇。

图2-2-5 桂林王城模型

1921年孙中山筹备北伐，在王城设立大本营。孙中山离桂后，王城曾辟为中山公园，并为广西省政府所在地。抗日战争时期（1944年）毁于战火。抗战胜利后，著名建筑师钱乃仁花费18个月时间（1946～1947年）建成现在的王府（图2-2-5）。作为中华民国广西省政府。现为广西师范大学王城校区。

现在的靖江王府除保存有明代的建筑遗存外，还留存有清代、民国时期的重要历史建筑。清代的建筑遗存有乾隆皇帝御书《幸翰林院赐大学士及翰林等宴因便阅贡院诗》石刻及“状元及第”、“榜眼及第”、“三元及第”石坊。1947年集中建设了23座广西省府建筑，主要坐落于靖江王府中轴线及其两侧，多为歇山顶式砖木结构建筑，具有典型的民国建筑特色。

王城辟有四门，城门上均设有重檐城楼；宫城大门为承运门，主殿为承运殿，承运门、承运殿及王宫等主要宫殿建筑处于王府中轴线上，两侧建有配殿、回廊、斋宫、进膳厨等；王城内，左立宗庙，右立社稷；王城外缭以垣，名为棂星；城与垣间建有府库、堂馆。围绕主体建筑，还建有厅馆楼堂，轩室亭阁，构成一组规模宏大、富丽堂皇的宫殿建筑群。堂有宝善、尊乐、日新；亭有清越、喜阳、望江、拱秀；台有凌虚，馆有中和，室有延生，轩有可心，所有修玄。王城后的独秀峰孤峰突起，被称作“南天一柱”，峰顶建有玄武阁、观音堂、三神祠、三官庙等。

明代靖江王府如今尚留存有宫城城墙（图2-2-6）、王府园囿（图2-2-7）、四门城台（图2-2-8）、承运门须弥座、承运殿须弥座及石栏杆（图2-2-9）等遗址。

1. 宫城城墙遗址

现存靖江王府宫城城墙一周，墙体内为夯土，条石砌筑表面，青砖砌筑成雉堞（女墙），城墙外包料石，城门起拱券，墙沿平直无凸出马面，四隅平滑无角楼。城墙较城市的城墙要小，底宽也较窄，故内收宽度也较小，比较陡峭。

城墙平面为东西窄、南北宽的矩形，北墙基地势略高于南墙，南北轴线北偏东约8°。城墙宽329米，长549.6米，周长约1757.5米，长宽比约

图2-2-6　宫城城墙

图2-2-7　王府园囿

图2-2-8　四门城台

为0.6。宫城可分为宽3格，长5格的网格，每格边长109.7米。明代官制营造尺一尺长约31.3厘米，109.7米恰好等于明代的35丈，误差小于0.1%。可知靖江王府的宫城是以35丈的网格为模数设计建造的（图2-2-10）。

2. 四门城台遗址

王府城门现仅存城台台基，四门分别为东门体仁门（东华门）、南门端礼门（正阳门）、西门遵义门（西华门），北门广智门（后宰门）。

正南门端礼门城台南北长37米，东西宽21.5米。东西各有一道石阶直上城墙。西门遵义门坐东朝西，城台南北长31.2米，与宫城东门相同，东西宽21.5米，比体仁门城台长0.05米。北门广智门在抗日战争期间遭日军飞机轰炸，重修后城门形制改变，但两侧城台仍保留明代建制，城台长、宽、高均与遵义门、体仁门大体相同。南、东、西三门上保存有清代广西贡院时期的石匾额各一块。

3. 承运门、承运殿须弥座遗址

承运门须弥座距王府南门约141米，东西宽28米，南北长16.4米，高1.2米，明间前后均有丹陛，

图2-2-9　石栏杆

图2-2-10　王城城门

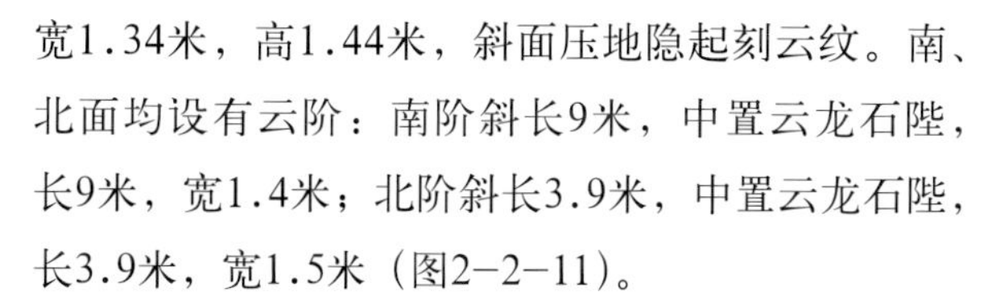
宽1.34米，高1.44米，斜面压地隐起刻云纹。南、北面均设有云阶：南阶斜长9米，中置云龙石陛，长9米，宽1.4米；北阶斜长3.9米，中置云龙石陛，长3.9米，宽1.5米（图2-2-11）。

承运殿基座为2层须弥座，一层高约1.3米，二层高约1.1米，基座向南突出呈“凸”字形。登上主殿站台的线路分三组：第一组：向南突出石阶分三路而上，中间一路为丹陛，三路石阶、石栏板均保留完好；第二组：南外退台东西两侧各一路，由南而北后折90°上第二层须弥座，仅存部分石阶、石栏板；第三组：须弥座东西两侧直上站台各一路，现已毁（图2-2-12）。

4．石栏杆遗存（图2-2-13、图2-2-14）

靖江王府承运殿栏杆用青石雕刻而成，分为望

图2-2-11　承运门

图2-2-12　承运殿

柱、栏板和地栿通长，高18厘米，宽32厘米，比栏板宽15厘米。

望柱分为上、下两段。下端高90厘米、截面25厘米见方，四棱直线抹角，柱身两面分别减地平钑刻四道直纹，直线端头以弧线相接（为石勾栏仿木勾栏的式样），柱身与栏板相接两面，下距地栿70厘米处各留直径10～12厘米、深4～7厘米的圆形卯口。望柱上端为二十四气火焰望柱头，桃形火焰上刻S形曲线24道，下为仰莲、莲珠和复莲相组合而成的莲座。望柱上下为同一石构件，通高135厘米，与地栿相接的底面直径10～12厘米、长6～8厘米的榫头。

石栏板高76～80厘米，厚17厘米，长135～183厘米，仿木样式，寻杖、云拱、瘿项、唇盆、蜀柱、华

图2-2-13　承运殿云阶玉陛

图2-2-14　承运殿月台栏杆

板均为一体。寻杖截面为束竹形，与望柱相接处有直径8～10厘米、长4～7厘米的榫头。云拱雕饰脚平面化，立体感弱。瘿项造型比较敦厚。唇盆、蜀柱、华板为一体，雕饰朴实，仅减地平　刻数道直纹。

5．王府园囿遗存

靖江王府选址于独秀峰前，其寝宫之后即是王府苑囿。尽管在明初王府始建时未规划王府园囿，但从文献记载可知明中晚期靖江王府独秀峰上下亭台及寺庙营建繁复，已成为西南胜景。正德年间，独秀峰左右已建有宝善堂、尊乐堂、日新堂、迎赐轩、拱秀亭、山月亭、绿竹轩等。嘉靖时，恭惠王朱邦苧于宫西增建懋德堂（后名承养堂）。万历时康僖王任昌在独秀峰开山造亭，为“天下诸藩所未有”（岳和声《后骖鸾录》）。明代园林及亭台今已不存，建筑基础亦不可见，现存遗存主要包括：明代靖江王室的石刻题记及独秀峰、月牙池的山形水势。

月牙池：在独秀峰北麓，乃建府时取土而成，呈月牙形，面积约4亩。月牙池中的水榭，是1922年所建。

太平岩：在独秀峰西麓。为明正统初年庄简王朱佐敬所拓。此外，独秀峰壁还刻有靖江王及其宗室诗文数十方。

二、南宁古城

（一）南宁概况

1．位置

南宁古城地处广西南部偏西，北回归线以南，坐落在四面环山的盆地中，南宁盆地是广西四大盆地[①]之一，地形平坦，经度介于107° 45'～108° 51'，纬度为北纬22° 13'～23° 32'之间，海拔75～85米，地势由东北向西南倾斜，四面山丘环绕。

2．环境

东北是大明山区，西北为高峰山区，地势险峻，明代即在此设有高峰、鬃马、渌轿、马蟒等关隘；西面有银瓮岭，紧靠邕江的登顶岭，可控制邕江和邕百公路；东部是封陵山区，其中有著名的昆

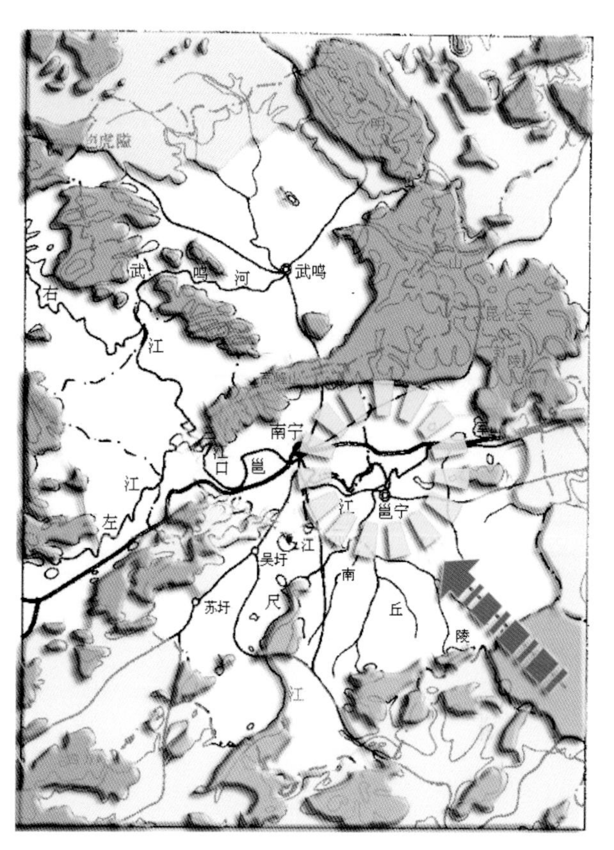

图2-2-15　南宁市地形略图

仑关，封陵山区南边的尖刀岭位于邕江北岸，北陡南垤，濒临邕江，地势突出，与花婆岭、雷公岭组成一个三角形，可控制邕江河道和临近的陆路交通；南面是丘陵区，有五象岭、老虎头、狮子头、茶山、双鸡岭、横岭等，构成古城的南部屏障。邕江，汇集左、右两江水穿越盆地，汇入西江，构成珠江水系的主要支流（图2-2-15）。

（二）简要的历史沿革及发展概述、特点

从距离现今一万年前的旧石器时代，邕江两岸已经有原始人活动；到新中国成立后的1949年12月，南宁解放重获新生。这一条发展线如图2-2-16所示。

（三）选址

古城选址一般会依据下列一些原则：交通便利、农业较发达的地方、地理形势有利于军事防御、水源充足且水质良好、土质坚实易于建设、气候条件较好、地震干旱等自然灾害较少等。在南宁古城的选址中体现了上述多项原则[②]。

首先，水陆交通便利，南宁地处多山多水古代

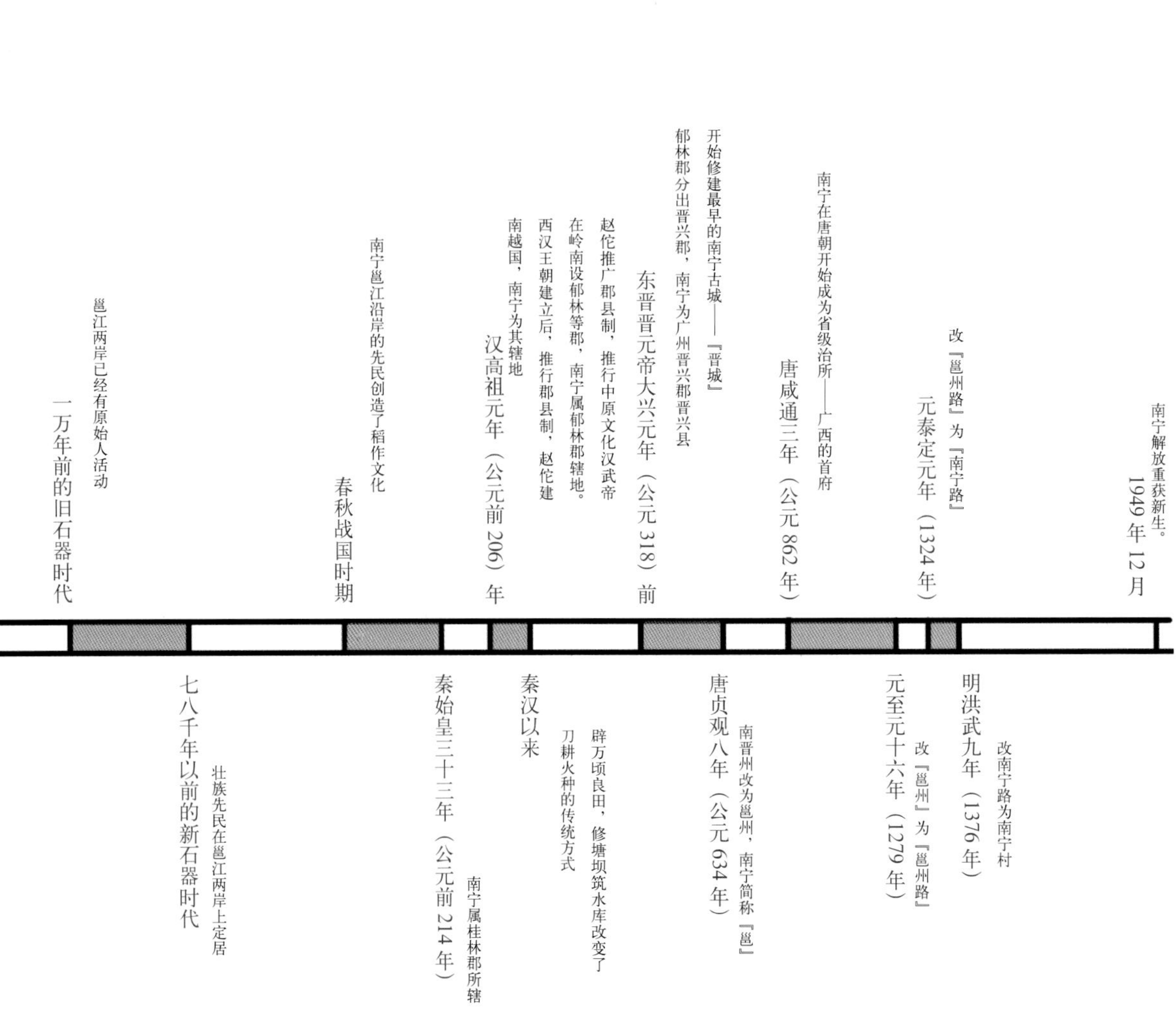

图2-2-16　南宁市简要的历史沿革及发展概述、简要的特点图

社会陆路交通不便的广西地区，邕江成为南宁古城与外界交流的最便捷的通道，逆江而上通过左江可抵达越南，通过右江可到达云南，顺流而下经郁江进入西江，可与整个珠江流域的其他地区相连，同时河谷中也是这一地区陆路交通的通道。临江建城，方便了航运交通，为城市日后的商贸发展奠定了基础。

其次，农业发达，南宁古城坐落在南宁盆地中，周边是地势平缓的平原，提供了多山地区难得的耕地，盆地中水塘众多，适合农、渔、养殖，保障了古城的日用消费，到了明清之后，农副产品更是南宁地区对外“出口”的大宗商品。

第三，地理上盆地周边山体利于军事防御，群山环绕为城市军事安全提供了天然的屏障，城市东北方向的昆仑关更是后来多起城市攻防战的焦点。临江建城，以江为防，解决了一个方向上古城的军事防御问题。

第四，临江建城，水用足，也带来了经常性的洪水灾害，古城的防洪体系建设成为城市建设的重要组成部分。

（四）南宁历史遗存

1.“晋城”、“唐城”、“宋城”城墙遗址

“晋城”位于邕江北岸凌铁村一带，是邕溪水和邕江汇合的三角地区。面积较小，方圆不足半里。据《广西历史地理》记载，新中国成立前，还可以看到晋城遗址，“在今广西军区院内紧靠邕江一带”。

唐初武德年间（公元618～626年），“唐城”以“晋城”为基础开始兴建，至唐朝开元年间（公元714～741年），历经100多年的邕州城建设大体竣工，所处地理位置，大致北从今纬武路东头起，经

七星路、天桃路、市体育场（旧跑马场）、植物路，南到邕江边凌铁村。古城区东北—西南走向，呈长方形，面积约2平方公里。至今，纬武路东头还保留有古城口的名称。

就中国古代城市的建设模式分类，南宁的“唐城”和后面提到的“宋城”都属于次规范型城市。[③]

按“核、架、轴、群和界面”五种元素[④]来分析“宋城”的城市形态构成，子城无疑是城内重要的一个“核”。子城城墙、子城城门和官府建筑“群”三部分构成子城，而官府建筑“群”则是由一组办公、起居建筑组成，包括子城内的总制司、月台、宅堂、茶厅，子城外的宣召亭等。由于“宋城”的空间布局受子城影响较大，且子城在“宋城”内处于统治地位，因此它对于街道、街坊、其他建筑的布局起到了主导性的作用。子城的建设是典型的政府主导的城市规划、建设行为，诠释了“筑城以卫君，造郭以守民”的思想宗旨。

子城、城内外的坊肆、环城草市，这些部分构成了“宋城”的基本建设“区块”；而在远离子城的城内其他区域，或是驻军、池塘、“荒地”等，以及城内也存在大量未规划和建设区域，则构成了“宋城”的空白“区块”（图2-2-17、图2-2-18）。

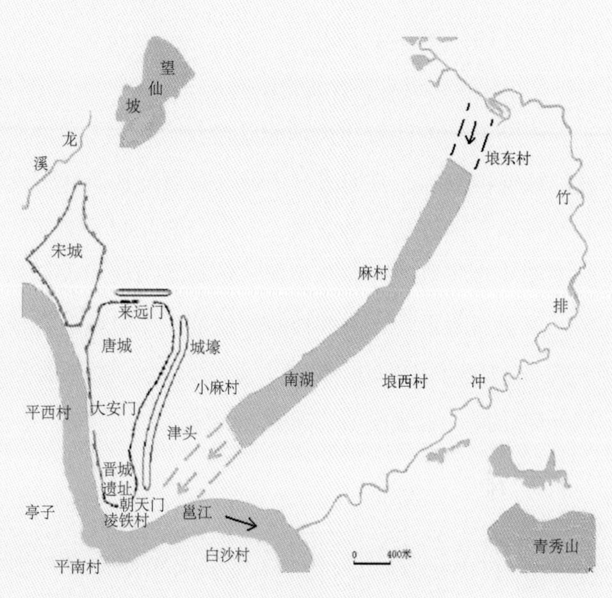

图2-2-17 “晋城”、“唐城”、“宋城”地理位置示意图

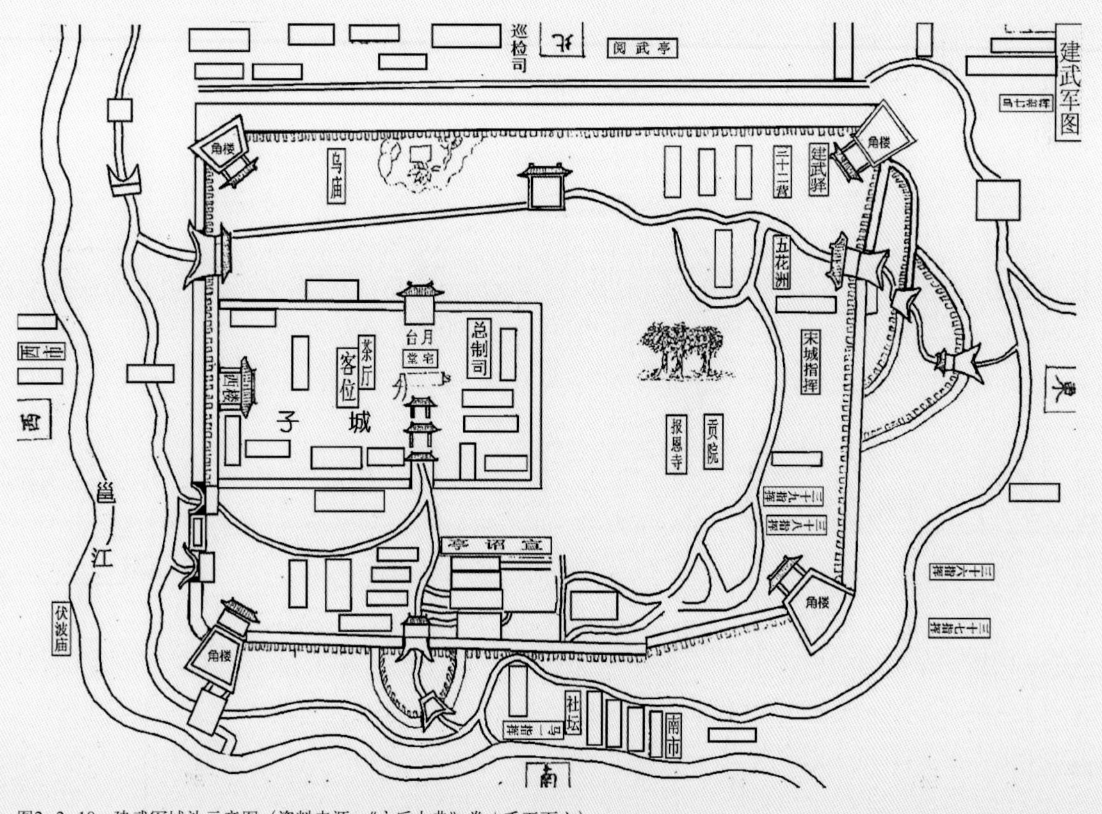

图2-2-18 建武军城池示意图（资料来源：《永乐大典》卷八千五百六）

元代，由于对南宁的城池建设不太关注，城市空间结构也未发生大的变化。

2．明清城墙遗址

明清时期，南宁城墙的位置与“宋城”的城墙位置一致，只是城内的建设内容更丰富了。在“宋城”的原有基础上，新建了南宁府建筑群（图2-2-19、图2-2-20）。

3．明清时期南宁古城空间布局

南宁城内的建设主要内容是继续“宋城”内的“填空”作业。“子城”城墙拆除后，在原来“子城”东面位置新建了南宁府建筑群，南宁府的东南角则修建了钟鼓楼，南宁府的北面为新迁的宣化县，在宣化县的东面修建了县学和府学，县学和府学门前的青云街通到钟鼓楼；而县学、府学、青云街、钟鼓楼的修建是在“宋城”建成之后，属于城内较大的一次政府主导的“填空”建设，这一城内重要的中部区域在“宋城”中还属于未建设的“预留”区域。

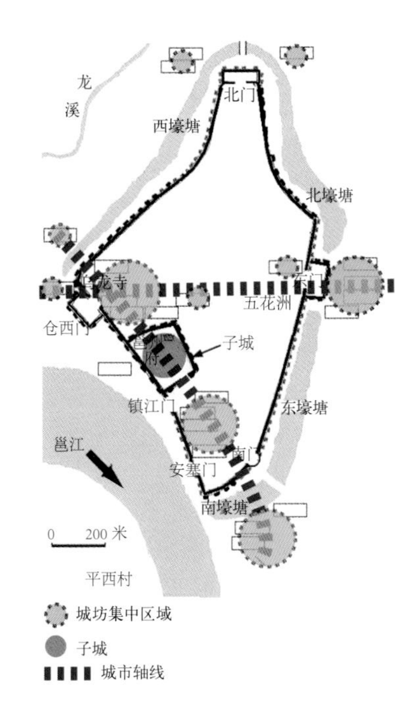

图2-2-19 明清时期南宁城位置示意图

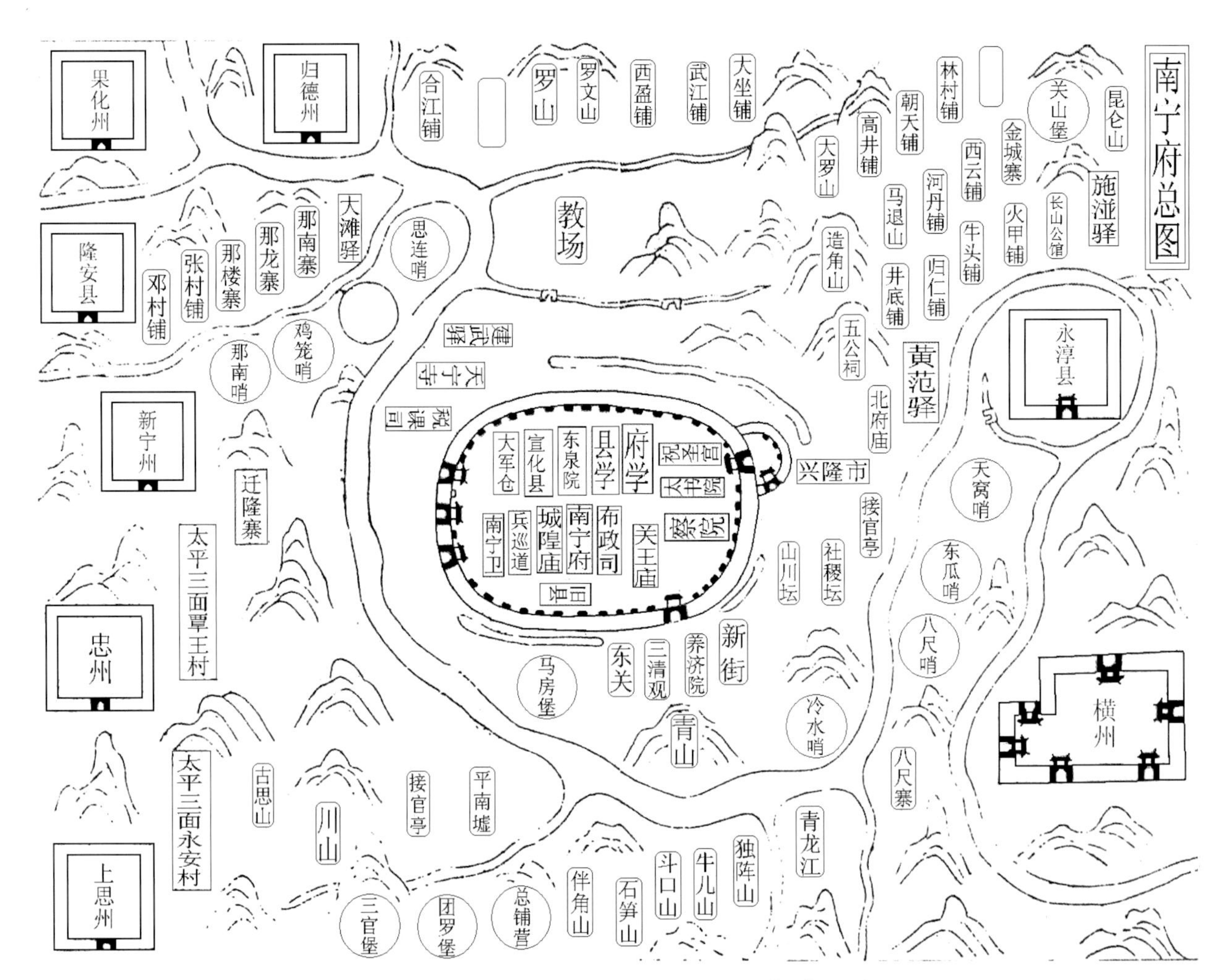

图2-2-20 南宁府图（明）（图片来源：（明）杨芳，（明）詹景凤纂修．殿粤要纂．北京图书馆古籍珍本丛刊．）

“宋城”中“子城”形成的南北轴线，在明清时期也得到了强化，从宣化县署，经考棚街、城隍庙街、府前街、马草街、南门正街，到南门（图2−2−21、图2−2−22）。明代在南宁城西北角建起了“最高台”，此处地势较高，“最高台”成为带有城池防御、防洪作用的景观建筑，也是这条南北轴线向北的延续。

当时主要的政府部门：南宁府、南宁卫、左江道、宣化县等，以及重要的军政设施——大军仓（西门又名“仓西门”，因为“大军仓”建在此处而得名）安排在靠近江边的位置，除方便利用水路交通外，相对城内其他地方此处地势较高，对于预防水患浸泡较为有效。这一带是宋代建城时选择的“行政区”，这些建筑群和街道形成了两条东西向轴线，分别是西门到东门和镇江门到钟鼓楼。西门到东门的轴线在“宋城”中已经存在，府学、县学、察院司的出现增强了这条原有的轴线，西门外新的商业区的出现是这条轴线向西的延伸，它对于南宁的城市建设也影响深远，一直持续到新中国成立前。

因为钟鼓楼的出现、南宁府的迁移等原因，南宁城内出现了另一条东西向的轴线：镇江门到钟鼓楼，“花洲汛”、观音阁的出现是这条轴线向东的延伸。南宁开埠之前，邕江南岸只有亭子附近有圩市，其他地方并没有被开发，是村庄、农田、鱼塘等，因为地势相对北岸较低，成为南宁古城天然的泄洪区，有宏仁寺[⑤]与三元阁隔江相对，构成古邕州八景之一：宏仁晚钟。三元阁、宏仁寺是这条轴线向西的延伸。

明清时期南宁城市空间在延续了“宋城”特点的基础上，发生了一些新变化（图2−2−23），城西出现了新的商业中心（商业区），商业随着码头货运的发展，则主要集中在沿江一侧。行政区域转移到十字街处，商业扩展到兴宁路、民生路一带。城里的居住模式多是采用前铺后居的形式，因此城里人也就多住在商业区的骑楼里，其他居民则分布在城市外围。仁爱路一带成为商业中心，即是古城的CBD（图2−2−24），会馆建筑群在城市内外“见缝插针”、“遍地开花”，体现出商业力量、市民文化的兴起，及其对城市建设越来越强的影响力（图2−2−25～图2−2−30）。

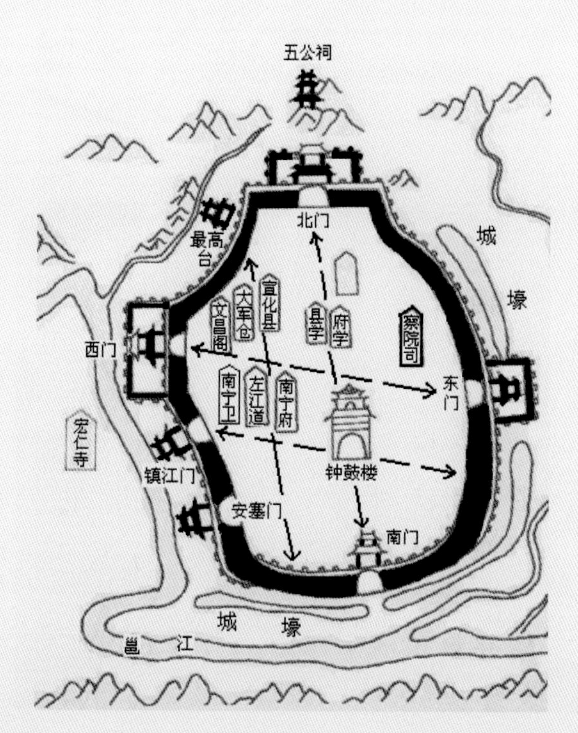

图2−2−21　明代南宁城空间轴线图(资料来源：(明) 方瑜.南宁府志.)

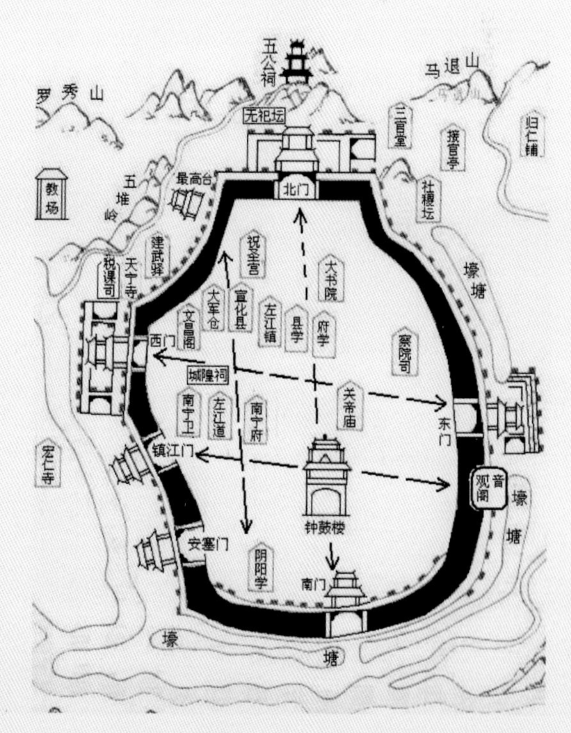

图2−2−22　清代南宁府空间轴线图(资料来源：清康熙十三年.南宁府志.)

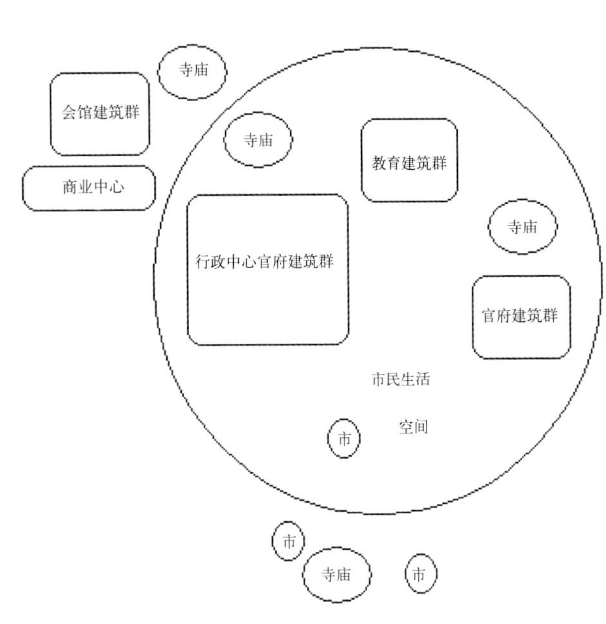

图2-2-23　明清时期南宁城市空间布局特点

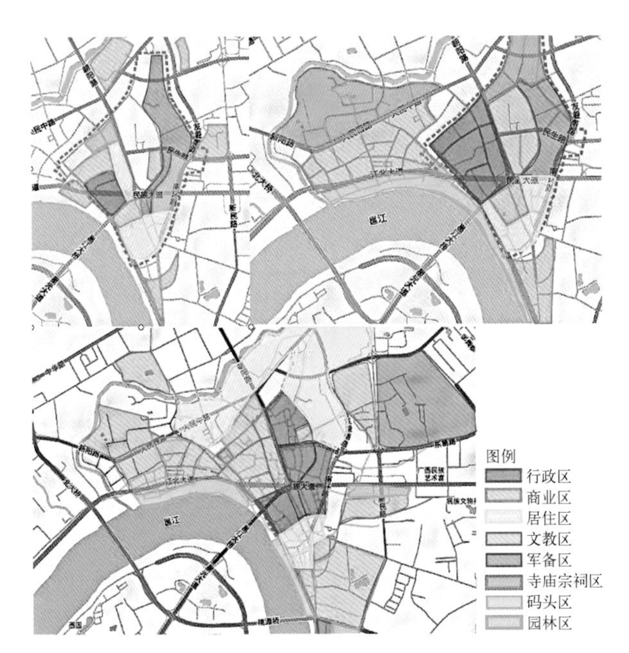

图2-2-24　非物质分区变迁图

图2-2-25　南宁明清城墙

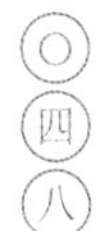

图2-2-26　南宁粤东会馆（源自：网络）

图2-2-27　南宁新会书院

图2-2-28　南宁安徽会馆

图2-2-29　南宁两湖会馆

图2-2-30　南宁共青团南宁地委旧址

4．宋明清民国道路肌理变化

由宋代开始到明清，再到民国，从这一段历史进程中我们可以看到古城在清代受水运码头影响，先向西面发展，即今当阳街、解放路、石巷口、水街一带；其次是向南面发展和东面发展，其位置、形态大体与清代一致。

民国时期古城内道路密集，限制了发展。古城墙由于道路修建拆除了大部分，只保留了其中的一些，北面开始越过龙溪和北城门，南面填平了水塘往下廓街方向发展，东面越过了城壕向东延伸。

整体上路网慢慢开始突破城墙，继承了宋代以来城墙内的道路骨架，衍生得更密集，道路整体往西发展（图2-2-31）。

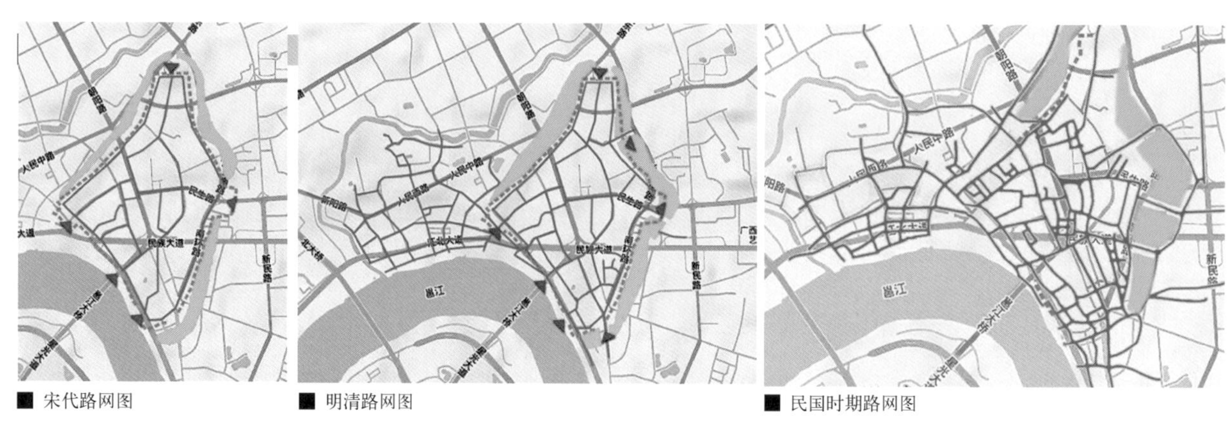
■ 宋代路网图　■ 明清路网图　■ 民国时期路网图

图2-2-31　宋代—明代—清代—民国时期南宁城空间轴线图

5. 南宁古城的建筑遗存

(1) 宗圣源祠遗存

地处南宁市七星路一巷25号的宗圣源祠很不起眼，可它却是古城村人的宗祠，2010年宗圣源祠被列为南宁市文物保护单位。宗圣源祠的建筑造型很典型，且保存完好。宗祠始建于明万历三十七年（1609年），曾于清雍正、乾隆、咸丰年间数次修葺。宗圣源祠是古城村曾氏族人为祭祀祖先而建的宗祠，该祠按旧品官制中级官员的家庙三进三开间、三阶台阶格式规定建造。宗圣源祠为硬山式砖木结构，共有三进，清水墙，小青瓦屋面；柁墩、斗栱雕刻精细（图2-2-32）。

(2) 金狮巷建筑群

金狮巷作为南宁市12巷之一，位于兴宁路西二里，为东西走向，民居群分南北两列，如今，金狮巷的南面建筑均已改建。巷的北面共10栋（即50、52、54、56、58、60、62、64、66、68号）仍保持清末民初的建筑风格，其中50、52、56、68号为改建的民国时期建筑，该民居群建筑形式均为3层以上，清代建筑的部分为硬山式砖木结构，青砖青瓦清水墙；民国时期的建筑为2～3层，多为中西结合式建筑。金狮巷民居群部分建筑有的增建或改建，但从整体看，保护较完好，是南宁市区唯一的清代至民国时期的民居群。保护好金狮巷民居群，对研究南宁清代商业发展及民居建筑特色具有重要的意义（图2-2-33）。

图2-2-32　宗圣源祠雕刻精细

(3) 雷沛鸿故居

整个建筑坐南朝北，始建于清乾隆年间，是四进三井的民居式建筑，为抬梁式硬山顶砖木结构，青砖青瓦清水墙，总建筑面积520平方米（图2-2-34）。

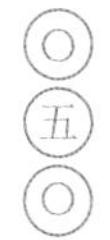

图2-2-33　金狮巷古民居

图2-2-34　南宁雷沛鸿故居

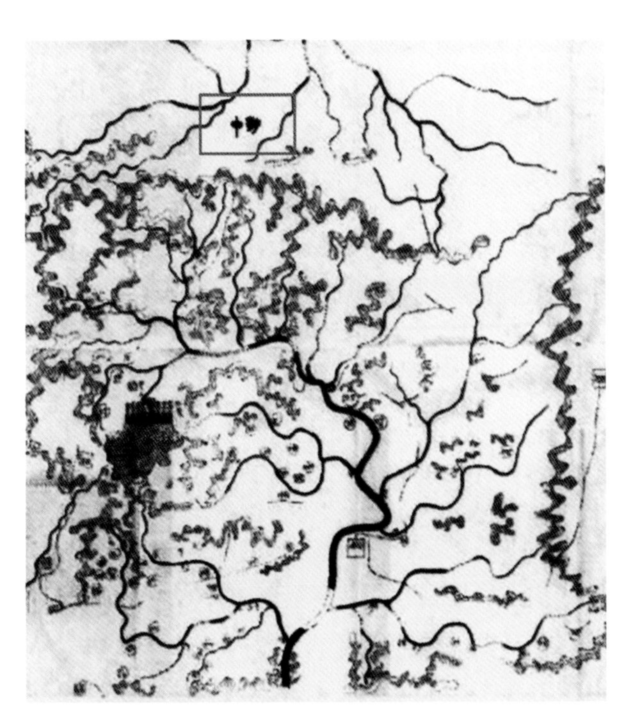

图2-2-35　封中区位图（资料来源：《临贺古城城市史初探》）

图2-2-36　封水道示意图（资料来源：《临贺古城城市史初探》）

三、临贺故城

（一）概述

临贺故城，今称贺街镇，地处湘粤桂三省交界的低山丘陵地带（图2-2-35），距离今广西贺州市区约10公里。从地理位置上看，正好是古代中原向岭南伸张的前沿。从两千多年前始，这一片区域被称为“封中”（图2-2-36），“封”即封水，水源出临贺郡冯乘县西，谢沐界东界牛屯山（今广西富川县麦岭乡萌诸岭西面低谷），亦谓之临水。临水至临贺郡左汇贺水，流至封阳县又名封溪水，至广信县（今梧州，另一说为今广东封开）注入郁水（西江干流）。通达番禺（今广州），属珠江水系西江五大支流之一。

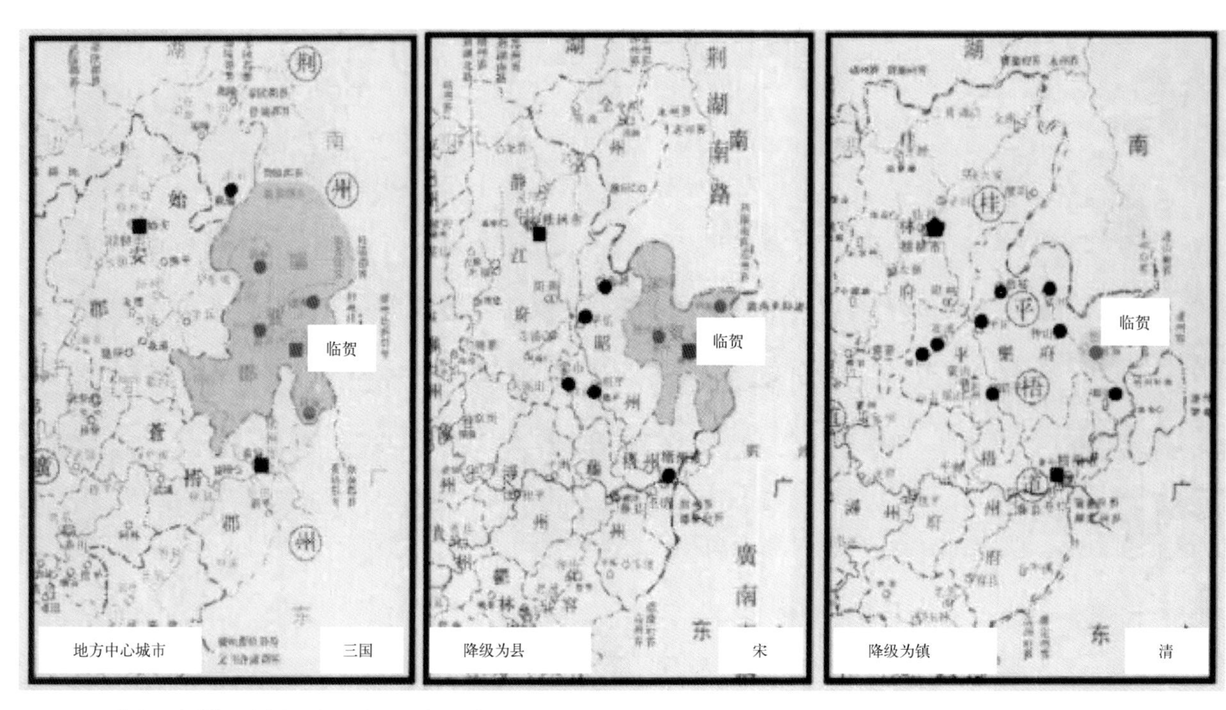

图2-2-37 临贺区域城镇历史演变示意图（三国、宋、清）

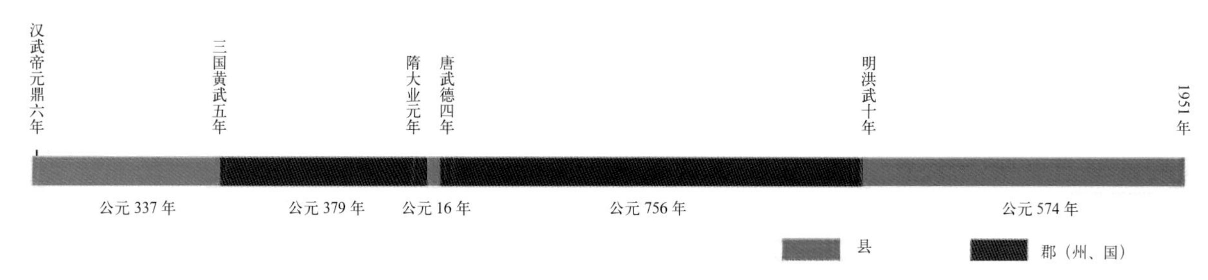

图2-2-38 临贺兴衰演变示意图

独特的地理环境条件和重要的交通区位优势，使封水流域成为古代中原经济、政治、文化、军事向岭南扩张的主要通道和节点区域。封水线上的两个咽喉位置一是封水主源临水与贺水的汇合口，二是封水注入西江的封溪水口，临贺故城就设立在临、贺两水交汇处。水经注云：贺水由西南流至临贺郡东，右注临水，郡对二水之交会，故郡县取名焉。便利的交通条件和重要的战略区位，使它成为这一区域重要的政治、经济和文化的中心地带，在岭南经济文化的发祥史上占有重要的地位。

（二）历史沿革

临贺县始建于西汉元鼎六年（公元前111年），属苍梧郡，海上丝绸之路开通后，临贺因地利之便，日益繁荣。三国吴黄武五年（公元226年）苍梧置临贺郡，属荆州，辖封水沿岸临贺、封阳、冯乘、富川、建兴五县，临贺遂成为地区经济中枢。晋至明各朝，临贺辖区和名称变化不定，但故城基本上都作为郡（州）一级治所。其间梅关新道的开通和灵渠的修复，使得潇封水道逐渐衰落，是导致临贺区位优势丧失的一个重要因素。明洪武十年（1377年），降贺州为县，称贺县，改属平乐府。1949年贺县解放。1951年县治从临贺故城迁至八步镇，结束了其作为郡县治所长达2000多年的历史。通观它的发展演变过程，可以看出一条清晰的脉络：汉（初兴）—三国（成为地方中心城市）—隋（降级为县）—唐（重兴）—明（衰落）—1951年（由“城”降为镇）（图2-2-37、图2-2-38）。

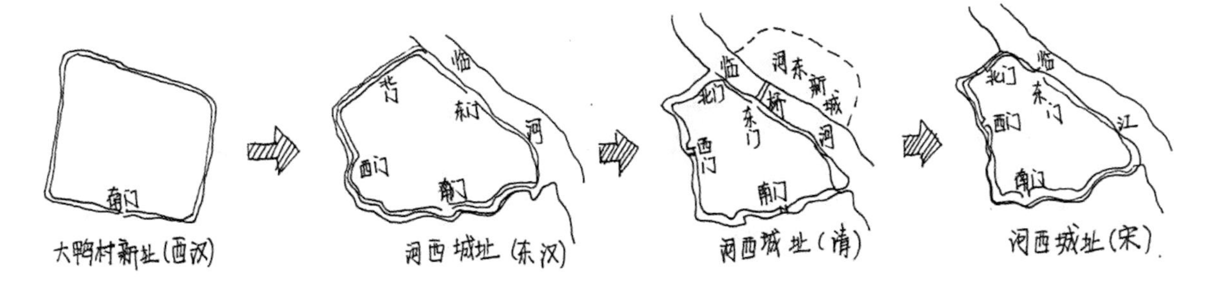

图2-2-39　临贺故城城址分布图

（三）城址演变（图2-2-39）

临贺故城始建于西汉元鼎六年（公元前111年），经过2000余年的赓续扩建，历经东汉、三国、唐、宋、元、明、清、民国各代，是“现存县级行政治所城址中延续时间最长、保存最为完整的古城址”。故城故址包括：大鸭村城址、洲尾城址、河西城址、河东附属城区和城外古墓群等五大部分（图2-2-40）。

临贺古城最早的城池是设在临贺两水汇合处约1公里的贺街镇大鸭村（又称旧县肚城），始建于公元前111年，城池东西残长150米，南北残宽100米，呈长方形，全城面积1万余平方米。版筑城垣残宽3～4米，高115米，有东、西两扇城门，北、南有护城河，现城垣遗址仍在。

至西汉中期，一方面由于大鸭村距江河码头稍远，大宗货物调运不方便；另一方面由于城镇在不断扩大，所以城址往临江方向上移了1公里，即今贺街镇长利村的洲尾旧城址。残存的版筑城垣呈方形，纵横约1公里，较大鸭村旧县肚城要大很多。到了东汉时期，由于洲尾城址地势较低，常遭洪涝，城址迁至今天的贺街镇河西古城址。

河西古城位于临江西岸，西、北、南三面现残存有一道长1100余米的夯土城墙，残高3～6米，残宽4～25米，夯土城墙外有东汉时期人工开挖的护城河，宽3～4米，深1米以上。河西古城分东、西、南、北共有四个城门，南宋德祐年（1275年）开始包砖并修建了城垛，在夯土城墙的最高处，清乾隆年建有一座六角形宝塔。护城河沿着城墙外侧向前延伸（图2-2-41）。

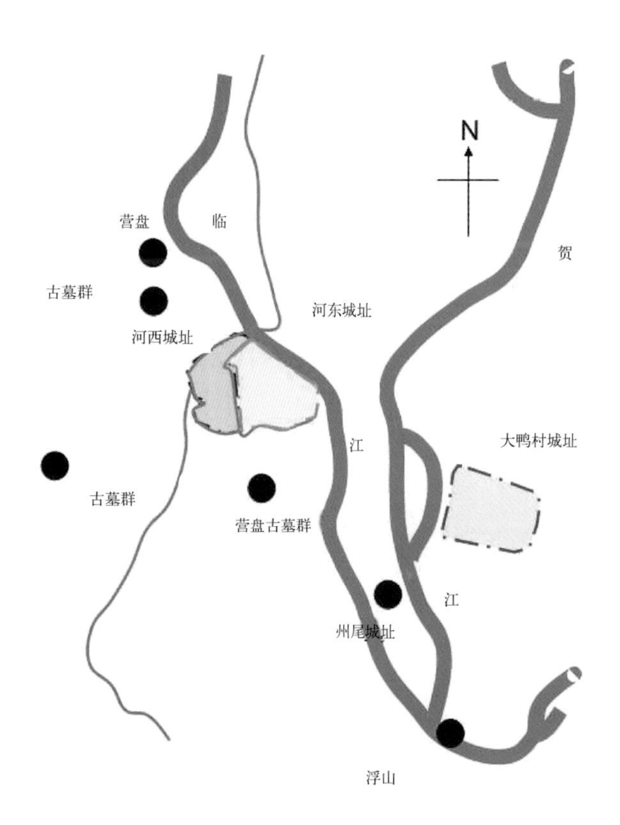

图2-2-40　城市形态演变示意图

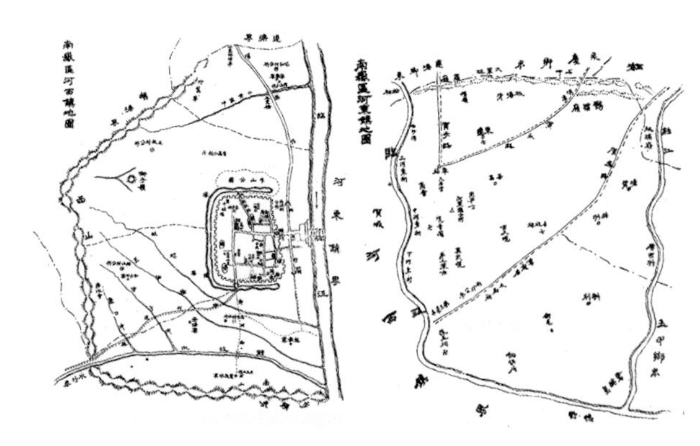

图2-2-41　河西、河东城区平面图（源自：《贺县志》（民国））

（四）城市形态

古城因临江之便，与外界之联系多借助于水路运输，故东门最为阜盛。东门外有20余米宽的弧形码头下河。明万历十四年（1586年），东城门外架浮桥直通河东，河东河西，互为呼应。出南城门则有驿路可通苍梧。城内有石板街9条，总长1600多米，其中十字街从东往西，依次与南北向的县前街（通往县衙）、训政路（通往北门）、南门街（通往南门）交会形成岔口，此外还有东西向的三元街、南北向的玉马街与十字街、南门街等在城中纵横交接，形成一个环形干道路网。城中尚有十余条长约200～300米，宽约1 ～2米的卵石小巷，巷道与石板街干道相衔接，使城内道路网呈鱼骨状，主次分明。

十字街是东西向的主要商业街，街宽约3～4米，路面铺青石板8块，其东端直达东71码头。十字街两侧分布着大小商号（铺户）近百家，铺户是前店后宅式民居，多为小开间、大进深的天井式庭院；临街门面，大部分为两层高的木楼或骑楼，底层整间立板门营业，其后为生活用房。十字街和沿街建筑，构成了宽高比约为1：1.5的狭长而热闹的街道剖面空间，两侧连续的建筑界面形成富有地方特色的街巷景观。

码头也是构成古城完整的街巷空间的有机组成部分。古城现有10余处码头，既有公共货运及渡口码头，又有私家码头，基本保存完好。现在这些由清一色的青石板墩砌而成的码头虽然已经丧失了原有的交通功能，但公共活动性质仍使其成为古城生活的情趣中心。

古城内主要以县衙、捕厅、文庙、书院等行政文化建筑为主，辅以小型的商业铺面，其余均为民居建筑。现今仍保存较完整的建筑有县府衙门、临江书院、各姓氏宗祠、文笔塔、历代古民居、最古老的砖砌码头和近代所建的石砌大码头、文庙遗址等。从河西古城池的布局中可以看出，在很早以前，我国城市建设就已经具备了较完整的行政、经济、文化、宗教、贸易、防御等城市功能了。

在河西古城的临江河东岸，明朝以后自发形成了一个次生城区，叫东城区，今称河东街。河东城区内有石板街3条，与河平行的为主要商业街，用河卵石、石灰、黄泥、河沙混合铺平夯实的街道宽达6米左右，长达1000余米，沿街为骑楼建筑，有较明显的民国时期建筑风格。东城区虽然形成较晚，但也遍布较多文物古迹，如南洪王府、魁星楼、粤东会馆、杉行楼馆、真武观、慧园等建筑（图2-2-42～图2-2-45）。

图2-2-42　城墙

图2-2-43　护城河

图2-2-44　陈王庙

图2-2-45　粤东会馆

（五）建筑

临贺古城内保存着大量具有地方特色的古建筑，包括寺庙、祠堂、义仓、会馆、古井等，其中宗祠遗存量大，有总祠、房祠、支祠，规模不等，但都是中原文化、湘楚文化、木材文化、姓氏文化、迁徙文化、祭祀文化、谱牒文化等多种文化的反映。

在临贺故城的宗祠中，门是较为高大雄伟的，它既满足了采光、通风等需求，同时也是体现当地建筑人文内涵的装饰。窗则大多以镂空的形式出现，以动物花卉装饰为主，如常出现蝙蝠、松鹤等吉祥图案，可以说是当时人们的生活向往和追求。此外，墙楣画也是临贺祠堂装饰的主要手法，墙楣画以人物为主，其画面端庄优美，如黄氏宗祠中的“福禄康寿”、“富贵平安”、“祭祖图”、“勤学图”、“农耕图”等都反映出当地人们对生活的乐观态度（图2-2-46～图2-2-49）。

图2-2-46 刘氏宗祠

图2-2-47 廖氏宗祠

图2-2-48 莫氏宗祠

图2-2-49 龙氏宗祠

四、丹洲古城

丹洲（丹洲古城）属于广西三江侗族自治县丹洲镇的一级行政村，古城位于融水、融安、三江三县交会处，距三江县城约60公里，距柳州120余公里。丹洲古城被融江与周边的环境分隔，处于三江县南端融江江心岛上，四面环水，围如玉带，人称“水上之洲”。在民国《三江县志·名胜古迹》中记载有“一围玉带”之称。岛为狭长状，东西宽约850米，南北长约1850米，总面积约1.6平方公里，居住人口1058人（图2-2-50）。

（一）历史沿革

丹洲古城曾经是明清两朝县城所在的地方，丹洲古城始建于明万历十九年（1591年），时古城从老堡迁到丹洲洲上，自此丹洲成为怀远县城县治300余年，所以丹洲又称怀远县古城。自公元1591年，丹洲耗时一年，花费白银万两修建城墙。砖石结构的城墙近正方形，全长大约为976米，基址到墙垛高5.3米，垛约莫有450个洞口，设东南西北四个门，并配有门楼，为战时守兵放箭时用，城墙厚

3.6米，城墙开东西南北四扇门。丹洲古城墙在当时除了可以防御外敌入侵之外，对水患也起到较好的抵御作用。1902年，古城墙抵挡了特大洪水，使怀远县城官民免于一场重大灾难。1914年，怀远县改名为三江县，1932年三江县址迁至古宜即现在的三江县城，丹洲古城结束了340余年的三江县治功能（图2-2-51）。

丹洲古城（怀远古城）是明代怀远县的政治、经济、文化中心城镇，留有许多古建筑和古迹，至今，北门尚存，古城墙及东门局部保存相对完整，古建筑群、丹洲书院、福建会馆即闽粤会馆以及错落分布的古旧民居等遗迹为明清遗存，保存较完整。

怀远县城的城池形制规模有大量翔实的文献资料记载，根据乾隆《柳州府志》卷二十四《名宦》传所载，怀远县治原来在大容江口老堡，经过多番社会动荡，原老堡几经残破，官员都无所居，明万历十七年时任怀远县令苏朝阳因怀远久经毁坏，官皆借居融县，于是苏县令游说各峒，在勘定迁址丹洲之后于万历十九年迁县治建于丹洲（时称丹阳镇）。在明人佘立所著《复怀远县治记》中记载，县城兴建“经始于万历十九年辛卯四月二十日，落成于壬辰年四月十四日。至于学宫、坛庙、衙宇，凡皆悉备，则癸巳年冬十月也”。乾隆《柳州府志》、汪森《粤西文载》、嘉庆《广西通志》及民国《三江县志》等旧志也对怀远古城有翔实描述，其

图2-2-50　丹洲古城

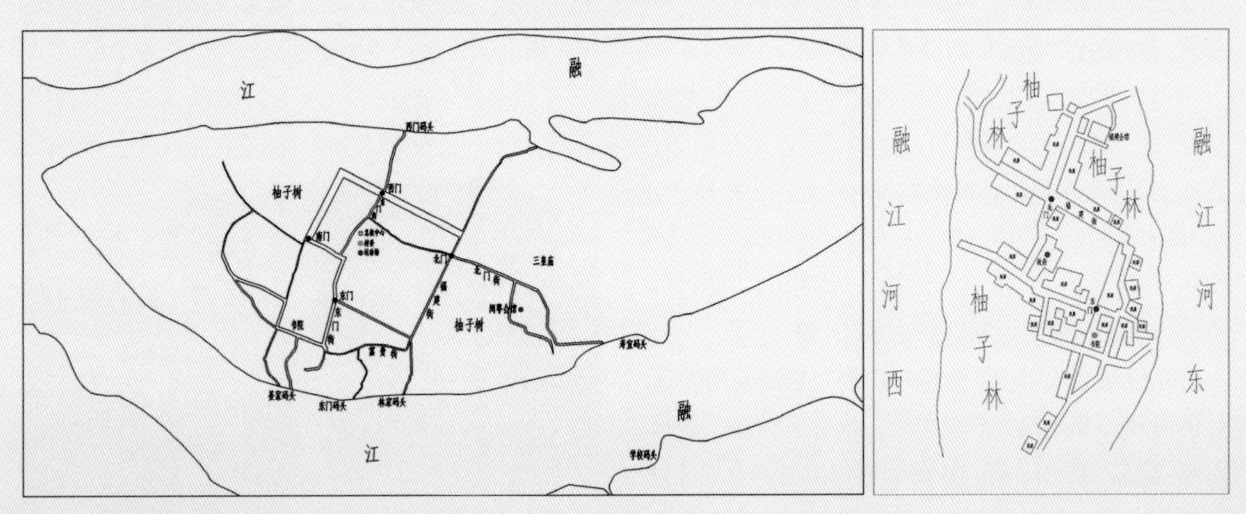

图2-2-51　丹洲古城遗存现状图示

中《三江县志》第三卷中《政治·建置·廨署》对明代怀远县的守巡道分司、明代学宫、怀远县署等明代三大官式建筑有详细的记载和描述，是了解当时建筑的恢宏格局的重要史料。

（二）空间格局

丹洲古城处于三江县南端融江江心岛上，四面环水，围如玉带。民国《三江县志·名胜古迹》有“一围玉带”之称：“四水环绕一洲，如玉带然。每月夜登楼一望，澄空如练，潋滟波光，亦一胜概也。太白‘二水中分白鹭洲’。”

根据史料和石碑的记载和考证，对整个怀远县城的整体形制和城垣的描述有三个阶段是比较明确的，民国《三江县志·建置·城池》中记载，明代怀远城“周围城垣，计三百三十九丈，下甃石奠址，二尺入土，一尺出地，自址至堞，高一丈七尺，堞凡四百五十。辟四门，门各有匾额。东门曰欢雷，楼曰就日，南门曰丹阳，楼曰薰风，西门曰新良，楼曰太白，北门曰治定，楼曰向宸”。又“城外筑土城六百丈，开四门，瞭望楼于其上。”

近年杨宗远、覃俊曾撰文描述：“怀远城址在柳江上游地段（即三江一段）江心之丹洲上。四面环水。古城筑于洲心，城为长方形，东西长约600米、南北长约500米。城墙为青砖砌叠，垛堞犹存。”西门、南门在20世纪70年代尚存残址，现已无痕迹。现在保存尚有治定门（北门）以及与之相连的一段城垣，而明代时期北门的月城却已毁。

又明代佘立在《复怀远县治碑记》中提到城垣：“高一丈六尺，厚四尺，下奠以石，上甃以砖，内筛土。”由此看出，原城垣为内外砖砌中间填土，现存的城垣仅存外墙一侧，中间和内侧已毁，同时墙垣自上而下（含堞口）已经被拆毁掉了一部分，因此城垣的高度、形制已不复明代原貌。

东门又名欢雷门，现残存门洞，是因为勘查选址的时候“怀远民夷聚观如堵，咸举手加额。适有雷鸣轰然，龚（一清）遂著欢雷碑以纪异”。门洞内壁镶嵌有《怀远县总图·怀远县城图》、《补修怀邑城厢道路碑》两块碑刻。现在城门上已经重建明代原有的“就日楼”。原东门内侧题有“水池”字样，可知，这里自古以来有蓄水池，用以防火（图2-2-52～图2-2-57）。

丹洲古城为双城相套格局，内、外城皆有高墙护卫，外城四面各开一城门，城门外形成关厢市场，其中东门外尤为兴盛，除形成一定的住区外，武庙、天后宫等也都坐落于此。内城是古城核心区，其南北中轴上布置官衙、公署，两侧对称布局官署附属用房，整体规整、有序，突出了其在城中的等级地位；外城以连通东西门的道路和南门至内城东北角的道路为主道，平民居于东西主道以南，东西主道以北除了内城外，其余布置文庙及县学等建筑。据清代县志记载：“怀远县学在县治东，明万历中迁县时知县苏朝阳建。至国朝康熙三十四年，惟大成殿尚存，其明伦堂、启圣、乡贤、名宦祠俱圮，知县廖蔚文修复之。五十二年，知县张廷超重修大成殿，建东、西庑。五十四年，知县王楫修启圣祠。雍正元年，改崇圣祠额，添神牌、祭器。七年，知县陆嘉谟修明伦堂。八年，知县粘鼎玉、教谕谢之炯、训导李良相修建戟门、棂星门、泮池、宫墙。”，由此可知，丹洲文庙由中轴线上的戟门、棂星门、泮池、大成门、大成殿、明伦堂及中轴线两侧的东西庑及乡贤祠组成，规模较大，可以看出土州对儒家文化的尊崇。而这种以中轴对称进行布局的方式，也显示了汉文化对土州城市规划的影响。通过明代佘立《复怀远县治碑记》中描述：“距

图2-2-52 从古城外望北门及城楼

图2-2-53 北门城楼内景

图2-2-54 与北门城墙相连城垣

图2-2-55 丹洲古城东城门

图2-2-56 从东门城楼看城内街巷

图2-2-57 东门水池

城若干丈，环以舍，营兵居之。距营若干丈，缭以垣，益以栅，商侩肆之。”我们得知外城之外是营房、码头，以及自由发展起来的居住区、市场，此区不再筑城墙加以保护。此外，一些县城需配置的坛庙按其性质分布在外城不同的城门之外，其中东门的坛庙以及民间庙宇、会馆尤多。

从整个丹洲古城的空间布局上看，丹洲依水筑城，城外驻营，商旅近城，城中双城相套，内城以衙署为核心，外城功能分区明确，南为平民居住区，北为文教区，因此丹洲城可概括为“双城相套，内城外营，以东为主”的格局。

丹洲明代古城原南、北城门外皆筑有月城（月城即瓮城，为中国古代城市具有防御功能的重要工事设施，瓮城依附于城门，与城墙相连，其形状有圆形、方形，圆形类似瓮状，也似半月，因此也称为瓮城或者月城）。从东门内壁的图碑刻制的月城

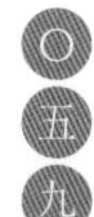

形状可见，北面瓮城为圆形，南面瓮城为方形，皆为明城旧制。南北街道与城门并非典型的中轴对称，而是南北门错开布置，是出于军事防御的考虑（图2-2-58）。

现在的古城内的建筑格局，处于新旧杂陈的状态。从明代丹洲作为三江县治以来，丹洲因为其水运的便利而成为东南地区连接西北边界的重要通道，丹洲码头商业往来频繁，客商无远弗届。四大会馆都曾在丹洲修建，现仅存古城外的闽粤会馆，它反映了当时商业发展的兴盛。

（三）建筑遗存

怀远古城是明代怀远县的政治、经济、文化中心城镇，因此留下许多古迹建筑，又因为水运便利，历史上商业一度相当繁盛，遗存的会馆建筑就能体现这一点。现遗存为明代的有北门、北门外一段古城墙外侧及东门局部。而丹洲书院、福建会馆（闽粤会馆）以及错落分布的古代民居建筑群落为清代遗存。

1. 闽粤会馆

位于古城东门外的福建会馆称“闽粤会馆”，别称“天后宫”，是清嘉庆年间由一位薛姓的福建商人出资修建，至今已经有200余年的历史。天后宫的规制形式据传说是以福建漳州天后宫妈祖庙为参考建造的。该建筑为东西向布置的多进院落式，

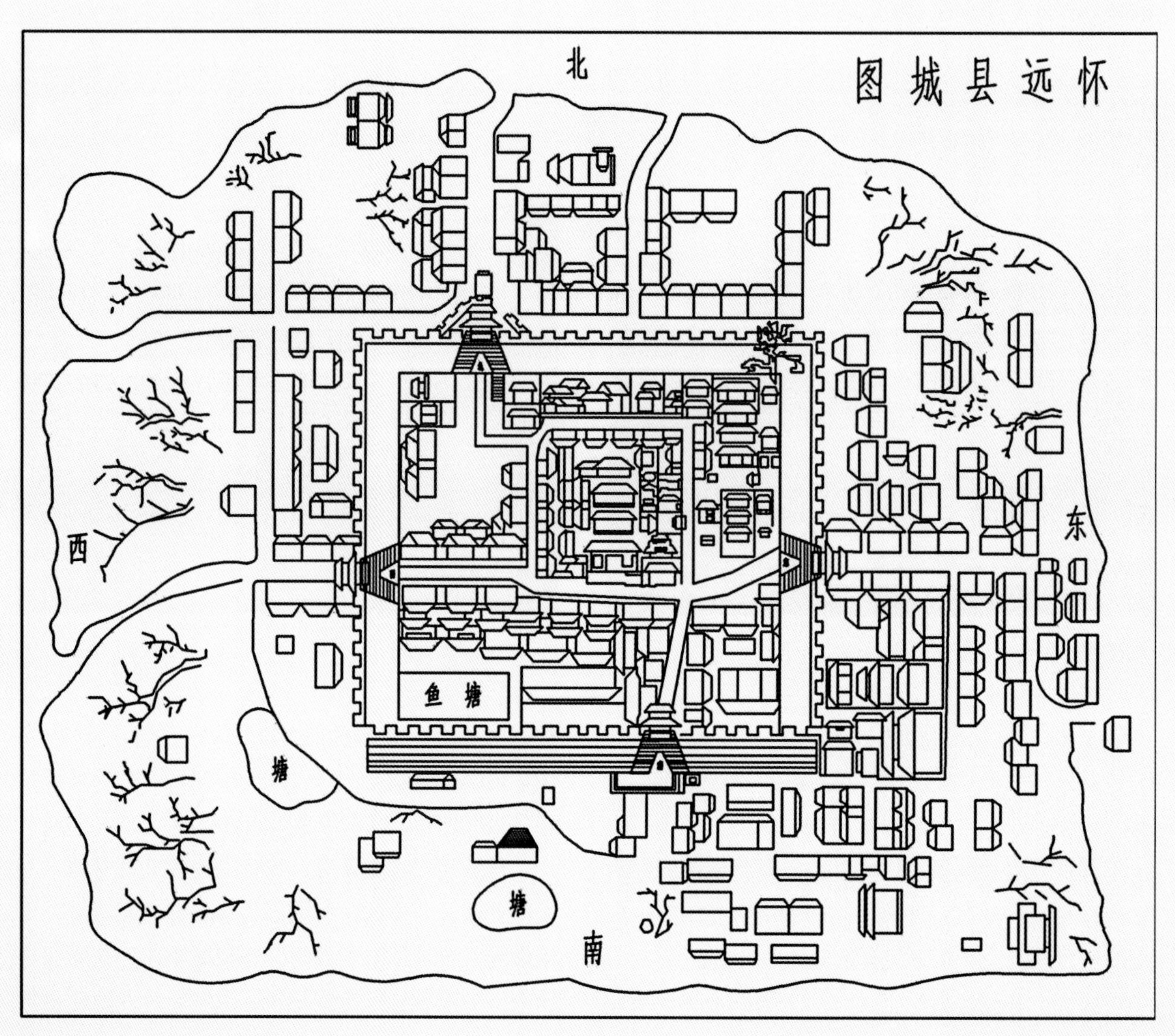

图2-2-58　明代怀远县城

坐西朝东，西为正殿，东为前殿，南北为厢房，前殿与正殿联系紧密，南北厢房将前后连为一体。正殿整体已毁缺，后墙存局部（外壁一角存“聚远”题刻）。南北厢房及前殿门墙尚存。从建筑规模看，天后宫应是清代怀远县城最讲究的建筑，但目前仅遗存前殿和一进院落（即正殿和前殿之间的院落），该院落尺度较大，在150平方米左右，其作用适于商会集会之用。虽大殿具已损毁，但从前殿（对厅）的石质梁架看来，天后宫与漳州妈祖庙出入较大，但有桂北建筑的特点，也反映部分闽南及广府建筑的特色。如天后宫的前廊梁架和马头墙的细部做法是湘赣式的，其山墙的飞带垂脊、墙楣彩绘是广府建筑特色的重要体现，而马头墙上两端高高翘起的燕尾脊则显示了闽南建筑的基因。整体看来，丹洲闽粤会馆融合了桂北建筑、广府建筑、闽南建筑的符号，既显示闽粤商人的财力和思乡之情，也呈现了异地商人期盼融入地方的迫切心理（图2-2-59、图2-2-60）。

2. 丹洲书院

丹洲书院坐落在古城的南面，建于清道光三年中秋，“光绪三十四年（1908年），丹洲书院改为县立两等小学堂”。（民国《三江县志》）该书院在民国进一步扩建，扩建后，分有前后楼房，南北二楼，楼上为学生教师宿舍，楼下为办公、会议厅、膳厅、储藏室、学生雨天活动室，后楼上下皆为教室，中座为大礼堂，孔圣牌位以及图书仪器室，大门有文峰石柱4条，大门边有仓库2间，书院有体育运动场两处，南北楼间有通道直达礼堂，使整个书院占地5000多平方米，并更名为三江第一小学。抗日战争的时候，日军烧毁了大半个学校，现存的建筑只有正殿礼堂和副楼，为今丹洲小学所在。建筑群坐东朝西，自东向西依次布置正门、第一进天井、大厅、第二进天井、厢房、大殿（讲堂）、副楼、桃园，占地1340平方米，是古城最大的一处建筑（图2-2-61）。

正门位于中轴线东端，面阔三间（宽约11米），采用砖砌三间四柱棂星门式样，每间开一拱门，棂星门后加屋檐呈门厅样，是门厅与棂星门结合的产物，彰显了其书院的特殊身份（图2-2-62）。

大门后为第一个天井，天井宽约10米，进深约20米，中央为鹅卵石步道与廊厅相连。大厅面阔三间（约11米），进深两间九架（约8米），大厅前设高约2米的卷棚（图2-2-63）。大厅明间完全开敞，没有设置门和任何分隔，因此明间更像是通廊与过厅，明间两侧的次间为教室。明间梁架为抬梁式木构架，山墙则直接采用硬山搁檩的方式，次间与明间的檐柱金柱间则用青砖铺砌，将廊厅与教室隔开。

大厅后为第二进天井，天井中央有一条有檐廊子连接大厅与大殿（即讲堂）。廊的宽度与大厅的明间及大殿明间宽度一致，它将第二进天井分成南北两个部分，北侧天井接有北厢房，厢房面阔三

图2-2-59 丹洲古城闽粤会馆（源自：网络）

图2-2-60 闽粤会馆内院

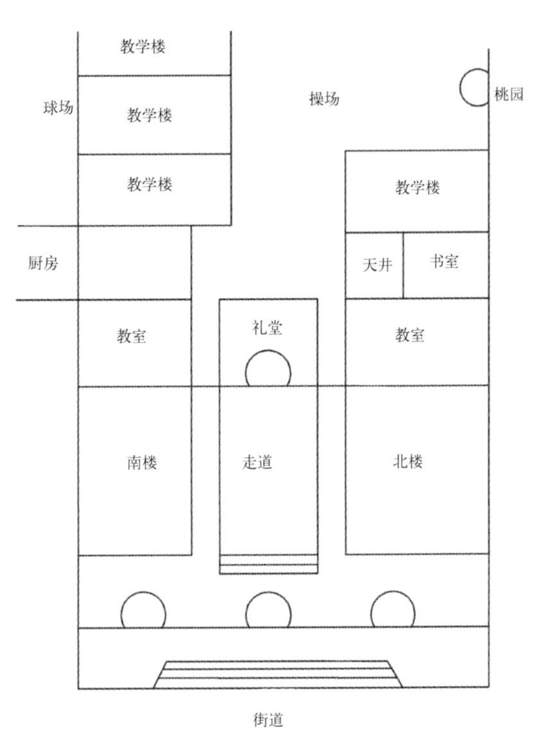

图2-2-61　丹洲书院总平面图

图2-2-62　丹洲书院正门

图2-2-63　丹洲书院大厅

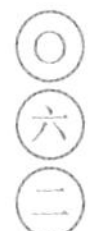

间，民国时期费孝通曾在此居住，南侧天井无厢房（图2-2-64、图2-2-65）。

大殿为面阔三间的硬山建筑，高约7.5米，明间和次间均采用硬山搁檩的构架方式，其中明间为讲堂，两个次间为教室。讲堂设有屏风，屏风前供奉孔子雕像，上有额匾书“讲堂”二字，屏风后有通往二楼的楼梯。楼梯上至二层后只通向南侧的副楼，副楼为存书和办公之用（图2-2-66）。因为大殿为教室和讲堂，因此通风、采光成为必要，所以设计者在大殿山墙开多个拱形窗，显示了西洋建筑对中国传统建筑的影响。但一层面向第二进天井的一面不开窗，仅在二层高度的位置开窗，这样的设计可以使大殿和大厅的教室互不干扰。而大殿和大厅开敞并以有檐廊道相连的手法，则形成了开放空间、交往空间，说明书院设计是人性化的，满足了学生在课堂休息时间进行社交活动的需要。大殿后原有空间已损毁，现为运动场地。

总体说来，丹洲书院从平面看仍为东西向布局的多进传统院落式，院落在不同的位置，尺度及作用不同。大门后的院落，呈长方形，约为300平方米，适宜进行学生集会和宣讲。第二进院落为方形天井，面积约15平方米，为大厅和大殿获得较好的通风、采光。从装饰上看，书院相对朴素，门窗分隔都以菱格纹、冰裂纹、长寿纹为主。总体而言，丹洲书院是传统而朴素的，在建筑中植入了拱窗形式的西洋元素，但更多地反映了本土传统建筑的特点，其简约的装饰、疏朗的布局、充足的采光，成功地塑造了书院所追求的光明、清净的氛围。

图2-2-64　丹洲书院天井

图2-2-65　大殿和大厅间廊道

图2-2-66　大殿山墙和副楼

第三节　古镇

一、大圩古镇

（一）概述

大圩古镇是广西四大古镇之一，位于漓江中游，距离桂林市区大约23公里，现存有明清圩市的格局和较完整的古民居聚落。古镇地处漓江转弯处北畔，背靠群山，面临大江，水陆交通便利。古镇建镇起始于隋唐，北宋时已是商贸繁华之集镇，南宋时地方政府设务税关，明代商号林立，有“逆水行舟上桂林，落帆顺流下广州”之说，及至明清兴盛，于民国鼎盛。大圩镇现保存有1.5公里长东西走向的石板老街，老街两旁保存有200多栋明清时期古建筑，鳞次栉比，形成特色鲜明的明清圩镇的街市空间格局。街道间有青砖古民居，一般为两进或三进，高墙深院，如廖宅、黄宅、李宅等，公共建筑雕饰精致，如湖南会馆、高祖庙、清真寺等（图2-3-1～图2-3-3）。

大圩古镇由一条青石板铺筑的主街贯通东西，为便于水运商贸往来，主街发展成与漓江走向相同的江街平行格局，可谓古镇之主轴，主街上若干个“市”，通过巷道通向河岸，“市”在空间形态上成为一个一个的节点，因此，大圩古镇是典型的“点—轴”体系商贸水运型古镇。大圩古镇的建筑主要分布在两公里的青石板主路两侧。现存的石板路是民国初期顺着江岸搭建的，上起下路桥，下至万寿桥，贯穿地灵街、隆安街、兴隆街、塘坊街、鼓楼街，全长2.5公里，宽2米，主要为青石板铺成（图2-3-4～图2-3-6）。

图2-3-1　大圩古镇（谷歌地图）

图2-3-2　高祖庙

图2-3-3　湖南会馆山墙

图2-3-4　鼓楼街石板路

图2-3-5　兴隆街石板路

图2-3-6　万寿桥

（二）发展演变

大圩古镇曾用名“长安市”、“芦田市”，后通称为“大圩”。在两千年前的汉代，大圩已经开始形成若干小居民点，北宋时已是商业繁华的集镇，明为广西四大古镇之一，又因其大，而成为四大古镇之最。其商业初兴于宋，曾设税官；中兴于明，并于明代确立其商贸古镇的功能定位，清光绪三十一年（1905年）《临桂县志》称“水陆码头”；抗日战争时期有“小桂林”之称，其时赶圩的人数最高达1万余人，码头泊船达二三百艘，地方商业文化底蕴深厚。因为背山面水的优越地理格局，大圩古镇依托滨水的运输形成了水运商贸型古镇格局，随着商业的影响，人们的物质生活开始变得多样化，于是出现了戏台、寺庙、书院、祠堂、会馆等建筑。其中不同类型的会馆反映了古镇商贸的繁盛：江西会馆、湖南会馆成为外地商人思乡、团结互助的场地，福建会馆离水运码头近，江西会馆则占据镇的中心地段，戏台与其前广场成为“市”中心聚集的场所，镇上的大户人家建设私宅占据镇中心良好地段，临街而置。

（三）空间格局

大圩古镇整体空间格局基本完整，与周边自然山水、田园风光、古树名木融合度高，环境和谐。古镇肌理清晰，主要街巷、河流等保存完好，街巷尺度、街巷界面等相对和谐。另外，古镇现今还保留着一批古老的手工艺作坊，与传统建筑相结合，基于文化景观向度从业态到整体的保护较完整。

古镇民居多为砖瓦房，沿街布置，通过“点—轴”的交通系统图示形成“市—巷道”功能的对应关系。商业功能突出的城镇，街巷承载的交通功能显著，开放性强而无防御设施。

大圩古镇多以村落渡头逐步发展而来，因此，在空间格局上，大圩古镇是村落形态的延续，因此最初呈现了村落空间格局中单线型的特点，但是因为大圩古镇随着商贸水运的加强，区位优势的显著提升，其社会组织和经济结构比村落更加高级与复杂，大圩古镇又呈现出更加完善的城镇配置与空间演变的多元化特点，并最终形成了复线型小城镇空间格局。

大圩古镇由原来单线型空间发展形成复线型空间是基本骨架的属性，在空间布局上，大圩古镇可以简而言之为“一带多点多中心”的从点到线到面的空间特质，其城镇体系的空间中没有特别强势的集核，但是各巷道对主要带状主街的渗透型空间非常明显，虽然整条主街蜿蜒前行，呈向水面发散的状态，但是大圩古镇的滨水商业却维持至今，可见，外在的复线型空间满足了对大圩内在商业的需求，是“形散神不散”的形态。

1．路网结构

大圩古镇因为漓江流域发达的水运而兴盛，路网从漓江边向镇内延伸，联系镇内的市和江边的码头，呈不规则的“十”字形空间，主街与码头间有巷道相连，构成古镇的交通系统的中心。

大圩古镇是水路交通枢纽，更是著名的集市贸易集散地，东有潮田新河，与福利的马河相接；西连相思河，可至永福；北面的漓江贯穿着桂林、兴安、阳朔、平乐、梧州，可上达湖南，直下广州。古镇内部以主街（老街）平行于漓江呈带状轴线展开，古镇主要建筑沿老街两侧布置，以鼓楼为中心，江西会馆及古民居分布其周边，共同构成了古镇的物资中心。这个中心以江西会馆、湖南会馆、高祖庙构成了老街的另一场所空间的聚集。镇上的高祖庙、湖南会馆、江西会馆、清真寺等公建体量比民居大，且都带有前广场，形成层次丰富的公共空间，停顿点。

老街平行于漓江走向，每隔10余户就有1条通往漓江码头的石板巷，全镇现有10条巷道与码头相联系。

大圩古镇集市贸易十分发达，经济基础坚实，给建造特色建筑提供有利前提，大圩古镇中的民居建筑依随地势呈南低北高状，依山傍水而建，体现了古镇与自然的和谐之美。大圩古镇中有名的四大家族传统建筑，没有刻意大幅度对千姿百态的龙凤形象进行雕刻，而是采用或隐或显的手法装点在各类建筑的细部，更显龙凤之间的互补和对应。

2. 街巷格局

从街巷结构来说，大圩古镇的街巷结构可分为三个等级，老街即主干道为第一级，规模、形制、尺寸较大。老街功能用于交通、商业、集会、赶圩，老街作为主干道贯穿全镇，商业建筑沿街设置。第二级是巷道，尺寸和规模小于主干道，但是都与主干道相联系，同时二级巷道相对为私密和安静空间，巷道两侧多为民居，商业建筑相对少。巷弄为第三级，主要见缝插针，形成迷宫式的路网空间，增加了古镇的安全性。三个等级的街巷路彼此穿插，形成了大圩的街巷结构（图2–3–7）。

从街巷走向来说，漓江流域属于喀斯特地貌，大圩古镇位于两山之间的空隙，西北侧有大山脉，东北侧有小山，两山之间有大的腹地，因此大圩古镇位于风道之间，地理位置得天独厚，古镇面朝漓江，一线铺开，形成了前水后山的格局。受到山脉的影响，古镇街巷空间随地形起伏变化主要体现为狭长封闭的带状空间，沿着河流延伸，如图2–3–1所示。

从街巷尺度来看，大圩的商业街巷相对宽，老街的尺寸宽度达到了5米；古镇内部的街巷尺度较小，一般在3米之内；其他街巷宽度在1.2～2.6米间，一般不超过3米，小的巷道仅有1.2米的宽度。建筑高墙形成的狭小的街巷空间在夏天利于通风，是聚居生活的重要公共空间（图2–3–8、图2–3–9）。

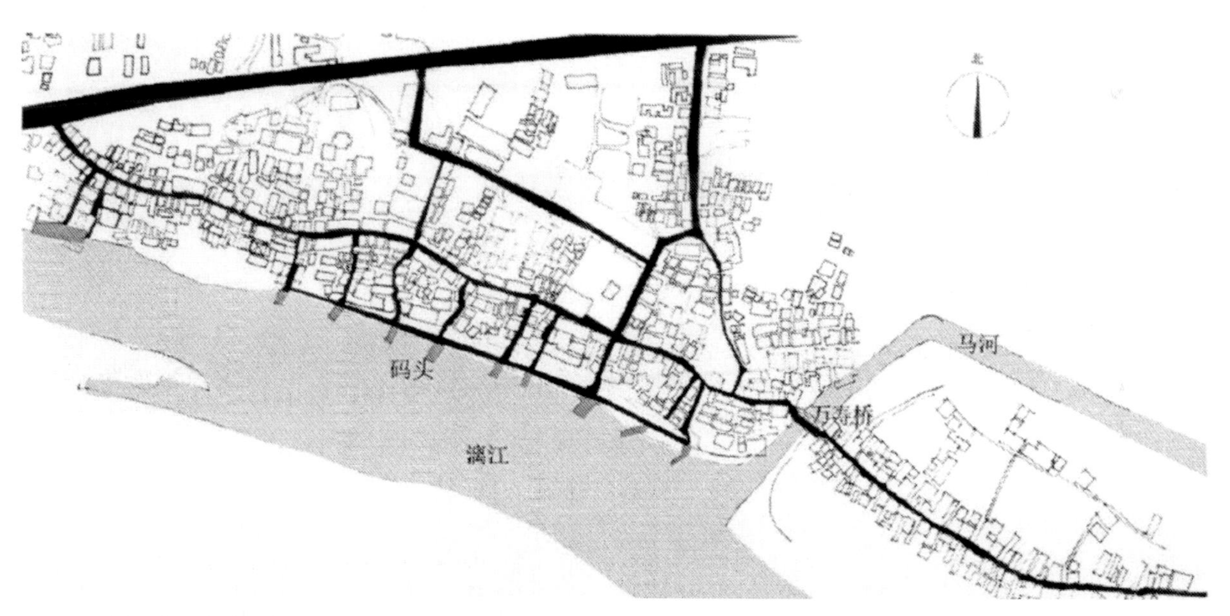

图2–3–7　大圩古镇主要街巷结构图

图2–3–8　古镇内的街巷

图2–3–9　古镇街巷

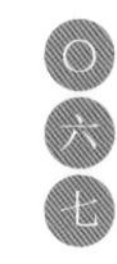

从道路的铺装来看，大圩街巷道路最常见的材料就是漓江河流里卵石铺成的路面，形成图样花草等，因为漓江盛产青石，大圩古镇石板街就用青石板、石条和卵石铺筑，其主要的部位有铺设图案纹样。青石板道路的石条之间有细长的缝隙，道路下就是暗藏的水渠，有良好的排水功能，雨水通过缝隙可以流到暗藏的水渠，再通过暗渠排进河流（图2–3–10）。

（四）建筑形制

大圩镇中的民居建筑北高南低，临江依山而建，多为二进、三进式平面布局，由门前、天井、正房、厢房、后院组成。民居外通巷道，巷道连接码头，内通商业古街。街区之间营建石墙，以拱门连接，这道墙可以避免火灾发生时房屋之间火势的蔓延。沿街建筑一般从事商贸活动，所以功能多为商铺，商铺多为多天井的“竹筒楼”，而非沿江常见的商业骑楼。商铺底层有楼梯连接二层，一般面阔一开间。沿街门楼一般一至二层，天井狭长，正房相对布局精简，多为两层，结构多为木构架，且大多为硬山搁檩式，墙体砌筑材料多用三合土配以鹅卵石混合。因为“竹筒楼”狭长，天井起到了通风采光的作用，一般都种有花草丛木。天井之后就是正房，是主人活动、会客的处所，高大敞亮，供着神像和祖宗牌位。两边是厢房，正、厢房的门窗上均有雕纹。正房与后院有门相连，后院临江建有茅厕与厨房，可通过石阶至江边洗衣。沿老街两侧多为板壁或者桂北商铺的铺面。“竹筒楼”和多进天井民居布局一般为前店后坊、前店后仓或者前店后宅的格局，民居与公建大多采用青砖砌筑、青瓦屋面、马头墙（图2–3–11、图2–3–12）。

图2–3–11　传统民居的门前（可作放置货物的空间）

图2–3–10　卵石铺装地面

图2–3–12　建筑山墙与木构架分离

二、黄姚古镇

（一）概述

黄姚古镇地处广西、广东、湖南三省交界处，坐落于广西贺州市昭平县之东面。它紧临姚江，往北可通达桂北，往西可达桂江，成为水运要道（图2-3-13）。黄姚自古就是一个商贸小镇，发祥于宋朝年间，兴建于明朝万历年间，鼎盛于清乾隆至民国中期，已有近千年历史。黄姚古为壮、瑶杂居之地，据考最早仅有黄姓及姚姓两户人家居住于此地，而黄姚又是黄姓瑶族人的简称，故此地得名为黄姚。伴随着广东、福建等地汉人的大量迁入，人丁日益兴旺起来。通过对镇内9座宗祠和两座家祠门匾姓氏的逐一调查和与乡民访谈，发现古镇除了黄、姚两姓外，还有古、莫、劳、吴、林、梁、叶等姓氏。同时，西迁汉人也带来了岭南风景园林和广府民居建筑的营造风格特征，为此，当地老百姓将黄姚的自然与人文景观概括为：三水十山七岩洞；七楼一台五凉亭；八街二阁九祠堂；一观九寺十六门；十二古樟十一桥；三庙七榕十龙树；六社九曲十三弯；三石跳二十陀佛。

（二）空间格局

黄姚古镇居民多来自东南地区，东南堪舆思想把他们基本选址理念更为精炼简洁地运用到黄姚古镇的实际建设中来。古镇周围山峰林立，酒壶山、真武山、鸡公山等9座苍翠挺拔的山峰宛若游龙，从四周汇向古镇中心，当地有“九龙聚穴”之说，具备东南风水理论所要求的“枕山”、“环水”、“面屏”要素。古书云：“内气萌生，言穴暖而生万物也；外气成形，言山川融结而成形象也；生气萌于内，形象成于外，实相乘也。”黄姚三面群山围合，整体地势是从南向北由高到低的洼地，水转山复，脉源贯通，具有风水术中“穴”的典型特征，是理想的宜居生态环境。黄姚古镇坐落在这样生态环境优美、景观层次丰富的风水宝地里，建筑空间格局与山水空间格局相得益彰，互为借景，构成了层次丰富的小镇空间特色（图2-3-14）。

古镇发展经历了村落—圩市—集镇的空间演变过程。最早的迁居者鉴于东南风水观的选址理念及农业生产生活的实际需要，选址在姚江以东、兴宁河以南的真武山脚的龙畔街，然后逐渐向姚江以西发展，先后出现了迎秀街、安乐街、金德街、连理街、天然街等相互串联，东西走向的商业圩市、古镇街巷空间得到有序发展（图2-3-15）。

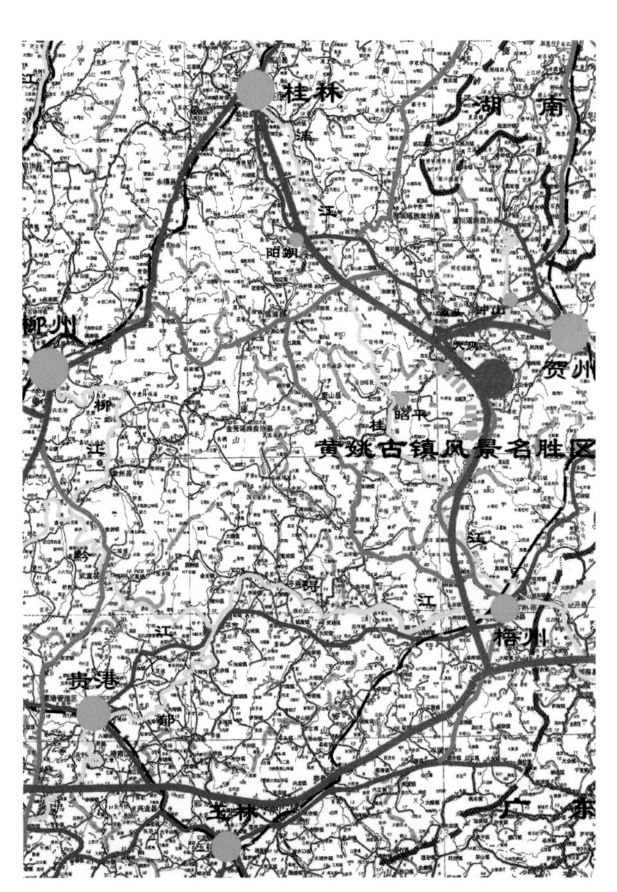

图2-3-13　黄姚古镇区位图（资料来源：广西城乡规划院）

图2-3-14　黄姚古镇鸟瞰图

因受安全、生产、生活因素的影响，黄姚镇区空间功能分区明晰、布局多样。首先，古镇充分利用东、南、北三面山水环绕的自然空间格局，用门楼石墙与用地西面的田野分隔，同时通过聚落内街道上的层层闸门来构筑内部防御层级，这样通过人工布防与自然天险的有机结合，筑起一套完整的空间防御体系。其次，建筑布局以宗祠为核心区，向周边辐射，从而构成内聚向心式的空间布局。古镇现存八大姓氏，九个宗祠，两个家祠，同一姓氏的居民多围绕其姓氏的宗祠居住，以石板巷道相连。再者，在古镇的入口及周边设置庙宇、戏台、小广场等公共空间，居住于不同组团的居民可以相互交流，也使古镇空间在“分”的格局中增添了“合”的重要节点，构成了有序分散但联系紧密的整体布局（图2-3-16）。由此，整个镇区形成以民居为主的核心区，核心区的民居以祠堂为核心，顺江而布，井然有序，核心区周遭设置城、门、庙、观，核心区外阡陌交错、交通便利，最外群山环抱，形成了山、河、耕地、街道、院落、民宅的立体空间序列。

（三）传统肌理

1. 注重“龙”的风水观念

由于黄姚民间自古喜龙，当地流传着“黄姚古镇皆龙景”的口头禅，坊间有很多有关龙的传说。同时，黄姚因群山环抱而“背枕龙脉”，小珠江、兴宁河相夹古镇犹如“二龙戏珠”，借助这样的山

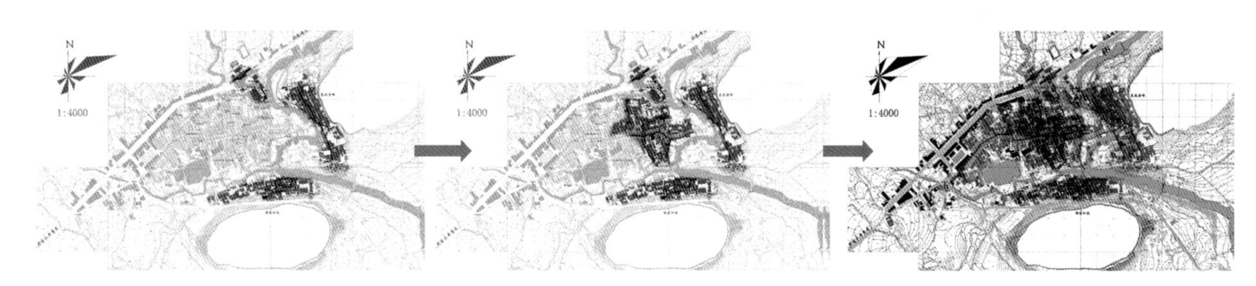

图2-3-15　古镇空间发展演变图

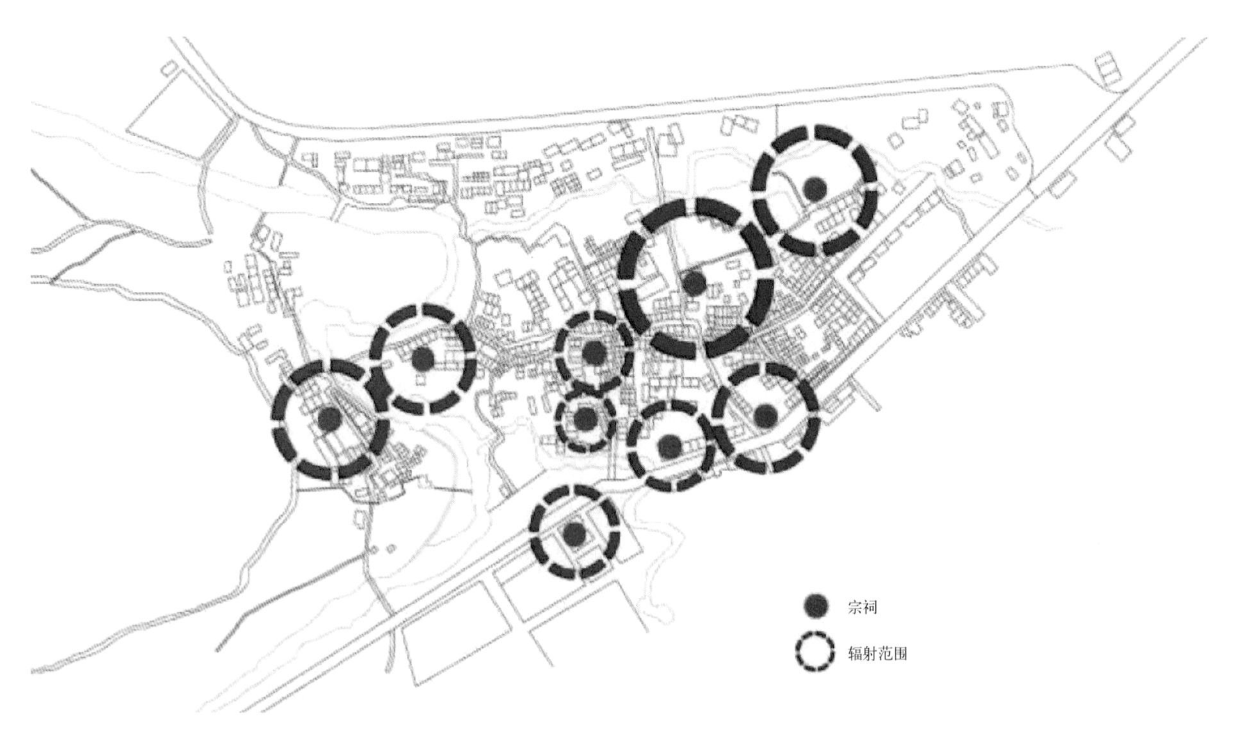

图2-3-16　以宗祠为据点辐射的建筑布局

率。此外，古镇的农耕区也是沿江布局，其便利之处在于用水、交通方便，同时有充分利用坡地、河滩等优点，可种植不同习性的作物，提高产量（图2-3-20）。

3．蜿蜒曲折的街巷空间

古镇街巷的一个重要特性即是“以曲为美”。以黄姚镇中兴街为例，街道蜿蜒曲折，街巷空间尺度不断出现小幅度的收放，人走在曲曲折折的街巷里依然可以通过视觉或知觉来感知全貌。这与现代街巷中一成不变或反差巨大的空间意象截然不同。黄姚古镇的街巷空间更注重的是均衡状态下的微差，透过匀称的韵律感和连续性，在统一中追求变化。

弯曲的街巷除了美学上的意义外，还有防御上的功能。黄姚古镇街道是经过了数代匠人的精心设计，随着商业的发展一段段自然地延伸出去的，蜿蜒曲折的古商业街自东向西延伸，分为4段。人初次进入，往往会因古镇迷宫般婉转迂回的路径而迷失方向。此外，每段两端设防御用的闸门，加强了街巷的防御性功能。这条由清一色石板铺就的主街，是先修街巷，后建门楼及护城墙，匠人出自各姓的族老，由族老们组成街道理事会，成员代代相传。理事会成员多为乡绅、隐士、官员，可谓德高望重。因此，黄姚古商街可以说是黄瑶人“民心所向，众志成城”精神和愿望的见证。

4．依江而建的公共场所

在黄姚，公共空间、民居与水的联系非常紧密，可以说这些空间场所都是依江而建、依江而生的。黄姚古镇的庙宇、宗祠、广场、码头等重要空间皆营建在江边岸上，这些场所均依水而建，注重与居民生活的维系。鲤鱼街末端的临江小广场，是提供居民及游人交流、劳作、休憩、集会等功能的空间。庙宇、宗祠等建筑依江而建，大多选址于沿江的“风水”宝地，因为以古人的观念，水即是“财”，在临江修筑庙宇或宗祠，可以稳住财源，即是古镇宗庙场所与水构成的意向性关联。居民与水所形成的空间场所不外乎三类作用：生活、生产和交通。而这三类功能的空间场所也是灵活多变的，可以重复和渗透置换。如人们在河边洗衣、洗菜，

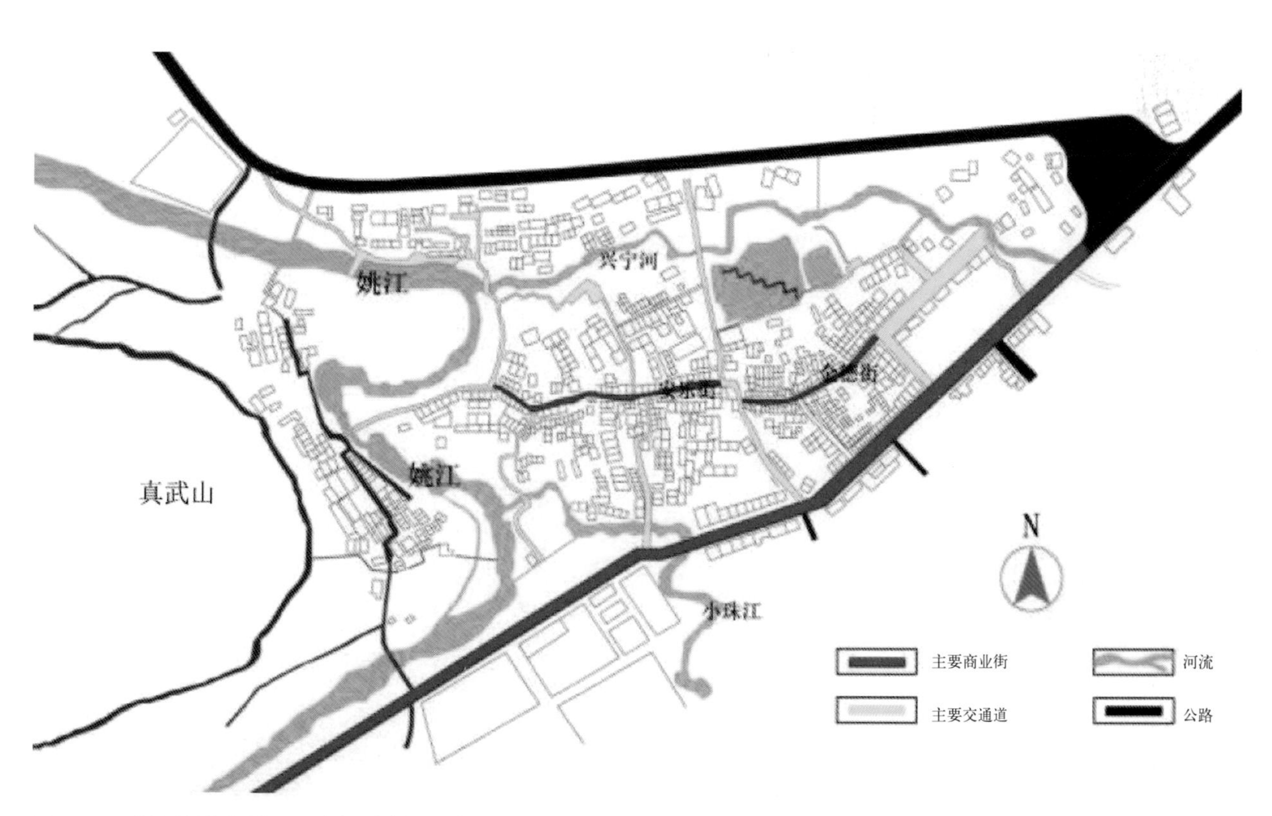

图2-3-20　黄姚古镇街巷空间平面（广西城乡规划院）

图2-3-21　河边建筑

图2-3-22　吴氏宗祠

即是空间的生活功能；居民通过一边洗衣、洗菜，一边聊天、攀谈，这就变为了公共交往功能。总之，临江空间的修筑给居民提供了一个极富活力的生活场所（图2-3-21）。

（四）建筑风貌

黄姚的建筑作为“黄姚八景”[6]，虽然受岭南建筑风格的较大影响，但囿于当地经济不发达和受到壮、瑶民族崇尚俭朴生活的思想影响，不像广东广府建筑那样富丽堂皇，但它于一砖、一石、一瓦中透露出质朴敦厚的实用和美感反而更好地体现了中国传统“天人合一”的朴素哲学。建筑特征最具代表性的当数宗祠和戏台，宗祠建筑以高大的体量和高耸的镬耳式山墙成为每个居住组团的标志性建筑，在视觉上统御了整个辐射范围，强调了其空间上的中心地位。随着古镇的发展延续，各姓氏宗族之间联姻频繁，组团间的界限越来越模糊，但以宗祠为核心、以街巷为边界的组团空间划分依然清晰可见（图2-3-22）。

古镇民居多采用一至二进院落式楼居，面阔小、进深大、天井窄小。通常大门两侧开大窗，形成临街铺面，当地人称为檐廊或骑廊。骑廊是街巷向房屋渗透过渡的空间：街道外部空间→骑廊过渡空间→庭院空间→室内空间。过渡空间弱化了住宅室内空间和街道外部空间的边界。骑廊的空间界限从地面起至屋顶结束，其竖向尺度因建筑的层高不同而有些许差异，在3.6～5米不等。在竖向尺度上，骑廊和室内、室外的空间构成了一个“放—收—降”的空间序列。骑廊不仅柔化了街道和建筑的边界，并且为街道两侧人的户外活动提供了良好的条件，既可避雨遮阳，吸引人流的驻足；又可摆放货架做生意，变为街坊茶余饭后闲聊的场所。从功能上看，骑廊是种公共性和私密性兼具的半私密空间（图2-3-23）。

由于进深较大，通风散热成为古镇民居的重要考量，其解决方式是增加通风口，如除了大门及两侧的窗可纳风外，通常在各进的大门、后门上方增

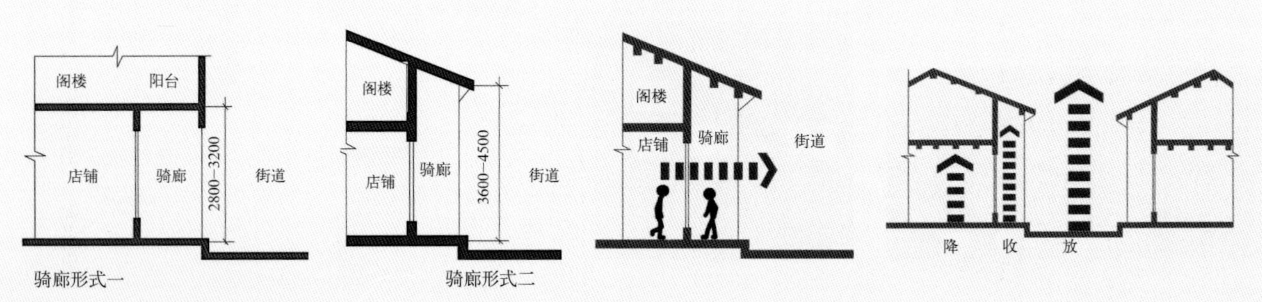

图2-3-23　骑廊空间渗透及竖向尺度分析图

图2-3-24 大门上方的方形花窗

图2-3-25 镬耳形山墙

设方形花窗通风（图2-3-24），第二进建筑临天井面则完全用镂花木隔断，以增大通风量。古镇民居的风格是朴实的，青砖、灰瓦，没有繁复的屋脊，也没有斑斓的彩绘，结构上也采用简单实用的硬山搁檩式，只有大门上的墙楣壁画和墀头灰塑彰显着主人的意趣（图2-3-25）。

古镇公共建筑形态丰富，亭台楼榭是其特色之一，它们都与障空补缺的风水设置相关，成为古镇公共节点的标志物、控制点、构图中心、视觉焦点、观赏对象，增加了古镇自然景观与人文景观的和谐均衡。

（五）理水格局

黄姚人十分注重理水，其理水概念最先体现在选址上。黄姚建于姚江、珠江、兴宁河三河交汇的三角洲地，水是当地居民发展的命脉，便捷的水利交通促进了地区的农商繁荣发展。在古镇的西南角设有两个水池，它们实为风水理论“瑞兽呈祥”中的“朱雀”，因为按古镇的形貌，这里需要有水塘来“安财蓄宝”，故遵照传统，辟为鱼塘。

按风水的观点，水是财富，为了留住财气，须在出水口建桥设祠，锁住水口。由于小珠江和兴宁河从两个区域汇入姚江，古镇实际上有两个入水口。其中姚江和小珠江在宝珠观南侧汇合后流入镇内；兴宁河从中部流入古镇。为护佑河源，黄姚人十分注重在这两个入水口处营建园林，水口两岸翠竹掩映、古榕参天，大有可观。这两个地方如今成为黄姚风景名胜最集中的地方，也是黄姚文化精华荟萃之地（图2-3-26）。

图2-3-26 黄姚古镇水口设置

黄姚人多伴水而居，但格局不同于江南水乡。由于南方河流夏季汛期与冬季枯水期水量差异巨大，为了避免潮汛期河水上涨侵蚀建筑基础，黄姚民居多选址于离河流稍远的岸边高地，居民通过巷道下到河岸或水池边进行洗菜、洗衣等活动。

桥是黄姚人理水的主要要素之一。黄姚有15座桥，有石拱桥、石亭桥、木质便桥、浮水汀步等。修建它们主要是因为兴宁河、姚江及小珠江在镇内蜿蜒穿行，人们为了通行方便，同时也为了不阻挡河水的自然流动，防洪排涝，就修筑了这些或大或小的桥梁，人行进在青砖灰瓦的建筑中，不经意来到桥边，拾级而过，看到一汪清水，格外雅致。

三、中渡古镇

（一）概述

中渡古镇是一座历史悠久的古老集镇，是广西壮族自治区历史文化古镇，距今将近2000年的历史，于三国时孙吴甘露元年（公元265年）业已建置，中渡亦是鹿寨文明的发源地。中渡镇位于鹿寨县的西北角，总面积374平方公里，中渡既是鹿寨、融安、永福三县的结合部，又是鹿寨县西北边陲的经济重镇，素有“四十八弄的明珠”、“文化古镇，旅游乡镇”的美誉，总人口约5万人。中渡得名于清康熙年间。因为洛江有上、中、下三个渡口，上有旧县渡、下有新县渡，平乐镇（即中渡镇）属中间渡口，故名中渡。

洛水绕城，鹰山傍侧，古镇被奇山秀水环绕，现今，古镇仍保有“城门—护城河—城墙”的整体防御格局，镇中更分布传统建筑聚落，又以一方保障、香桥石刻、武庙等洛江文化古迹为代表，在自治区内外享有盛名。

（二）发展历程

中渡古镇的发展历程共经历了4个阶段（图2-3-27）。第一阶段从西晋一直到唐代，是古镇的初始形成阶段（公元265～1334年）。西晋武帝泰始元年（公元265年），中渡镇辖区内的马安村常安屯开始设置长安县，而唐代设置洛容县，县址在今中渡古镇东北白龙岩，也就是今天的英山中学处，从三国至元朝初期，中渡镇所治虽与今所辖区域并非一致，但中渡镇却始终为县级行政中心，中渡古镇在此阶段逐步成形并缓慢发展。而今，这个时期中渡古镇的痕迹已经随着历史的流逝而不复存在。

第二阶段是古镇发展成为重要军事中心的阶段（1335～1911年）。元代元统三年（1335年），古镇正式成为中原防御少数民族起义的重要军事据点，并设百夫长，督兵屯田守御，中渡镇正式在今镇域设置大岑、桐木、银洞三个关隘。明万历四年（1576年），设置巡检司于平乐镇，即今中渡古镇。自此，其军事防御格局雏形已定。明朝的巡检司不属于行政系统，是明朝特有的一种管理体系，巡检司具有武装性质，属于军事系统。其设置、裁撤、考核皆由兵部掌管。《明实录》记载：“洪武二年九月，广西行省以靖江、平乐、南宁等府，象、宾、郁林等州汉瑶壮各民族错居，奏请其关隘冲要之处，宜设巡检司以警奸盗。从之。”可见，自明万历四年起，中渡镇已经成为区域内重要的军事中心。至今，古镇的格局仍然保有防御功能的轮廓，“城门—护城河—城墙”的防御体系仍完整地存于古镇，而古镇空间形态中其防御的主要特点，应该就形成于万历年间。

至清代康熙二十二年（1683年）洛容县改称为雒容县，中渡现存的大量历史建筑遗迹都是这个阶段的。广西巡抚当时于中渡设置抚民厅，用于周边各级防务的指挥调度，划定周边州、县边界四十八峈山区皆归中渡抚民厅军事管理区。中渡（当时称为平乐镇）也因为在洛江上中下三个渡口中，居于其中间渡口而被称为中渡。抚民厅也是清代特有的行政区划，其地位介于府和县之间，是正式的行政等级，与省府县一样，但是仍然偏重军事功能，剿抚相济。中渡抚民厅官署设在中渡镇北街82号，老百姓习惯称之为武衙门。这时期，中渡作为军事要塞的建立是有其原因的，因为明中叶后的几次战争使得中渡的地理位置空前重要，明朝的古田农民起义不仅建立了政权，围绕中渡进行的若干次战斗

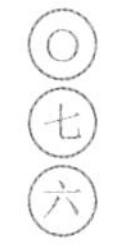

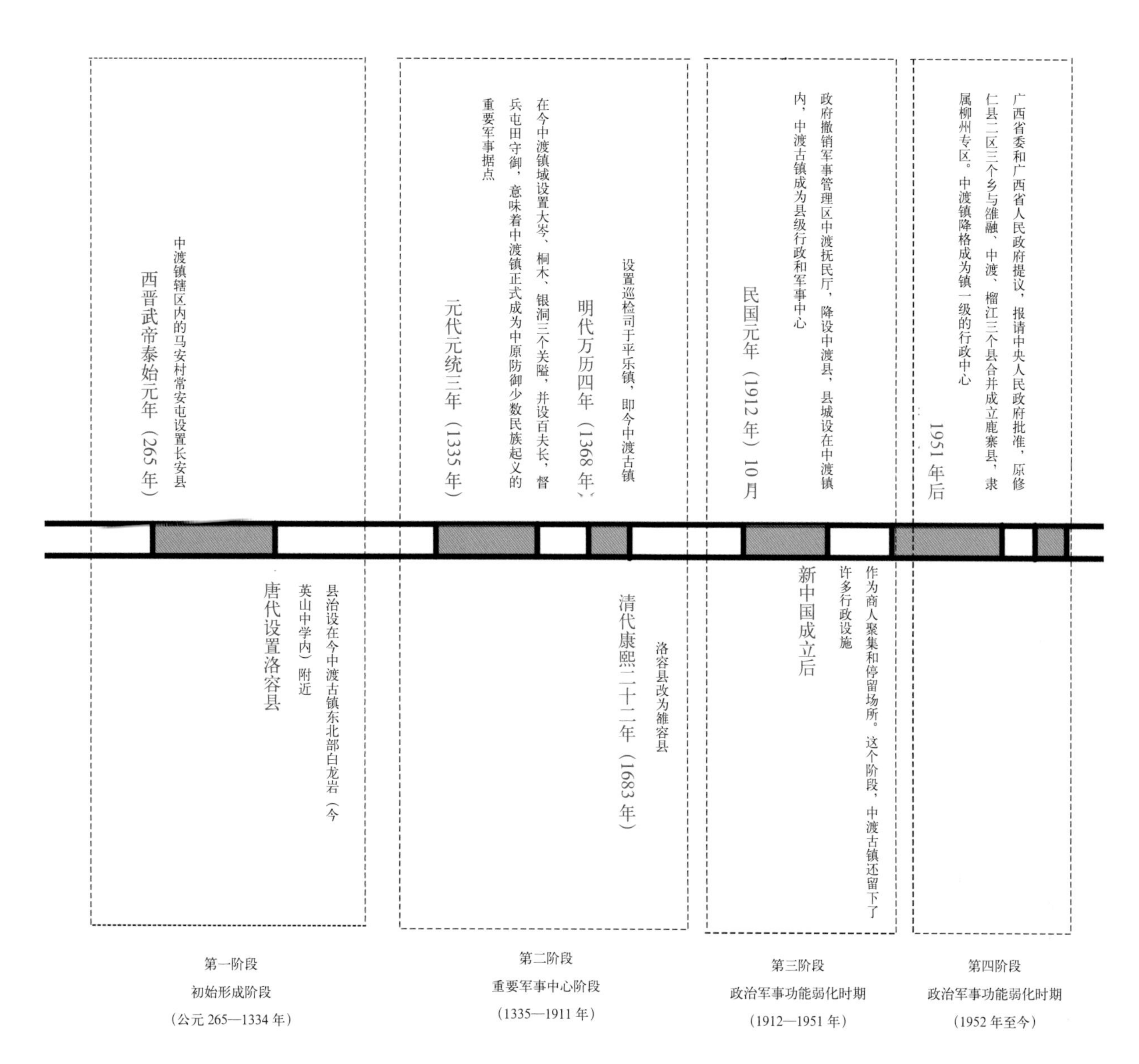

图2-3-27　中渡古镇发展时间轴

严重地考验了中渡的军事攻防体系。清咸丰六年（1856年）的太平天国发生内讧，翼王石达开率10万太平军回师广西，史称“天京之变”，当石达开的队伍穿越四十八弄山区时，当地清军进行了激烈的阻击，双方激烈交战，而清朝政府设置了炮楼以此占高来制约敌情，因为炮楼设在制高点西眉山，因此炮楼名曰“西眉碉楼”。

清光绪二十六年（1900年），亦有乡民在此为抗捐抗租而与清军展开斗争，最后在清军“先剿后抚”的计谋下，于中渡捕杀起义军头领覃老发，最终起义被镇压。历经这几次战争，中渡饱经战火洗礼，可以说中渡的“武备文化”是其独特的文化遗产，中渡古镇在这个时期的建设以武装防备为中心，对整个中渡镇的物质空间形态也产生了很大影响，而清政府在中渡城西眉山顶修筑的炮楼即“西眉碉楼”，至今犹存。

第三阶段是古镇的政治军事功能都在被弱化的时期（1912～1951年）。在民国元年（1912年）10月，政府撤销了中渡抚民厅，降级改设为中渡县，县城设在中渡镇内，中渡古镇成为县级行政和军事中心。这个阶段，中渡古镇留下了许多行政设施，虽然军事及行政地位下降，但是其经济地位却在上

升，因为水路交通便利，尤以江西商人和广东商人为多，并在此修建江西会馆（已毁）和粤东会馆。新中国成立以后，因为洛水的运力，中渡仍然是南来北往的商客集聚的中途场所。

第四阶段即1952年至今，中渡的政治军事功能进一步弱化。1951年后原修仁县二区三个乡与雒容、中渡、榴江三个县合并成立鹿寨县，隶属柳州专区。中渡镇降格成为镇一级的行政中心。中渡镇目前是柳州市鹿寨县下辖的一个乡镇级行政单位。因为中渡偏于西南边陲一隅，使得其水系、巷道、空间格局和民居建筑能够完整地保留下来。

虽历史风华褪去，中渡古镇至今仍尚存完好的古城门、城墙、商号、青石板路等历史遗迹（图2-3-28），古镇的防御体系“城门—护城河—城墙”的格局保存完整。整个古镇分东西南北四条街，街面、巷道、楼宇等的尺度、风貌斑驳如故，武帝庙等遗存仍然保持其使用功能，节庆活动依然围绕历史公共建筑开展。古镇经历“建制新政—要

图2-3-28　历史构筑物——护城河、古城墙、渡口、洛江桥

塞衙署—简政变县—弱化新镇”过程，已经不复当年鼎盛，但遥想当年必然车水马龙、商贾云集，一番繁华荣茂、市井更漏之光景。

古镇历经千年沉淀，其生产方式、关隘军事功能都对其镇区布局有重要的影响，而抱水环山的自然地势不仅决定其选址，也影响其功能布局。

现存的古镇的聚居建筑，其街巷历史风貌统一，整体格局完整，建筑单体的结构秩序或画栋雕梁，无一不展现其文化底蕴。

（三）空间格局

古镇古代军事防御格局至今完好，护城河绕城，是依托内环为中心的典型格局。古镇内环结构以武庙广场为中心，街巷或平行于武庙广场，或与之相通，形成中心内环，由武庙广场向外辐射而成的街区就成为今天的历史街区。历史街区的南北向可达1000多米，东西向也有500米，风貌保存较完好。重要的历史建筑遗迹主要分布在南北向的北街和南街上，由北至南分别保存有北闸码头、飞机洞码头、中码头、大码头4处码头；有南街、北街、东街、西街、横街5条街道；保持有明清风格的传统民居以及青石板砌成的街道

中渡古镇在其军事防御功能弱化后，其商业依靠水运渐渐发展壮大，而古镇空间格局亦伴随商业兴衰与水运的发展逐渐演化。洛江及上下河流域的水网使得货物流通通畅，商贸繁忙，而渐渐频繁的货物交换，逐步形成了顺江发展的繁荣集市，全镇空间格局慢慢沿江而成型，终于演变成水路、陆路叠加的复合交通发展模式。

古镇现有空间格局基本保留了历史道路肌理，北街、西街、南街、东街、横街5条街围合形成古镇的内环，公共建筑及居住建筑沿着这些街道而设，大多位于内环之内。相对于内环，古镇还有一个外环，这个外环依托原有护城河体系及洛水而形成，是以水作为边界的外环。因此，古镇在演进中逐步发展形成“一水环城，五街绕镇”的格局，即双环构成式（图2-3-29）。

图2-3-29 中渡古镇“双环”结构图

古镇一方面因为其交通、贸易之故，其商铺沿码头向内环伸入；另一方面由于武庙、广场等公共建筑、空间位于内环核心，是居民交往活动的主要节点，其民居多为环绕内核，以5条主要的商业街（东西南北横街）为骨架，一层一层呈放射状向外扩展，空间布局紧凑。古镇五街发展呈现出明显的向心力，这个心的位置就是武庙及其广场，从而使得古镇最终呈现为“一环、一核、五街”的格局(图2-3-30)。

（四）布局特点

1．紧凑的建筑布局

由于中渡为喀斯特地貌，平地较少，因此节约和珍惜土地成了中渡人民根深蒂固的观念。中渡古镇遵守节约用地的原则，尽可能少地占用耕地，因此在其建筑布局上尽量减少不必要的道路交通面积，并充分利用公共空间联系各户，例如住宅面宽相对小，进深大，在一个开间的面宽内依次布置客厅、卧室、厨房、院落、卫生间等。

2．防御性的空间精神

中渡自古以来皆为中央王权防御地方民族势力的前哨，加上常年匪患，因此在中渡古镇建设当中武备文化对其空间格局有深远影响。著名的太平天国时期，翼王石达开率10万太平军回师广西，在中渡与当地清军进行了激烈的交战。清朝政府设置了炮楼以此占高来制约敌情，因炮楼位于西眉山而得名曰“西梅碉楼”。以武备、防卫、防匪为主要营造思想的地方民居建筑文化亦贯穿了整个古镇。在宏观层面上，古镇的外围防御系统依托“护城河—城门—城墙—碉楼”进行建设；而在中观层面上其内部防御体系则体现为“窄开间、厚墙、木栅门、密檩”的私人防御系统，也体现了较强的防卫性。在一些重点建筑的建设上，古镇空间布局的核心位置安排的是“武圣宫”(武庙)，这充分体现了中渡对武备精神的敬仰与推崇。古镇防御空间的典型性，为桂中地区防御型古镇的详细研究提供了重要的案例参考。

图2-3-30　中渡古镇空间结构图

3．依水而成的空间肌理

中渡得名于水，《雒容县志》上记载："清初设巡检司，后升置中渡厅……因地处洛江之畔，上有旧县渡，下有新县渡，中有平乐镇三个横水渡，故名中渡。"可见"中渡"的名字就来源于渡口。中渡因其武备、防御而发展，因商贸往来渡口文化而繁荣，因渡口的衰落而得以完整保存。渡口文化得益于中渡水系发达，洛水不仅为古镇日常生活提供了丰富的水资源，而水的形态特征也深刻影响古镇的空间格局。外围交通依托水系变得便利，沿江商贸格局由于古镇商业与贸易的兴盛而不断扩大。古镇发展轴与洛水流向相一致，呈现带状发展趋势，北街、东街、南街等主要镇内道路与洛水平行，呈南北向发展，联系东西向发展的街道，交叉形成古镇道路的网格式发展模式，自发且有机，从而形成"街平江行、镇沿水伸"的网络状古镇格局。发达的水系使得渡口在中渡人的生活中占据着重要位置。目前中渡镇还有古渡口7座，这7座渡口沿洛江排布，大小不一，各具特色。其中大码头、中码头、飞机洞码头、北闸码头等仍是古镇居民最重要的公共活动空间，老人们在码头边看书闲聊，中年人在码头边洗衣捕鱼，小孩子在码头边游泳嬉戏，一年四季码头边都充满了中渡人的欢声笑语，可以说"码头"和"渡口"是中渡人民公共生活的核心空间。随着陆路交通的逐步完善，古镇水运功能逐步弱化，改由机动车出行已经是当今中渡古镇居民主要的选择，商业性码头也逐步转向生活性码头。

4．理想的景观格局

中渡在选址时候，根据北面临近洛江，西南靠着西眉山的方位特点，面南修筑护城河，将水系引入镇中，较好地解决了务农耕田的水源，同时使聚落形成山环、水绕、绿抱的生态格局。据记载，为取中国传统景观文化中"朱雀"为财位的寓意，古镇在其西南角设置水塘，希望对应方位为"瑞兽呈祥"中的"朱雀"位置，使水塘有"安财蓄宝"之效。目前沿着县道新区向西北方向继续发展，新旧古镇中心相隔基本农田相互守望，既保证了新旧古镇的联系紧密，又能跳跃式进行发展，古镇农耕文化的"宅—田—水—宅"的格局基本完整。商业街道与水运航道相平行，"山—水—镇—街"的序列完整，与环境融合度高（图2–3–31）。

5．风格质朴的民居建筑（图2–3–32）

古镇民居多为砖木结构，又因当地盛产杉木，因此当地民居的主要承重结构都选择杉木为材料，而山墙多用砖石砌筑。古镇民居以经济耐用为建筑的基本原则，房屋极少装饰构筑。建筑屋顶相对平直，古镇建筑屋脊基本不升起，屋檐不起翘，其美感多为依靠连续排列连街的建筑屋顶和山墙形成的序列感和韵律感，而房屋的梁架、檐口、屋顶、山墙的承重体系共同形成了质朴的街道结构美学。

中渡古镇自20世纪末以来，随着农民收入的增加、生活水平的提高，有些住户开始拆掉旧房建设新房，采取砖混的结构形式，新建的房屋尺度外观等与历史传统民居相差较大，破坏了古镇的整体风貌。

（五）传统肌理

古镇向西北继续发展，沿着洛水呈不断带状生长趋势，但是古镇传统肌理格局保存完好，古镇依然具有相当活力，这是防御文化与水运商贸型古镇空间的发展与演变的典型范例。古镇传统人文肌理从宏观上把握为道路肌理即街巷空间肌理，中观上把握为建筑肌理，从微观上把握为建筑构造、材料、风貌等细节（图2–3–32）。

古镇街巷肌理表达为传统路网格局，其路网基本以东、西、南、北街及横街围合的主街系统和以联系这些主街的巷道形成的附街系统组成。主街系统以南北向的北街、南街，东西向的东街、西街，以及北面的横街为主。附街系统的巷道基本从主街上分支长出，形成树枝状空间形态，主街、附街围合的空间即为住宅部分的民居，而街巷之间往往在交叉口有一个缓冲空间，用以提供公共聚集和休憩的场所（图2–3–33）。

中渡传统的街道宽3～8米，建筑檐口高度为4～7米，街道高宽比接近1，这是适合步行尺度的街道空间，这样宜居舒适具有人性化的空间，提供

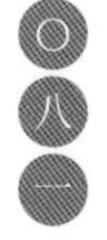

图2-3-31 中渡古镇核心区街景（图片来源：赵亮《广西壮族自治区中渡镇》）

图2-3-32 中渡古镇民居

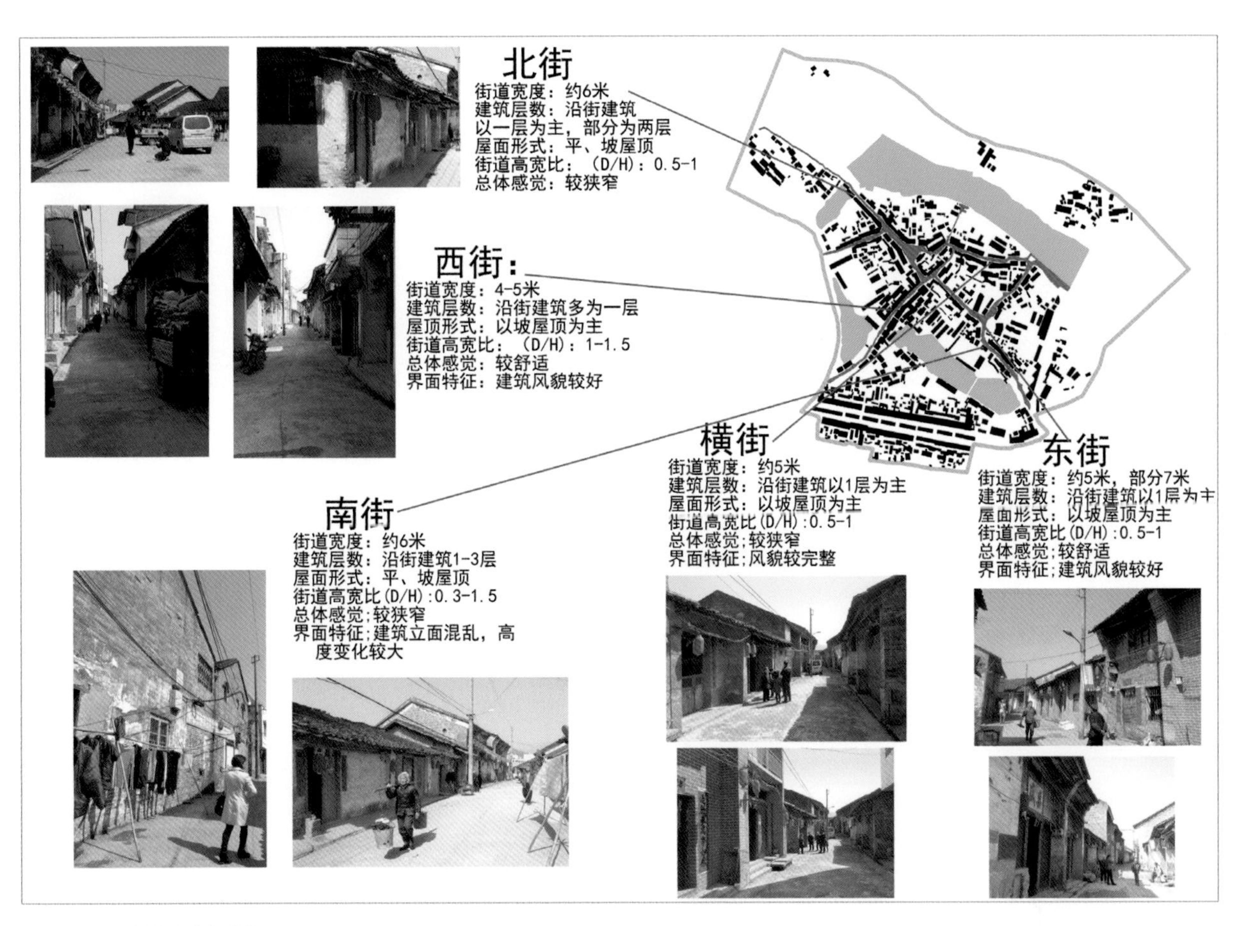

图2-3-33　古镇街巷空间总结

了安全的领域感。从其建筑美学上来看，在街道一侧即能够把握建筑立面的全貌，也能近距离看清墙面的材质和肌理。古镇新修的街道宽度达到了约14米，有的甚至达35米，通过古树绿化的植入，赋予了古镇新的人性化空间。

古镇地形相对起伏，民居建筑随着地形的变化沿着道路生长，没有统一的立面形态。屋面和屋脊因地形的变化而错落有致，沿街立面也因相互错开而形成围合的空间，街道的景观效果十分丰富（图2-3-34）。另外，街道立面中最强烈的视觉构成元素是建筑的山墙面和门面有节律的相互交替。这种“山墙—门面—山墙—门面—山墙”的节奏感是桂北民居特有的界面特点（图2-3-35）。

1．古镇建筑肌理主要表达为建筑的平面布局和建筑的尺度体量

古镇传统民居大多为一进或者两进，一进进深多为7～9米，开间多为3～5米，因此沿街普遍显示出长进深、小开间的特点。沿街商铺多为两层，民居及公建多为一层，一般沿街建筑高度为5～7米，建筑沿街有机生长，对朝向没有特定的要求，因古镇最主要干道为南北向的南街和北街，民居多朝向主干道开门，因此，大多民居呈西南朝向或东北朝向。与传统的民居一明两暗的建筑布局不同，因为沿街商业的繁荣，使得门面价值稀缺，每一个开间都为面向街道的明间，因此明间两侧不会出现暗间，这样的小开间大进深的特点在古镇尤为明显。

2．中渡古镇的建筑肌理还表现在传统材料的运用，沿街界面的序列感、色彩把握、匠造工艺等方面

（1）中渡古镇的传统建筑材料主要有砖、木、青瓦、石料。

所用材料都是当地的材料，因地制宜，就地取

图2-3-34　界面的参差效果

材，节约造价，环境和谐。砖以青砖、土坯砖为主。砖多用在山墙、沿街立面以及围墙中，青砖、土坯砖多见于传统老宅，砖砌花格窗的各种形式，丰富了建筑界面多样性。杉木多用在柱、梁、屋架、楼板、外墙、门窗及其他建筑的附属构件中。其中大木作的杉木保留原木本身色彩，做法是基本只刷清漆或不刷漆，伴随着杉木长年累月暴露在空气中的氧化，往往呈现出褐色。古镇传统建筑都以青瓦为屋顶，在围墙、墙根、台阶等容易腐蚀的部位用的都是砌筑石料。这些石材有的雕花、有的附图，独具匠心。古镇道路多为条石铺砌（图2-3-36）。

（2）中渡传统民居界面呈现强烈的序列感和层次感

中渡古镇的沿街建筑多为2～3层商住民居，建

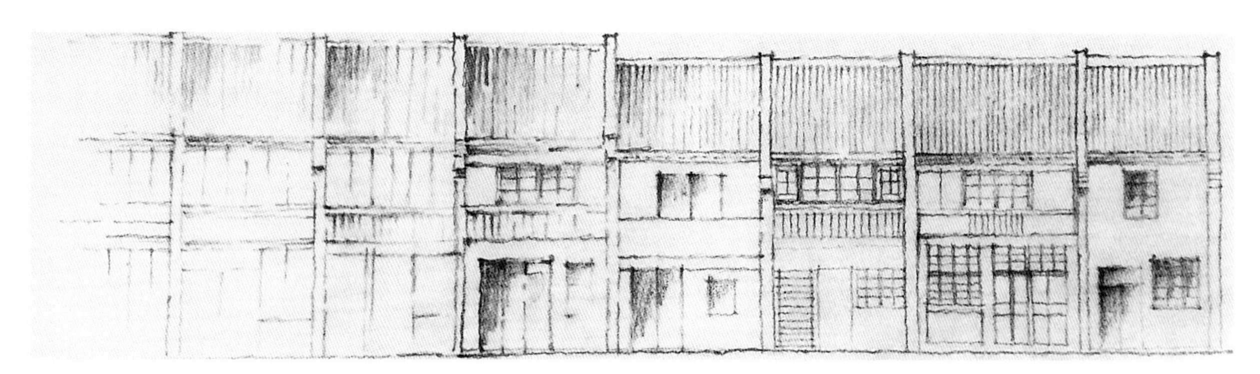

图2-3-35　界面的比例和节奏感

筑的建构方式清晰，使得民居的立面呈现出多层次的序列感。在中渡古镇的沿街立面的一层和二层之间可以见到明确的分隔，这样的分隔是用原木来进行划分的，原木一般保持圆形，并没有削成更加帖服的方形，有其装饰作用的考虑。因此，单个立面上的横向圆木分隔了一层和二层，使立面形成了“屋面—二层—一层”的单体横向层次，然后由沿街的所有单个立面共同组成的“山墙—门面—山墙—门面—山墙”的群体变化体现了群体的横向层次，这是第二个层次。第三个层次是每一层多个单体的连续阅读感，即每一层木板的拼接和门窗共同形成了强烈视觉肌理感。在重要的建筑物前面，都留有一定的空间，使得入口更加突出，凸显其重要性和立面的凹凸关系。古镇有的建筑在入口处后退，形成一个凹进的入口空间，在光影效果下，形成了强烈的虚实对比，也使得建筑的立面在秩序中加入了趣味性，丰富了立面的构成，如图2-3-34、图2-3-35所示。

（3）中渡古镇的色彩

中渡古镇整体色彩以青、白、灰、褐为主题色，“青砖黛瓦，白墙褐柱”为主要基调。

古镇的建筑色可以说即是材料的基本色，黑色的青瓦屋面、白色的粉刷墙面、灰色的青砖墙面、黄色的夯土墙面、褐色的杉木柱身共同构成了古镇颜色的组图。同时，青砖和杉木这些材料，随着时间的推移在空气中发生不同程度的氧化，呈现出不同的灰色和不同的褐色两大色系变化，这两种色系的变化又使得中渡古镇增添了细腻层次。这些丰富的色彩经过时间的锻造，与青山绿水协调统一，与环境有机生长，呈现出小镇洗尽铅华的意境美。

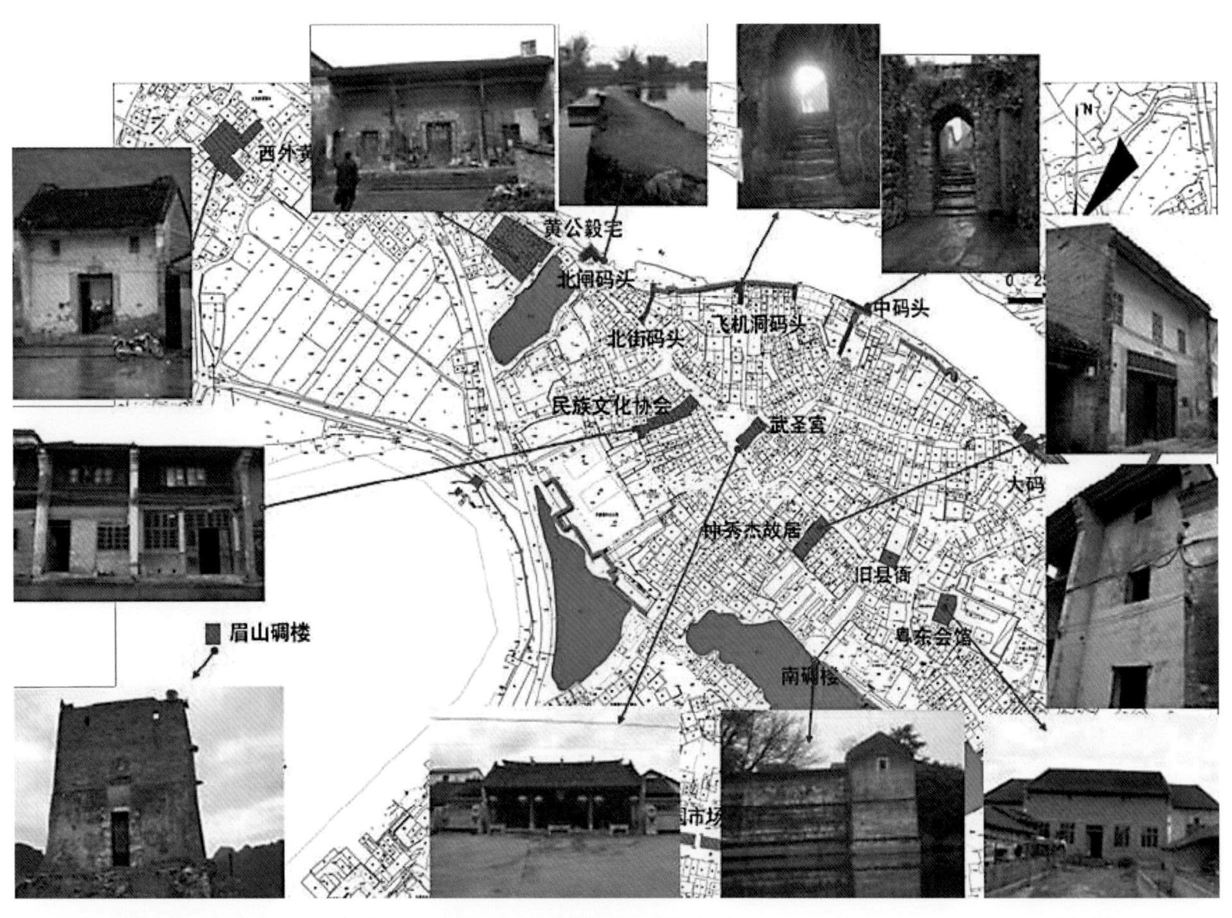

图2-3-36　中渡古镇历史建筑物分布图（图片来源：庞科《广西中渡古镇保护规划研究》）

四、界首古镇

（一）概况

界首古镇，是一座具有1000多年历史的古集市。明朝地理学家、旅行家和文学家徐霞客曾到此一游，界首古镇被徐霞客在其游记中称为“千家之市”。古镇紧邻着湘江，是桂北兴安、全州、灌阳、资源四县交界之地，也是水陆南北交通的重要古镇，自古就是兵家必争的战略要地和商品集散地。

界首古镇分为上界首、下界首、五排等十条大小传统街市，其中紧靠湘江古渡修筑的上下界首街，长近1500米，在古代分属兴安、全州两县管辖，上界首属于兴安，下界首属于全州。

古镇的聚居模式与当地的信仰风俗、生活生产方式等密切相关，经过千年积累，形成独具特色的地域特征和文化底蕴，自然地势是影响其聚落空间选址与布局的重要因素。

界首古镇是典型的依水而建的商贸型古镇，因战生长，因水存活，因商兴盛。界首古镇的雏形是营寨，当时，秦始皇南征，其50万大军在界首扎营。在最初选址建城时，古人研究了湘江蜿蜒的地形地势和南方多雨等地域气候、环境特点，在满足居民需求的同时，综合景观影响因素，将界首古镇定在湘江“顺弓河段”的凸岸一侧立基（图2–3–37），以防止江水对其冲刷。古镇形成独特的“一江环城”的空间形态，城镇沿水呈带状生长，仿佛一条巨龙沉睡于水边。

古镇的人民安居乐业，湘江为其日常生活提供了丰富的水资源，另外，水的形态特征也深刻影响着古镇的空间格局。界首水网发达，独具特色的沿江商贸格局由于古镇商业与贸易的兴盛而不断扩大。古色古香的商业骑楼街呈东西向沿江发展，以“十”字或“丁”字与南北向的一些生活老街交叉，古镇道路网自发性有机生长，从而形成“江街平行、水路相邻”的树枝状古镇格局。

古镇南部的格局（图2–3–38）至今仍然完好，成为今天的历史文化街区。街区长约1300米，风貌完整、规模宏大，保存有：上界、下界等12处古渡口；上界街、下界街、易街巷、青龙街、黄龙街、红龙街、五排街等10条街道；保持有明清风格的传统民居以及青石板砌成的街道。为了保护基本农田，新区沿着县道向西北方向扩展，新旧街区联系紧密，商业街道与水运航道相近，与周边环境融合较好。界首古镇的空间布局，为桂北地区商贸型古镇的详细研究提供了重要的案例参考。

界首古镇的空间格局演化受到商业发展与临水环境的影响。界首古镇的水网发达，早在秦代，南下的部分士兵便于此临水而居，发达的水网使货物流通顺畅、人员来往便捷，满足了他们的日常生活需要，逐步形成了顺江发展的繁荣市镇。明清时期，古镇的空间格局由沿湘江发展演变为水陆交融综合发展。古镇以沿街的商业街道为发展轴，与生活性小街、小巷交织，形成方格网道路系统，空间布局以集中紧凑型为主，各主要街道由传统的小巷子连接。

随着陆路交通的逐步完善，古镇水运功能相对减弱，很多居民逐步改由机动车出行，商业性码头也逐步向生活性码头转变。如今，界首镇规模不断扩展，用地分类不断丰富，但仍在沿用传统的肌理格局，原有古镇继续往湘江两侧不断扩张，这是鲜活的样本，是商贸型古镇空间发展与演变的典型案例。

（二）空间结构（图2–3–39）

界首古镇依托沿江的古骑楼街发展形成了“一核、两轴、两区”的空间结构形态，其中“一核”是指由会馆、古戏台等公共建筑组成的公共活动空间，这些是古镇发展的统领；“两轴”是指东西向的古骑楼街和南北向的街巷两条商业发展主轴，和片区中传统巷道联系密切；“两区”指的是由300栋骑楼建筑顺江形成的大规模商业、交通区及处于古镇西北面的居住区。古镇的空间结构以公共活动空间为核心，两条发展轴向西、北方向发展，以网状格局为构架，将商业、居住两个片区密切联系起来，用地布局紧凑有序，交通便利，各种用地功能有机融合，促使古镇充满发展活力。

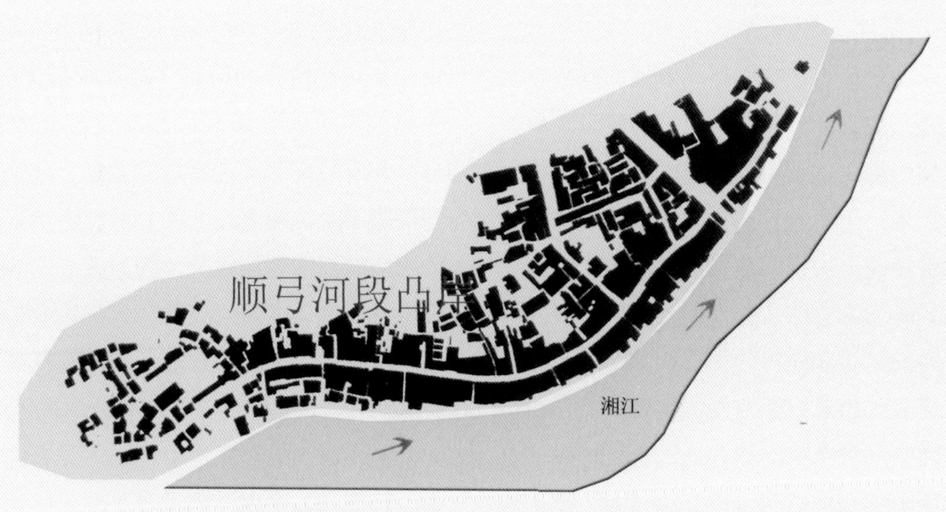

图2–3–37　界首古镇与湘江相对位置图

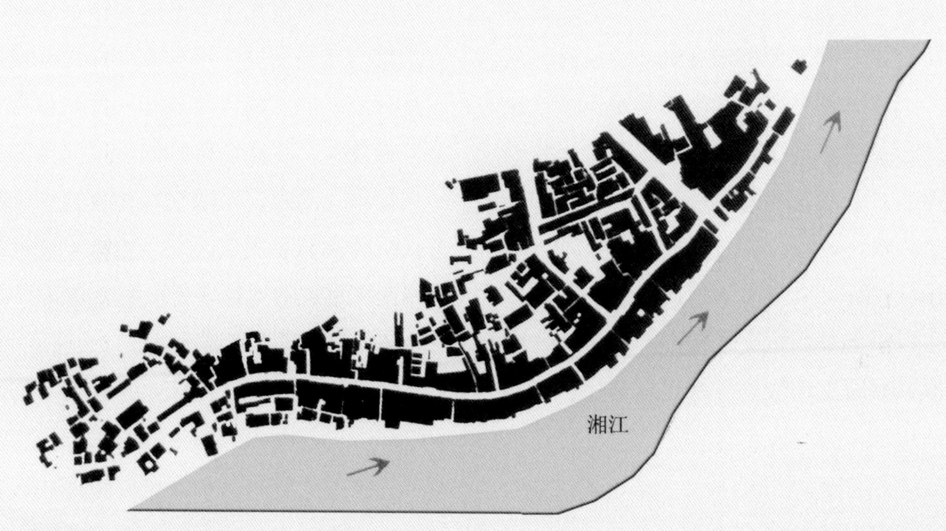

图2–3–38　界首古镇格局图

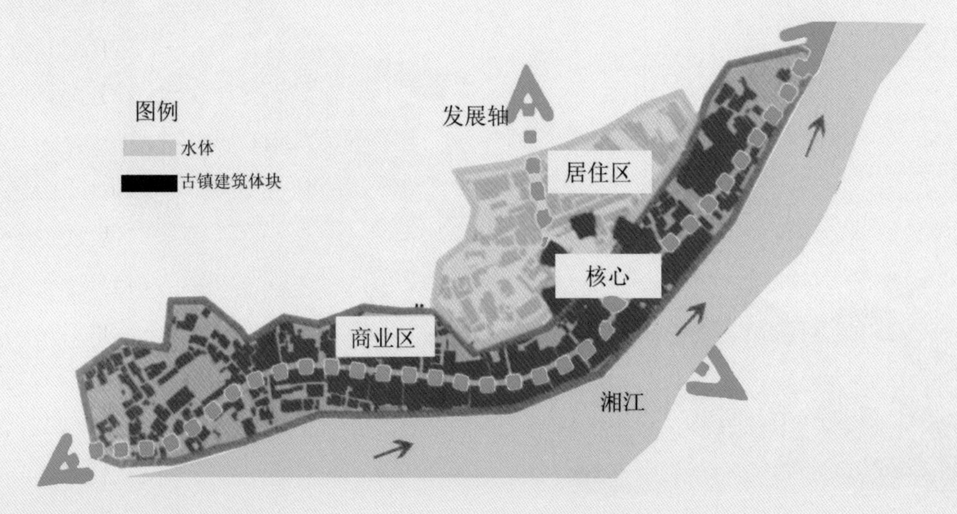

图2–3–39　界首古镇空间结构图

（三）传统肌理

传统肌理体现了古镇空间格局发展的脉络，对于继承与延续历史文脉具有非常重要的意义。界首古镇传统空间受湘水的形态与走势影响极大，古镇沿湘江水系扩展，呈带状分布，以骑楼街为主要构架向西北延伸渗透。古镇商业区与生活区由街道密切联系，以1000多米长的古骑楼街为主轴，向其两侧延伸；水路的渡口和陆路的小巷相互交织，渡口码头、道路交会处形成古镇空间的主要节点，由街道形成的线性空间散布在空间各处，有机构成“点线面”层次明晰的空间结构（图2-3-40）。镇上街巷蜿蜒曲折，街面窄小，街道空间尺度人性化：商业性道路的宽度一般为3～6米，生活性的巷道通常与商业性道路交叉，将人流引向各街坊、院落，其宽度约为2～3.5米，道路宽度和临街建筑高度之比一般为0.1～0.5，走在其中十分舒适。此外，古镇建筑布局紧凑有序，建筑体量小巧，具有较鲜明的桂北传统街区风貌。

（四）建筑风貌

界首自古以来就是商贸交通中心，经济文化交流频繁，所以其建筑文化受到湘楚建筑文化、岭南建筑文化较大影响，属于典型的桂北传统民居风貌。传统建筑多为两层，高度一般为6米，与广西东南广府式的骑楼风格相左，没有西洋建筑的符号，却有岭南干阑式建筑的遗痕，建筑形制和材料与周边山水景观浑然一体。界首古镇现遗存的主要为明清时期的传统建筑，较为著名的有古骑楼、红军堂、关公庙、古戏台、会馆等，包括了古代商业建筑、民居、公共建筑、宗教建筑等，其建筑风貌、使用材料、布局方式都充分展现了地域风情。

建筑群体组合样式丰富，主要有院落空间围合式、行列式，分别构成了商业空间模式、居住空间模式和公共空间模式（图2-3-41）。

商业空间模式主要是由与街道垂直的骑楼成行列式排列布局而成，连排的骑楼设骑楼通道，可以避免日晒雨淋。骑楼每隔30～50米就有一处道路交会口或渡口，将线性排列的建筑隔离开来，满足其防火需求。同时，采取平行和垂直街道相互结合的方式组合主道和支道，并以主道、支道的宽窄以及道路两侧建筑的体量划分和突出空间的层次。

居住空间模式主要采用围合式院落空间，不同建筑间采用行列式布局，使建筑获得更好的通风采光。

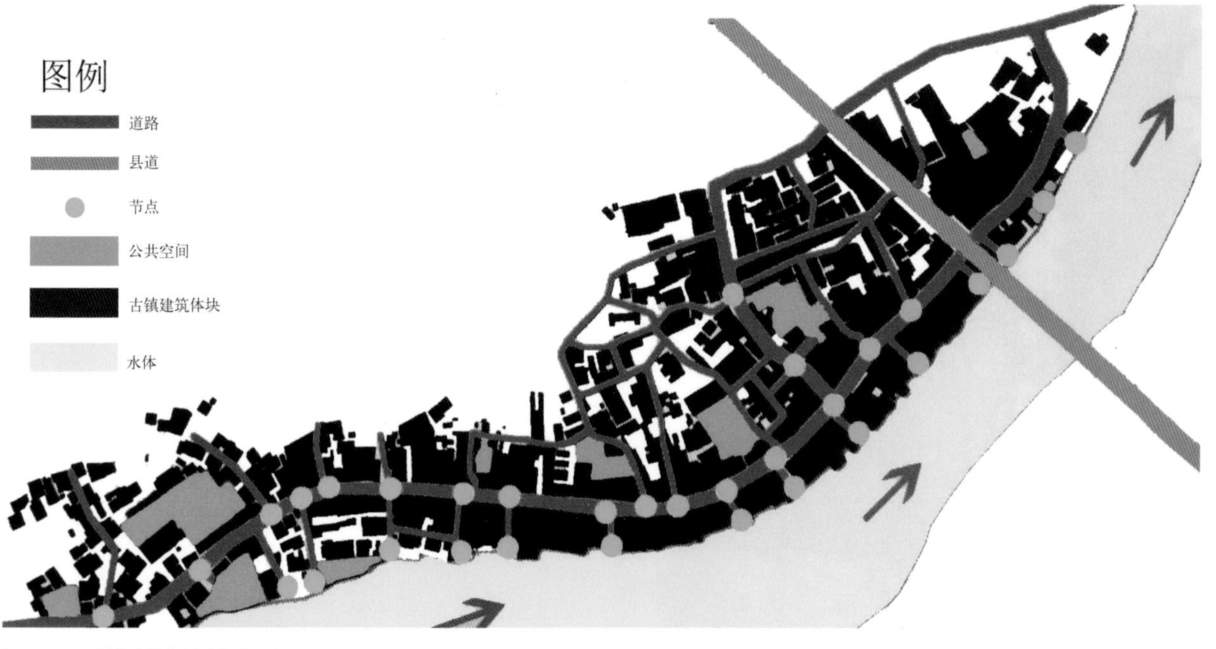

图2-3-40 界首古镇传统空间肌理图

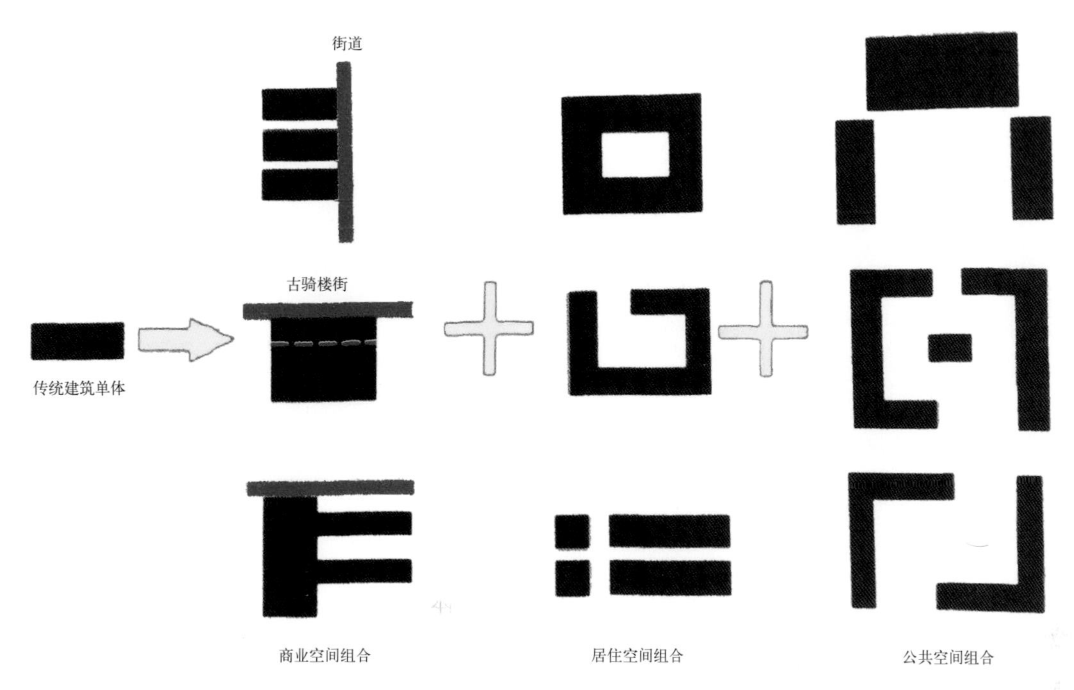

图2-3-41　界首古镇传统建筑空间分析图

公共空间也采用多进围合式院落，中轴对称式布局，形成一定的序列性。如会馆的主体建筑依次布局在中轴上，附属建筑列于两侧，左右对称，以拱门进行建筑空间的转换。古戏台处于古镇中心，广场作为缓冲地带供人们集会，广场周围建筑环列，形成具有较强封闭感的公共空间。

渡口码头兼具交通、集散功能，临水一面形成开敞空间，既可以方便人们上下船，也可以引湘江水景于古镇中。

（五）建筑风格

古时，界首古镇的居民因商贸来自各方，进而形成的商贸文化也在潜移默化中影响着传统的空间布局形制。界首古镇的建筑风格融合了湘楚建筑和岭南干阑建筑的传统元素，兼具骑楼的特点，形成独具一格的桂北民居建筑。传统建筑中湘楚建筑典型的元素包括坡度较陡的青瓦硬山顶、起主要支承作用的穿斗式木构架、木隔墙、非承重的青砖墙体、高高翘起的马头山墙等。架空的底层，朴素无华，没有桂东南骑楼所采用的西洋柱式和装饰符号，更接近本地土著民族自古采用的干阑建筑，但底层相串成廊，又是骑楼古街采用的典型手法（公权骑楼尤其典型），这样的结合，适应了桂北地区多雨潮湿的天气，方便了商贸活动的进行。此外，青砖、黛瓦、木板墙的灰色调，以及建筑简朴的外在形式，似一抹极淡的墨笔，融入古镇如画的山水中。界首古建筑是适应地理环境、历史文脉，彰显审美情趣的体现，有较高的艺术价值（图2-3-42～图2-3-44）。

（六）建筑材料

建筑材料遵守因地制宜，工艺精密的原则。桂北地区山林茂密，资源丰富。本地居民善于利用本地资源，传统建筑主要运用木材、瓦片和青砖三种材料，一般是两层三进建筑格局。界首的历史文化街区里有桂北地区唯一一条保存完好的骑楼古街，古街上店铺鳞次栉比，户户相连，形成一条商贸长廊。这些店铺的青砖墙上保留着记事碑和原始地图，木质门窗雕花。古人将原有坡屋顶的跨度加大，从二楼起商铺就筑有骑楼。一楼往街道外侧缩进约1米，运用青砖砌的廊柱支撑起二楼悬空部分，构成3米多宽的长廊。不少的商业建筑紧密联排，从而构成骑楼连廊，可以减轻桂北的潮湿气，也可提供商客一个遮风避雨的场所，确保商贸活动正常

图2-3-42　马头山墙

图2-3-43　穿斗式木构架

开展。建筑注重与周边环境的和谐共生，在总体布局上，顺应地势，自然融合；在平面布局上灵活有致，变幻莫测；在空间结构利用上，造型精美，层次丰富，具有韵律感，以马头墙、小青瓦而独具特色；在建筑雕刻艺术上，石雕、木雕、砖雕艺术三

图2-3-44　古骑楼商业长廊

位一体，显得富丽堂皇。传统建筑汇集了古代匠人的聪明才智与精湛技艺，匠人擅长运用木质的榫卯结构营建建筑框架，不需要一颗钉子就能营造出建筑空间，其木构架砖混结构，有利于加强建筑通风采光，同时使建筑具有抗震减压、防洪的能力。马头墙具有防火防风的作用，坡度适宜的屋顶有迅速排水、防暴雨冲击的功能，这也是古镇经历岁月冲刷仍保存完好的内因。

（七）古镇水系统

古镇临水，经过漫长岁月的积累建设，水系统相当成熟，主要起到防洪、交通、运输、供水和排水等作用。同时，古镇风景优美，展现了桂北的水乡灵气。历史记载，湘江古航道是主要的泄洪通航河道之一，为防止洪水侵袭，界首古镇选址在“顺弓河段”，并用青砖、石材等在湘江岸边建设古驳岸来加固地基，定期对其加以维护，对江河加以疏通，增强洪水过流能力。古镇地势较高，平均高程高于河道高程大约3米，高度适中，亲水能力强，一方面能把古镇内的积水排入湘江中，另一方面也能确保客流、货物流通便捷。与此同时，古镇的空间格局也有效促进了内外水系统的有机循环：古镇中各片区内路边设置排水沟，沿江分布的渡口码头与居住区的巷道组成了一个有机排水网络系统。其中汇水面由居住区和商业区等区域构成，汇水口由古圩场、空地等构成，街道如同线性的排水管能把水汇到排水沟，排水口由渡口形成。点线面的排水系统，能在暴雨来临之时起到很好的分洪作用。另外，古镇内传统建筑中所运用的排水技术在桂北地区也是相对先进和保存完好的，有其独立完整的排水系统：屋檐边装置了接屋顶雨水的陶管，雨水经过陶管直接由下水道排进湘江中；天井把雨水引入院落天井下方水缸或者排水沟中，供居民取水洗衣和浇花，从而实现雨水的循环利用。古镇排水系统使各空间内外积水得到有机循环，能够有效地防洪、防内涝。

基于界首的临水的地理位置，其古镇水系统，显示古人与水共生的特性，也反映出古人的精湛技术。渡口与街巷通达性把湘江迷人的水景引进古镇，沿江区域栽植了不少柳树，同时塑造了缤纷柳絮的滨水景观。远处的山体、驳岸、水田等自然景观与市井街市、传统建筑等人文景观组成了具有界首桂北特色的滨水景观（图2-3-45）。

图2-3-45　界首古镇水系

五、兴坪古镇

（一）概况

兴坪镇位于桂林市阳朔县城东北部，距县城25公里，东接恭城县西岭乡，南连福利镇与阳朔镇，西边与白沙、葡萄、杨堤三乡镇相接壤，北边则与灵川县潮田乡毗邻，总面积305.4平方公里，是漓江风景区的重要节点。兴坪，自古以来凭山水秀美的风景而著称，2003年兴坪古镇被建设部和国家文物局评为第三批中国历史文化名镇（图2-3-46）。

图2-3-46　兴坪古镇鸟瞰图

兴坪古镇历史亦源远流长，早在三国吴甘露元年（公元265年），即在今兴坪镇狮子咸村设熙平县治，至隋开皇十年（公元590年），熙平县治由狮子咸迁往阳朔镇，“熙平”后被讹称为“兴坪”，使用至今。

古人将兴坪古镇选在陆地凸入河岸的一侧，主体沿漓江支流大源河方向生长，镇头于西侧临漓江，镇尾于东部傍群山，西侧、北侧两面迎水，地势东高西低，形成了独特的“两江绕镇”守望漓江的格局。唐代以后广西属岭南西道，而且大部分河流属于西江水系，与东部省市往来密切，各种资源的汇集又进一步带动了古镇的发展繁荣，明清之后，与广东等东部沿海地区的商业交流增多，兴坪古镇空间体系发展日臻完善。

（二）地理环境对古镇空间格局的影响

兴坪古镇处于群山与曲江环抱之中，地势东高西低，古镇中心区为平原，因此，建筑群落分布于此（图2-3-47）。古镇西面为漓江，漓江沿岸群

图2-3-47　兴坪古镇谷歌卫星图

峰林立；东面属蒿坪龙山脉，海拔多在400米以上，山高坡陡，其中，海拔1701米的嵩坪龙是兴坪的最高峰，也是阳朔县最高点；镇北临漓江支流大源河，南面为群山。田地、水体、山林围漫在兴坪镇四周，这种有机嵌入自然的格局使得古镇获得了开敞的外部空间和整体布局平行于水系的发展轴线，其景观的特质代表了漓江流域集镇聚落的外部空间及营建理念。

古镇一年的旱、涝、冷、热变化大，漓江又为雨源型河流，洪水和枯水期明显，因此漓江流域的古镇、古村落一般位于地势较高的地方，兴坪亦然。兴坪古镇西面濒临漓江，靠江一侧地势较低，古镇往东走地势明显逐步抬高，形成缓坡。古镇位于缓坡之上，可以极大地减少漓江泛滥造成的损害。同时，大源河位于古镇北侧，自西向东流入漓江，水势平缓，为取水方便，古镇主要的古街就平行于大源河，东西向发展，呈带状分布。此外，还有一条主街与老街相平行，这两条东西向的主街间，以及老街与大源河间，设很多南北向的支道，与双街形成了网络，水路的渡口和巷、道的交叉点形成古镇空间的主要节点。两条主要道路以承担商业功能为主，其宽度一般为6米，两侧多为3～5层的筒子屋，底层多作商铺，界面连续性较好。与两条主干路相垂直的生活巷道宽度为3～5米，保持原有步行尺度，生活道路两侧均为筒子屋或天井民居，具有桂北湘赣系建筑的特点。

（三）生产方式对古镇空间格局的影响

古镇周边地形较为复杂，山地、丘陵较多，耕地贫乏，有“七山二水一分田”的特征。当农产品是古镇的经济来源时，古镇空间形态为“点式”布局，集市、民居集中在两江交汇处的突出的“陆地滩头”，留出南部和东部大片土地进行耕种。至明清，漓江流域商业贸易活动日益频繁，兴坪古镇是湘桂古道上重要的经济贸易节点，古镇成为广西和湖南省往来重要的物资集散地，在清晚期更是达到鼎盛，大量的商队从湘桂古道经过兴坪，古镇的主要街道——老街起着商业往来的重要作用。此时，古镇不再以农业为生，商业成为古镇居民的主业，古镇人口随之增多，古镇格局也从“点式”变成点、线结合的“蝌蚪状”发展模式（图2-3-48）。新一轮的兴坪古镇规划图中显示，兴坪古镇将呈现双环结构的空间格局，简而言之，兴坪的规划结构可以简述为：一轴、两环、四区。一轴为新老街结合的沿大源河发展轴；两环分别为镇区内部以生活性为主的交通内环和以交通性为主的绕镇外环；四区分别是：以水运商贸为主的码头集市即“鱼头”功能区，沿着新、老街两侧形成的商业街区和历史街区即“鱼身”，沿街1发展形成的南部商业街区即“鱼腹”，沿大源河上游部分的居住与农业交错的有机功能区即“鱼尾”。

（四）空间格局

兴坪古镇是依水而建的商贸型古镇，因水存

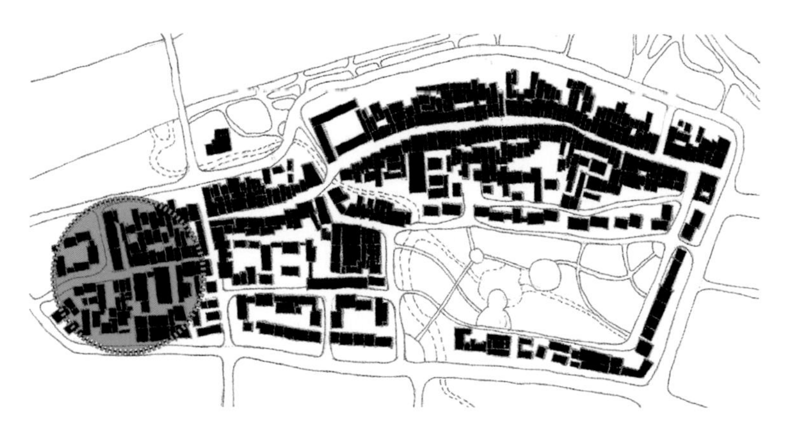

“点式”空间格局

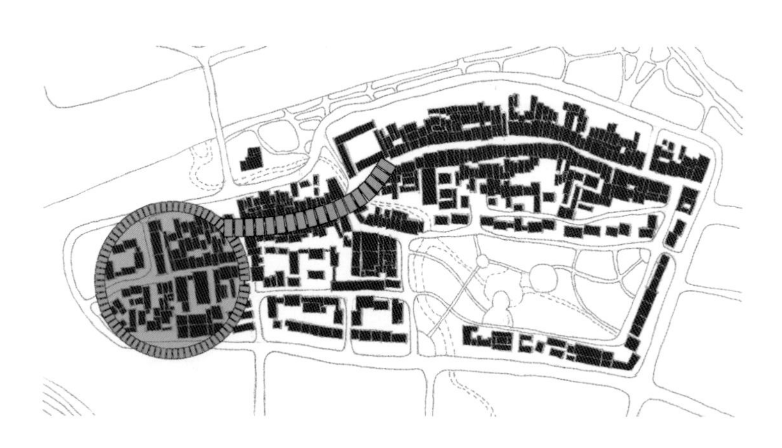

“蝌蚪状”空间格局

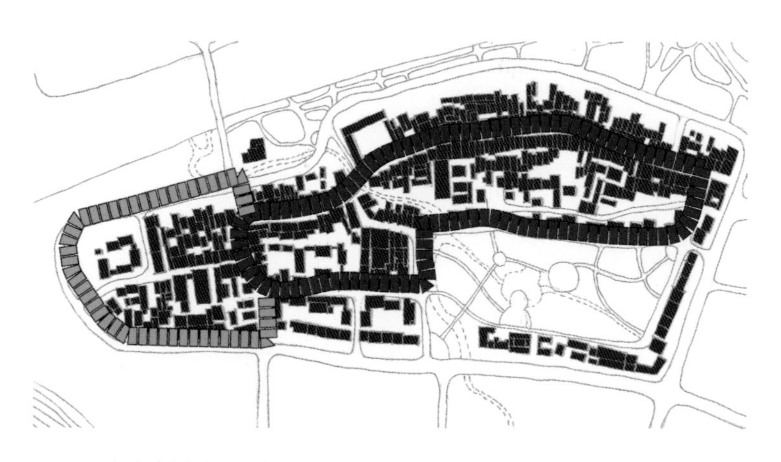

“回形针状”空间格局

图2-3-48　兴坪古镇空间格局演变图

活，因商兴盛。古镇至今仍然保存有明清和民国时期古建筑3000多平方米，保存完好度达90%以上，由于兴坪老街为古镇商业与贸易最兴盛的街区，因此，大量的建筑集中在兴坪老街。漓江为古镇日常生活提供了丰富的水资源，同时，大源河与漓江相交，两江相汇，形成了独具特色的沿江商贸格局。发达的水网使资源和货品在此流通，商业的集聚交换逐步形成了顺江发展的繁荣市镇。明清时期，古镇的空间格局主要以沿水的老街单线发展型发展成网络状的生长格局，陆地运输也得到加强，形成了生活道路与交通道路相交织的网络化格局。古镇多为两层商住楼，空间分布紧密，巷道分支如毛细血管贯穿全镇。

1．路网格局

最老的街道为与漓江平行的十字街和与大源河方向平行的老街组成，沿老街的商铺呈东西向沿大源河发展，一些南北向的生活巷道以“十”字或“丁”字与老街或大源河相交叉，从而形成“街平江走、水路相依”的“鱼骨状”古镇格局。至今，古镇的主要街道基本保存下来了，目前的路网格局为老街（街6）与十字街（街7）、平行老街的镇内街（街1）以及平行十字街的镇内街（街2），它们围合形成古镇的“内环”，由这个环往外形成的几条四个方向的道路，分别是内环西侧伸出通往漓江码头的西侧街（街8），以及平行于大源河方向的新街（街4）和平行于新街的镇内街（街3）形成发散型结构路网，古镇未来将修建沿江沿河沿山的道路，从而形成包围古镇的“外环”结构（图2-3-49、图2-3-50）。

2．功能分区

“鱼骨状”路网为原古镇的基本骨架，以码头为核心的“鱼头”部分（十字街以西）在当时即为承担水运商贸的集市，而“鱼身”、“鱼腹”、“鱼尾”也泾渭分明。“鱼身”主要是老街两侧形成的商业街区，“鱼身”部分的格局保存较完好，成为今天的历史街区，街区逐渐发展成为现在的新街，长约1000米，保存相对完整，老街保持着明清风格的传统民居及青石板砌成的街道。“鱼腹”为沿街1发展形成的南部商业街区，沿街商业，内部居住。“鱼尾”为沿大源河上游部分，主要是古镇往东呈无序的居住与农业交错的有机功能区。整个兴坪古镇如一尾鲤鱼跃入大源河与漓江形成的龙门，兴坪古镇

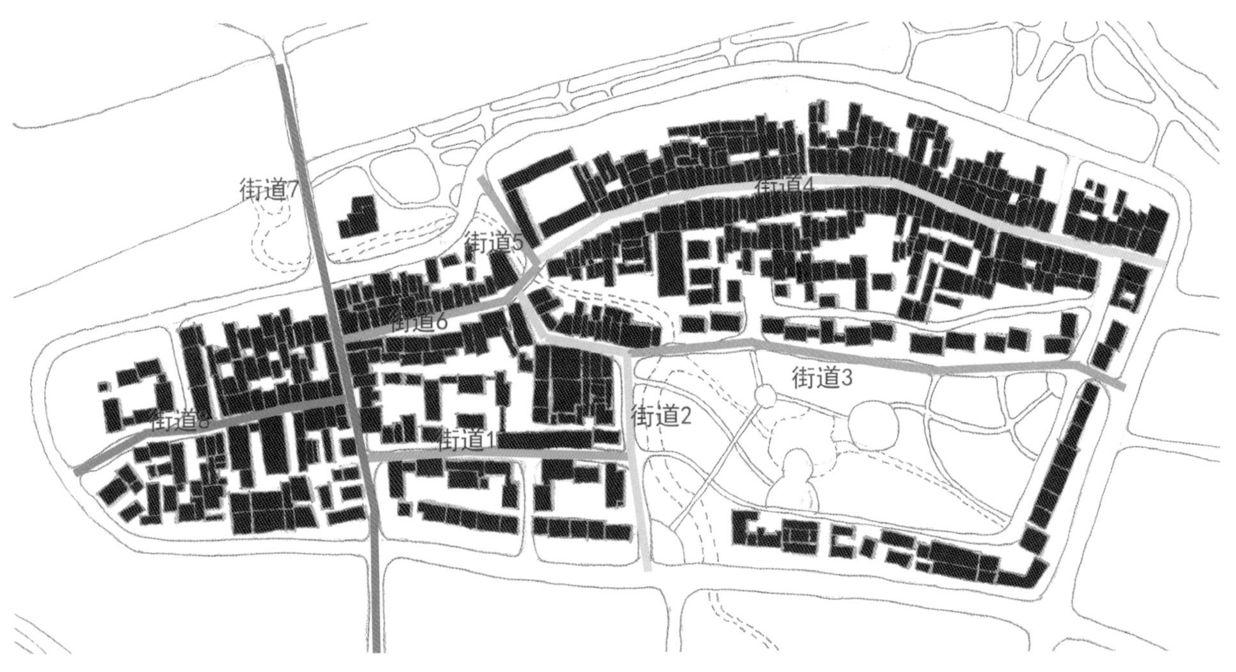

图2-3-49　兴坪古镇路网格局图

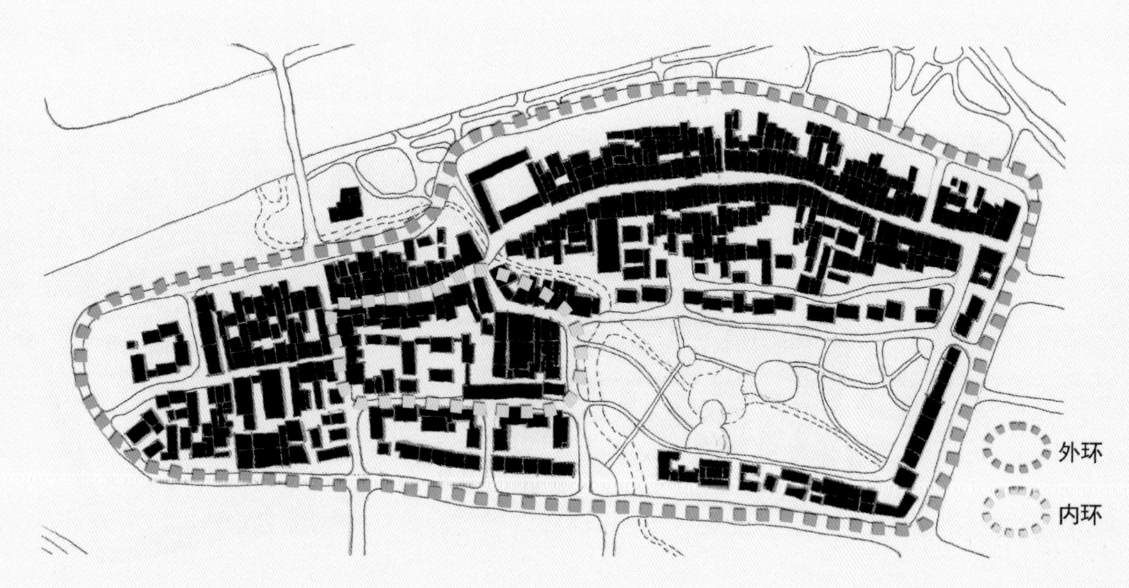

图2-3-50　兴坪古镇“内外环”结构示意图

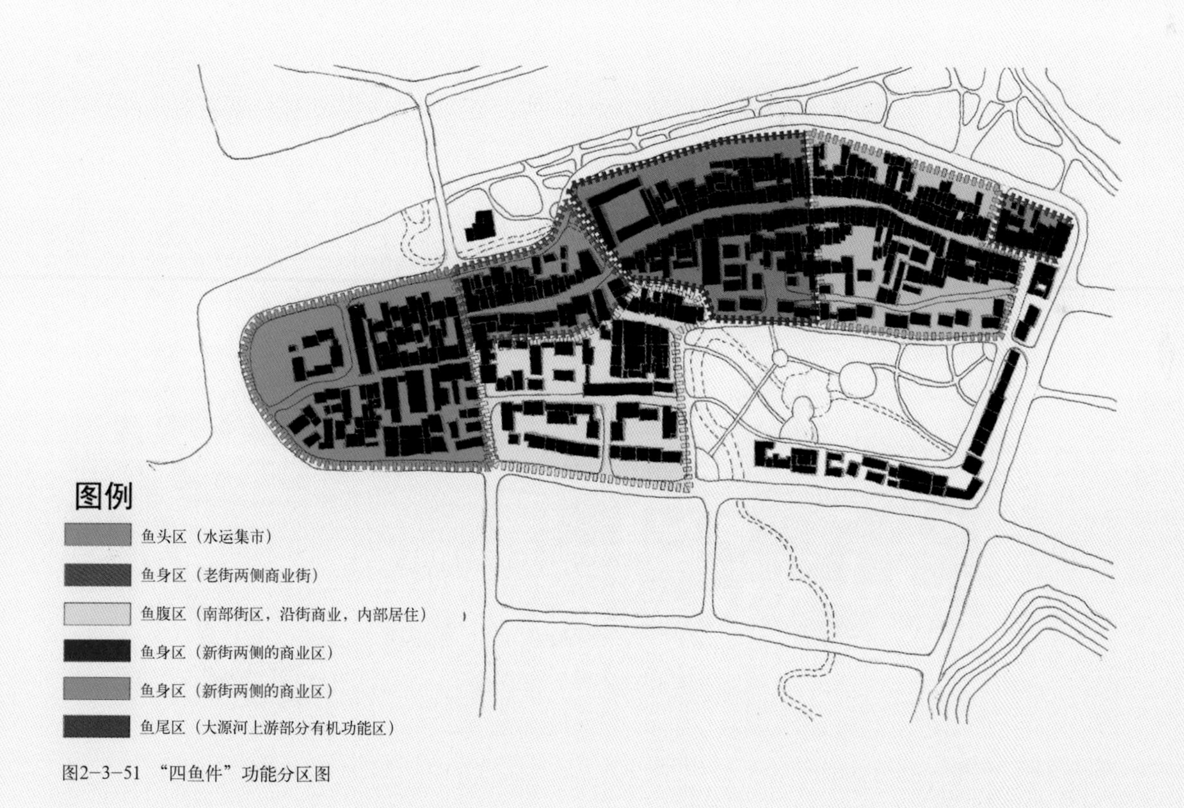

图2-3-51　“四鱼件”功能分区图

的整体空间格局犹如“鲤鱼跃龙门”（图2-3-51）。

3．街巷肌理（图2-3-52）

街区由街道、巷道与其两侧的建筑组成，街巷是古镇肌理的重要组成部分，街巷组成的道路格局是古镇空间的基本骨架，是古镇空间形态的宏观层面的表达。

从古镇的街巷结构来看，街巷可分为三个等级：第一级是古镇中的主街—老街，规模、形制、尺寸都较大，其功能用于商业、集会、赶集、交通等，是主干道。老街贯穿古镇，长约1公里，最宽达到了5米多，承担着来自漓江的水、陆商业停靠及相应的商业活动，古镇民居建筑沿老街两边排

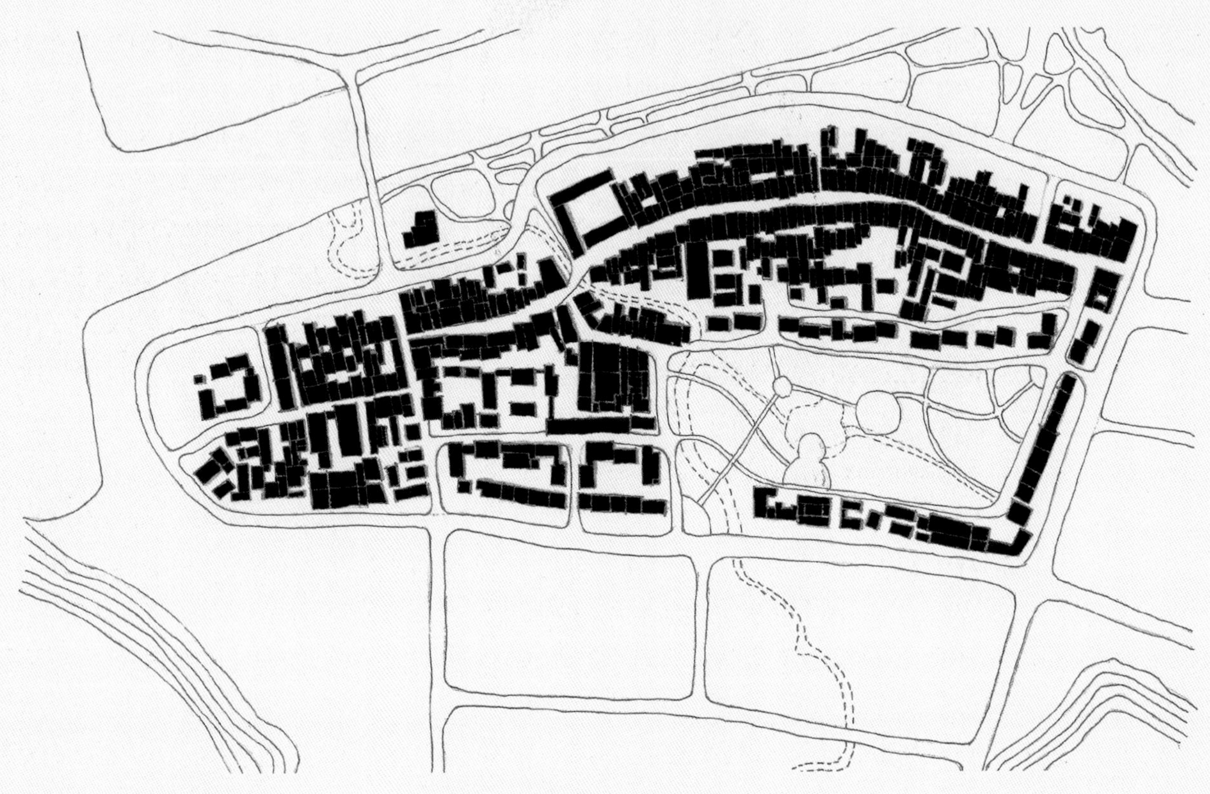

图2-3-52　兴平镇镇区肌理图

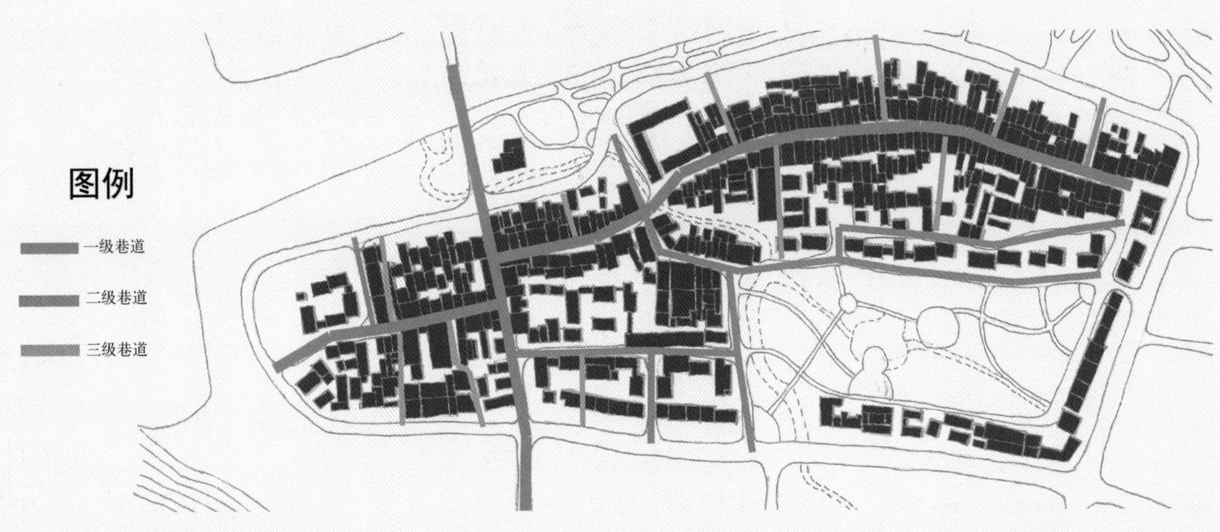

图2-3-53　兴坪古镇三级街巷结构示意图

列。一级街巷的铺地较为讲究，一般为就近取材的青石板石条和卵石铺地，其主要的部位有图案纹样。第二级是巷道，在尺寸和规模上都小于一级街巷，主要功能是将古镇内部的民居建筑组团联系在一起，与一级街巷相连。二级巷道相对为私密、安静空间，巷道两侧建筑多为民居，商业建筑相对少，民居的大门通常开向巷道，人们在自己家门口或者在街巷旁的石墩上休息纳凉与邻居交谈。第三级是巷弄，宽度很窄，有的不到1米的宽度，仅限于人们的通行。三个等级的街巷路相互配合，彼此穿插，形成了古镇的街巷结构（图2-3-53）。

从街巷尺度上看，商业街道相对宽，主街道的宽度达到了5米，非商业街道与巷道尺度相近，一般在3米内，有的巷道仅有1.2米的宽度，这样的狭小街道利于通风，是人们休闲、纳凉的公共空间（图2-3-54～图2-3-57）。

街巷道路最常见的铺装材料是河卵石与青石板，河卵石取自漓江，或整齐，或增加图案纹，或形成字样花草等铺设路面。卵石道路两侧一般有打磨的石条做路牙，石条和卵石之间的缝隙皆具有良好的排水性。漓江流域盛产青石，在古镇，取自于当地的青石用以铺筑路面、桥体、建筑勒脚等。青石板道路的石条间有细长的缝隙，道路下就是暗沟，雨水通过细长的缝隙流到暗藏的水渠，取得良好的排水效果。

（五）建筑形制

1. 天井民居

兴坪镇处于广西壮族自治区的边缘地带，东北部近湖南省，因此，兴坪民居带有湘赣汉族民居特

图2-3-56 巷道街景之一

图2-3-54 主街的新街街景

图2-3-55 主街的老街街景

图2-3-57 巷道街景之二

点。平面上以“一明两暗”为基本单元，在这个基础上扩展，形成“天井堂庑”、“天井堂厢”、“四合天井”等。无论何种平面的宅第，狭小的天井都起到重要的微气候调节作用，狭小、高深的天井可以与建筑外部形成较大的风压，能较为有效地在建筑内部形成向上的拔风，有利于建筑内部的空气流通和保持干燥，适应南方湿热的天气。从构架方式看，古镇建筑的明、次间构架均为典型的穿斗式木构架，墙仅起到围合作用。建筑屋顶多为马头墙硬山顶，既美观，也具有一定的防火功能。

在建筑组群布局上，采用中轴对称的手法，通常中轴线上布置门厅、天井、公共空间（堂屋）、天井、后堂。中轴上不设门窗，仅在建筑北端立仪门或太师壁，使中轴前后贯通。中轴上的建筑均为三开间，其中堂屋明间通高两层，用于祭祖、会客、劳作，其北侧立太师壁，其上设神龛，以供奉祖先。中堂两次间为父母居住，一般设阁楼，其上放置粮食、木柴、家用物品等（图2-3-58）。

2.“筒子屋”

古镇是古代商业运输的重要通道，寸土寸金，因此街道两侧用于商业的建筑空间多为小开间、大进深的建筑，整体狭窄如竹筒。“竹筒”与“竹筒”间共用山墙。竹筒屋是汉族街镇主街两侧的典型建筑，其空间组织为：建筑的内部上下层之间的楼梯形成垂直交通，水平向移动多直接从房间之间穿过，也有些在房间一侧隔出狭长走道的。这种小开间大进深的平面布局，其建筑空间的优点和缺点同样明显，缺点是室内采光差、通风差，优点是满足商家经商、居住、储物的空间需求，形成了时髦的“前店后坊”格局（图2-3-59）。

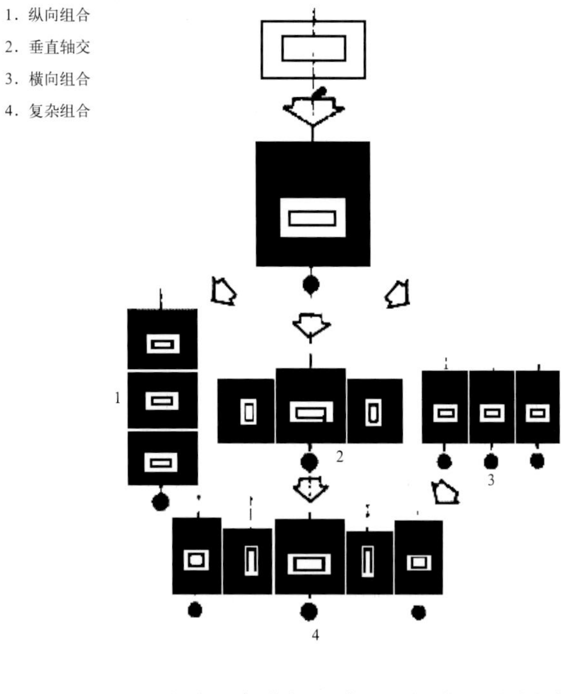

1．纵向组合
2．垂直轴交
3．横向组合
4．复杂组合

图2-3-58　民居平面示意图（图片来源：蒋江生.漓江流域古村落研究［D］.浙江工业大学，2013：57.）

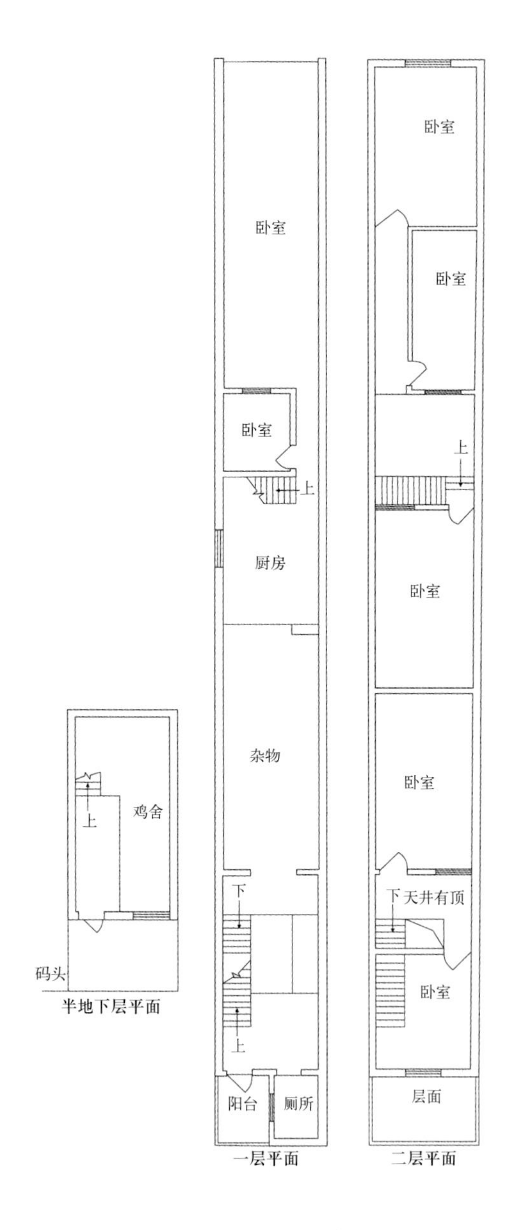

图2-3-59　“竹筒房”建筑平面示意图（图片来源：蒋江生.漓江流域古村落研究［D］.浙江工业大学，2013：58.）

注释

① 另外3处盆地为：右江盆地、宁明盆地、玉林盆地。

② 吴庆洲.中国军事建筑艺术.武汉：湖北教育出版社，2006.

③“中国古代城市的建设模式受到自然地理条件、政治文化背景、经济发展环境等多种因素的复合影响，因而表现出规范型、次规范型、非规范型三大类。”（资料来源：庄林德，张京祥《中国城市发展与建设史》南京：东南大学出版社2002/6：168）

④ 齐康.城市建筑［M］.南京：东南大学出版社，2001.

⑤ 相传明代万历年间，南宁有举人肖云举，考取进士，后升任太子太保、礼部尚书，在回乡省亲时，购买了邕江边的九莲庵，将庵改建寺宇。南宁地方的绅士对肖云举非常敬重，称他肖阁老，为表其仁德宽厚，取名“宏仁寺”。后来，有虔敬佛门的珠宝商人，为宏仁寺特铸了铜钟一口，高约5尺，口径2尺，钟声洪亮悦耳，经过江水反射产生独特音响效果，民间流传有“宏仁晚钟一打二响”之说和“宏仁晚钟应声拖”的诗句，宏仁寺因而列为胜景，名曰“宏仁晚钟”。清康熙二十九年（1690年）重修宏仁寺留下碑记。

⑥ 黄姚八景：古戏台、兴宁庙、文明阁、宝珠观、天然桥、聚仙岩、带龙桥、孔明岩。

广西古建筑

第三章 村寨

广西村寨分布图

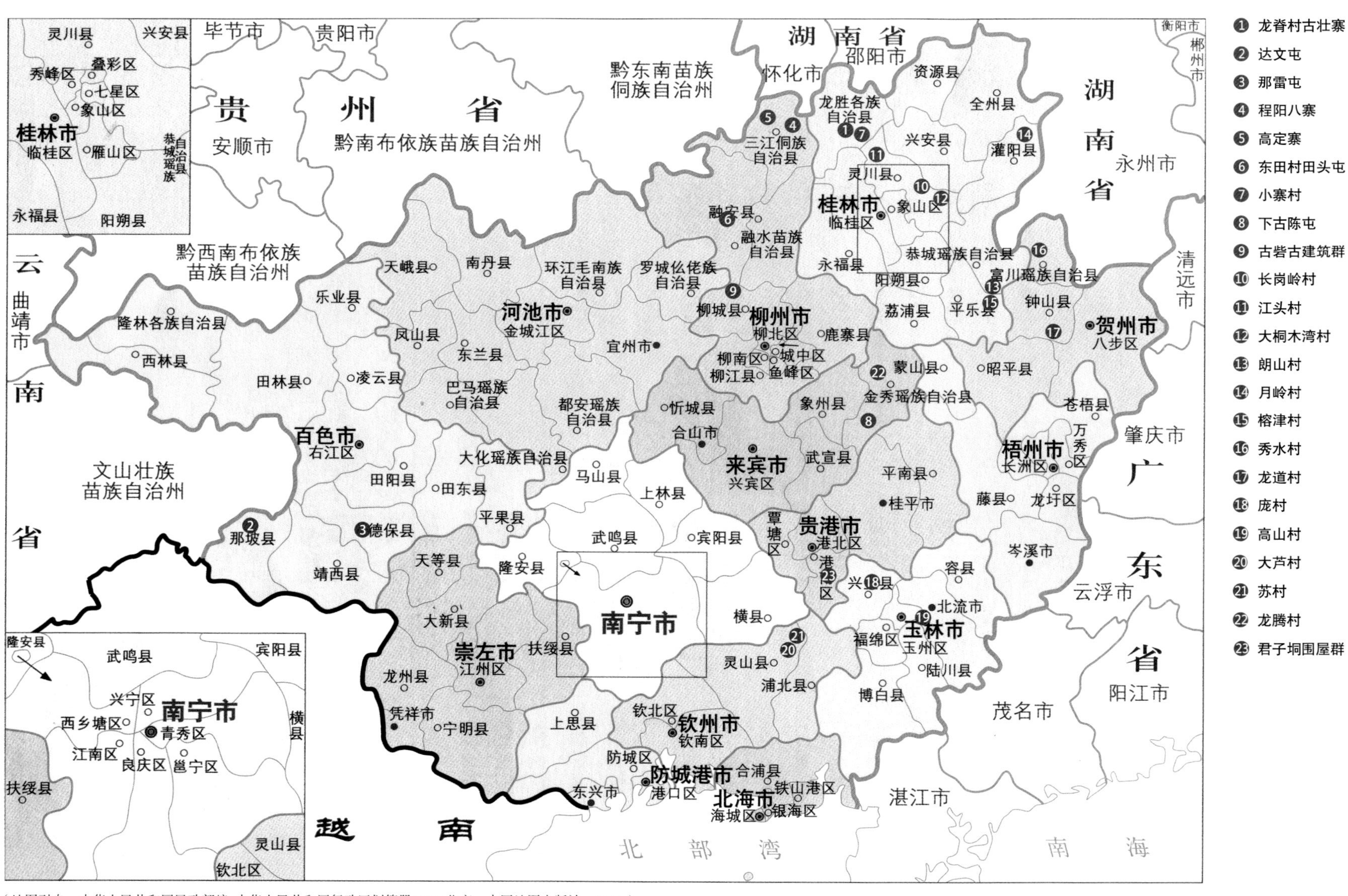

（地图引自：中华人民共和国民政部编. 中华人民共和国行政区划简册2014. 北京：中国地图出版社，2014.）

作为多民族聚居地区，广西具有丰富的民族与地域文化特点，受地理气候环境、历史文化、经济条件、民族风俗等因素的制约或影响，形成了一批各具风格的少数民族村寨与汉族村寨。

广西的少数民族大都为本地土著，他们脱胎于从旧石器时代就生活在广西的西瓯、骆越等百越诸族，经过漫长的历史过程，逐渐演变为现今的壮、侗、水、仫佬、毛南等族。这些土著民族拥有鲜明独特的民族性格与文化色彩，尤以壮族和侗族为代表。聚居于山地和丘陵地带的少数民族，其建筑形式大多为干阑式。由于稻田耕作的生产方式，少数民族村寨的布局在空间意向上呈现出依山傍水、顺应地形的散点半集中式形态。依据不同的山形水势，广西的少数民族村寨大致可分为高山型、丘陵河岸型、平地田园型。壮族村寨分布面较广，平原、山区、河谷和山谷均有分布，主要在南宁、柳州、来宾、河池、靖西、那坡、德保、龙胜等城市和县份；侗族村寨分布在桂北一带，主要集中在三江侗族自治县、龙胜各族自治县及融水苗族自治县，其中以三江侗族自治县较为密集；瑶寨主要分布在金秀、都安、巴马、大化、富川、恭城6个瑶族自治县；苗寨广泛分布在融水、隆林、龙胜、三江、南丹、环江、罗城、田林、西林、乐业、资源等县。

从秦始皇统一岭南开始，在历史上的不同时期里，汉族从中原、广东等地主要通过湘桂走廊、潇贺古道和西江流域进入广西，大多占据并定居于桂北、桂东及桂东南地区。按照南下汉族的民系组成，进入广西的汉族主要有广府、客家、湘赣三系。广西的广府式村落主要分布于梧州、贺州、玉林、钦州等桂东及桂东南地区，南宁、柳州、来宾亦受广府建筑文化影响较深，从聚落布局来看，水体、宗祠等的分布与规制和村落的风水意向仍具广府特色，广西境内保存较为完整的广府式村落以灵山的大芦村、苏村和玉林的高山村、庞村为代表；湘赣式村落分布于与湖南交界的桂东北地区，包括桂林全州地区和贺州富川县、钟山县等地区，其中桂林南部地区的阳朔、恭城以及永福等地区的湘赣式村寨，其风格受到桂东南广府建筑的较大影响，现存较具代表性的湘赣民系村落有全州沛田村、兴安水源头村、灌阳月岭村、灵川长岗岭村、灵川熊村等；因自然条件与文化渊源的关系，客家人强调聚族而居，与其他民系采取以村落的形式聚居不同，客家人的整个宗族若干家庭几十人甚至几百人则习惯共同居住于同一门户之内，共享厅堂与“同一个屋顶”，广西现存的客家式建筑主要是堂横屋式，另有少量围垅屋式和围堡式围屋，主要分布于玉林的博白县和陆川县以及贺州八步区和柳州柳江、来宾武宣等地区，在桂东汉族聚居地区，客家建筑也常见于山区。

第一节　少数民族村寨

一、概述

（一）少数民族村寨类型

广西地区的各个民族中，汉族人口多、生产力先进，在封建社会中处于统治地位，且自秦始皇起由于屯兵和巩固政权的需要，汉族取得优先耕种平原地带肥沃土地的权利。壮族是广西人口最多的少数民族，也能占有部分平原良田。而苗、瑶、侗等其他民族，在争夺生产生活资料的斗争中处于下风，只能迁至桂西、桂西北、桂北等地的山区中。民间素有“汉族、壮族住平地，侗族住山脚，苗族住山腰，瑶族住山顶”的说法。可以说广西少数民族的聚落，大部分都分布在山岭之中。山提供了树木和梯田，是人们生活的依托，水则是从事稻田耕作和生活中必不可少的资源。根据不同的山形水势可以将少数民族聚落分为如下几种。

1．高山型

这类村寨主要分布在桂北和桂西北的三江、龙胜、融水、天峨、南丹、巴马、东兰、凤山、都安；桂中的忻城；桂西的那坡、靖西、德保、凌云及桂南的上思等地的山区。这类型的村落，周围群山环绕，山势巍峨，山上林木葱郁，山下沟壑交织，平地较少。因此交通十分不便，人们出门便爬山，生产和生活较为艰苦。此类村落多分布在相对高度在30～300米的缓坡上，建筑分布密集，村内主干道顺延等高线发展，小巷道依着房屋之间自然的空隙形成，高程变化显著且坎坷不平、曲折蜿蜒，各类建筑顺应等高线分布，依据地形高差产生高低错落的层次变化，远远看去呈现出变化优美的天际轮廓线。

山区地形地貌多变，为各民族建村立寨提供了更多的选择余地，同时也增加了难度。广西大部分地区均位于北回归线以北，因此山南为阳而北为阴，在太阳升起时东为阳而西为阴，太阳落下时则相反。在长期的生产生活实践中，各民族逐步形成了较为明确的地理方位和日照方位的概念。一般来说村落靠山一面多为阳坡，背负青山，可提供生产生活的广大基地，而且挡风向阳，能减少高山上的寒气压迫。建筑的朝向，以坐北朝南居多，也有朝向东南或西南，较少坐南朝北。房屋修建在向阳且地势较高的坡地上，优点有三：首先光照充分，村落每天的大部分时间都能沐浴在阳光下，既能满足人的生理需求也能保持地面的干爽，同时便于晾晒谷物和防止雨水湿气对木质建筑的侵蚀；其次，地势较高便于雨水排泄并保证了村寨不易为洪水侵袭；第三，背山面水前景开阔，给村民带来较好的心理感受。

高山地区的聚落，一种将寨址定于凹陷的山谷两侧，形成环抱包围状，藏风聚气，如三江高定寨（图3－1－1）。更多的是位于山脊呈向外凸出形态，这样视野开阔，可以接纳更多阳光，如三江林略寨（图3－1－2）和龙胜龙脊村（图3－1－3）。一些位于桂西大石山地区的村寨，由于山腰和山顶都绝少土壤，村民不得不将房屋建在山底以利用有限的土地资源和雨水（图3－1－4），这样的村落规模都很小，通常才十几二十户。

图3－1－1　三江高定寨

图3-1-2　三江林略寨

图3-1-3　龙胜龙脊村

图3-1-4　田林大石山中的小村

2．丘陵河岸型

这一类型的村寨，在百越诸族的聚落中占据绝大多数。背靠山脚或是不很陡峭的丘陵，出行方便，面临溪涧小河取水方便又不用担心大江大河洪水泛滥，因此成为建村立寨的绝佳场所。村落周围是绵延的丘陵或者孤独的山岭，间有平地和河流。村落多坐落在低矮丘陵向阳的一侧，背靠丘陵，溪流河水从村前或附近流过，沿着溪流河水两岸分布着狭长的田地，往往是三里一村、四里一寨。有些河流、溪流的沿岸，串连着数个大小不一的村寨，如龙胜金江河两岸的壮寨和瑶寨，以及三江苗江河两岸密布的岜团、八协、平流、华炼等诸多侗寨（图3–1–5）。

如果村前无河流，人们就挖掘水塘蓄水，供牲畜饮用或便于居民浇灌。建筑依坡而建，由坡上向坡下乃至田峒中延伸，排列有序，朝向基本一致。与高山型不同，此类村落村中平地较多，因此耕地也较多且多肥沃湿润，水源也较为充足，所以村落的分布较为密集，一般距离1000米左右，每一村多在100户以上，大的村落可达200～1000户。

此类村落往往沿江河呈线性分布，盖因为背丘陵而直接面水，几乎都是由山脚往山顶方向修建，而越往上就离水源越远且越受地形的限制，因此房屋顺坡向上建的层次不多。当村落的密度无以复加的时候，就会从村寨中迁出一部建立新的村寨。

3．平地田园型

在支流汇入主河道的交汇处或者河道曲折迂回处，地势一般比较平坦开阔。由于河水冲击和泥沙淤积等因素，往往形成一片平坦的平峒或山间的小盆地，这样的地貌，水土丰茂，适于耕种，空间开阔，人口容量大。在这样的地区，村民们选址时为了避免洪水侵袭，往往将房屋建在较高的二级台地上，村落的形态根据具体环境营造成团状、带状或块状，如三江县的程阳马安寨、独峒乡座龙寨在河道曲折蜿蜒处，村落犹如建在三面环水的半岛上，与周围的田园形成俯视和辐射的关系（图3–1–6、图3–1–7）。

图3-1-5　苗江河沿岸侗寨

图3-1-6　三面环水的村寨三江程阳马安寨

图3-1-7　三面环水的村寨三江独峒座龙寨

（二）少数民族村寨空间意向

1. 村寨生态意向

西方哲学的自然观，一直把自然作为一个人之外的对象，自然被当作与人的主观意志相对立的世界，人与自然不是一个整体；在中国文化中，自然是一个充溢着生命、充溢着发育创造的境域，人与自然是一个和谐融贯的整体，“人法地，地法天，天法道，道法自然”则是中国传统自然观的经典表述。汉族将这种自然观、宇宙观现实化和可操作化，发展出道教文化。而百越民族的自然观处于相对朴实和原始的阶段，崇尚“万物有灵”的自然崇拜，与稻作农耕的生产生活方式有关的自然因素都会成为崇拜的对象，如土地崇拜、水神崇拜、山神崇拜以及动植物崇拜等。对自然的敬畏促使百越民族强烈的归顺自然、顺应自然、适度师法自然的生态观和哲学观的形成，反映在生产生活中则是以自然崇拜、图腾崇拜为内涵和以禁忌及习惯法规为约束机制来规范包括土地的开垦、水源的利用、树林的砍伐、石山的开采等方面的行为，以达到人与自然这一生态系统的平衡与和谐。

每一个聚落就是一个生态系统，当系统内部各个构成要素——人口、牲畜、田地、树林、水源等发挥各自功能并相互影响、适应且物质和能量的输入输出达到动态平衡时，就形成和谐平衡的聚落生态系统。但每一生态系统都有其承载能力的极限，它取决于生态系统赖以运行的资源类型和数量、人们的物质需求和服务需求、资源利用的分配方式、资源消耗产生废物的同化能力等因素。资源数量对生态系统的承载力影响固然重要，但系统承受冲击的能力很大程度上依赖管理者对于环境维护的目标和水平。归顺自然、师法自然的百越诸族积累了丰富的生产生活经验，并通过村规民约实现对生态系统的管理。

广西少数民族的聚落，大部分分布于丘陵和高山地区，这些区域平地较少，因此可供耕种的土地比平原地区要少，这就要求聚落分布的密度、规模要与土地资源相适应，才能使村落居民既有足够的生产生活空间，也能在人口适度增长的时候还能留出充分的发展余地，维持聚落生态的平衡。平地资源的稀缺促使梯田这一独具山地特点的农耕模式出现。在坡地上沿等高线开垦出来的梯田，可以拦滞径流、稳定土壤，具有保水、保土、保肥作用。广西大石山区的梯田，珍贵的土壤被保护在石块垒砌的田埂里，形成独具地域特点的石制梯田景观（图3-1-8）。当然，梯田绝非少数民族所特有，但广西的少数民族多居山区，干阑与梯田交互映衬的景象已成为少数民族聚落的文化符号。

水资源是农耕稻作必备的生产物资，少数民族聚落多位于山区，用水来源除了降雨产生的地表径流外，山岭中的原始森林是另一个重要水源地。如龙脊地区，山区内众多的森林和次生林用根系将大量的水储存在土壤之中，构成了巨大的天然绿色水库。即便在枯水季节，森林释放蓄水，也能使山涧溪流四季流水。众多的水源林使得龙脊地区常年流水山涧溪流达33条，提供了大部分梯田、旱地灌溉用水和全部人畜用水。村民们早已意识到水源林的重要性，聚落背后及两侧的山岭植被禁止砍伐，并且以村规民约的形式加以约束。对于山中柴薪的砍伐也并非砍光割尽，而是采用轮伐的方法，舍近取远以让自然植被得以恢复。同时为弥补因开辟聚落基地所造成对植被的破坏，为保持水土和可持续的自然资源，人工林被大量种植。如家庭中增加一男丁，父母就会在山中为其栽种林木，待此男孩长大成家单独立户，少时种下的小树也长大成材，正好伐取作为分家立户的建筑材料。

随着村寨人口不断增多，现有资源不能满足使用需要，原有生态平衡即将被打破时，则会有一部分居民迁出另觅他址开村立寨，以确保每一聚落的土地资源都处在合理的使用范围之内。如龙胜龙脊十三寨，据其族谱记载："明朝嘉靖年间三兄弟从庆远府迁出，经兴安县辗转至龙脊……于是在这里落脚……后来人口不断繁衍增多……有一部分人迁出，在附近的山坡上另立新寨……久之，又有一部分人迁出，最后形成了十三寨①。"

完全取材于自然的干阑式建筑是聚落构成的主体。干阑式建筑就地取材，耗费少，适应于百越民族经济特点；承重和围护结构都由木材构成，自重轻，无需对地形作大的改造，客观上有利于对山体

图3-1-8　桂西大石山中的梯田（来源：自摄）

的保护避免滑坡等自然灾害，底层架空适应于岭南炎热潮湿的自然气候，又可用于围养牲畜。干阑式民居依山就势，参差起伏，虽然局部看来散落无序，但聚落的总体形态却是对自然地形的模拟，呈现一种完全融入自然的形态。

这样，聚落生态系统内部得益于朴实原始的自然生态观念的调节，得以达到系统稳定而平衡的状态，组成聚落的各个要素——人、建筑、山、水、田、林等完美融合，呈现"天地与我并生，万物与我为一"的聚落生态意向。

2．村寨宗族意向

百越诸族的聚居模式与汉族聚落那种以封建礼制规范起来的大家族聚居不同，其家庭单位一般都在两代以内，单体建筑的规模普遍不大，满足5人以下居住。三至五代以内的家庭，血缘关系密切，被称为房族，三代以外的称为门族或宗族，房、门、宗族总称为家族。最基本的聚落就是由一个同姓的宗族或家族形成，较大的聚落则由数个家族组合而成。

以侗族为例，基本的宗族聚落是由"垛"—"补拉"—"斗"—"寨"组成。"垛"即最小的家或者户。"补拉"直译出来是"父亲和儿子"，有两层意思，狭义的"补拉"是指一个儿女众多的大家庭，包括若干个"垛"；广义则指同一个祖父所生儿子的各个家庭。"斗"即房族，是一种以父系血缘为纽带连成的宗族组织（但它也可以通过一定的方式吸取非血缘成员加入）。同一个"斗"内拥有共同的墓地、树林、公田等，由"斗"内各户轮流维

图3-1-9 鼓楼议事

护，其收入则归公共所有，用于修建鼓楼等公益性事业。“斗”内严禁通婚，并选出族中辈分高、年纪大、见识广且有威望的老人担任族长主持“斗”内事务。几个“斗”共居组成一个寨，与“补拉”和“斗”一样，寨也有共有的风水林、鱼塘、鼓楼、风雨桥、河段和荒山等，亦由各个“斗”选出的长者组成“老人协会”制定村规民约共同管理（图3-1-9）。如三江高定寨，现有500多户、2600余人。全寨共有5个姓氏，90%为吴姓，其余为杨、李、黄和陆姓，其中吴姓又分为伍苗、伍峰与伍大、伍通、伍六雄、伍央等5个分支，并无血缘关系，是为了壮大组群而对外统称吴姓。寨中共有7座鼓楼，其中6座分属不同分支或不同姓氏，大姓如吴姓占有其中4座，分别归于全体吴姓和不同分支所有，另外两座则为小姓合建。寨中央的中心鼓楼和戏台则为全村各姓氏共建，属于全体村民共同所有，是全寨团结协作的象征。全寨被分为6个“斗”，以各个鼓楼为中心形成6个组团，分布在中央东西向山谷的两侧（图3-1-10）。中心鼓楼和戏台则位于北面山坡的中央。

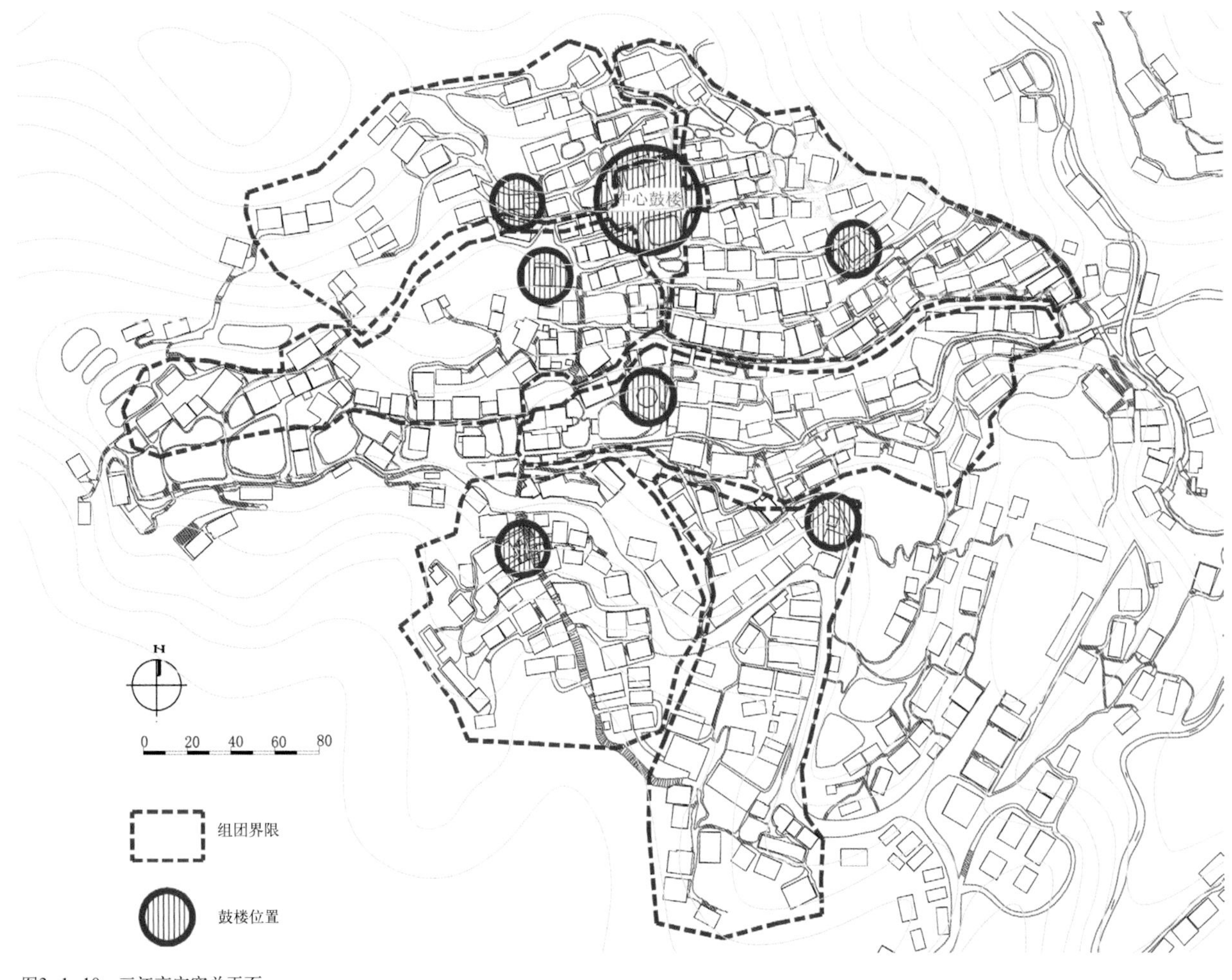

图3-1-10 三江高定寨总平面

图3-1-11　龙脊三鱼共首石刻

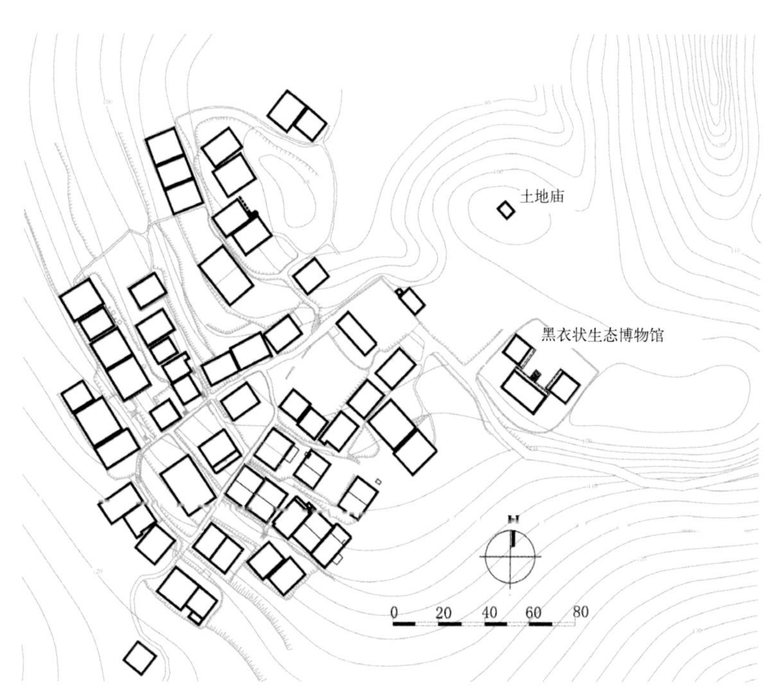

图3-1-12　那坡达文屯总平面（来自广西大学建筑学2007级测绘图集，韦玉姣指导）

相邻的寨子，不但地界毗连，而且有家族的联系和婚姻的关系，结合自然紧密，于是以寨结合为村。这样就由血缘型的宗族结合形成地缘性的寨或村。如三江县独峒乡的华炼村，就包含3个自然寨——大寨、寨基与二坝；再如龙胜的龙脊村古壮寨，包括廖、侯、潘三姓3个寨，三鱼共首（图3-1-11）为村落标志，代表了三个姓氏的居民互信共存，齐心合力。侗族的聚落，村之上则设有"款"，设"款"的目的是为了对内维持社会秩序对外组织群众对付外来侵犯。"款"有大小之分，普遍以村寨为单位设立。"小款"，大寨设一个，小寨则数寨设一个。"中款"则由若干个"小款"组成，"中款"再合成"大款"。各个层级的"款"均有"款约"，"款首"则多由经验丰富、享有威信、熟悉"款约"的寨老充任，平时负责处理寨内事务，调解纠纷，战时则充当军事领袖。"'款'组织的形成过程实际上就是以血缘为纽带的氏族公社被以地域为纽带的农村公社所取代的过程[②]。"

与侗族类似的，壮族也有自己类似"款"的社会组织结构，如龙脊地区的"款首"则被称为"大寨老"。据记载，从清乾隆年间至1949年，龙脊十三

图3-1-13　龙胜龙脊村总平面（廖宇航提供资料）

寨的“大寨老组织”总计组织12次大会，通过如立碑、判刑、筹集粮草、组织义军等重大决议[③]。但与侗族不同，壮族和苗、瑶等族的村寨，绝少鼓楼和戏台这样明确的聚落活动中心。富裕一些的村寨会修建凉亭、庙宇等公共建筑，但居住建筑也不以其为中心布局，而是纯粹顺应地形沿等高线发展，呈现无中心的散点式状态，如百色那坡达文屯（图3-1-12），全屯共居住着62户人家，在石山脚下沿等高线均匀分布，大部分干阑为坐西南向东北，村落中唯一的公共建筑是位于村前风水林中的土地庙。龙脊村由廖家寨、侯家寨、潘家寨3个寨组成，自上而下分布在金江河北岸的龙脊山的山腰上（图3-1-13），虽然由地理位置和婚姻关系决定了4个寨子关系密切，但却无明确的聚落中心。村寨间被田垌、溪流、山路分割成自然形态，每一个村寨内部也呈团状或带状顺应地形散点分布。

以血缘宗族为纽带构成基本单元，以地缘关系为网络连接，广西少数民族的大小聚落就是这样被编织起来，散布在山岭河网之间。

3．村寨风水意向

风水理论来源于人们对天文、地形、土质、水源、温度、湿度、屏障等居住地自然环境的认识，在长期的生活实践中融入社会伦理、民俗、玄学、易学、预测等知识，形成一门庞大复杂的学问。汉族的风水理论发展得完善而系统，对少数民族聚落的选址和布局也有着一定影响。比如瑶族就将村寨周围的地形看成是有头、两手、两足的人体形态（图3-1-14）。村寨的最理想位置依次是（1）人体胸部的中央；（2）胸的左右两侧；（3）人的胃部以及（4）腹部。左青龙右白虎，瑶族将左方视为己方，右方看作敌方，因此从右方流来的“白虎水”就不能饮用，有时甚至不惜舍近求远，利用竹筒搭接成长长的引水管道将左方的“青龙水”引至各家各户作为饮用水，而“白虎水”则只能用作灌溉和洗涤[④]。

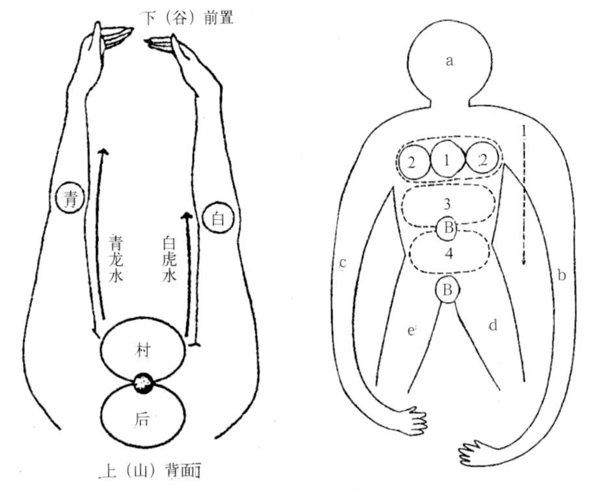

图3-1-14　瑶族聚落风水观（图片来源：杨昌鸣．东南亚与中国西南少数民族建筑文化探析［M］．天津：天津大学出版社，2004：125.）

按照风水选址观念，理想的村落应该是依山、环水、面屏。蜿蜒起伏的山脉可称为“龙脉”，山脉遇溪流、平坝而止之处可称为“龙头”，“龙头”面朝环绕的溪河和开阔的平坝，背靠起伏跌宕、来势凶猛的“龙脉”，村寨建在这样的“龙头”处被称为“坐龙嘴”。村寨依山而据水，溪河环抱，曲折连绵的山脉为龙身而流水则是龙的血脉。对于山本身来说，山之东、南面为阳，山之西、北面为阴；对于山与村落的关系来说，山为阴，宅为阳，并以房屋的阴（背）面面向山的阳面，可以屏挡北来的寒流，使村落获得充足的阳光。面水可以迎接南来的凉风，亦可取得方便的生活及灌溉用水，这样的自然环境有利于良好的生态和局部小气候，自然能成为吉祥福地。从水与村落的位置关系上来说，风水将其归纳为“抱边”或“反边”的情况，就是“水抱边可寻地，水反边不可下”，即基地要设在流水环抱的一边，称为“玉带水”。因为随水流的冲刷淤积作用，环抱的一边逐渐淤积而增地；而环水对面的“反边”则被逐渐冲刷而减地，这预示着将来有被水冲毁的隐患[⑤]。

并非每一村寨所处的山形水势都十分完美，而面对有所欠缺的地形，村民们会依照风水理论予以适当的人工改造。植林、挖塘、修桥等是较为典型的处理方式。位于平坝上的村落，村后没有山为依托无法形成“负阴抱阳”之势，甚或村后为空旷的山谷，村民就在村后密植樟树林（风水林），形成屏障，遮挡北风，以弥补“后龙”之空缺；水为财，村落中不可无水，水源丰沛但流势太急也不可，挖塘是解决水源水势的一种办法，将河流来水汇于塘中，可以缓解村前河流来水湍急，也可以清解村落前方或左右高山的逼压。对于池塘的形状，不可以是方形，不能上大下小如漏斗状，也不能小塘连串如锁链状，而且池塘要距离住宅有一定心理距离。广西地区河网密布，遍布乡间的风雨桥是村民出行、丰富景观和完成村落空间序列的必需，同时在村前河流、溪涧处架设风雨桥也能“锁住水口”，将“财”留在村内。如三江马安寨，图3-1-6所示，村寨背靠迥龙山，面临沿山脚三面环绕的林溪河，水流蜿蜒曲折，“气遇水则止，水流徐徐则气聚，曲水收气”，为了加强锁水聚气的效果，村前村尾建有两座风雨桥：寨东北的平岩桥和寨西南的程阳桥。林木、池塘、风雨桥，这些聚落中的人工产物既能满足村民心理需求，同样弥补了自然景观的不足，保持了村落与自然的平衡与和谐，这才应该是风水观念在村落布局中起到的真正作用。

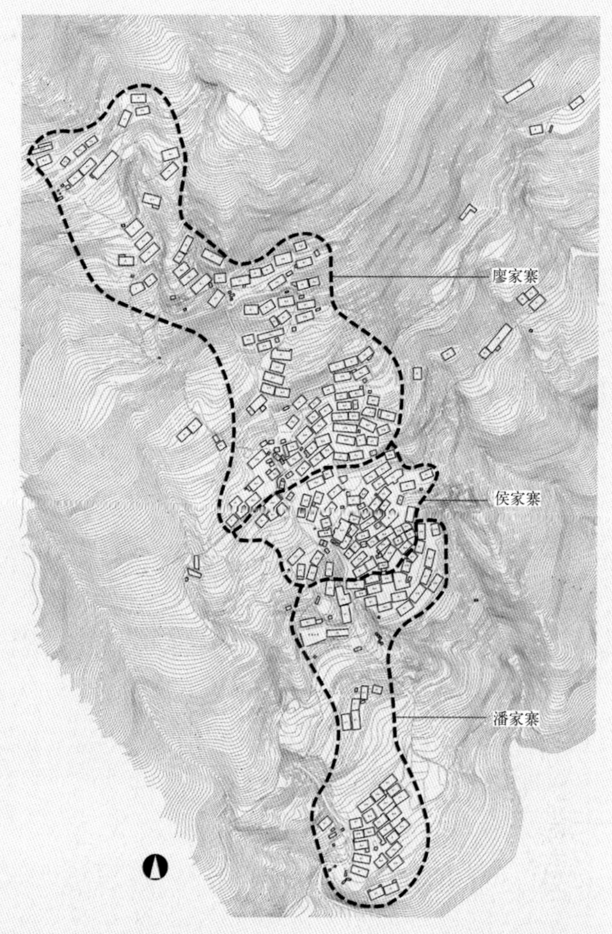

图3-1-15 龙脊村总平面

二、壮族村寨

（一）桂林市龙胜各族自治县龙脊村古壮寨

龙脊村古壮寨位于广西壮族自治区桂林市龙胜县和平乡东部，距桂林约80公里。以廖家寨、侯家寨、平寨、平段4个寨子构成该村主体，平寨和平段也合称为潘家寨。这4个寨子相距较近，坐落于山坡之上，自下而上依次是：平段、平寨、侯家寨、廖家寨（图3-1-15），由于地理位置相邻，往来频繁，文化习俗亦相似。据村中族谱记载，廖、侯、潘三个姓氏在此居住已经有600余年，其祖先自明代从广西南丹和河池等地迁出，经柳州进入桂北永福、临桂、灵川、兴安地区，最后定居在龙脊。南丹、庆远（今宜州附近）自古就是壮族人口密集的地方，宋人范成大《桂海虞衡志》说：“庆远、南丹溪洞之民呼为僮。”这些地方的壮族，自古就有向东、向西、向南迁徙的传统。三个姓氏曾经为了争夺土地资源而发生矛盾，最终大家通过协商，和平共处，最典型的例证就是三鱼共首的村落标志（图3-1-16），代表着三个姓氏的居民互信共存，齐心合力。

聚落整体位于一条山脊之上，坐西北而靠山坡，面东南而远眺金江河，以廖家寨、侯家寨为中心最为密集，顺山脊向上、向下逐渐稀疏（图3-1-17）。民居以村寨西侧的溪流（主要水源）为界，东边民居密集，西边主要是人工梯田（图3-1-18）。这种布局，利于生活与生产取水。建筑主要朝向以东南为主，但顺应各自地形等高线有细微差别。村落没有明显的中心，溪流两侧的空地村口（图3-1-19）以及村中的闲置空地（例如村委会前的广场）成为村民户外活动主要场所。廖家与侯家几无界线，潘家在最下端，相距较远。

图3-1-16 “三鱼共首”纹饰

图3-1-17　龙脊远眺

图3-1-18　龙脊梯田

图3-1-19　龙脊村村口公共空间

各寨寨口均在溪流附近，凉亭、风雨桥等公共设施也在溪流附近，方便去梯田劳作的村民歇脚、纳凉（图3-1-20）。溪流在此成为一个自然的边界，东侧建筑密集，西侧建筑稀少，土地庙也设在溪流西侧远离村寨的地方。村寨最上方的山头是村寨的风水林，郁郁葱葱，既能保护水源，又能作为木材基地。村中主要的纵向道路平行于溪流，位于旁侧的是石砌台阶，由此路联系各水平向横路，横路平行等高线延伸，每隔4～5排民房有一横向道路，在村落东侧还有一条曲折的纵向道路联系各横路。

古壮寨的民居是组成村落的基本单元。古壮寨的家庭结构基本上都是核心家庭，每户规模不大。由于山地环境用地紧张，龙脊住宅都是独栋的吊脚木楼，没有院落，所有的生产生活功能都在一栋建筑内解决，既要保证安静卫生的居住环境，又要避免住宅内各部分之间的相互干扰，所以干阑建筑的形式成为龙脊壮族长期适应生活需要的必然结果（图3-1-21）。

图3-1-20 龙脊村凉亭

图3-1-21 龙脊吊脚木楼

龙脊古壮寨规模宏大，村落结构清晰且保存完好，其建筑单体是广西北部壮族干阑式建筑的典型模式，是该区壮族人民木构建筑水平的最高代表。可以说，龙脊古壮寨是研究壮族村落和建筑文化最为重要的文物标本之一（图3-1-22）。

（二）百色市那坡县达文屯

那坡县位于德靖台地——今日德保、靖西、那坡三县所处的位于云贵高原边缘的一块台地，它经常被认为是广西最能体验到“原汁原味”壮族文化的地区。那坡县壮族人口为17.45万人，占全县总人口的90.5%。该县壮族，按自称的称谓划分有12个族群之多，其中，自称为“敏”（亦称“布壮”）的一个族群，通常被称为黑衣壮。据1995年统计，黑衣壮占该县壮族总人口的32.6%。由于地处偏远，大山的阻隔，使黑衣壮的传统文化得以比较完整地保留下来。

达文屯就是黑衣壮聚居的一个村屯。该屯位于那坡县龙合乡北部的大石山区的一个山弄之中，距离乡政府所在地12公里，距离县城42公里。共有60户、296人，面积约1平方公里。居民以梁、马、黄三个姓氏为主。

整个村屯坐西南望东北，由于南北两侧皆有高山，西侧是河谷坡地的上游，而东侧较为低平，这种朝向的选择应该是为了争取更多的日照，如图3-1-12所示。由于依赖天水，屯子居于谷地之中以便取水，村落前景为开阔谷口，村口正前方正对一茂密树林，林中设有土地庙，较远处是一小山。建筑沿河谷等高线布置，渐次升高3米左右，各民宅顺应等高线走势，面朝土地庙方向略成扇形布置，整体布局没有明显的中心性（图3-1-23）。各户的组合关系有较强的宗族观念，一般相邻的家庭多为直系亲属，很多家族甚至连接成类似长屋的联排住宅，大都各自独立入户（图3-1-24）；同姓血缘较近的家族比邻而居，各自成组。村落中部有较直的纵向石阶坡道通往西南向村后河谷坡地，东北指向土地庙方向。同标高各户通过平行等高线的横向通道相联系，横向最终都汇集到中部的纵向通

图3-1-22 龙脊民居典型风貌

图3-1-23 达文屯鸟瞰

图3-1-24 排成长屋的达文屯民居

道，形成鱼骨状的道路网格。道路为山石砌筑，宽度1.5～2米之间，各级高差甚大，行走艰难。屯子两侧直接以玉米地为界，并无外部绕村道路，据传曾有绕屯围墙，早已废弃。

村中民宅为较为典型的土木干阑，通常为三开间、七进深，进深一般在13.5米左右，进深相比桂北龙脊地区的壮族民居要深3～4米，这与当地长年气候炎热、日照较强有关。当家庭人口增加需要分家时，则在相邻一侧新建一个独立单元，两户之间通常设两榀独立屋架，屋架间距通常在1～2米之间，形成一个较小开间，但内部隔墙视情况或设有或取消，楼板均相连，可见血亲家庭之间的关系尤为紧密。建筑首层平面架空，饲养牲畜及堆放生产生活物资。入户楼梯依习俗大多设在房屋东侧。自楼梯而上进入开敞的前廊空间，前廊一般为全面宽的通廊，由于进深较大，除正门开间外，两侧开间均设有一进深的卧室或杂物间。起居层以堂屋为中心，呈标准的“前堂后室”平面格局。除正中开间

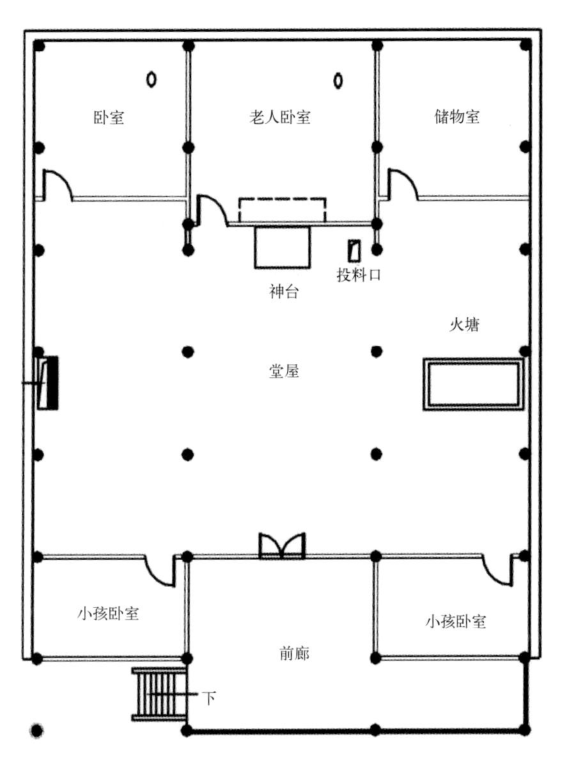

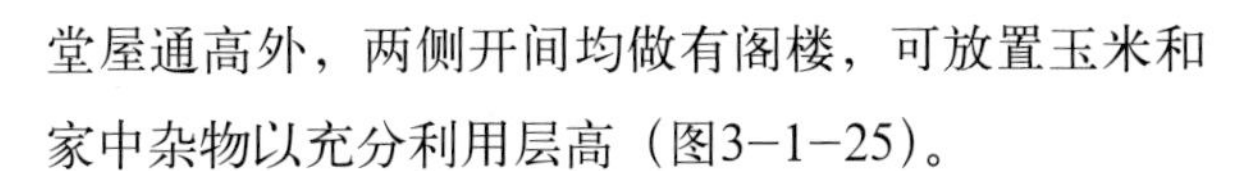
图3-1-25　达文屯典型干阑平面（广西大学建筑学2007级测绘图集，韦玉姣指导）

图3-1-26　达文屯干阑民居外观近景

堂屋通高外，两侧开间均做有阁楼，可放置玉米和家中杂物以充分利用层高（图3-1-25）。

达文屯的干阑建筑，外檐的柱础采用1.5米左右高的整体石柱，其他落地柱的柱础均为30～40厘米整石，应该是考虑到外檐柱防飘雨和防潮的功能。屋顶都采用悬山形式，由于进深较大，多显得低矮，一般没有升起和起翘等构造做法，外观轮廓平直朴素（图3-1-26）。

（三）百色市德保县那雷屯

德保县足荣镇那亮村那雷屯距离德宝县城15公里，居民亦均为黑衣壮族。那雷屯坐落在山腰之上，总共72户干阑式民居连接成排，大致呈6列自上而下分布，坐北朝南面向山脚下的小河。该聚落布局较为分散，屯内石板路随坡而上，住宅间距较窄，大致为1.5～2.5米，留出住宅背面的水渠和过道（图3-1-27）。沿着村路往上走，最高处可以看到泉水，是全村用水的源头，该水源在坡面的断层以下较低的位置，是左右江的支系。该村居民称此水源为龙珠，盖因水源总体形态相似于一条龙。

那雷屯的民居属于较为典型的石土木混合干阑式。底层石柱大都有成人的高度，两山面和背面为夯土筑造的承重墙，正面为木板墙，建筑内部及屋顶采用穿斗木构架形式（图3-1-28）。从正面9级青石台阶进入堂屋前廊，前廊内凹，较为狭小，两侧就需要可增建房间。一般为一侧是房间，一侧是晒台。室内通常为三开间、三进深，中柱不落地，堂屋就占一个开间，正中是神龛，两侧开间各有两间厢房，基本上是一明两暗的格局，从左侧门进入神龛背后是三开间的灶房。由于位于山地，用地紧张，每座民居面前都搭有一个晒台，用于晾晒衣物粮食，也是青年男女对唱山歌，谈情说爱之所。晒台有的用木头支撑起来，但更多的是用河里的石头经过加工成石柱、石梁搭建，这样就不怕日晒雨淋而经久耐用。更巧的是，有的人家利用房前的树木搭建晒台，更具原始、自然的风味（图3-1-29）。那雷屯的民居，从平面格局和火塘间后置等情形看，汉化痕迹较为明显。

21世纪初，由于山洪和滑坡等地质灾害日益严

图3-1-27　宅间巷道和沟渠

图3-1-28　那雷屯干阑外观

图3-1-29　充分利用空间架设晒台

图3-1-30　从老村遥望新村

重，政府在山下马路边临河的平地上辟了一块空地，将村里的居民全部搬迁到此。目前大部分村民已经迁出并在新基地上建造了住宅（图3-1-30），仅有少量经济条件困难的家庭或者老人仍然留守。因不想多费工时，村民们没有拆掉旧屋，而留作关养牲畜和存放杂物，故村落的原始面貌得以保留下来。

三、侗族村寨

（一）柳州市三江侗族自治县程阳八寨

程阳八寨位于三江县城东北部的林溪河畔，距县城19公里，总面积12.55平方公里，由平岩村、程阳村、平铺村三个行政村组成，这三个行政村又分为马鞍寨、平坦寨、平寨、岩寨、东寨、大寨、平铺、吉昌8个侗寨，俗称“程阳八寨”。8个寨子现共有2000座干阑式吊脚楼、8座鼓楼和5座风雨桥。“程阳”的名称来源于程阳八寨程、阳两姓氏的祖先，清朝至民国以来，这里的人民以大寨为发源地，逐渐形成了现在的8个自然村寨。林溪河是珠江水系西江支流柳江支流古宜河的支流，就发源于林溪乡水团村彭木山，它是程阳八寨的灵魂，蜿蜒向北流经八寨，养育着八寨侗民。程阳八寨就分布在林溪河及其支流的两侧。八寨中，马鞍寨、平寨、岩寨、东寨、大寨由南至北较为紧凑地分布在林溪河主干两旁，平铺寨在距离较远的北端，平坦和吉昌两寨则位于西侧的支流上（图3-1-31）。

图3-1-31 程阳八寨鸟瞰（近前者为马安寨）（图片来源：网络）

图3-1-32 岩寨鼓楼及民居

图3-1-33 马安寨永济桥

由血缘宗族关系组织起来的侗族村寨具有较为明显的向心性和边界性。鼓楼是其向心性最为明显的标志，它是侗族人民的灵魂，是侗族人民的族徽寨胆（图3-1-32）。鼓楼多位于侗寨较为突出的位置，其空间比民居空间开阔，是侗族社会组织结构与空间构造的高度统一，是侗寨特有的一种公共空间形式。程阳八寨每个寨子都是一个独立的组团，围绕着自己的鼓楼顺应山形水势发展开，形成丰富的村落空间景观。风雨桥则是侗寨边界的象征，有条件的侗寨一般都会在寨头寨尾的水口设置风雨桥以“锁水锁财”，同时也满足了方便出行和休息的需要。程阳八寨总共有5座传统风雨桥，其中永济桥、合龙桥和普济桥由南至北分布在林溪河上（图3-1-33）。除了鼓楼和风雨桥，寨门（图3-1-34）、古井、井亭、水车、石板古驿道、古戏台、芦笙坪、消防水塘、祭祀坛、土地祠等公共建筑和设施于八寨之中星罗棋布，由移步换景、曲径通幽、自由生长的街巷道路系统串连起来，和民居群、周边水体山体融为一体，创造出优美的侗乡田园风光（图3-1-35）。

八寨中以永济桥边的马安寨最具代表性。马安寨位于八寨的最南端，林溪河在此蜿蜒呈“凹”字形，寨子就坐落在凹口处，村寨地形像一副马鞍，马安寨就得名于此。该寨犹如建在三面环水的半岛上，水边是肥沃的农田，将村寨包裹其中。马安寨

图3-1-34　寨门

图3-1-35　水田边的侗寨

图3-1-36　马安鼓楼

选址于流水环抱的一边，可最大限度防止水患发生，还可利用水流带来的淤泥。寨中民居多朝向东南，围绕着寨中心的马安鼓楼和戏台。马安鼓楼为正方形的单层七檐格局，底部为正方形厅堂，约二至三丈见方，厅侧架一大牛皮大鼓，厅中间用石砌一个大火塘，四壁镶板和栏杆，设座位，可容百号人集会。鼓楼的正对面是三重檐的戏台，戏台和鼓楼之间的鼓楼坪是马安寨居民日常娱乐和聚会的场所（图3-1-36）。马安寨的寨口风雨桥就是著名的永济桥，该桥始建于1912年，全桥长77.76米，桥面宽3.75米，高10.6米，建筑面积为294平方米，杉木穿斗组合结构，三墩二台，墩台上建有5座塔阁式桥亭和19间桥廊，桥盖由桥亭和桥廊组成，穿斗木结构，屋面均为小青瓦散瓦面。永济桥的楼阁、廊檐上绘制了精美的侗族民间传统图案，体现了侗族人民高超的建筑水平和工艺水平。马安寨尾的风雨桥是合龙桥，和永济桥一起完成对马安寨的空间限定。

程阳八寨的干阑民居与侗族其他村寨一样，分布极为密集，几乎是一栋连着一栋，前后左右的山墙或屋檐几近相接，栋与栋之间只有供行走的小巷道。其干阑流行六榀五柱式，即横向6根木柱，纵向5根木柱。采用穿斗构造法，在立柱上开凿纵横交错的卯眼，插入枋条和穿木上铺以檩条，檩条上铺板为楼层，四周合板成墙。每栋干阑有上、中、下三层，下层用作圈养牲畜的栏圈。中层为一家人的居住层，沿立柱用木板分隔成小间，前一进间为长廊式，是其全家人会客、纺织、刺绣或午间休憩之处；中间一般用作厨房，设有火塘，是一家人日常炊煮、饮食、烤火或打油茶待客之处；左右两边为卧室。楼层的入口处多设在干阑的边侧，设有固定宽木梯供人上下楼。上层一般不间隔，主要用来

图3-1-37 程阳侗寨民居

放置粮食或其他杂物，子女多的家庭，则将上层也分隔成小间作为居室。顶部皆用青灰色小瓦覆盖，流行悬山式，也有的为歇山或半歇山式。侗族干阑的突出特点是高大宽敞，居室间数多，面积相对均等，无宽敞的厅堂；四周的每一楼层外增设披檐，既可有效地防避日晒雨淋，又使干阑增添了美感（图3-1-37）。

程阳八寨是广西侗族村寨的杰出代表，是研究侗族建筑文化的宝贵财富。

（二）柳州市三江侗族自治县高定寨

三江侗族自治县独峒乡高定寨位于广西北部，地处湘黔桂交界的三省坡坡南山岭中，地属亚热带，气候温和湿润。相传，高定寨的村民在明朝由江西、贵州辗转而来。高定寨的村民，在新中国成立时有300多户，现有500多户、2600余人，均为侗族。全寨共有5个姓氏，90%为吴姓（又分为吴苗、吴峰与吴大、吴通、吴六雄、吴央等5个分支），其余为杨、李、黄和陆姓。

高定四面环山，谷底较狭小且有小溪穿过（图3-1-38、图3-1-39），“高定”之名既体现了寨子

图3-1-38 高定寨门

图3-1-39　高定寨鸟瞰

图3-1-40　六角五通鼓楼及周边民居

图3-1-41　中心鼓楼

地处高山陡坡的自然环境特点，也表达了人们对未来安定、稳定发展的良好愿望。侗族村寨大都有明确的村落中心——鼓楼和戏台，这是侗族村落最为明显的特征，高定寨概莫能外。目前，寨中共有7座鼓楼，其中6座分属不同分支或不同姓氏，吴姓占有其中4座，另外两座则为小姓合建（图3-1-40）。寨中央的中心鼓楼和戏台则为全村各姓氏共建，是全寨的公共中心（图3-1-41）。全寨被分为6个“斗”，以各个鼓楼为中心形成6个组团，分布在中央东西向山谷的两侧，中心鼓楼和戏台则位于北面山坡的中央。高定寨的民居就围绕鼓楼、沿着等高线密集地排列，与等高线相呼应而呈现出明显的线性特征，各姓氏的住宅群在鼓楼的统领下显示出明显的团块特点（图3－1－42）。不同姓氏的团块间有清晰的边界，边界为道路、水塘、陡坎或小块的田地，各姓氏鼓楼成为本族的主要议事和活动中心。而中心鼓楼、宽敞的鼓楼坪和戏台则是高定寨的公共活动中心，它还是“款”组织集会及活动的场所，现在则是本寨或与其他村寨举办集体娱乐活动和交往的场所。高定鼓楼的平面有矩形、方形和八边形，中心鼓楼为9层，最矮的四角鼓楼为3层，其余为5层或7层，最高的吴通氏鼓楼为独柱13层（图3－1－43）。鼓楼向上逐渐收小，轻盈而有变化，体形完整对称，体现了集中式公共建筑的特征。

高定寨干阑民居的开间数为二至五间不等，数个住宅接连在一起形成连续的建筑界面，前后界面之间是狭小的道路空间。建筑的间距不大，但由于后排建筑建在更高的台地上，加上底层架空，生活层在二三层，因此建筑的采光和通风不受影响。建筑高度上，高定民居多为3～4层。底层架空的木干阑形式，架空层用于堆放柴禾和圈养牲畜，二层住人，里面为火塘和卧室，外层为敞廊（迎客、休息和家庭劳动），三层为仓库和卧室，四层一般不镶木墙板，保持通风，供晾晒禾把和谷物，宽敞、通风、干燥是木楼共有的特点（图3－1－44）。

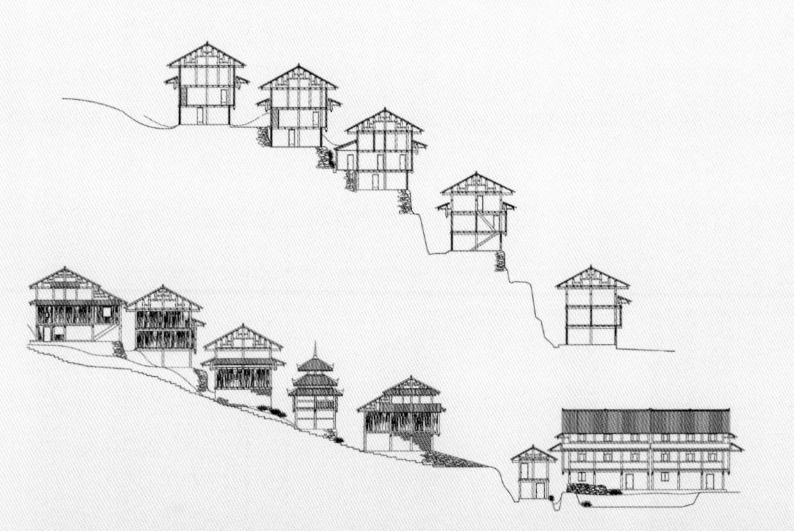

图3－1－42　不同坡度下的民居剖面组合（图片来源：广西大学建筑学2004级测绘图集，韦玉姣指导）

图3－1－43　独柱鼓楼及其设计建造者吴仕康

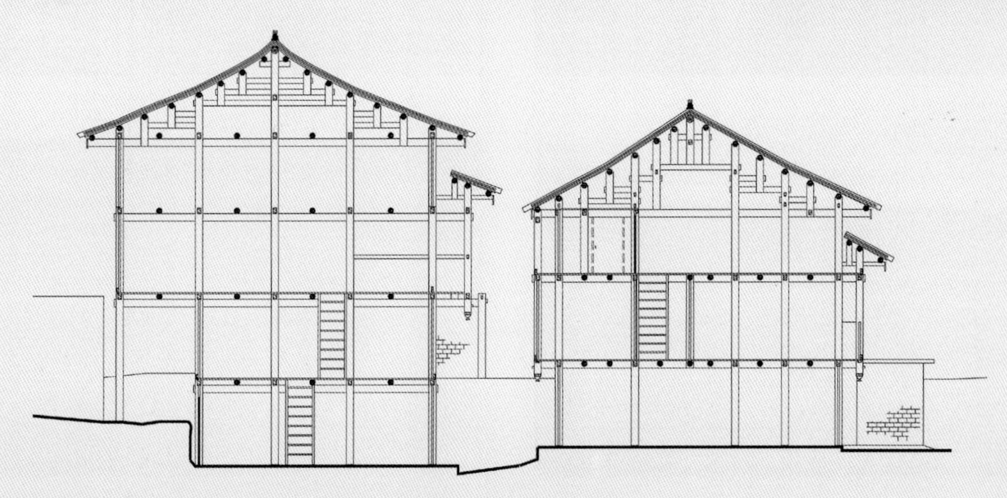

图3－1－44　高定侗居典型剖面（图片来源：广西大学建筑学2004级测绘图集，韦玉姣指导）

四、其他少数民族村寨

（一）苗族村寨——柳州市融水苗族自治县田头屯

田头屯位于融水苗族自治县四荣乡东田村，距柳州市160公里，属于贝江流域。全屯137户、550人，世居着苗、瑶、侗等少数民族，以苗族为主，因此俗称田头苗寨。据村史记录，田头屯的先民大多因人地矛盾从北面的安太乡迁徙而来，由于此处河谷地可耕地较多，各姓氏因地缘关系而汇聚于此，寨中居民有潘、梁、杨等多个姓氏。

田头屯位于两山峡持的山谷之中，田头河穿村落中部而过，将村落一分为二，民居围绕河流渐次分布于两侧的山地台阶之上（图3-1-45）。从东田村通往安太乡的县道分叉的一条支路下到谷底，首先可进入田头屯南端的寨门，寨门处放大为一个入口广场。村中道路平行于中部的田头河，大致呈南北走向。村落南部较为开阔，北部渐趋狭窄，从村落用地布局上呈现出南部多稻田、北部及东西两侧建筑密集的三面合围态势。紧邻河流两侧的平地多为稻田，而民居则位于靠山一侧的台地之上（图3-1-46），呈东西朝向布置。可见在耕地宝贵的山区，平坦的河谷地带大多让位给农田以便取水和耕种，而地势陡峭的山地则作为民居建设用地。

河流两侧的村落通过跨越田头河的3座桥梁相连，从南到北依次是吊桥、风雨桥和可通车的平桥。风雨桥是村落主要的交通要道，通过风雨桥可进入建筑最为密集的河流西侧居民点。风雨桥正对的陡峭台阶，是村中的一条主要通道，循台阶而上，可到达一个平台——芦笙坪。坪上生有古榕3棵，其中两棵交错生长，相互缠绕，相生相伴，这两棵根分枝连的古榕被当地人称为“情侣榕”。芦笙坪是村落苗族聚会、歌舞表演的主要社交活动场所，苗族最为盛大的芦笙节就在此举行。

田头屯的民居建筑是典型的苗族干阑（图3-1-47），正面5间（含两侧批厦），山面4间，高2～3层，底层架空以储物或饲养牲畜，上面两层住人，多以“半边楼”为主。所谓“半边楼”（图3-1-48）是指山面的4间一楼只架空前面1～2间，

图3-1-45　田头屯俯瞰

图3-1-46　田头河两岸民居

图3-1-47　田头屯苗族干阑

图3-1-48　苗族半边楼底层

而后部开间坐落在上一层台地上。这样的做法对于坡度非常陡峭的山地可以减少土方的开挖，是更为灵活地利用地形的一种“干阑”策略，这也间接反映出苗族在广西比壮族、侗族这些原生民族的生存环境更为恶劣。由于地形的原因，村内民居的入户形式也较为多样，有正面侧入、侧面侧入以及后部平入等方式。苗族民居共同的特征是正面二楼是占据三个开间的开敞通廊，中部凹入形成面积较大的敞厅。这种方式为山地居民提供了更多的户外生活空间，对于晾晒、通风颇有好处，也形成了通透、空灵的整体立面风格。

田头屯不仅是广西苗族村寨的重要物质遗存，其丰富多彩的苗族民俗、节日活动也是研究苗族非物质文化的重要资料。

（二）瑶族村寨——桂林市龙胜各族自治县和平乡小寨村

世界的瑶族在中国，中国的瑶族在广西。八桂大地居住着瑶族的各个支系，如河池南丹的白裤瑶，百色凌云的背篓瑶、蓝靛瑶，桂平的盘瑶等。而桂北地区龙胜各族自治县的“红瑶”，则是瑶族中的另一个支系，因穿红色服装而得名，主要居住在龙胜县的泗水、和平乡一带的山区里，也被誉为“桃花林中的民族”。和平乡的小寨村，就是这样一个红瑶村寨。

小寨村建寨于明代，占地面积27.9公顷，东、西、北三面有山，南面为山谷，整个村子南低北高，呈南北长、东西窄的带形（图3-1-49）。三条溪流发源于北面深山，向村落方向流淌，中间一条溪流贯穿整个村寨，几乎将整个村寨一分为二，两侧溪流则呈收拢之势，将村寨包围起来，与山体一起明确了村寨的空间轮廓。处于山地的少数民族村寨，出于对土地利用的要求，一般都将较为平坦的用地作为农田开垦，因此，小寨北西南三面经过百年开垦形成大片梯田。单核心家庭独居的家庭模式决定了建筑单体体量都不大，因此建筑依山就势（图3-1-50），随自然地形自由布置，不受任何格局约束。

图3-1-49　小寨村总平面

图3-1-50　民居建筑依山就势（图片来源：网络）

小寨村的主干道依村寨中间的溪流而建（图3-1-51），其他次干道则随着村寨的不断扩展，在主干道的基础上逐步向四周不规则辐射。村寨主要出入口设于南面，南面有与外界联系的唯一公路，北面的出入口则是通往其他瑶寨的山路。从村寨主入口进入，即到了寨子的主干道。村中小道则以“之”字形迂回盘桓于建筑之间。

小寨村的干阑民居（图3-1-52）与周边的壮族民居较为相似，为适应地形，干阑式的民居依山而建，劈山为平台，以平台为屋基的后半部，前部则立柱悬空为楼，上铺楼板，与平台齐，功能上亦为典型的干阑式的竖向人、畜、储分区。和语言、风俗、服饰等凸显民族特点的这些元素不同，建筑技术和风格似乎与所处地域范围的关系更密切，同一地区的同一类型建筑并不会因为民族的不同而在建筑风格和格局上有较大改变。

小寨布局与自然环境有机结合，体现了红瑶人以尊重自然的“天人合一”思想，在这片封闭的土地上繁衍生息了数百年。

图3-1-51 民居沿溪而建（图片来源：网络）

（三）瑶族村寨——金秀瑶族自治县下古陈屯

下古陈屯位于圣堂山南面的五指山脚下，距乡政府12公里，离古陈河1公里。全屯38户、230人，是一个历史悠久、民风淳朴、民族文化保留完好的坳瑶聚居村屯。该屯村域面积9889.4亩，村庄占地73.1亩。下古陈屯旁的五指山与圣堂山诸峰连为一体，最高峰海拔1969米，是金秀县第二高峰。村址用地为丹霞地貌，北高南低，垂直相对高差达50米以上，地形陡峭。

据考，下古陈屯村民大多为大藤峡起义失败后进入山中避祸者的后人。我国杰出的人类学奠基人和社会学家费孝通先生曾与新婚爱妻王同惠女士在该屯进行民族社会调查，王同惠女士因不慎失足而逝于该屯，他们感人且传奇的生死故事，使得下古陈屯闻名遐迩，每年都吸引着许多专家、学者、学生、摄影家、记者及其他游客慕名而来。

图3-1-52 小寨民居单体（图片来源：网络）

下古陈屯周边群山环抱，38户民居依山就势，大多坐北朝南面向山下的河流，隐藏在青山绿树间（图3-1-53、图3-1-54）。村落道路则隐藏在山中，盘山而上，看起来十分崎岖难行，但却构成了下古陈屯独特的道路体系。屯中现存的重要公共建筑有老寨门、瑶族生态博物馆、瑶族文化示范户等。老寨门（图3-1-55）位于村庄东南角，为双坡悬山样式，周边围以巨石垒起的围墙，旧时具有防御功

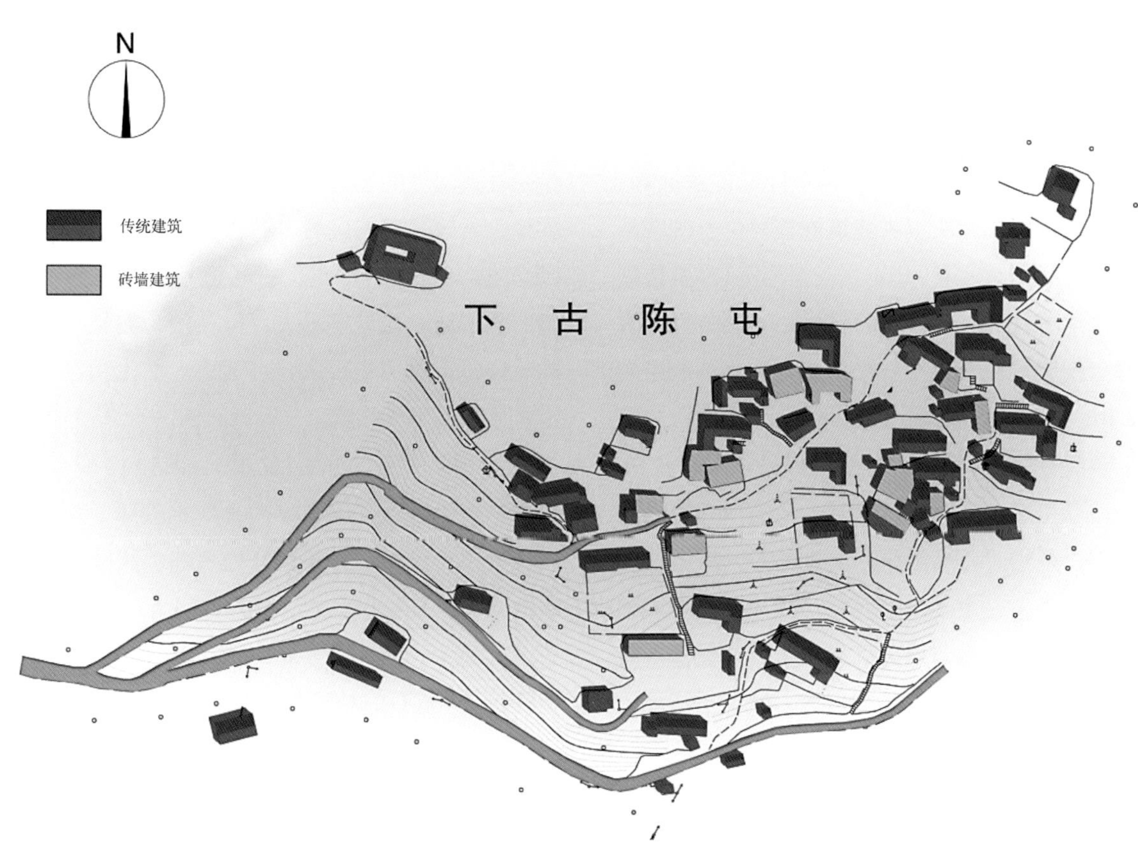

图3-1-53　下古陈屯总平面图

图3-1-54　鸟瞰下古陈屯

图3-1-55　寨门

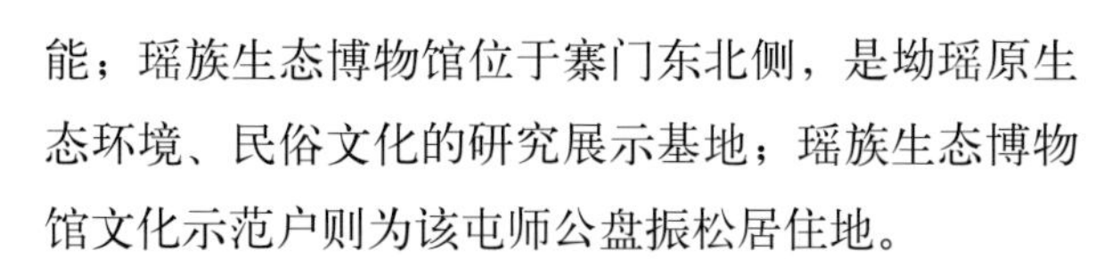

能；瑶族生态博物馆位于寨门东北侧，是坳瑶原生态环境、民俗文化的研究展示基地；瑶族生态博物馆文化示范户则为该屯师公盘振松居住地。

下古陈屯的传统民居保存较为完整，整体集中连片分布，外观保存较为完整。民居主体由堂屋、正房、厢房组成，平面格局多为一字形和U字形（图3-1-56），一明两暗，每户宅前都有院落。建筑材料多为土木混合，外观则为黄泥墙身、灰瓦屋顶，砌筑方式多为黄泥土夯实，开窗较小，主要是因为夯土的砌筑方式所限。坳瑶是金秀5个支系中的地主瑶，卫生条件比较好，出租山头给相对是佃户的盘瑶和山子瑶。下古陈屯的民居人畜分离，这又与大

部分的百越山居民族采用的干阑式颇有不同。

（四）仫佬族村寨——柳州市柳城县古砦古建筑群

柳城县仫佬族古建筑群（含覃村屯古建筑群、潘村屯古建筑群和滩头屯古建筑群等）位于柳城县北25公里，从南至北长9公里，东至西宽1公里范围内。覃村至潘村6.4公里，潘村至滩头9.6公里，古民居群在柳城县城至古砦公路两侧，距公路最远的1.5公里，最近的0.5公里，总面积12.8万平方米。始建于明清时期，形式杂，居民以外地迁入居多。

柳城仫佬族古建筑群较集中，由于地势开阔、交通便利，是当时古砦经济、文化中心，附近及外省群众纷纷迁入，主要以经商和耕种为主，得天独厚的优势和条件，给当地居民带来了繁荣和富裕的生活，并造就了当时较豪华的房屋，显现了该地区经济繁荣的景象。古砦古建筑群共有建筑500多幢，多为青砖瓦木结构，木雕花窗做工精细，90%以上为原始古民居，掺杂极少数现代建筑，85%以上保存完好，房屋的建筑及各通道都保持了原有的历史风貌。古建筑群的民居、石拱桥、衙狱、古井、碉（炮）楼、祠堂、学堂、古巷道和石门楼等古朴清新，是柳城一处规模最大、保存较为完整的古建筑群。该建筑群历史较久，可谓历史文化和古建筑群紧密融合，历久弥新。

其中的覃村屯（古建筑群）（图3-1-57），于明末清初遭受外敌入侵，家园受严重破坏，为抵御外族入侵，先民们在村外围开挖鱼塘、修城池，人工铺挖环壕（图3-1-58），原壕沟宽4米、深2米，并设东、大南、小南、西、北5个石门楼（图3-1-59），把壕沟与5个石门楼连接起来，防御敌人或动物入

图3-1-56　下古陈屯民居

图3-1-57　覃村古建筑群鸟瞰

图3-1-58　残存的围墙和环壕

图3-1-59　石门楼

图3-1-60　古民居外观

图3-1-61　村中巷道

侵。5个石门楼原有匾额，东门楼匾额为“紫气东来”，大南门匾额为“南极升辉”，小南门楼匾额为“瑞去南阳”，西门楼匾额为“西极长生”，北门楼匾额为“北极升辉”，门楼及匾额毁于1958年。覃村民居多为汉式三合院落，部分民居用地宽敞者则设倒座作为畜棚和库房（图3-1-60）。建筑支撑体系均为砖砌空斗墙或土坯砖硬山搁檩式木构架结构，村中道路小巷曲折蜿蜒在建筑群中，颇具意趣（图3-1-61）。

古砦古建筑群保存较为完好，有较高的保护和利用价值，为研究广西仫佬族传统建筑提供了珍贵的实物资料，具有较高的历史、艺术和科学研究价值。

第二节　汉族村寨

一、概述

（一）汉族村寨类型分析

广西的汉族，均在不同时期由外地迁入。入桂的汉人组成成分较为复杂，其入桂原因有因流放迁徙的囚犯和任职或谪贬的官员等政治型移民，有从事手工业或商业经营的商业型移民，有为了防守军事要地和镇压农民起义的军事型移民，更多的是因中原人多地少而到广西进行农业开垦的农耕型移民。汉人进入广西后，或按照其原有血缘关系繁衍生息，或多个宗族互相扶持，或在交通及人口密集之处从事农耕或商业经营，形成新的社会聚居结构，构成多种类型的聚落。按照这些聚落形成的社会原因和功能，可被分为农耕型、商业型和军事型三种。

1．农耕型村寨

长期以来农业都是我国的支柱和基础产业，农业提供了最基本的生活资料，农业生产的状况直接关系到国家的兴衰存亡。统治者认为，发展工商业不如经营土地使生活有保障，还会加剧劳动力从土地上流失，削弱王朝的统治基础。因此，“重农抑商”、以农为本、限制工商业的发展是中国历代封建王朝最基本的经济指导思想。从商鞅变法规定的奖励耕战，到汉文帝的重农措施，直到清初恢复经济的调整，都是重农抑商政策的体现。同时，“重义轻利”、“耕读传家”的儒家观念在某种意义上来说也成为汉民族传统文化的精髓。因此，农耕型聚落是汉族传统聚落的主要类型，在广西传统汉族聚落中也占据绝大部分。

农耕型的聚落，聚落居民大多以血缘关系组建起来，即以宗族为中心将属于本宗族的各个成员集聚在一起。以宗族为单位的农耕型聚落，宗族组织有很强的凝聚力，聚落结构展现出明显的内聚性特点，资源利用、生产消费均能自给自足，聚落无须依靠外部力量而能相对独立地生存与发展。“甘其食，美其服，安其居，乐其俗，邻国相望，鸡犬之声相闻，民至老死不相往来”，即是这一特点的写照。同时，汉族尊崇儒家礼制，血缘关系的亲疏远近，往往决定聚落成员在家族中的地位。礼制规范聚落成员的行为，体现聚落成员的社会关系，使农耕型聚落具有突出的秩序性和礼俗性的特点。另一方面，农耕型聚落由于宗族组织严整的结构作用而体现出较强的稳定性，聚落的形态历经千百年没有太大的改变，其扩展生长的方式也具有一致性。

单一宗族的农耕型聚落，较为典型的有灌阳的月岭村（图3-2-1）。据该村《唐氏家谱》记载，该宗族始祖唐氏绍夫公于南宋理宗淳祐四年（1244年）为避兵祸从湖南永州零陵县湾复村迁入灌阳，繁衍至今已至28代3000多人。该村现存民居以“翠德堂”、“宏远堂”、“继美堂”、“多福堂”、“文明堂”、“锡嘏堂”六大堂为主，占据整个村落的180余户。此六大堂院是该村第14代后裔唐虞琮兼并了其他同族的土地后为其6个儿子于清道光年间修建，失去土地的同宗亲属便成为其佃农或长工，700多年以来该村繁衍至470余户而无一杂姓。灵川江头村（图3-2-2），据其《周氏宗谱》以及桂林图书馆周姓乡试履历档案的记载，始祖周秀望是周敦颐的第14代后裔，于明朝洪武戊申年（1368年），从湖南道州宦游粤西进入广西桂林灵川。该村现有180余户800多人，90%以上居民为周姓。

在某些交通发达，人口异动频繁的地区，原有以血缘关系维系的宗族关系被逐渐打破，不同姓氏人群加入原有聚落，抑或是不同族姓的人群共同迁往同一地点，形成地缘型的农耕聚落。如钦州灵山大芦村（图3-2-3），其劳氏先祖在宋朝由南海辗转迁至大芦定居造村，经过以劳姓为主的先民们的开发，到清朝中期发展成由15个姓氏居民杂处的大村落。桂林灵川长岗岭村（图3-2-4），先祖莫、刘、陈氏因南宋末年元兵攻占华北，从山东青州向南迁居灵川灵田。明代，莫、刘二姓迁居长岗岭，陈姓亦随后迁入。莫、刘、陈三姓“耕商耕读、世

图3-2-1　灌阳月岭村鸟瞰（图片来源：《月岭村唐氏族谱》）

图3-2-2　灵川江头村鸟瞰

图3-2-3　灵山大芦村鸟瞰

图3-2-4　灵川长岗岭村鸟瞰

代联姻，和睦相处”，共同经营长岗岭。村庄发达数百年，至今村中尚保留清朝早期修建的陈家大院9进，莫家老大院11进，莫家新大院10进，另有五福堂公厅、莫氏宗祠、卫守府官厅、“大夫第”、“别驾第”等湘赣式府第古宅。

2．商业型村寨

农耕型的血缘聚落和地缘聚落在中国传统聚落社会中一直占据主导地位，但随着社会经济不断发展，尤其受到早期资本主义萌芽的冲击，在人口密集、交通繁忙、商品经济发达的地区，共同从事某种或某些职业及相关行业的人群聚集在一起，构成利益密切关联的业缘群体，形成商业型的聚落。与传统的农耕型聚落相比，商业型聚落表现出外向型的特征。

商业型的聚落，大多因经济发展、所处地交通便利而生。宋以前，汉族人在广西的聚居地点多在桂东北，“自三国至元代的大部分时间里汉人聚居的规模和密度都在桂东南之上[⑥]”。广西与外界交通联系方向则主要是湘赣两省，由漓江、珠江水路经灵渠转为湘江、长江水路。明清时期，湘米南运、粤盐北输等经济活动高度发展，灵渠因其狭窄无法完全满足连绵不断的商货运输，灵渠周边的陆路商道迅速发展，水运和陆运的交接点形成阳朔兴坪、灵川大圩、兴安界首等集镇，而陆运的歇脚点则形成长岗岭、榜上、熊村等古村。

灵川大圩（图3-2-5、图3-2-6），东有潮田新河，与福利的马河相接；西连相思河，可至永福；北面的漓江贯串着桂林、兴安、阳朔、平乐、梧州，可上达湖南、下至广州，是古代水路交通枢纽。该镇始建于北宋初年，中兴于明清，鼎盛于民国时期，南来北往的客商均汇聚于此，文化交融频仍。在沿漓江平行带状发展的主街上分布有江西会馆、湖南会馆和清真寺，显示出商业型聚落突出的

图3-2-5　灵川大圩镇卫星地图（图片来源：google地球）

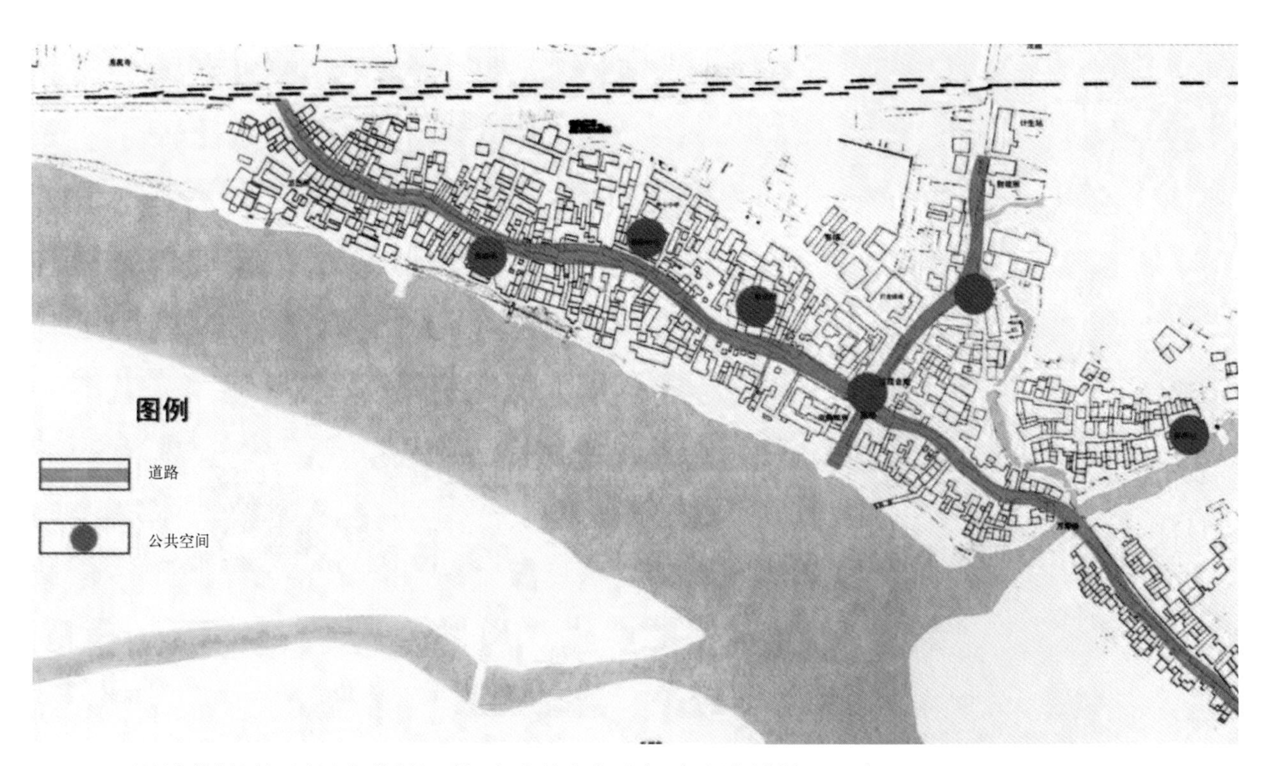

图3-2-6　灵川大圩镇空间分析示意图（图片来源：雷翔.广西民居［M］.南宁：广西民族出版社，2005.）

外向型特征。熊村（图3-2-7）距大圩8公里，是湘桂古商道陆路交通上的节点。村中主要道路由南至北中间高而两边低，沿街民居毗邻而建，前店后坊，是典型的商业型街屋。

两宋时期，政治经济重心南移，汉族移民给广西带来了先进的技术和生产工具，促使广西经济繁荣发展。明以后，随着全国统一市场的形成，特别是广东商品经济辐射源的形成，西江水路的巨大经济优势体现出来，成为广西与外界最主要的通道，大批粤商沿西江河道进入广西，促进了广西沿江商业聚落的发展，桂中和桂西南一些原有的城镇亦得以迅速成长。鹿寨中渡镇、桂平江口镇、苍梧戎圩、贺州八步、靖西旧州等集镇均在这一时期得以发展成熟。

另外，从现存一些实例的分析可以看出，交通便利并非商业型聚落形成的必要因素。如昭平黄姚镇（图3-2-8），原住民为壮、瑶二族，明清以来莫、古、劳、吴、林、梁、黄、叶等八姓从广东先后迁来，逐渐成为黄姚的大姓，改变了黄姚居民的“土、客结构”。黄姚位于昭平县东北角，境内三条河流均不能通航，也不是古代陆路交通的必经之地，缺乏商业贸易发展的重要条件。从自然条件看，黄姚为喀斯特地貌，地少土质差，也并不适宜农业的发展。但由于地处钟山、贺县（今贺州市）、平罗、昭平四县的交界地带，历史上方圆30公里之内没有固定集镇，而这一地区广大的乡村需要一个货物集散的中心。善于经商的广东移民迁入后，推动了黄姚商业的发展，使黄姚逐步成为该地理单元内的物资交易中心，从而使黄姚从村社变成繁荣的市镇。

图3-2-7　灵川熊村鸟瞰

3．军事型村寨

汉人进入广西即由军事而起。秦军为进军岭南费时5年开凿灵渠，为确保工程安全而派重兵在兴安大溶江三角洲掘壕筑城驻守，这就是广西有史料记载的第一座城镇，后人称之为“秦城”。如今尚存马家渡、七里圩、太和堡等城垣遗址。根据遗址分析，该城分为内城和外城两部分，外城埂高、厚均约1米。秦城所处地势平坦，两边高山绵亘，四面江流环绕，地理位置十分险要，非常适于宿营屯兵。

从秦开始在岭南设置桂林、南海、象郡三个军政要塞，实施对广西地区的统治后，汉人陆续入桂。因与百越苗瑶等土著风俗习惯大异且多有土地经济方面纠纷而摩擦不断，少数民族反抗汉族统治的武装抗争频繁。为防守和镇压农民起义，军事型

图3-2-8　黄姚古镇鸟瞰

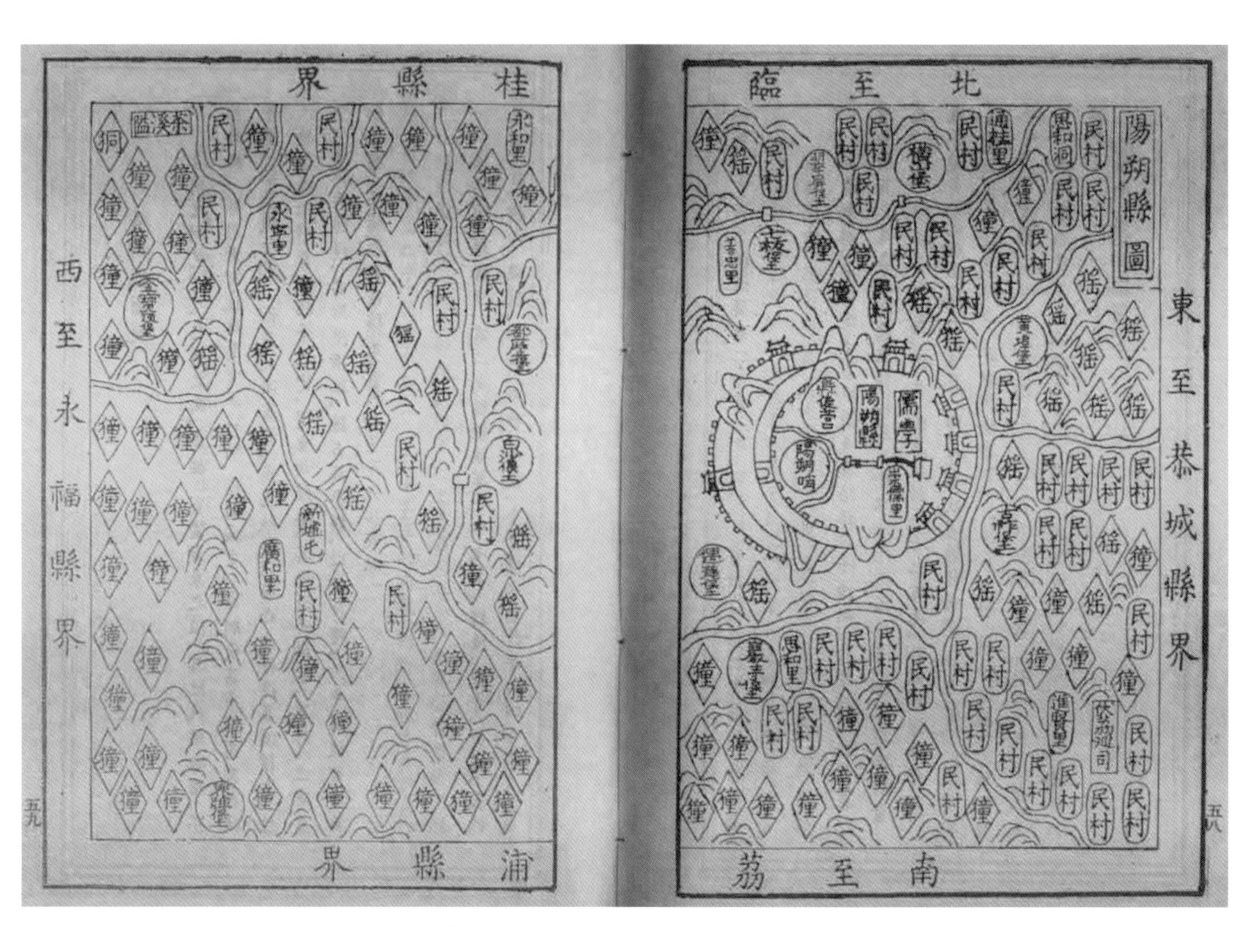

图3-2-9 《殿粤要纂》所载阳朔城防图（图片来源：（明）杨芳．殿粤要纂［M］．南宁：广西民族出版社，1993.）

和军政型聚落广泛分布于广西各地。如实行卫所制的明代，在少数民族起义最为频繁的桂中地区——柳州、来宾、迁江、贵县、象州、宾州等设置多处卫所。主政广西8年的明朝右副都御史杨芳，为安定广西各要塞而编撰《殿粤要纂》，书中具体记录和描绘了当时广西11府、48州、53县、14司的地形关隘、民族分布、兵力布置、军饷供给、交通联络等（图3-2-9），以期“一册在手，不越盈尺而内境向背虚实皆知”。

军事型的集镇，其中的一部分失去军事意义后便被遗弃，今不可考。另外一些则由于其地处交通要道或人员密集地区，逐渐演变发展成为商业型或农耕型聚落。如北海合浦永安村，明朝初期，倭寇常侵扰我国东南沿海地区，为防倭寇，明政府在沿海建造27个防寇卫所，合浦永安城是其中之一。永安地处丘陵山地，原始森林密布，南面临海，是雷、琼海道的咽喉。明万历四年（1576年），为了方便观察敌情，在永安城十字街建造大士阁。大士阁坐落在永安村中央，采用抬梁与穿斗混合式结构，为全国重点文物保护单位。其余军事遗构仅余部分城墙。失去防御意义后，驻守的军士后代将永安发展成为渔业、农耕的自然村落。兴安榜上村，原名莲花村，先祖陈俊于明洪武八年（1376年）随靖江王平息桂林周边战乱护驾至桂林，为保灵渠水运动脉安全，陈俊受命屯兵驻守漠川，扎营湘桂古道上的莲花村，由于古道交通带来的繁华，该村村民亦耕亦商。现在的榜上村地处漠川乡中心，村民多不务农而以经商为主。

（二）汉族村寨空间意向

汉族聚落精神空间的形成是以礼制为前提的。礼制是聚落精神空间形成的基础，其礼制理论长期左右着中国人的社会行为。以秩序化的集体为本，要求每一个人都严格遵守封建等级的社会规范和道德约束，礼制界线不可僭越，成为稳定传统社会的无形法则，也成为左右中国和广西汉族传统聚居空间形成的基础；风水理念作为古人一种追求理想的生存与发展环境的朴素生态观，在很大程度上成为汉族聚落的规划指导思想；重农抑商、耕读传家的思想则给传统聚落带来浓厚的田园山水与耕读生活相结合的文化意向。

1．村寨宗法意向

广西的汉族聚落，血缘宗族关系是其形成的内在核心因素。对内，宗族以儒教礼制规范聚落空间，显示出较强的等级和秩序。对外，血缘的排他性使得外来血统人员难以介入，同时，为了保护族民和族产，聚落空间显示出防御性的特征。

（1）等级和秩序

单一宗祖聚落的始祖，通常为一个家庭，经过数代传衍，人数增多，血缘关系也日趋复杂，于是族众之间便分出支派。这种血缘上派系的划分，人们称为大、小宗之分或房分之分，有的派系是大宗派系，或者叫长房派系，有的是小宗派系或者叫二房、三房……派系。以此延续下去，房分之下又可有子房分，成了支族或分族。同样的，这些支族、房分的派系内部也有宗族的权力分布系统。

反映在聚落内部空间构成上，聚落中各支派形成相对独立的组团，围绕着宗祠这个聚落结构的中心，各支派在组团的内部也围绕着各自的支祠。再次一级，小家庭的住房也围绕着本房或本支的祠堂建造。于是，整个聚落就形成多层次的簇状群体（图3-2-10），每个簇群都有自己的中心——祠堂。祠堂有多种，按照其所属宗族在聚落中的层级，通常有总祠（统宗祠）、总支祠、分支祠甚至家祠之分。一般来说，聚落规模越大、家族分支越多、人口越旺，宗祠的数量也就越多，村庄中的宗祠空间结构也就越复杂。祠堂不仅成为组团结构的中心，也是凝结本族居民社会、心理的中心，在村民们的心目中有着崇高和威严的形象，是村庄里最神圣的

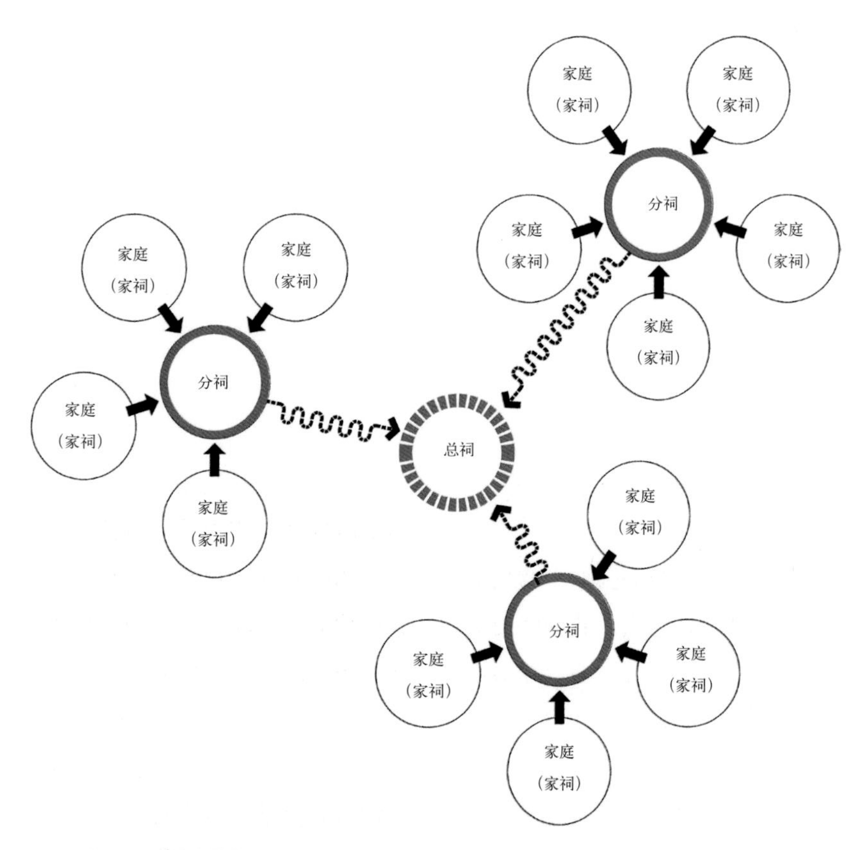

图3-2-10　汉族聚落的等级层次

地方，也是最能表现宗族权力的空间。

广西的汉族传统宗族聚落，因各聚落建村时间长短、聚落发展用地规模大小以及聚落人员组成成分不同，形成单一中心和多中心两种模式。

金秀龙屯屯是单一中心的典型广府式聚落（图3-2-11），该村现存49座古宅，均坐西北朝向东南，以修建于明末清初的“春台梁公祠”为中心左右对称布局。整个村落背靠后龙山，村前左右各有一个山包，遵照“左祖右社”的原则，左侧的山包上建有文昌庙，右侧原有五谷庙，现已毁。村后的后龙山上原来亦有一炮楼。灵山苏村的刘家大院（图3-2-12），始建于清初康熙年间，主要由7座广府式宅院组成。宗祠位于左边第一座，由左到右顺次排列下来分别为长房司马第、二房大夫第、二房尹第、四房二尹第、五房贡院楼，三房司训第由于主人没有取得功名，位于大夫第后。湘赣式的聚落，没有祠堂一定要位于前排的要求，如兴安水源头村的秦家大院（图3-2-13），祠堂就位于大院正中心。

多中心的布局，即聚落围绕不同层级的宗祠或支祠布置。如玉林高山村，整个村落主要有牟、陈、李三大姓，其中以牟姓最多，占据整个村落人口的90%。村中现有祠堂12座（图3-2-14），牟姓祠堂有8座，其中牟绍德祠、牟思成祠、牟敦叙祠和牟著存祠为兄弟平级关系。牟绍德子孙众多，牟致齐祠、牟盛江祠、牟华章祠以及牟光烈祠均为其支祠。其余陈姓有源实、远扬、乐善三个祠堂，李姓则只有一个李垂宪祠。

灌阳月岭村是湘赣式的多中心聚落，前文已有介绍，该村的六大堂：“翠德堂”、“宏远堂”、“继美堂”、“多福堂”、“文明堂”、“锡嘏堂”为第14代唐虞琮为6个儿子所建，其祠堂则位于“多福堂”后的后龙山脚下，是该村现存4座祠堂中最大者。绍夫公祠为该村总祠，位于进入村门后的主干道东侧，其余两座祠堂亦和唐虞琮祠一样，为支祠（图3-2-15）。

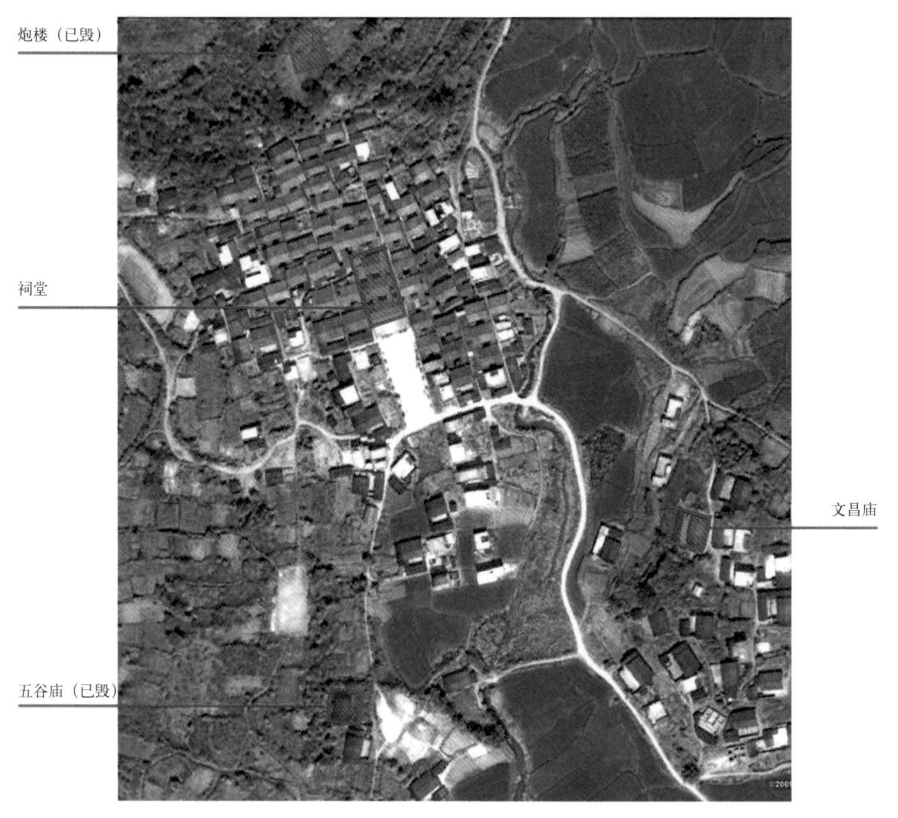

图3-2-11　金秀龙屯屯总平面示意图（图片来源：依据google卫星地图整理绘制）

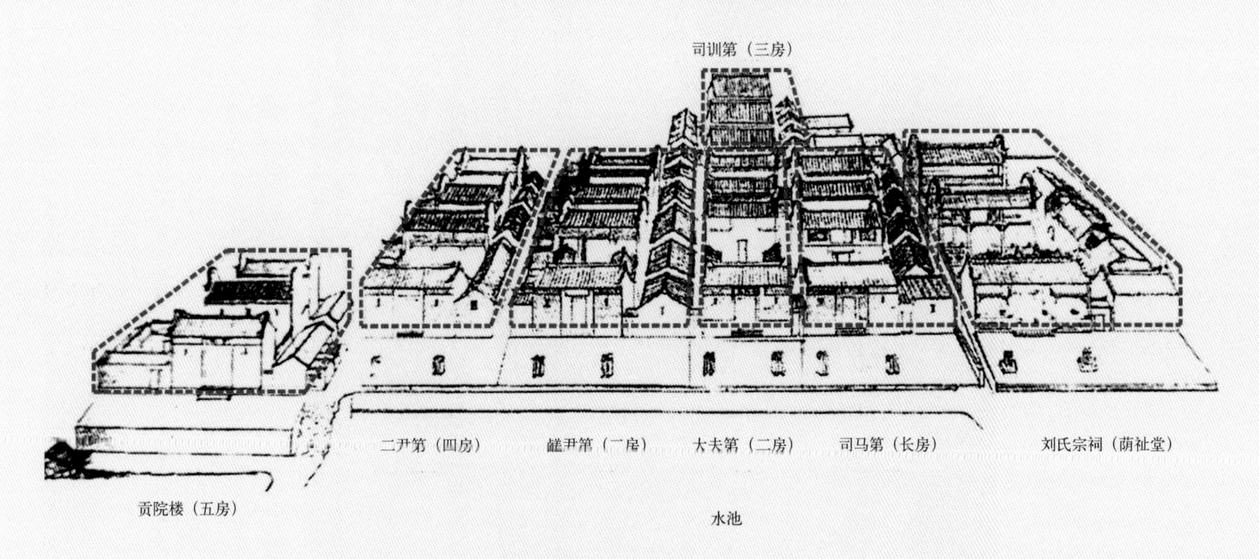

图3-2-12　灵山苏村刘家大院空间布局示意图（图片来源：根据刘氏族谱整理绘制）

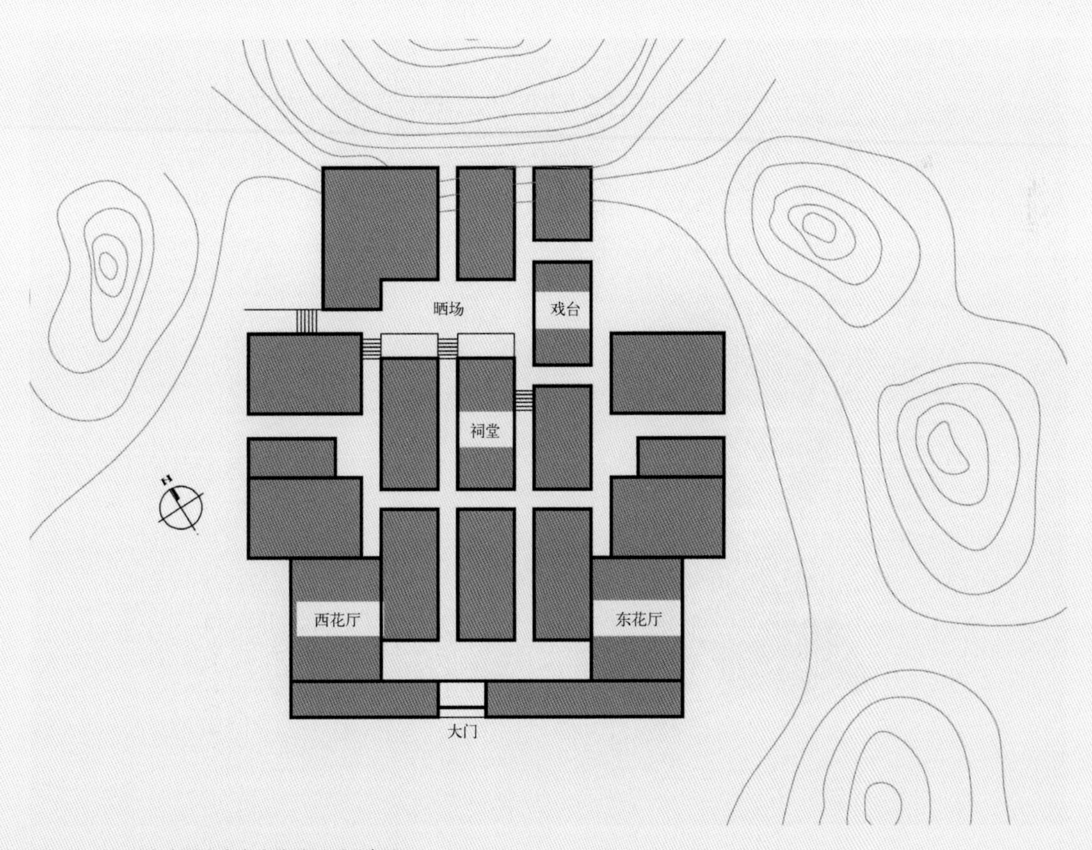

图3-2-13　兴安水源头秦家大院总平面示意图

图3-2-14　玉林高山村总平面示意图（图片来源：依据google卫星地图整理绘制）

图3-2-15　灌阳月岭村总平面示意图

(2) 封闭与防御

汉族聚落血缘性聚居地特点，导致其内敛与封闭，防御意识作为一种心理积淀以“潜意识”的形式左右着汉族聚落形态与空间布局。“住防合一”早已成为汉族传统聚落的一个主要特征，特别是汉族移民由中原而进入岭南地区，人烟稀少，生存环境相对恶劣，为了抵御猛兽和匪盗的袭击，聚落的防御性就显得尤为重要，因此，早期广西汉族聚落的防御性体现在针对自然界和盗匪以及原生的土著居民方面。到了清中期和后期，由于广东与广西之间的不平等商品交换和广东人口大量地向广西迁移，引起了广西社会矛盾的深化，特别是由于人口增加而显得耕地不足，人地矛盾突出。晚入广西的客家人与土著和广府等“土人”在土地、水利、风水等问题上产生纠纷，导致土客械斗。与此同时，在广东土客械斗中战败的数以十万计的客家人出于避祸的需要，或被清政府强行遣送，成批向广西迁移，进一步加深了广西的人地矛盾，加剧了广西境内的土客之争。因此，广西汉族聚落的防御性在后期主要体现在针对不同民系和族系之间。

从空间格局上看，聚落的防御是全方位和多层次的。我国古代以平面作战为主，聚落御敌之建构层次也依此规律大体呈水平向展开，由外向内分为四级：护城河（壕沟）—寨墙—街巷—住户单元。护城河是第一道防线，由于其宽度通常仅为4～5米，且普遍不深，因此其防御作用有限。起到防御作用的是紧邻护城河修建的第二道防线——寨墙，寨墙一般由厚实的石材或卵石、夯土及青砖修葺，客家围堡的夯土围墙以泥土、石灰拌以糯米浆混合，可厚达1米，十分坚固（图3-2-16）。在寨墙大门处，有些村落会修建瓮城（图3-2-17）以加强重点区域的防守。街巷是防御的第三层次。基于对礼制秩序的强调，聚落的道路系统往往呈规则的如“日”、“田”、“王”形或鱼骨状几何形骨架，端正方整、经纬分明，体现出理性精神，结合街巷中丁字路口的处理、尽端小巷的安排等造成丰富多变的景观与迷离莫测的气氛，客观上形成“迷路系统”。同时，基于对“里坊制度”的承袭，门楼、过街楼、坊门的设置也加强了街巷的防御性。住户单元是最后的防御阵地。在民居中户门的防御性则最为关键，如广府民居的大门一般采用趟拢门和厚重的实木平开门组合成双重保护构造，这应该是同时适应于湿热地区气候和防御性的要求。大部分的汉族民居，对外则尽量不开窗，或仅在两侧山墙

图3-2-16　客家围城城墙

图3-2-17　玉林硃砂峒围垅屋瓮城

上设置高窗，窗洞口面积较小，以降低被攻击的可能。最后，在聚落防御的宏观控制上，炮楼起到重要作用。广西汉族聚居的村寨一般都设有一个至数个炮楼，在高耸的炮楼上可鸟瞰全局，有些炮楼竟有5层、20余米高。炮楼之间可通过围墙上的马道相连（图3-2-18），以保证战时互相联系。

在“土客械斗”中客家人以其团结悍勇闻名，客家聚落则以防御性成为重要建筑特点。北海合浦曲樟的客家围城（图3-2-19），分为新、旧围两部分，内部均为典型的客家堂横屋，在外修建坚固的夯土围墙和四角的炮楼，防御特征突出。阳朔朗梓村的覃家大院（图3-2-20～图3-2-22），由一座两进祠堂、一座三进宅院及横屋组成，坐东南朝西北，位于山坡上。周围小河流经，与沿河修建的寨墙、寨门形成第一道防线。前院围墙高大而厚重，与朝向东北的闸门和朝向西北的院门形成瓮城和第二道防线。祠堂、宅院的大门以及层层叠叠的横屋坊门则构成第三道防线。分别位于东北角和西南角的炮楼消灭了观察死角，统帅整个大院的防御格局。

在汉族的传统社会中，聚落依据血缘和地缘得以存在，而血缘是稳定的力量，地缘不过是血缘的投影。宗族与血缘是聚族而居的汉族传统村落中维系人际关系的纽带。广西汉族聚落空间格局的对内秩序性和对外防御性的特点，实际上是宗族与礼制

图3-2-18　合浦曲樟围城马道

图3-2-19　合浦曲樟客家围城

图3-2-20　阳朔朗梓村覃家大院鸟瞰

图3-2-21　从河边看朗梓覃家大院

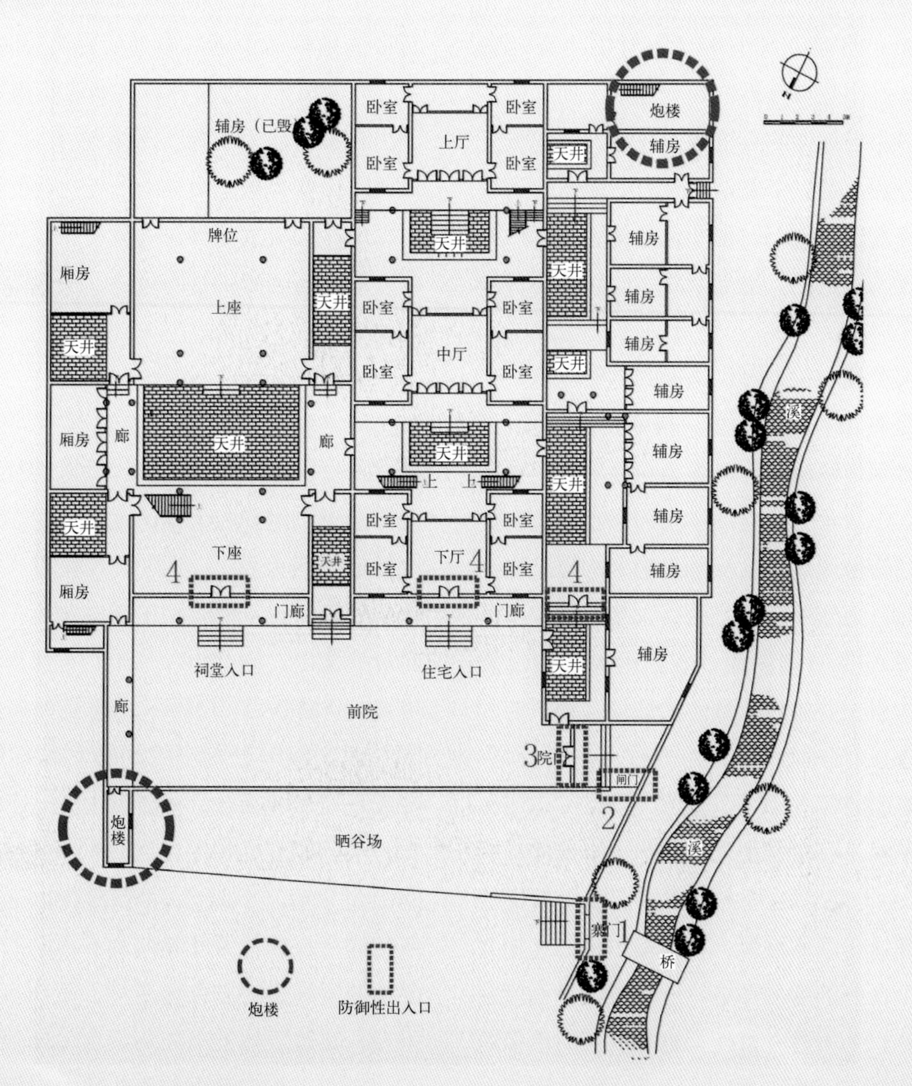

图3-2-22　阳朔朗梓村覃家大院平面图及防御性分析

的要求在不同方面的反映和体现。

2．村寨风水意向

风水是中国传统文化中的特有现象，是建立在中国传统的阴阳和气论思想基础上的一套研究环境和地景的理论与方法。风水作为一种客观存在，本体作为一种规划思想，对中国古代村落选址和布局产生了深刻而普遍的影响，是左右中国古代聚落格局的主要力量之一。

现代学者认为风水是中国传统“天人合一”的朴素生态思想在聚落规划中的反映。刘沛林在《风水·中国人的环境观》一书中这样写道：“风水是一门独特的中国文化景观。……其实质是追求理想的生存与发展环境。风水中的吉凶观实际上反映了古代中国人的一种环境观。”他认为，人类唯有选择合适的自然环境，才有利于自身的生存与发展。风水把人看作是自然界中的一分子，把大地本身视为有获得、有灵性的有机体，各部分之间彼此关联、相互协调，是一个复杂的有机共同体。这种观点，既是风水思想核心，也是东方传统哲学的精华。当然，在风水术中，也夹杂着一些封建迷信的东西，需要人们加以区分。

讲求风水有赖于一个可供选择的自然环境。一般来讲，凡是有山有水的地方，风水便广为流行。华南地区，特别是岭南地区，多为丘陵地貌，水网也较为密集，山清水秀的自然风貌为风水的流行提供了特别有利的地理条件，受风水观念的影响也更为广泛。因此，地处岭南的广西，大多数汉族聚落都是按照风水的原则来修建。在聚落的营造过程中，风水的作用主要体现在聚落的选址、建筑布局和环境的改造三个方面。

（1）聚落选址

从选址来说，有山有水是必要的风水条件，而“背山面水”则是风水的基本要求，广西汉族民居村落大都遵循这一基本格局。村落在山水的环抱之下，形成一个良好的生活环境。所谓背山，也就是风水中的龙脉，为一村之依托，也是村落的希望所在。左右护山为“青龙”和“白虎”，称前方近处为“朱雀”，远处之山为朝、拱之山，称中间平地为“明堂”，为村基所在，明堂之前有蜿蜒之流水或池塘。这种由山势围合而成的空间利于“藏风纳气”，成为一个有山、有水、有田、有土、有良好自然景观的独立生活地理单元。桂林灌阳的月岭村，位于灌阳县和全州县之间，坐落于都庞岭西北角，都庞岭的余脉猫儿山、白虎山、磨头山、佛盖山由西至东呈向内环抱状，成为被村民称为“后龙山”的靠山和“龙脉”，村落即坐落在“后龙山”的怀抱中。村落西北面的岩头山向前突出，是该村的“青龙”，东北面的峒背山和马山稍内收，则为“白虎”。灌江在距离该村500米的西面，一条支流从村前蜿蜒流过，形成村落中心的池塘。该村始祖定居于斯时，因村后山石如犀牛横卧，抬头望月，而将该村命名为望月岑（后更名为月岭），村民更将月岭的风水山形结合村名而称其为“犀牛望月”。

客家人向来重视“天人感应”。在聚落选址时强调以山作为居室后部的依托之物，有山靠山，无山靠岗，或借远山作居室背衬，以“上应苍天、下合大地”而达到吉祥的目的，广西的客家聚落无不满足这一风水要求。

（2）建筑布局

风水理念对建筑布局的影响，体现在房屋朝向、方位、出入口、道路和排水系统等因素的安排上，而尤以建筑和大门的朝向为主要考虑对象。月岭村的“六大堂”，虽都以共同的“后龙山”为龙脉和靠山，但每组堂院的朝向却不一定相同，分别面对岩头山、峒背山和马山，自然形成向内围合的格局，如图3－2－15所示。建筑朝向的选择，在风水“理气派”影响广泛的客家和广府民系的聚落中表现得较为突出。如客家民居，“常利用天干地支、八卦和五行相生相克的风水学说将自然环境中的山峦分为二十四个不同的朝向，在不同的年份，所建的房屋的位置和朝向都有不同的讲究，并一定要按照所规定的方位建造⑦”。贺州八步的江氏客家祖屋，建筑主体的坐向与后靠山轴线一致为坐东北而朝西南，大门朝向却更为偏向南面，与建筑朝向

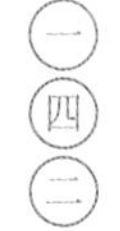

略呈20度交角。院门则完全坐北朝南（图3-2-23）。广府式也十分讲究建筑大门的朝向，为了避开大门前方的“煞气”，开门方向经常与住屋朝向不同。如平乐平西村的民宅，其大门朝向大多与建筑朝向不一致，有些甚至与院墙形成45度角（图3-2-24），对日常生活应该有较大影响。

建筑的朝山，因其形状不同，被村民赋予各种如“招财进宝”“升官出仕”等吉祥含义，建筑的朝向也就可以以主人不同的诉求而加以选择。如阳朔龙潭村，覃氏始祖建村时选择了有“招财进宝”象征的元宝形朝山，而忽略了状如大拇指，意味着“升官出仕”的朝山（图3-2-25），至今仍被一些村民所诟病。

（3）环境营造

在对村落环境的营造中，常常通过人工处理，增设某些象征性的要素或符号，如池塘、塔、亭、庙或大树等，以弥补自然条件的不足，从而获得完形心理效应。例如客家聚落前的半月池，就是为了满足客家人“天人合一”、“天圆地方”的风水理念。

水口是村落环境风水营造的重点部位。所谓水口，就是在村落聚居地处，河流溪水流进或流出的地方，一般所指的水口均为出水之地。风水说认为，水流即是财富，来水和去水之处应予以加锁镇留。因此常在水口处小者建亭、桥、塔、榭、阁，大者则筑水口园（图3-2-26），加之有水口林掩映于衬托，曲折往返，意蕴深邃。另外，也有对自然

图3-2-23　贺州江氏祖屋大门侧开

图3-2-25　阳朔龙潭村“拇指山”

图3-2-24　平乐平西村民居大门侧开

图3-2-26　长岗岭村水口园

山形作调整修改者。月岭村民于清嘉庆十三年在村东北峒背山上修建八角文塔，号称“催官塔”。据村中老者描述，该塔修建之前，村中大户经商致富但未有出官入仕者，经“大师”勘核，指点村民在该处修建此塔，之后月岭村在外当官任仕者300多人。这一说法自然有其牵强附会之处，但塔的修建确实丰富了村落的景观，成为该村的地域性标志。

风水是客观感性的经验和主观唯心的意念相混杂、朴素的哲理与对超自然的迷惑相交织的结果。在经济不发达的农耕时代，人们的科学水平和认知世界的能力都非常低，自然界中的“科学本质”相对于迷信来说更难让百姓发现和理解，人们希望以迷信来弥补心中的缺失，强化生存的信念。同时风水也成为人们趋吉避凶，希望子孙兴旺发达的精神寄托。

3. 村寨文化意向

汉族人多注重教育，并以“读书入仕”、光耀门楣为其终极目标，“耕读文化”成为农村聚落的典型特征。南迁于岭南和广西地区的汉族，较多是读书门第出身的中原士族，南迁后仍讲究以读书为本，使南方的耕读文化走向成熟。特别是宋代科举之风盛行，读书蔚然成风，以期通过发愤读书而入仕为官。汉族村落借风水创设兴文运，激发文化意象的环境景观并将田园山水与耕读生活相结合，达到寄情山水、亲近自然、致力读书、通达义理的境界。

耕读文化，在较早接触汉族文化的桂北地区较为突出。桂林灵川江头村，周氏始祖周秀望于明朝洪武年间从湖南道州宦游粤西进入广西桂林，明清以来，大兴科举教育，办义学、设私塾、教导子弟。自此后周姓擢显升达，科第联翩，出现“父子进士”、“父子庶吉士”、“父子翰林”的奇迹。“据初步统计，当时江头村周姓共出秀才200人，举人31人，进士8人，庶吉士7人，出仕为官者200多人，可谓科举家族。”[8]富川秀水村建于唐开元年间，始祖毛衷，是唐开元年间进士和广西贺州刺史。该村建有鳌山石窟寺书院、山上书院、对寨山书院和江东书院等4所私塾书院，曾培养出一个宋代状元和26个进士，成为远近闻名的“状元村”。教育的兴盛给村落带来浓厚的文化氛围，村中传世百余年的楹联更体现着族人治家、治学和为人处世的理念，也成为建筑的绝佳装饰。汉族村落构景，沿用传统的“八景”手法，广西的汉族村落中也常常见到。月岭古村，其“月岭八景”是指：双井秋月、古井旋螺、犀牛望月、寿仙骑鹤、佛盖归樵、锦塔凌云、沙江晚渡、竹岩月桥。纵观村落八景，每一景为一幅意境画，其文化内涵高雅而又朴实。

二、桂北的村寨

（一）桂林市灵川县长岗岭村

长岗岭村位于桂林市灵川县灵田乡，距桂林市35公里，连接兴安界首镇至灵川大圩古镇。明清时期，由于灵渠水运交通繁忙拥堵，一条由湘南通往桂北漓江的陆路商道由此而生，经全州至兴安，再经崔家—高尚—三月岭—熊村—最后到达漓江边的大圩古镇。因此三月岭古道成为北通兴安、全州至湘楚，南下桂林达梧州、广东的陆路要道。长岗岭村地处海洋山三月岭古道的咽喉之处，四周环山，湖广民间的商运，官运漕粮兵饷，兴、全、灌、灵川、临桂诸县往来桂林的商旅都在长岗岭驻足。村民擅耕读经商，大获其利，村庄发达数百年，明、清时就有“小南京”之誉。2006年5月25日被国务院批准列为第六批全国重点文物保护单位（图3-2-27）。

长岗岭古村落陈、莫、刘三姓居民的先祖均为

图3-2-27　长岗岭村鸟瞰

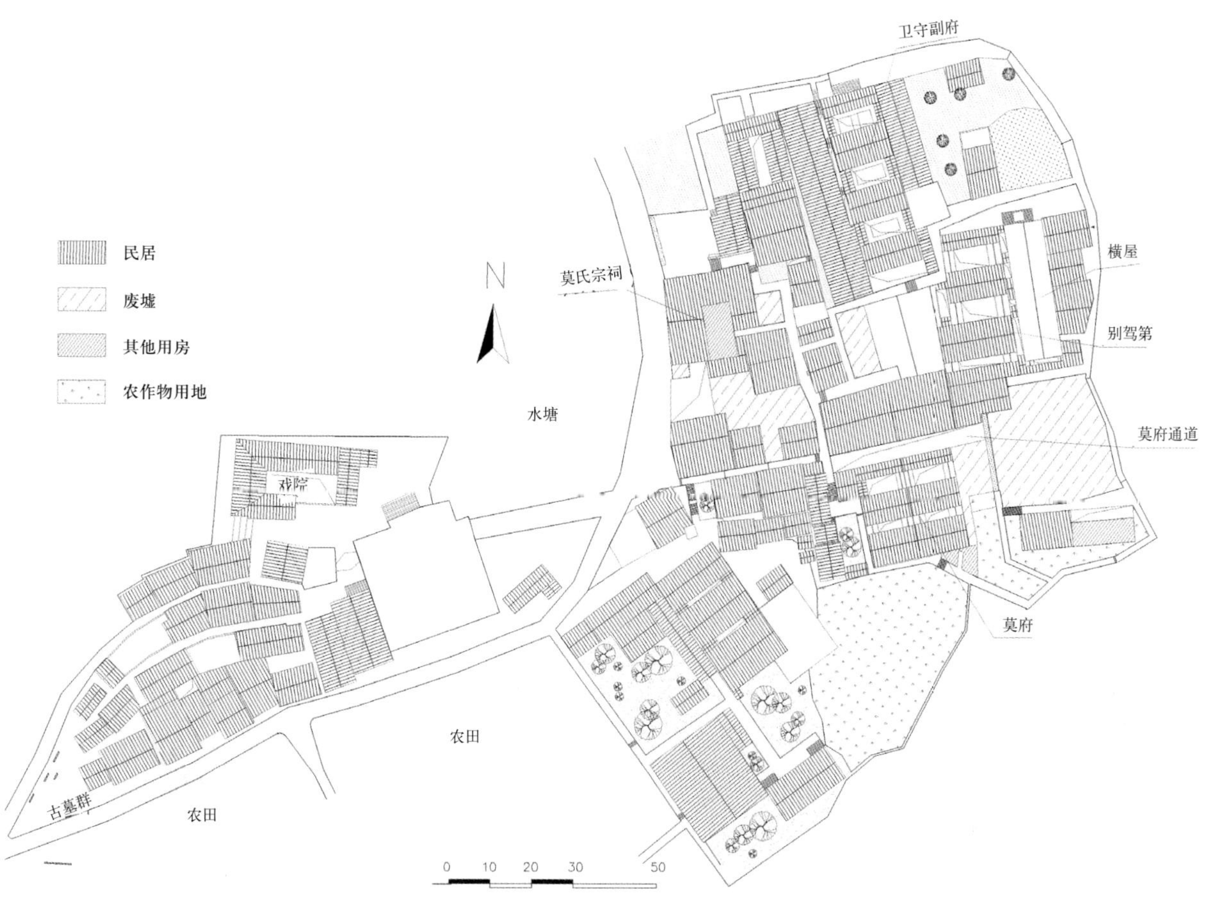

图3-2-28　长岗岭村主要古民居总平图

山东青州府益都县人，于宋理宗年间迁居至灵川灵田大村和阳旭头村，明末清初迁居至长岗岭村。陈、莫姓居民通过经营食盐、桐油，在清乾隆年以后先后成为灵川的巨富。

长岗岭村文化历史悠久，现保留有清代建筑9座，明、清、民国石雕圈墓数十座。目前保存完好的古民居建筑有五福堂（戏院）、莫氏宗祠、卫守副府、“大夫第”、“别驾第”莫家大院等（图3-2-28）。古民居位于村落的东北部，均坐北朝南。作为曾经的桂林富豪村，其显著特点就是尺度、体量及规模较大。建筑多在纵向数进院落的基础上，分立横屋、天井和巷道进行横向的组合，以此作为厨房，杂物、佣人居住的功用。

别驾第民居体量巨大，始建于清嘉庆年间，立面屋脊至地面高7米，前后三进建筑，两侧及后侧分立横屋，左侧横屋设花厅、耍楼，右侧横屋供仆人居住，并设厨房等附属用房（图3-2-29）。

卫守副府民居（图3-2-30），清乾隆末年长岗岭村陈氏十六世祖陈大彪，以武生职授卫千总后而称名。该建筑前后四进四天井，前两进始建于乾隆

图3-2-29　别驾第第二进堂屋

末年，后两进始建于康熙初年。两侧分立横屋，左侧横屋为厨房等辅助用房。左侧横屋与主体之间隔以“厝巷”式纵向天井，右侧为花厅（已毁）。大门前9层台阶，其中第二进厅堂空间最为宽大，堂屋前的轩廊立有4根粗大檐柱，并采用抬梁式屋架，有官厅之称。

莫府大院（图3-2-31）始建于清乾隆末年，其主入口从西面的门楼进入，穿过门楼为一条横向巷道，巷道南面为大院主立面。莫府大院在纵向三进院落形成一个单元的基础上，再横向进行三个单元的组合（第三单元已损毁），每个单元共用一面山墙，相邻单元的天井设门相通。此聚居形式可分可合。

五福堂位于村口，是村民集资修建用于观戏的场所，始建于清道光年间，同治年间重修。该建筑前后两栋，中间天井，均为人字屋顶，砖木结构，第一栋为上下两层，第一层为通道，第二层为戏台；第二栋建筑是观戏大殿，大殿体量较大，内部空间开敞，现为长岗岭村生态博物馆。

莫氏宗祠始建于清道光二十三年（1843年），民国10年（1921年）重修。新中国成立后曾作为长岗岭小学校舍，为一进院落的木结构建筑，第一栋分上下两层，上层为宗祠谷仓，下层分为三间，中间为过道，左侧为宗祠雇养焚香奴仆的卧室；第二栋为抬梁式结构，是宗祠祭祀和议事之地（图3-2-32）。

长岗岭村落四周保留有明清以来各时期的石雕古墓，全部用青石板围砌而成，有石雕石坊，刻有精美的人物、动物或吉祥物图案。除了数量多、保存完整以外，长岗岭村的古墓时间跨度也长，横跨了明代至民国的几百年岁月。

此外长岗岭村外的三月岭古商道及两侧古桥古亭也保存较为完好。

（二）桂林市灵川县江头村

江头村（图3-2-33、图3-2-34）位于桂林市灵川县青狮潭乡九屋镇甘棠江西畔，距桂林市30多公里。全村共700余人，占地约900亩。是北宋著名哲学家、理学创始人周敦颐后裔繁衍生息之地。明

图3-2-30　卫守副府民居

图3-2-31　莫府大院南侧入口

图3-2-32　莫氏宗祠

图3-2-33　江头村主要民居总平图

图3-2-34　江头村古民居鸟瞰

洪武元年（1368年）由周氏先祖周秀旺（北宋周敦颐14代裔）从湖南道县迁入广西上塘村时兴建，至今有640余年的历史。全村尊师重教，崇尚儒学，恪守先祖周敦颐的爱莲文化，并发扬光大。至明清以来尤其是乾隆以来，大兴科举教育，办义学、设私塾、教导周姓子弟。其仕宦文化在清乾隆年间发展较盛，据初步统计，明清以来江头村周姓共有秀才200多人、举人31人、进士8人、庶吉士7人，出仕为官者200多人，其中五品以上官员就达37人。更有父子进士，三代庶吉士，四代五举人，五代知县。受皇廷诰封或封赠的人员上百余人。江头村素有“才子村”和“百年清官村”之誉。

村落布局三面环山，南面邻水。整个村落水系保存相当完好。在水口处设有牌坊、惜字炉，江边古树茂盛，有古井古桥，形成良好的村落公共景观。村落南边靠近入口处设总祠：爱莲祠，为清光绪八年始建，今仅余一路两进五开间（图3-2-35）。

江头村保留有明晚期、清中晚期古民居100余座，其中明代30余座，清代60余座。明代建筑损毁较为严重，现保留下来的形制简单，房屋面阔二至三间，均为单座单层，无天井，只设一个正门。两坡悬山顶、穿斗式结构，外墙为土坯砖砌筑，墙高约为4米，面积30～80平方米不等。房屋低矮、狭窄、阴暗（图3-2-36、图3-2-37）。

清代古民居，均为典型的多进合院式民居，呈格网状自然发展。其中位于村中前部民居均为仕宦旧居，大门居中或居一侧，入口内凹，均设门斗，门额挂有文魁、解元、贡士、进士、翰林等牌匾。这些民居规模较大，装饰丰富，院落规整，格局清晰。其中一组民居以纵向三进为一单元，在此基础上横向并列三个单元，内部天井直接相连，形成内部巷道，极具特色。村中后部民居相对灵活布局，

图3-2-35　江头村爱莲祠

图3-2-36　江头村古民居

图3-2-37　古民居建筑组群天井相连形成的内部巷道

无明显的轴线及对位关系。其中在古井附近一巷道称为“迷宫”，呈之字形布局，曲折多变，临巷的建筑也顺地形布置，形态各异。江头村民居山墙种类丰富，有人字墙、锅耳墙、马头墙。马头墙起翘高耸，其下多施以粉饰或雕刻（图3–2–38）。

（三）桂林市灵川县大桐木湾村

大桐木湾村位于桂林市灵川县海洋乡，距桂林50多公里。全村人口200多人、40多户。其中80%以上的居民姓唐。据相关记载，该村唐氏先祖原系湖南永州府零陵县人，清乾隆初年由全州迁至此，聚居繁衍至今。

大桐木湾村坐南朝北，背靠后龙山，前有相思渠流进村落，并在村口附近处积水成塘，称为卧龙潭，其选址具有中国传统村落“背山面水”的特点。村口保留有一古井，始建于清嘉庆年间，同治元年重修，原是村中唯一饮用水源。村内遍植银杏，百年以上树龄的超过150株。其中一株树高约50米，树干围径4.8米，直径1.5米，据传有1000多年树龄，是海洋乡最大的一株银杏公树，被称为“白果王”。在村口卧龙潭附近，银杏较为集中，形成水口林，营建出了环境优美的村口景观，同时也是村落的公共活动中心。

大桐木湾村中保留有少部分（约7户）清末民国初年的古民居，位于整个村落的南部，后龙山脚下（图3–2–39）。民居格局为较典型的湘赣汉族合院式民居，布局规整（图3–2–40、图3–2–41）。基本单元为

图3–2–39　灵川海洋大桐木湾村古民居群鸟瞰

图3–2–38　古民居山墙

图3–2–40　灵川海洋大桐木湾村古民居总平面图

面阔三开间的合院式住宅，一般沿轴线呈南北二～三进院落纵向布置，部分合院建筑横向东西并置，中间以天井相连。有的建筑在横向设有排屋，作为辅助用房。内部庭院里多设有以石板砌筑蓄水防火用的“太平缸”，并在其上植榕树。部分院落巷道之间还留有闸门，巷道两侧设有明渠（图3-2-42）。

屋顶采用硬山形式，多为人字屋顶，设有少量的封火山墙，起翘较平缓。山墙端部一般以白色抹灰，有的保留有部分纹饰。外墙以土坯砖或青砖砌筑，也有的在青砖上抹黄色灰浆。整体保存基本完整。

图3-2-41　灵川海洋大桐木湾村古民居内院

图3-2-42　古民居山墙及巷道

村中面向卧龙潭处设有一门楼，共上下两层，砖木结构。正立面砌有拱门、拱券，墙体端部设有隅石，为民国初年建筑风格。一层为过街通道，背面设一木构楼梯上至二层，为村民集资兴建的私塾学堂，故又称“状元楼”。楼前有一开阔地，地上有卵石镶成八卦、大鲤鱼等图案，并保留有4根清代拴马石柱，其上刻碑文记载村民唐亨琦在同治和光绪年间被清廷分别授予国子监太学生和贡生。由此可见，大桐木湾村自古就有尊师重教、好学之风尚。

（四）桂林市恭城瑶族自治县朗山村

朗山村，位于广西壮族自治区桂林恭城瑶族自治县莲花镇，距桂林约104公里。朗山村始建于1818年，历史文化悠久，村中周姓一族为北宋理学家周敦颐后人。朗山村背倚朗山，面朝坪江河。整个村落坐西朝东，背山依水，山环水抱，全村地势较平坦，依山体北麓缓坡而上。朗山高约70米，植被丰富，村落周边有较好的自然生态环境（图3-2-43）。

朗山村古民居群长约200米，进深约100米，清光绪八年（1882年）由朗山村民周国祯六兄弟所建，原有8座宅院，现保存较好的有5座。建筑风格为青砖瓦面、硬山双坡顶的多进院落式中原汉族民居形式。朗山村古民居群与村落其他住宅界限分明，规划布局上体现较强的防御性。最外围以一层库房作为壁墙与外部相隔，通过群落端部、中部与尾部的9个大门（现存3个）与村落的公共道路相连（图3-2-44）。内部巷道空间层次丰富，壁墙与建筑之间为曲折多变的纵向主巷道（图3-2-45）。群落内各户独门独院（图3-2-46），以多进院落的形式横向排列，户与户之间为横向的支弄，并在每户的天井处以侧门和支弄相连，横纵巷道之间再设大门相互联系，形成了纵向主巷道—门—横向支弄—侧门—单体建筑内部的空间层次。这种规划形式使

图3-2-43 郎山村全貌

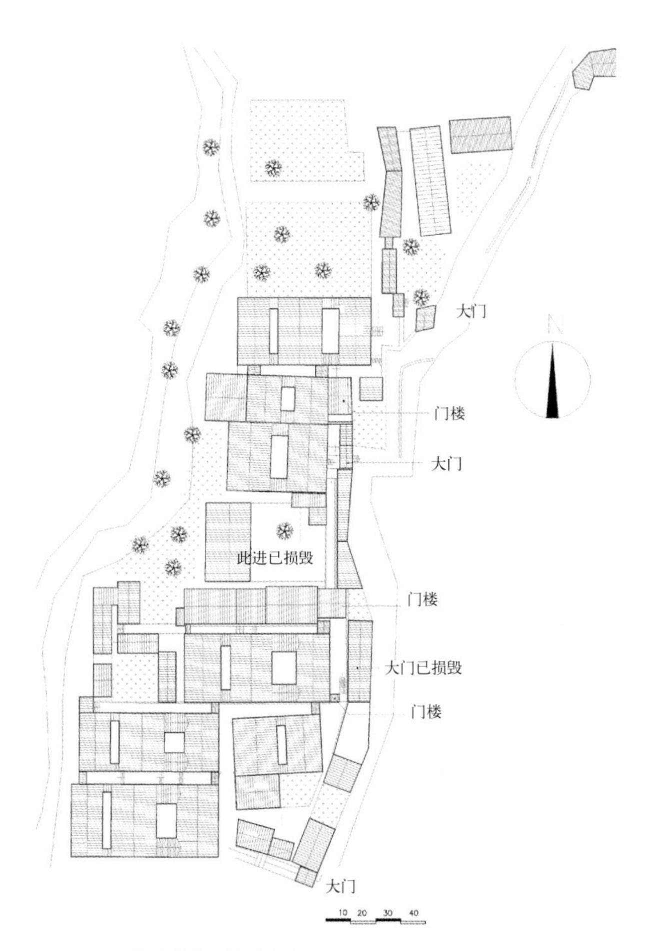

图3-2-44 郎山村古民居群平面图

图3-2-45 巷道空间

图3-2-46　民居内院

户与户之间可分可合，既可联防御敌，也形成了从私密空间到公共空间的丰富层次。

在街巷的中部设有多个形态各异的过街楼（门），有的高度较高，具有瞭望防御之用。过街楼窗户造型丰富，有矩形、扇形、圆形等。过街的设置丰富了街巷空间的层次，也形成了古民居群丰富的建筑轮廓。

朗山村古民居群选址在山脚坡地处。平面形式为传统的二进或三进院落、三开间的合院式民居，顺山地建筑逐级抬高，每一进之间高差从0.6～1米不等，与平地合院式民居有显著不同。朗山村古民居基本为两层，有的达到3层，建筑总高度在6～10米左右，面宽一般12～16米。屋顶在立面占的比重很大，一般可达到立面高度的三分之一。因地形逐级升高，建筑层数较多，朗山古民居与平地民居相比，总的来说建筑体量明显较大，并形成前低后高的建筑轮廓，颇具气势。

朗山古民居坐东朝西，为保证南北方向的通风，建筑的四个立面上都开有窗户，且门窗造型异常丰富，有矩形、扇形、圆形等。部分窗户上设有灰雕窗套和瓦砌的披檐，披檐两角微微起翘，兼有挡雨和装饰的作用。朗山村古民居色彩较为统一，墙面采用青砖或红砖砌筑，仅在檐口、山墙轮廓处和门窗套处采用白色粉饰，不少门窗上部采用砖砌半圆形拱券过梁，造型独特，并连成整体（图3-2-47）。朗山民居的正立面檐口设计上极富特点，多采用檐下装饰或设“卷栩”的吊顶构造。

村头完整地保存着一座建于清光绪十二年（1886年）的惜字炉。该炉为古塔式建筑，分三层，六角形。历朝历代文人雅士舞文弄墨者甚多，常将不成器之手稿焚于塔内，从不随意扔弃，形成了良好的重学惜字风俗，是朗山村民崇尚文化、重视教育的实物例证（图3-2-48）。

（五）桂林市灌阳县月岭村

广西灌阳县月岭村位于桂林市灌阳县城北面30公里的文市镇东南，距文市镇1.5公里。现住470多户人家，1500多人，总面积约4平方公里。全村一脉一姓，全部姓唐。唐氏先祖原籍山东，唐朝末年领兵到湖南平定暴乱，升任永州总镇，其子孙留居永州府湾复村，南宋年间因避兵乱，一支迁到灌阳县月岭村，至今传至28代，已有760多年的历史。清朝初年，月岭唐氏家族日益兴盛，建房买地、大兴土木，至今仍保留着较为完整的传统民居古建，如六大院、文昌阁、节孝坊、催官塔、将军庙等。月岭村后山环境优美，有“步月仙桥”、“步月岩”等自然景观，并拥有以桂剧为代表的历史文化传统民俗（图3-2-49）。

月岭村落格局受中国传统风水和宗族思想影响较深，相比桂林地区其他古村落保存相对完整。村落位于湖南和广西交界处山脉夹峙之中的一片丘陵平原地带，西靠栾角山，三面山岭护卫，东面为农田沃野，地势平坦，以一条主要道路与文市镇相连。村落前部道路南北两侧各有一小山为阙，分别设有“催官塔”和“文锦塔”（现不存）（图3-2-50）。在村北部，建有3层楼阁（文昌阁）、单檐歇山顶亭（步月亭）、石牌坊（节孝坊）。既满足风水要求，又成为村落入口标志并起到空间控制点的作用（图3-2-51）。

村落布局规划和历代营建中都充分考虑了防御性，选址背靠栾角山，三面环抱，据险可守。村前曾砌筑高墙与后山合围，墙外深挖壕沟。村口设以一大门与村外主要道路相连，将村中建筑及一定面积良田围护其中，保证村落安全及危急时刻口粮所需。今仍残留块石墙基。村中道路宽度不大，交叉路口“Y”或“U”形，宁曲不直，便于抵御入侵的外敌。村中各大堂建筑周围砌筑高墙，设置院门三重，从村内的道路到达正屋庭院内还需要经过多重空间，各院落之间皆以高墙相隔。后山砌筑有暗道并连通岩洞，可供逃逸和躲藏。此防御工事建于清代道光至咸丰年间，依仗村旁白驹岩，主洞深500多米，暗道直通村后山顶，山顶上建有一方形炮楼，居高临下，扼守住村子唯一通道。

图3-2-47　民居开窗做法

图3-2-48　惜字炉

图3-2-49　月岭村总平面图

图3-2-50　月岭村鸟瞰图

图3-2-51　月岭村入口景观

图3-2-52　月岭村上井

月岭村水系的建立是农耕和日常生活的必要保证，月岭村的水系，由“井，塘，沟渠”组成。村前的水渠，由南向北汇入白驹岩，承担村前农田的灌溉。月岭村地下水丰富，村落内部各大院均有水井、鱼塘或水池，满足了日常生活用水和防火用水。除了六大院的“天一井”、“洞宾井”、“太极井”等多个水井之外，在村南将军庙边还有供全村使用的公井“上井”（图3-2-52）。各大堂均有排水设施，可将建筑中生活污水及雨水排入村中两条主要沿路的排水沟，然后流入低洼之地灌溉耕地或排入白驹岩地下河流入灌江。

月岭村古民居的主要建筑是被人们誉为“小故宫”的“六大院堂”，是清代该村唐虞琮为其6个儿子于道光年间（1821-1851年）同时修建的，依年龄顺序取名为“翠德堂”、“宏远堂”、“继美堂”、“多福堂”、“文明堂”、“锡嘏堂”。

6座建筑群围绕村落中心，毗连相建，但各堂院朝向及入口位置各不相同，设置较为灵活。每个院堂由少则八九座，多则十几座独立房屋组成，基本单元为面阔三开间的合院式住宅，一般沿轴线呈南北三进院落纵向布置。部分堂院建筑横向东西并置，中间以院落、巷道相隔，或设有排屋以横向天井相连，结构清晰。六大院中，每一堂院建筑群入口多设有照壁、门楼（多福堂、萃德堂保留完好）。以中进院落为主要居住用房，内设有两层高的主房，主房两边为一层的厢房，主房前设回廊，回廊围合形成天井。前进院落是门楼、天井和大堂，后院有小堂、天井。堂院内多设水井、鱼塘、粮仓、祠堂、书房、戏台（仅保留完好）和花园。现今六大院除宏远堂外均保存较为完好，其中的多福堂规模较大，院落布局最为规整严谨（图3-2-53）。

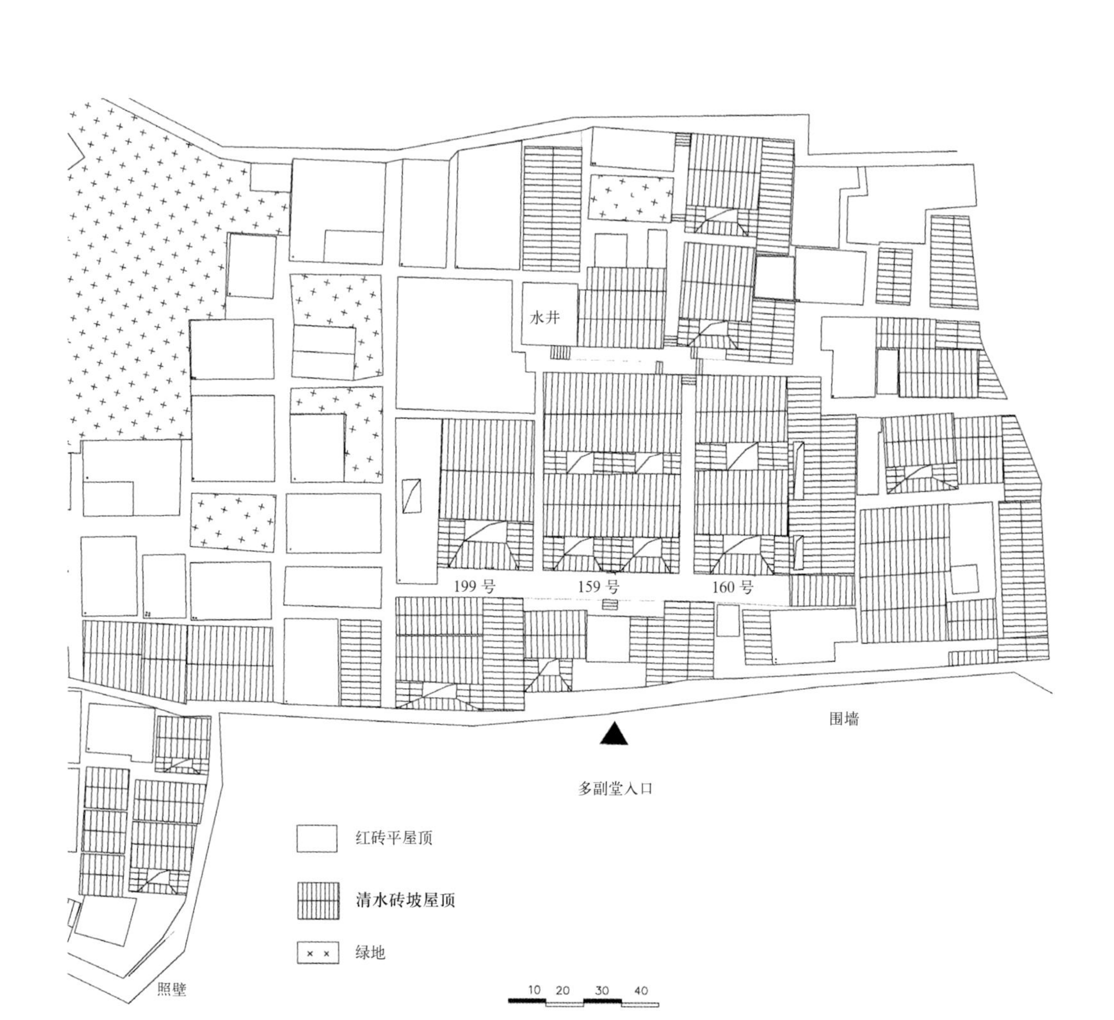

图3-2-53 多福堂总平面图

古民居建筑结构为砖木结构，内部主体结构为穿斗木构架，两侧为墙体。屋顶采用木条挂灰瓦。房屋内部大多采用彻上露明造，不加吊顶装饰。但锡嘏堂中唐景崧故居，主要厅堂内部采用弧形吊顶的形式对顶部进行装饰，很有特点（图3-2-54）。

邵夫公祠（桂剧院），位于“锡嘏堂”正堂前，原是月岭村的总祠堂。是从事祭祀、家族议事等活动的公共场所，至今内部还保存一座完好的戏台。如今桂剧院仍在使用（图3-2-55）。

（六）桂林市平乐县榕津村

榕津村位于广西桂林市南部平乐县张家镇，距广西桂林市130多公里，距平乐县城25公里。村落位于漓江的两条支流榕津河及沙江河的交汇处，建于唐末宋初，兴盛于明、清。村落紧邻榕津河码头，从榕津码头顺水而下，经茶江入桂江，可直达梧州、广州。由于水路交通十分便利，古时榕津村商贩云集，并形成一条南北贯通，长约400米、宽5米的街道，至明朝，榕津已成为平乐腹地内的小商品集散地，并因商贸繁华而名扬四方，极大地促进了南北各地的文化交流。榕津村有着丰富的自然资源，村内千年古榕成群相拥，榕津河、沙江河沿村边缓缓流过，古街北侧大小水塘连绵不断。古街、古榕和塘泽相映生辉，古街有“一河两渡三上岸，十榕八桂九井十三塘”的概述（图3-2-56）。

榕津村是由古街形成的线形村寨发展而成，并逐步向西南面扩展。现在古街是榕津村主要街道，古街主街部分东西走向，呈狭长封闭的线性空间，在其中段向南延伸出两条支巷：“十字街”和“新街”（图3-2-57）。为丰富街道空间形态，在主街上设置了多个节点空间，且缩放有序，首尾呼应。

一是入口处古榕和古戏台形成前导节点空间，并设街道入口大门（图3-2-58）。主街结尾处同样以门楼（现已毁）作为序列的结尾，并设古井、古榕、古渡口。主街中部，结合垂直方向的支巷，以公共建筑“妈祖庙”（粤东会馆）、十字街的“太平门”形成两个中段空间节点。最终形成“一横两竖，四节点”的街道格局。古街道空间由两层高、窄开间、大进深、多层连排住宅组成，立面连续完整。街道宽度或宽或窄，曲折多变，街道最宽处约6米，最窄处约3米，平均宽度5米左右，沿街建筑的高度6～9米。建筑高度与街道宽度比接近1：1.2（图3-2-59）。

图3-2-54 锡嘏堂梁景淞宅弧形木构吊顶

图3-2-55 桂剧院

图3-2-56 榕津古村风貌

图3-2-57　榕津古村总平面图

图3-2-58　榕津老街入口

图3-2-59　榕津老街内景

古街两侧民居建筑材料采用青砖或红砖砌筑，为窄开间、大进深，内设天井的单开间多层联排住宅，平面类似广东、南宁的“竹筒屋”住宅，反映了城镇商业区极度紧凑地皮、尽量少占街面的高密度要求。

街道建筑造型较为简单，多为硬山坡屋顶建筑，分户墙体外伸，入口凹入，入口之前均砌有1～2级石台阶形成室内外空间的过渡。作为商铺的建筑，其立面较开敞，整个立面以可开启的大面积的门扇为主，营业时商铺的木门板全部卸下，店面对外完全开敞。墙较少，特别是二楼多以悬挑木构阳台或木质门窗形成统一的界面（图3-2-60）。榕津古街的建筑色彩及装饰都体现了“质朴天然，实用为主”的风格，建筑以清水砖墙或白灰抹面为主，灰色青瓦，木构本色。梁柱等建筑构件选材标准较宽松，各处均少见繁复的建筑装饰。

榕津村现存的其他古建筑还有古戏台、粤东会馆、桂剧院、魁星楼等。榕津古戏台（图3-2-61）设于村口，和连理古榕、古街的入口标志魁星楼形成村口的公共活动中心。古戏台已有200年历史，期间经过修建，采用单开间，四立柱，歇山屋顶，是榕津作为桂剧文化发源地的佐证。

（七）贺州市富川县秀水村

秀水村地处贺州市西北部，处于潇贺古道旁，距富川县城30公里。秀水村北靠南岭余脉，徜徉在秀峰山下，由黄沙、石鼓、乌源三河汇成的秀水河环绕（图3-2-62、图3-2-63），青山碧水，古宅幽巷，风光旖旎。秀水村建于唐开元年间，立村建寨迄今已有1300多年的历史。始祖毛衷，为唐开元年间的进士，曾任广西贺州刺史。自唐以来，富川县志中记载的33名历代科举进士名录中秀水村占有27名，其中一名为南宋开禧元年乙丑状元毛自知，“状元村”因此而得名。目前秀水村已发展分化为石余、八房、安福和水楼4个自然村，600多户，2295人。

4个自然村围绕秀峰、灵山、青龙山、东头山和鸡嘴山而建，秀水河于中部由南至北穿流而过，同时，秀水人利用村西南的泉水，将泉水从西南边引入村庄，分东、西两条水系绕村而过，从东北角流入秀水河，创造了一种“浣汲何妨汐路远，家家门前有清泉”的良好环境。八房、水楼和安福三村围绕海拔最高的秀峰而建，都以秀峰为靠山，八房村坐南朝北、安福坐西朝东面向黄沙河、水楼坐北

图3-2-60　老街民居典型立面

图3-2-61　古戏台

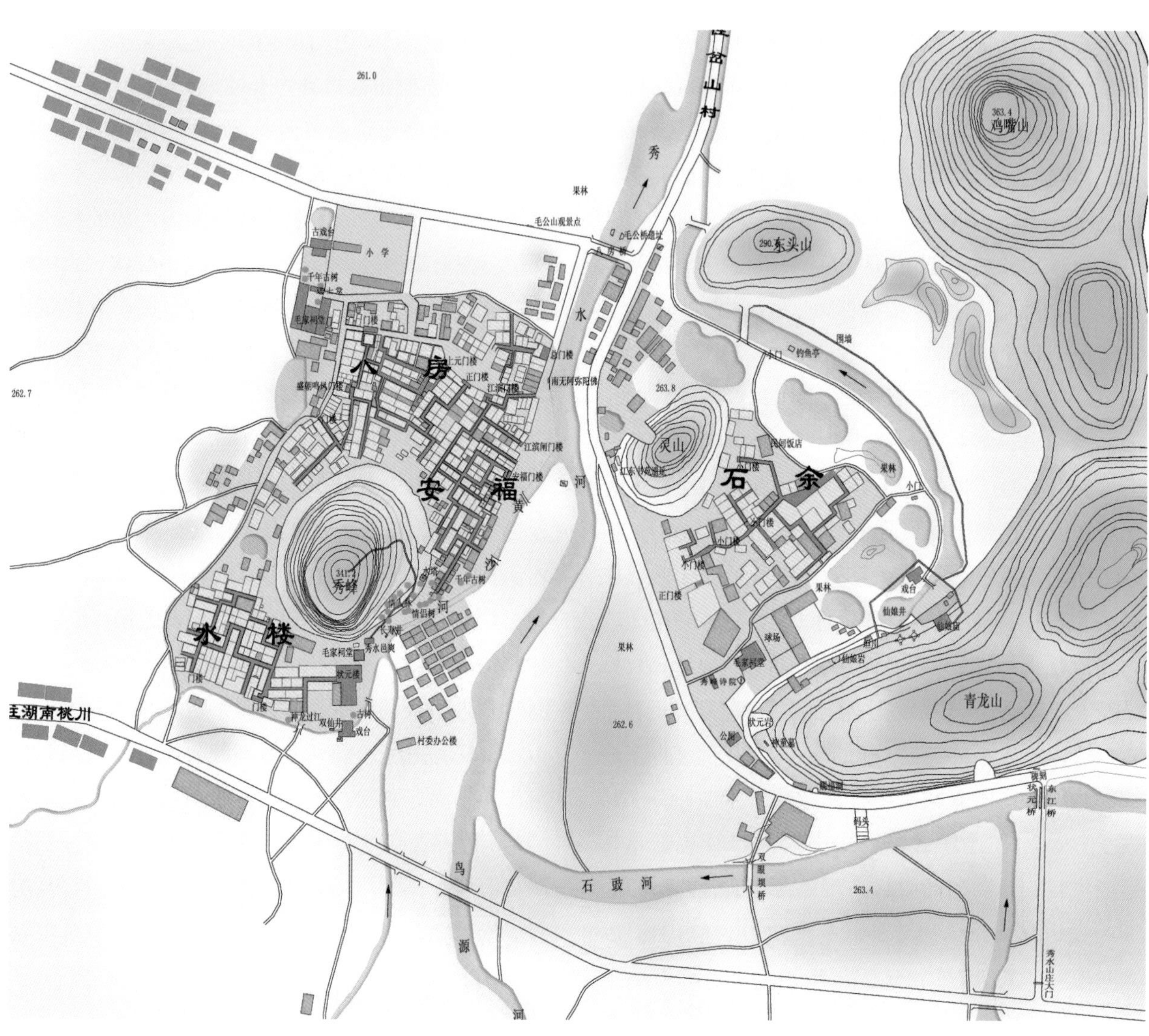

图3-2-62　秀水村总平面图（图片来源：南宁市规划设计院，《秀水国家历史文化民村保护规划》）

图3-2-63　秀水村局部鸟瞰

朝南。石余村位于秀水河东面，坐南朝北，背靠青龙山面朝灵山。每一自然村都在朝面设置总门楼和子门楼，进入门楼后就是向靠山方向延伸的村中干道，垂直于主干道的是支巷，它们共同形成秀水村近似棋盘状的规划格局。保存较好的街、巷、坊，三级空间体系满足了人们的行为心理，其尺度宜人，街头巷尾有收有放，富于变化，空间生动，民居亦巧借风水，因势利导。这些特点体现了古村落的文化特征，反映了古镇的人居文化价值（图3-2-64、图3-2-65）。

除了遍布于村中的十数道门楼外，祠堂、戏台、书院、状元楼和花街大坪是秀水村中最为重要的公共建筑和景观节点。状元桥：该桥位于东江河上，始建于南宋开禧年间，是毛氏族人为迎接状元毛自知荣归故里而造，如今遗存桥台、桥墩，尚可行人。状元楼（图3-2-66）：楼宇青砖黛瓦，飞檐翘角，兼具有江南楼宇和寺庙的建造特点和建筑风格，属于清代建筑，占地面积约400平方米，由上殿、下殿和庭院三部分构成。江东书院：书院为宋朝进士、秀峰会稽太守毛基所创，建于南宋嘉定十四年（1221年）。江东书院历史悠久，规模较大，师资强盛，且教学质量颇高，英贤辈出。鳌山书院：该书院建于秀水村北面鳌山麓，是秀水最早建立的书院，也是桂东一带创建最早的书院，因年久失修，现仅存遗址。宗祠：村内共有毛氏宗祠4座，其中以八房村的宗祠为最大和以安福村的宗祠特色最为突出。八房村的宗祠为一座围合的院落，宗祠内四周有反映氏族生活故事的壁画，正面是陈列的古牌位（神龛）。安福宗祠分两进间，第一进为宗族牌楼，第二进间为宗祠，均为祀奉先灵和节庆聚集的场所。八房花街大坪（图3-2-67）：花街大坪位于八房村北部，向东北通过石板道连接该村

图3-2-64　村中巷道

图3-2-65　秀水村门楼之一

图3-2-66　状元楼

图3-2-67 花坪大街

图3-2-68 戏台

图3-2-69 民居内院

总门楼，大坪南面均匀分布3座门楼：中部的正门楼、西部的上元门楼和东部的江滨门楼，分别被冠以“清官、淳风、倡学”。正门楼和上元门楼前都设置高大照壁，题有“风淳俗美”与“励精倡学”墨迹。古戏台（图3-2-68）：村里目前现存坦川戏台、八房戏台和水楼戏台3座古戏台。

村内民居均为湘赣式，由于人口密集土地稀缺，民房均以三开间的三合天井式为主（图3-2-69），大门开在前天井的侧墙上，天井深度根据用地大小大致为3～6米不等。正房基本高两层，厢房大多为一层，也有二层者。建筑结构采用两侧山墙承重，中部为木穿斗结构承托屋顶。红砖杂以青砖是外墙的主要砌筑材料，正房两侧山墙封口为人字山墙，前高后低，三角形的墀头向上高高翘起，造型优美，厢房与天井影壁墙头则采用马头墙或一字墙形式。

三、桂东、桂东南的村寨

广西桂东地区按行政区域划分主要包括贺州市和梧州市以及玉林市的部分地区，该地多为盆地地形，较多平地，河流交错，人们多住在平地、河边，所以村落的地理类型主要为靠山、邻水、傍田

图3-2-70　龙道村鸟瞰（图片来源：网络）

的丘陵类和处于小盆地之中远山近水的平地类。贺州地处萌渚岭山脉，属于南岭走廊中段，这一纬度上的山脉通道是被费孝通先生称为“三大民族走廊”之一的南岭走廊，出于民族迁徙的原因，在此地区居住的多为汉族，形成了俗语中“汉居地头”的大格局。梧州与玉林由于地处平原，平地可耕土地面积较大，并有会纳百川的西江穿流而过，气候温暖湿润，所以该区域人口密度高，村落分布较为集中，规模也相对较大。由于地理优势的原因，该区域的村落由过去的传统农业型转向亦商亦农的现代村落形态。

（一）**贺州市钟山县龙道村**

龙道村位于贺州市钟山县城南面回龙镇境内，距县城约15公里。唐朝大中时期，该村居民先祖陶英为平定平乐地区之匪乱从江西到了平乐而不复北归，逐渐由平乐发展到龙道村。历史上该村是一座比较崇尚教育的村庄，读书习武成为该村一大风尚。该村坐东北朝西南，建在一处坡地上，坡下设鱼塘，属于较为典型的前水后山格局。现存古民居群建于清朝，尚有完整成座古民居56座，单间平房35间，炮楼6座，门楼7座（图3-2-70）。

防御性是龙道村的一大特点。清道光、咸丰时期，由于社会动荡不安，匪乱猖獗，且这一时期钟山北部为富川县管辖，而处于南面的董家洞区域属昭平县管辖，地处边远区域，匪乱更为猖獗。为了避免灾害，龙道村在建造房屋时作了统一的规划与布局。首先，以村前鱼塘为壕沟，沿塘边筑起城墙。其次，整个古建筑群由4个道口分4条主要巷道顺坡而上进入村中，每个道口分别设一闸门，垂直于主巷设置支巷道，主巷支巷相连，各巷道曲折不一，形成复杂的巷道系统。同时，多条巷道设有门楼和多重防护门，村后有两条通道外通，通道口也建有闸门。最后，村中散布多处碉楼，和城墙、门楼一起形成严密的防御系统，犹如一座城堡。

相互垂直的主巷和支巷将整个村落分割为多个建筑群落，整体看来带有岭南广府村落梳式布局的特点。每一小组建筑群以直系叔侄兄弟为基础建立，房屋座数及大小不等，但每一座古民居的建筑形式都基本相同，大多既有大门也有旁门和后门，或通向其他不同的巷道，或与其他房屋相通，大多民居都能通向就近碉楼。由于村落沿坡发展，少数民族干阑式建筑的竖向分区布局被运用到汉族广府式的三间两廊中，以适应地形的变化。村中单体建筑基本为两户并联的五开间两天井布局（图3-2-71）。

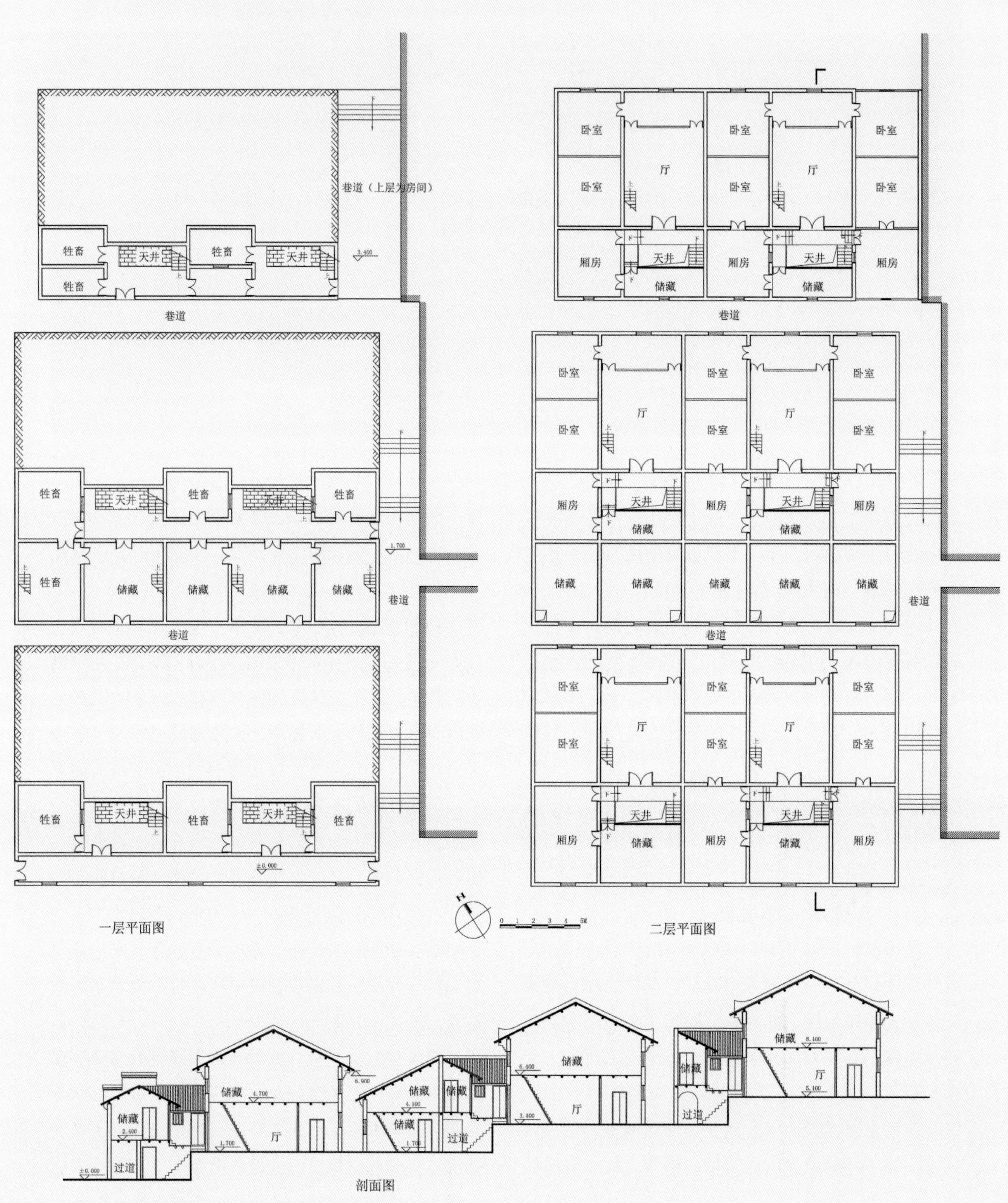

图3-2-71　民居组团平、剖面图

入口位于地势较低的一层，东西两侧为这一两户连宅的总大门，户门向南，面向公共走道开启。进入户门后是尺度较小的天井，天井的左右两侧由实墙封隔为畜棚。堂屋和卧室及厨房位于二层，高出一层1.7米左右，经由天井左侧的石砌台阶与入口连接。一层过道上空也被利用起来作为柴草和粮食的储藏间，因此从二层平面来看属于四合天井式的布局。硬山搁檩是该村民居的主要结构承重方式，从建筑造型和装饰的角度来看则同时具有广府和湘赣民居的特点（图3-2-72）。

石库门楹联石刻是该村民居装饰文化上的一大特点。据史料记载，明末时期该村举人陶大鼎因不愿为清朝官而归隐故里，办私塾收徒讲学，为村中培养了一批秀才。陶举人死后，村民为纪念他，也为了体现自己知书明理、崇尚雅儒文化的诗礼家风，在建造房屋时多在石门框上刻上诗联。诗联对仗工整，内容积极向上，字体基本为正楷，但书法各有不相同，雕刻形式有阴刻、阳刻、双线刻，有平底、圆底、尖底。对联没有横批，横额都雕饰八卦图和龙头花草图案，对联上下两头雕刻花草装饰，部分对联全雕饰花边。

图3-2-72　民居装饰

（二）玉林市兴业县庞村

庞村清代民居群位于兴业城东石南镇，距离县城约1公里。该村始建于清乾隆四十一年（1776年），嘉庆年间大规模扩建，至晚清基本定型。现存民居群共34幢府第，保存完好的尚存17座（图3-2-73）。总面积25000平方米，单幢建筑面积最大者达1500平方米。庞村得名于明末时期首先在此定居的庞氏族人。清初，梁氏族人迁居于此，现存宅第的主要建设者为第十一代族主梁标文，其原为石南凤山村人，幼时父母早丧，成人后到兴业县城打工，并在广东老板的资助下独立经营染料蓝靛并成为兴业首富。梁标文共育有7子9女，在其帮助下，每一子均建有多座或一座宅第。

整个村落除了163号的六房宅为正南北朝向外，宗祠和其余宅第均朝向东南，并以梁氏宗祠位于最前排。建筑之间隔以1.5～3米宽的巷道（图3-2-74），并以宗祠北面的一条纵向巷道为主巷，由于用地紧张，该主巷尺度并不比其他巷道宽，另有两条纵向巷道分布于东侧，用以连接其他横向巷道，每一横向巷道并不连通，仅仅作为宅第入户之用。各宅第进深方向单进、两进、三进均有，平面形制方面，除了祠堂、161号祖屋为三开间，155号158号六房为四开间外，大都为五开间以上，其中147号五房甚至做到了七开间，这一逾制现象在等级森严的封建社会并不多见。究其原因，概因传统的三开间模式的民宅满足不了富商巨贾和大户人家的需要，清末礼制松弛、禁令松懈之后，一些实力较强的大户人家开始修建五开间以上的宅第。开间的增加势必带来采光和通风的问题，一种办法是加宽天井，但这样处理会使得空间狭长而尺度不尽如人意，所以更多的是增加采光天井的个数来改善居住条件。如163号宅（图3-2-75），虽然开间数增加到五间，但仍然沿用上文提到的方式，在卧室前加设天井，整个宅院的天井数达到了9个之多。147号宅（图3-2-76）为三进七开间，前两进为门厅、客厅、佣人和客人的卧室，后进为家人起居场所，

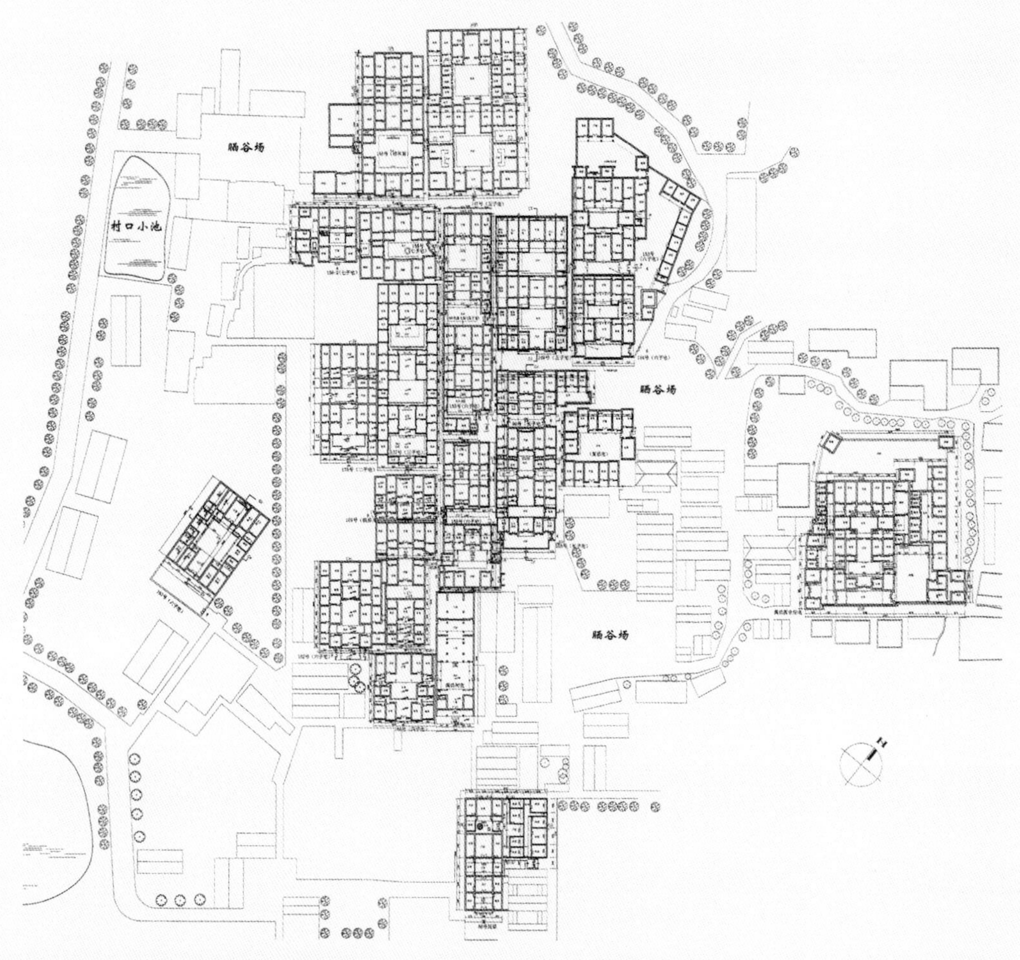

图3-2-73　庞村总平面图　（广西大学建筑学2000级测绘资料，韦玉姣指导）

图3-2-74　村内巷道

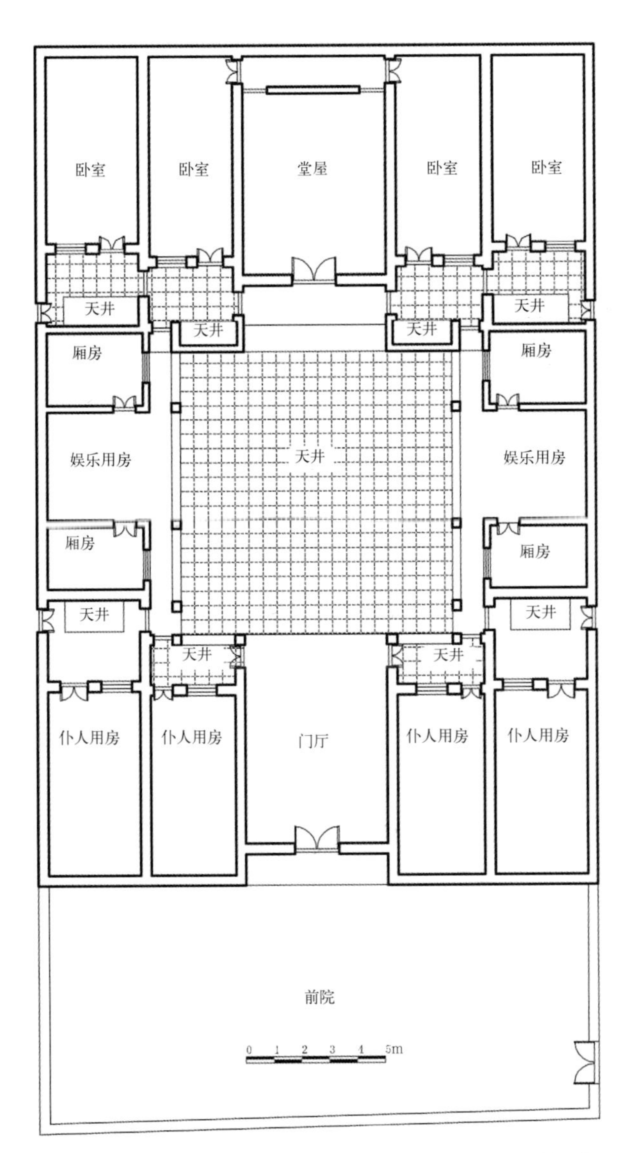

图3-2-75　庞村163号宅平面图（广西大学建筑学2000级测绘资料，韦玉姣指导）

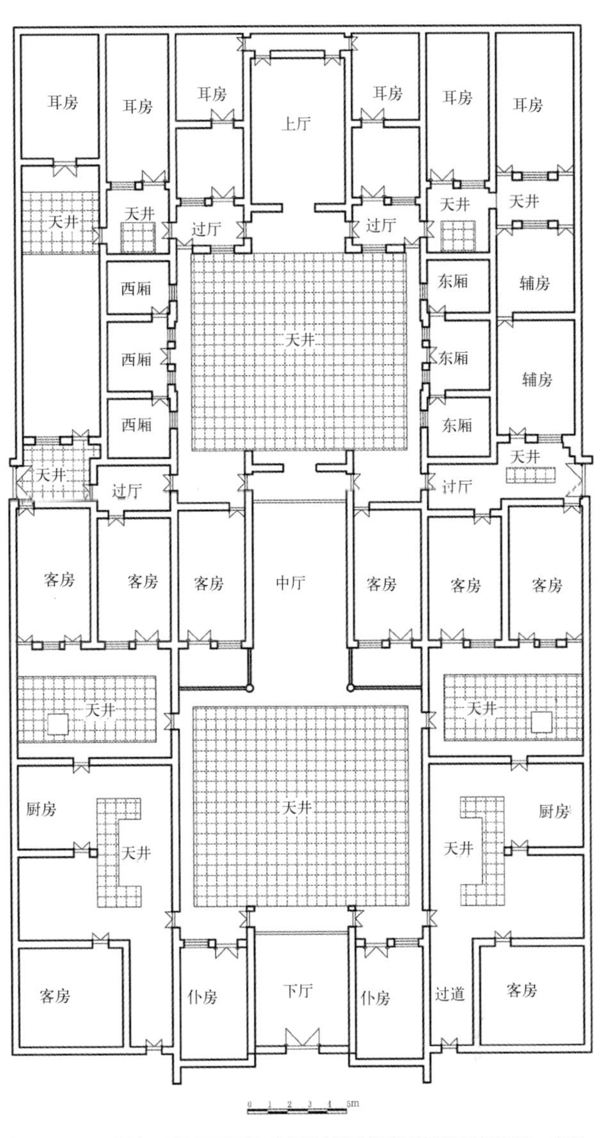

图3-2-76　庞村147号宅平面图（广西大学建筑学2000级测绘资料，韦玉姣指导）

整座宅院宽度达到28米，是所见广西汉族民居中开间数最多者。如果仅采用在卧室前加设天井这一种手法则会显得过于单调，因此中间的两个主天井被扩至三间宽度，局部居室前的小天井也被合二为一形成中型天井（图3-2-77）。

将军第（146号）及其附近的“七座楼台”和梁氏宗祠（详见第六章）是庞村古建筑群中最为精致奢华者。将军第是梁标文的第七子梁际昌为儿子梁毓馨被国家晋升为将军所建，位于村落的西北角，两进五开间格局，前院开间面阔均为三间，达到12米见方，恢宏大气，与一般广府民居的小天井空间感受迥然不同，虽达到了空间效果，但其对南方炎热气候的适应性方面确有不足。梁氏宗祠共有三进，三开间格局。第三进庵龛，穿花细琢，饰古板金，两侧设耳房，为砖墙承重；第二进设4根大柱，汉白玉墩，柱高4米，直径约40厘米，为防腐，柱子采用磨成弧形的青砖砌筑，工艺精湛，承重方面则采用穿斗抬梁式混合结构；头进供奉灵位，采用穿斗和砖墙混合承重结构。

造型装饰方面，庞村建筑群属于典型的广府式

图3-2-77　庞村民居内院

图3-2-78　庞村民居屋脊装饰

民居风格。山墙均为人字形，沿墙边和屋脊装饰以轻巧的龙舟脊或厚重的博古脊（图3-2-78），柱墩亦为典型的广府花瓶式。檐下和山墙边均有灰塑或彩画，题材多为花卉树及鸳鸯、仙鹤、鹿等珍禽瑞兽，笔法细腻圆润。檐口和窗楣均有精美雕刻，多雕以盘龙翔凤、喜鹊，以及如意、八宝等物体。在将军第、梁氏宗祠两座古屋的天井两侧砖墙上有树林、瑞兽的立体灰塑，并漆有颜色，造作精巧，造型生动。这两座建筑的盖瓦分上下两层，上层用于挡雨，下层为漆成白色的“看瓦”。这种双层檐的做法在广西广府式古民居中为仅见。

（三）玉林市玉州区高山村

高山村位于距玉林市城区北郊5公里处的大容山西南余脉海拔约100米的山坡台地上，明天顺四年（1460年）建村，迄今500余年。高山村现存宗祠12座，进士名人故居和其他古民宅60多座，教书育人的蒙馆、大馆15间等，建筑面积51000多平方米，是广西现存规模最大的古村落之一。

高山村的居民共有易、牟、陈、李、钟、马、朱等七姓，而又以牟、李、陈三姓为最多。高山村民大多不是本地人，而是在历史上的不同时期迁入，如牟氏和李氏分别来自山东和华北一带。高山村的选址颇具风水意味，高山村周边环绕着7座低丘，有“七星伴月”之说，村址南面有清湾江顺流而下，背山而面水（图3-2-79）。

高山村的建筑布局属于较为典型的岭南广府式，采用梳式布局模式（图3-2-80）。房屋根据组团不同分为坐西北向东南和坐西向东两种走向排列，村前设置鱼塘，村背坡地，村中种植树木，梳式布局的主巷朝向池塘，南风或东南风顺着主巷进入村落，再通过支巷进入民居。在防御性上，高山村和其他大多数汉族村寨一样实行封闭式管理。同一家族聚居一处，但各家各户自成体系，互为邻居，互相照应。为防盗贼，高山村自清咸

图3-2-79　高山村总平面图（图片来源：李宗倍.广府文化背景下珠三角与桂东南传统村落形态比较研究.华南理工大学硕士学位论文）

图3-2-80 高山村卫星地图及祠堂分布示意（图片来源：根据google地球地图绘制）

丰二年（1852年）开始修筑绕村围墙，兴建闸门，共设置闸门5个，分别为丹凤门（南门）、日华门（东门）、五云门（西门）、锁钥门（北门）和聚星门。现存的丹凤门为砖木结构的2层建筑，墙体设置射击孔。而每条巷道两端也设置小闸门，具有很强的封闭性，现尚存安贞门、古庙门、企岭巷等巷门（图3-2-81）。绕村围护除筑墙外，还充分依托岭南常见的刺竹和水塘作屏障，既可减少用工用料，还能增强防盗效果，既改善了景观，又有利于排污。

高山村的宗祠系统非常突出，不仅体现在其宗祠数量多，还因其层次分明的宗祠等级。一座宗祠，只有放在村落布局、宗祠、分支宗祠和其他民居分布等建筑系列中才能更好地认识它，而这些建筑系列正是村落宗族结构的物化形式。高山村内的建筑布局，以各宗祠为布局中心，民居排列两侧，宗祠的设计质量、建筑规模在整个村落中是最高级的。高山村现存宗祠12座，主要是牟、李、陈氏的宗祠，而牟氏家族对于宗祠尤为热衷，各支系都建自己一房的宗祠，共有大小9座。围绕着祠堂，各姓氏分别形成相对聚居、相对独立自成体系又相互照应的民居组团，体现各宗族成员对本族的归属感。著存祠是高山村兴建较早的祠堂之一，其一副对联上“著大宗祀典；存百世馨声”，表明了主人建祠的目的。在著存祠附近还集中了思成祠、绍德祠、郎官祠等牟氏祠堂。思成祠内屋檐正中“绥我思成”四字表达了先辈事业有成、荣归故里之情已实现之意；在思成祠、绍德祠第四进设置观音厅，族内男性结婚举行仪式后需先在观音厅住上3天，以祈求祖先神灵和观音

图3-2-81　高山村巷门

图3-2-82　绍德祠内院

图3-2-83　高山村民居

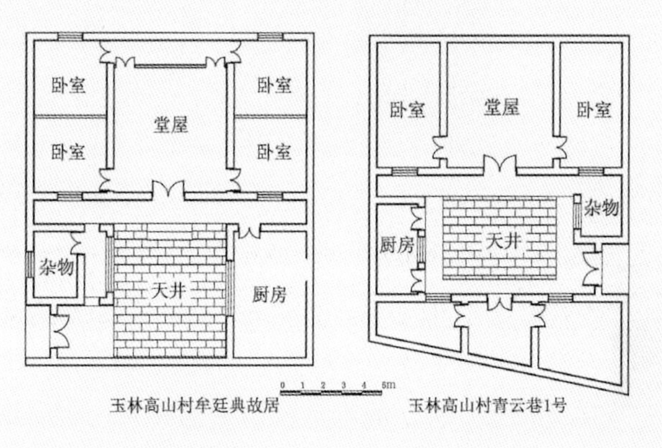

图3-2-84　高山村民居平面

菩萨保佑早生贵子、多子多福，体现高山村祠堂的一个特别风俗（图3-2-82）。

高山村民居属于较为典型的广府式三间两廊，以三合院居多，以一进和两进为主（图3-2-83、图3-2-84）。单组建筑内门门相通，相邻建筑则其墙连体，相互间有近2米宽横交错的狭巷沟通。门阶以青石条铺就，地面及巷道铺以青砖。李拔谋进士第和牟日铢故居是较为大型的宅第，两座民居均坐西向东，门户向阳，前半部疏朗开阔，有影壁、屏风点缀，典雅幽静；后半部逐层攀升，飞檐屋脊纵横，庄严肃穆，人称“聚龙窝凤”。院落则由厅、屋、厢房、耳房组成，四进三厅或三进两厅。上厅供祭祀、族长议事，中厅接宫议政，偏厅接客会友，楼厅藏书课子，厢房横屋起居饮沐、家庭聚居，集政、住、居、教于一体。为适应岭南地区多雨、天气炎热的特点，高山村民居墙体多采用外青砖内泥砖的砌筑形式，外层青砖较高的强度有利于抵御风雨对建筑的侵蚀，内层泥砖具有较好的隔热保温效果。

（四）钦州市灵山县大芦村

大芦村位于钦州市灵山县佛子镇，距县城东部8公里，是广西目前较大的明清民居建筑群之

图3-2-85　大芦村鸟瞰

一。大芦村范围内地形起伏和缓，地势平坦。古村周围零星分布着相对海拔10～30米的低矮土丘，地势由山岭向村子平缓倾斜，古村建筑依地形建在两片低矮、平缓、宽阔的土坡上。宋代，大芦村劳氏先祖劳威伍广东廉宪官，举家迁至南海县。至南宋咸淳年间，其后代劳馀庆伍灵山学博，搬迁落户至檀圩。明朝嘉靖年间，大芦村劳氏第一代祖劳经从檀圩至此定居造村并开始修建镬耳楼。至清朝康熙年间劳氏第五代祖劳宏道在镬耳楼西部另建一个原名灰沙地园的大宅，雍正年间起，劳氏子孙又分别在镬耳楼、灰沙地园东西两侧紧挨各建一幢同为二五布局式样的住宅。发展至今，大芦村已经由当初的芦荻丛生之地发展成由15个姓氏居民杂处的大村场，共有古宅镬耳楼、三达堂、东园别墅、双庆堂、路强堂、蟠龙堂、东明堂、陈卓园、富春园和劳克中公祠9个群落，村址占地面积220000平方米。这数个建筑群落又由一系列的6个大小不等的人工湖分隔开来，湛水蓝天，绿树古宅相映成趣（图3-2-85）。

现存民居中，镬耳楼、三达堂、东园别墅和双庆堂保存较好，其中三达堂、镬耳楼和双庆堂三组院落由西至东一字排开，坐西北朝东南面向池塘形成一个组团，东园别墅坐东向西，与这3组院落隔塘相望（图3-2-86）。镬耳楼（图3-2-87、图3-2-88）为祖屋，占地面积4460平方米，为两路平行布置的五进院落布局，东侧和北侧还围有一圈横屋辅房。该宅大门朝东侧开，当地人依其第四代祖劳弦官至六品后，将大门修成象征官帽的镬耳状，该祖屋也因此得名。门楼两侧为门房，由门楼进入宽阔的前庭院，正对一戏台，南侧为马厩，向北即进入第一进，门厅两侧为朝向天井开门的客房。二进为宽敞的官厅，内设八柱架梁，前出大檐（名檀）遮盖平台，后嵌三扇双开隔扇门，宽敞明亮，是家族长老议事和接待贵宾的场所。三四进为

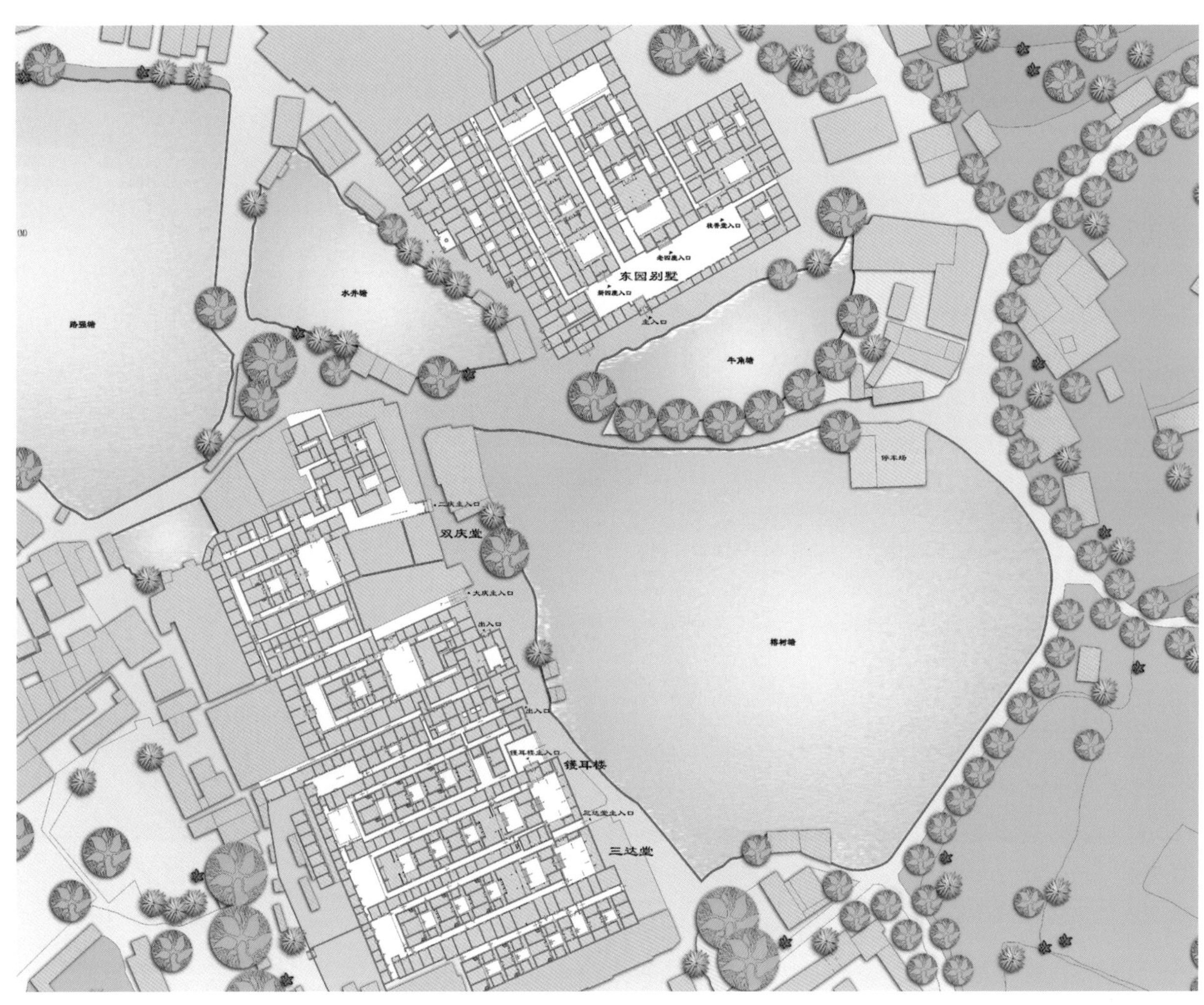

图3-2-86 大芦村核心区域总平面图

图3-2-87 镬耳楼鸟瞰

长子、嫡孙居住的内宅，套间式的内厢房需要经过耳房才可进去，形成套间格局。最后一进即头座，为三间敞口屋，居中设置大芦村劳氏始祖劳经的神主牌位，两侧依男左女右按辈分分级按放其列祖列宗的神主牌，故又称头厅或祭祖厅。东侧一路的五进院落，头厅供奉此群落宅基地土地神主，5座“到朝”作家塾，以前供奉有孔子神位，第二、三、四进则是主屋内宅的翻版，次子以下兄弟按长幼之序居住。两路院落的后横屋与后围墙间，建设花园式私厅的斗底屋，作为一家之长的日常起居场所。三达堂位于镬耳楼西侧，基本上就是镬耳楼的镜像翻版。双庆堂分为大庆、二庆两座，二三布局，大门也是东侧开。

图3-2-88　镬耳楼内巷道

东园别墅（图3-2-89～图3-2-91）被称为大芦村劳氏家族博物馆，由大芦村劳氏第八代孙劳自荣三兄弟于清乾隆二十二年建于榕树塘东侧，围墙内由老四座、新四座、桂香堂构成的三四布局，讲究对称，建筑占地面积7500平方米。为避越祖屋镬耳楼之嫌，其外门楼简朴无华，内部却别有洞天。前门楼两侧围墙翼张对接东、西外廊屋，与正屋间隔一个大可以纵缰驰马的大地院。3座主体建筑老四座、新四座、桂香堂同样也是由内廊屋分隔并列。新四座主屋后建设的斗底屋为两层楼房，额匾“望远楼”，居高临下，村中景致尽收眼底。东园的整体平面极像一个异体的“回”字，3幢正屋与内廊屋间的甬道，一概需要经过各自的第一进“到朝”的檐廊方可转进，跟各进侧门构成纵横交错、内回环、外封闭的形式。

大芦村劳氏家族资富能训，人才辈出。优良的生态环境和优秀的人才造就，相得益彰，到19世纪末，人口累计总数不足800人的大芦村劳氏家族就培育出县、府儒学和国子监文武生员102人，47人出仕做官，78人次获得明、清历代王朝封赠，现存大芦村古宅群的门口、厅堂的楼房上，共悬挂有14块匾额，向游客宣示着那一段段骄人的历史。

（五）钦州市灵山县苏村

苏村位于灵山县石塘镇，距县城30公里，距石塘镇2公里，与蒲北县寨圩、横县百合相距约15公里。北魏时期，先有初姓迁此定居，后有苏姓迁入，取名苏驿站，后改为苏村。苏村现存明清建筑15个群落，建筑面积69万平方米，分属苏、丁、刘、陈、杨、卢、张氏物业，这些建筑中又以刘氏祖居规模最大、保存最为完整。

明崇祯末年，刘氏十六世先祖由广东肇庆迁至灵山，而后十八世祖仕俭公又于清康熙年间迁至苏

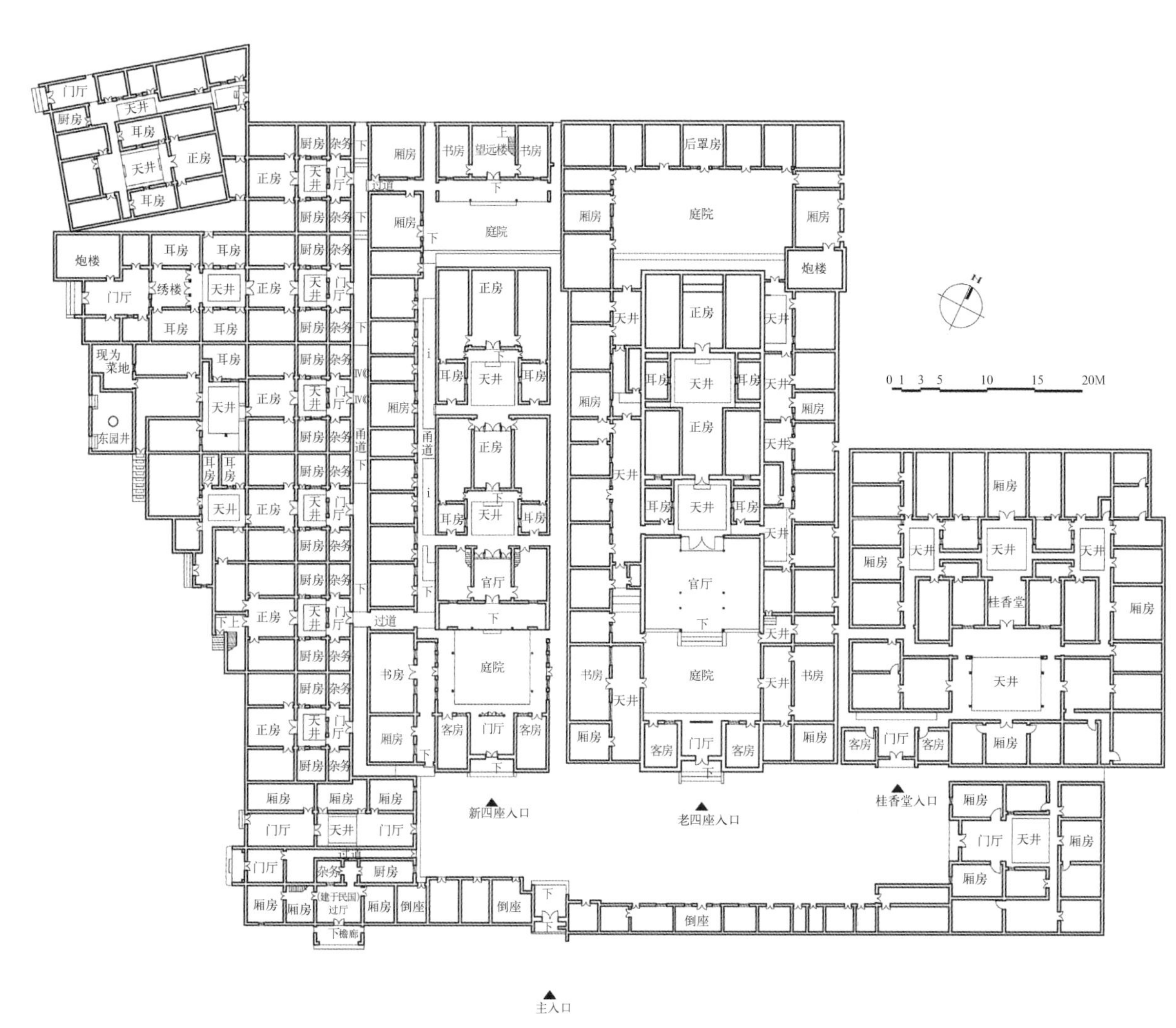

图3-2-89　东园别墅平面图（广西大学建筑学1998级测绘资料，韦玉姣指导）

图3-2-90　东园别墅大门

图3-2-91　东园别墅内院

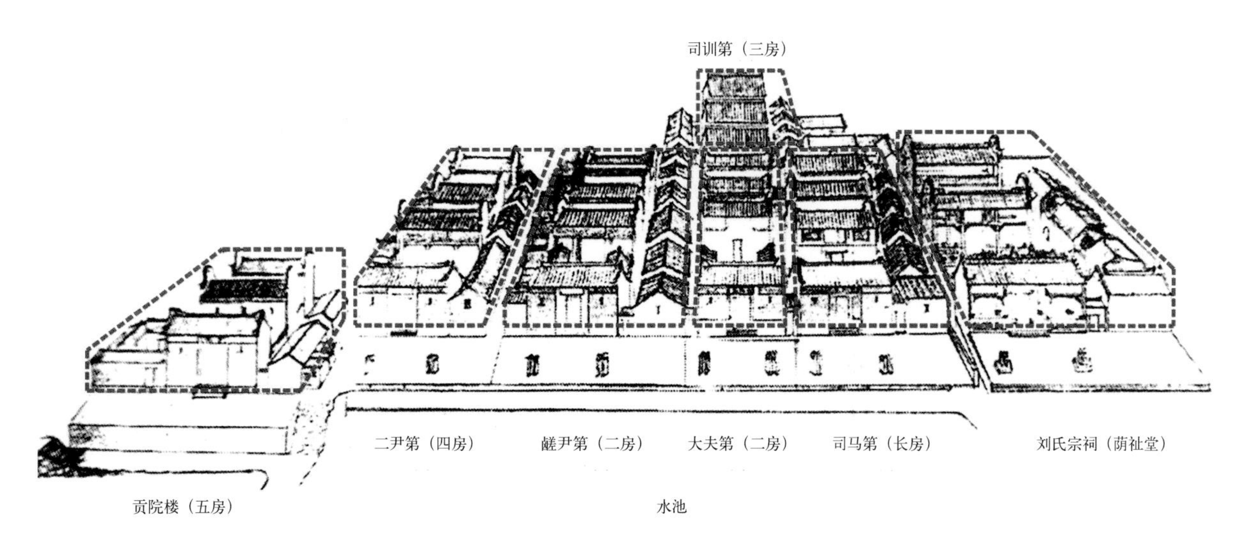

图3-2-92　刘氏古宅群鸟瞰透视图（根据刘氏族谱绘制）

村。仕俭公为邑痒生，诰赠中宪大夫。仕俭公发家致富后，从原籍肇庆和佛山等地聘请工匠，为其后代兴建了如今苏村刘家的大部分建筑。

古宅群坐落于苏村大村片松木岭山脉延伸的最低地带，造村时，古人综合周围山形地势、水源等自然条件规划部署，截宅前溪涧垒塞为塘，并以塘前大片平整肥沃的良田为宽阔视野，面对一石灰岩孤峰，以西面70余亩水塘——化龙塘为依托，形成如今的古建筑群。这7组广府式宅院分别是：中宪大夫鹤亭刘公祠、长房司马第、二房大夫第、二房鹾尹第、三第房司训、四房二尹第和右边为五房贡院第（图3-2-92、图3-2-93）。总体布局以大夫第为中心，左边为司马第，右边为鹾尹第，后面为司训第，构成一个倒品字形格局。在司马第左边隔

图3-2-93　刘氏古宅群鸟瞰

一条三房巷建祠堂，在鹾尹第右边隔一条石马巷建二尹第。祠堂至二尹第的大门一律持平，后背则稍有参差，大门前留有8.3米地堂。贡元第建在二尹地的右边，相隔一条往陈屋巷的通道。由于场地所限，整个院落建造向前推进8.3米，其大门与其他院落前地堂边缘拉平，门前顺地势向前高筑一土台，形成凸出包梢格局。

除祠堂外，各大院落的主体建造结构：司马第（图3-2-94）、大夫第、鹾尹第和二尹第为四进大屋，司训第和贡元第因地盘局限各为三进。地面由前至后逐进依次递高。主屋每进均为三开间，后进（头厅）为居室，二进（二厅）中间为神厅，三进（三厅）中间为过厅（即客厅），四进中间为院落大门。司训第在三进前天井右边另建大门，贡元第三进连大门。进与进之间设有天井，天井两边建有对称的厢房，构成一个四水堂的格局。除大夫第没有廊屋外，其他在主屋左边都建有通道和一排廊屋，鹾尹第和二尹第主屋右边还另建边房，司训第两边都建有通道和廊屋。每个院落自成一体，它们之间不设门户相通，相互往来只能从各自的大门或廊屋通道小门进出。

各大院落除主屋和廊屋外，司训第在左边廊屋之侧，建有一幢两进别墅式的大花厅，司马第三进过厅楼上建造成整个花厅；鹾尹第主屋背后相隔一条三房大门通道又建造石马巷小花厅（现仅存基脚）。这些花厅石柱、木柱框架结构，雕梁画栋、浮雕壁画、彩绘花鸟、富丽堂皇，是用作会客的厅堂。在二尹第右侧和后面相邻一带，分别建有酿酒房、柴草房、协号和七兴书室等附属建筑和住宅等，另建有兴号、大书房、信叫、行馆等多套住宅。

苏村刘氏宅第的建筑风格为典型的广府式（图3-2-95）。最为显著的就是每一座房屋山墙上的镬耳（图3-2-96），原有共计19对，后因炼钢铁修建高炉以及雷击或自然垮塌等因素毁去数对，但余下的镬耳群仍使得整个建筑群独具气势。数量如此之多的镬耳墙在广西地区的广府建筑中为仅有，足见苏村刘氏的富足奢靡。大量使用青石和青砖作为建造材料也是其他古建筑群所无法比拟的。各院落的大门及各厅正门皆用青石块砌成，高度有3.4米左右，各进两侧外墙基部及各厅前墙基部也是砌青石块。石块为长方形，规格多为1米，每块的重量都在100千克以上，石面均打磨平整光滑。过厅的檐柱、内柱也是用青石打制而成，所有台阶和大部分天井均用青石铺设。各院落主体建筑全部用青砖砌墙，质地致密，轮廓整齐，颜色一致。除此之外，刘氏宅第的石雕、砖雕、木雕和檐下彩绘、屋脊灰塑等都无不工艺精湛，实属广西广府式古建筑的精品（图3-2-97）。

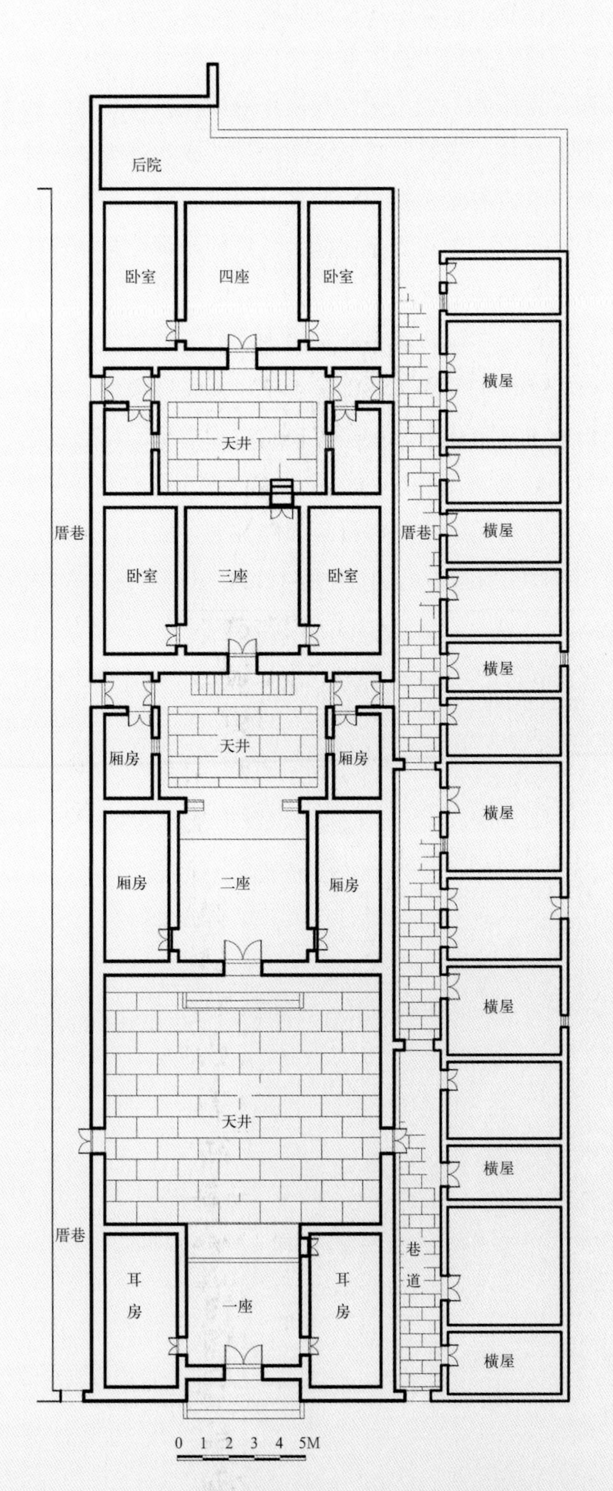

图3-2-94　司马第平面测绘图（广西大学建筑学2001级测绘资料，韦玉姣指导）

图3-2-95　刘氏宗祠

图3-2-96　古宅群民居

图3-2-97　梁架装饰

四、桂中、桂南的村寨

（一）来宾市七建龙腾村

龙腾村（图3–2–98）位于来宾市金秀瑶族自治县西北部的七建乡，距县城约40公里。龙腾村先祖梁氏梁信仰，于明末清初为了躲避战乱从广东南海迁来定居，至今发展为158户、626人的自然屯，现存清代民居49座。

龙腾村呈集中式的布局，方圆180米左右。村中建筑均坐西北朝东南布局，背倚靠山面朝田峒，背山像一条伸头到村前池塘喝水的龙，龙腾村也因此得名。村前左右各有一座矮丘，取“左青龙右白虎”之风水意蕴，左侧矮丘上建有文昌庙，右侧矮丘上原有五谷庙，“左祖而右社”。村后山上原有一炮楼，是村中制高点，现已毁。梁氏宗祠（图3–2–99）位于村落正中靠前的位置，前有宽25米、深50余米的广场兼晒坪，是村民的主要活动场所。龙腾村的布局，以祠堂为中心呈对称状，带有明显的汉族式村落的规划痕迹。

祠堂建于1792年，1804年落成，为三进三开间布局。正门门廊采用广府式样，廊柱一对，为八边形石质。正门上挂“春台梁公祠”牌匾，廊上设卷棚。正厅为三间三架，前排一对檐柱亦为石质，檐廊上悬挂“武魁”、“兄弟明经”、“成均进士”等牌匾，代表着梁氏祖辈的荣耀。头进为梁氏祖厅，供奉其灵位，为硬山搁檩插梁式结构。祠堂左侧设横屋，为辅助用房。

村前广场两侧亦建有民宅，位于宗祠之前，这一有违传统的布局估计是由于村落人口增加，原有用地不足造成的。根据其现有布局来看，村落规划属于较为典型的广府梳式布局（图3–2–100），多条平行布局的主巷与村落朝向一至，从祠堂一侧向

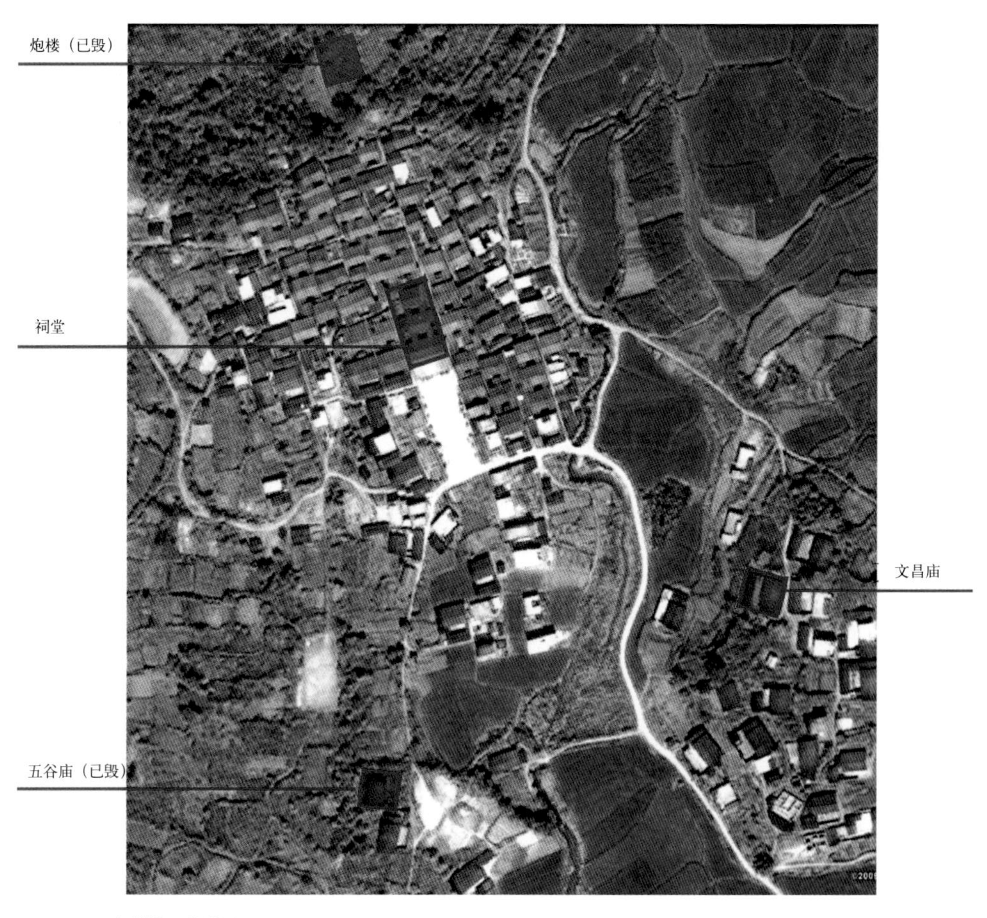

图3–2–98　龙腾村卫星地图

图3-2-99　梁氏祠堂

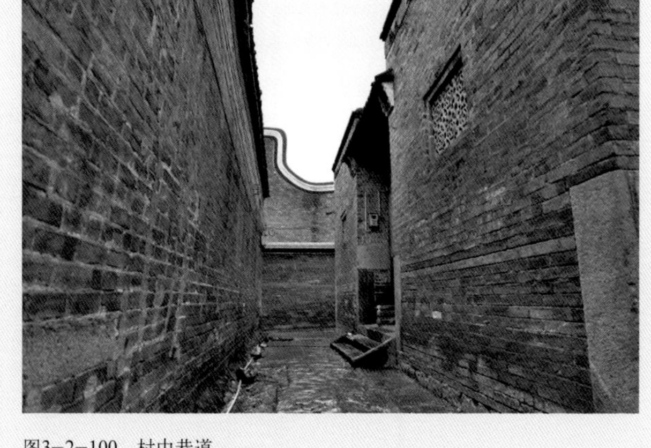

图3-2-100　村中巷道

西北面的靠山逐级抬高、延伸，支巷与主巷垂直，支巷之间并不完全连通，整个村落的巷道系统蜿蜒曲折，符合山地村寨的地形特点。整个村落被纵横交错的巷道系统划分为数十个建筑组团，每一组团的建筑或一进或二至三进，规模大小不一。

龙腾村40号宅为村中较为典型的单进民居（图3-2-101），四合天井式布局，大门开向正中形成凹门廊，中部天井3米×6米，两侧为厢房，3米×3米左右，门廊两侧房间与厢房连接，存放农具粮食等。正房三间，正中亦设有凹门廊，深2米，与天井通过5级台阶相连。门廊后为6扇雕花木门通向正厅，天气炎热时可将大门全开，大厅和天井形成通透空间，有良好的通风环境。厅正中墙上设神龛，厅后为楼梯间，通向二楼的储物隔层。正房两侧为卧室，共4间，南向的两间朝向厅堂开门并通过门廊采光，北向的两间向楼梯间开门并朝北开窗采光。

梁书科宅（图3-2-102）是龙腾村规模较大的民居，三进附有横屋。三进院落分属三兄弟，与通常院落式民居不同，此三进院落并不公用墙体，而是通过每两进之间的巷道相连，这使得每进宅第都拥有前后大门和门廊等建筑空间，显示出封建社会

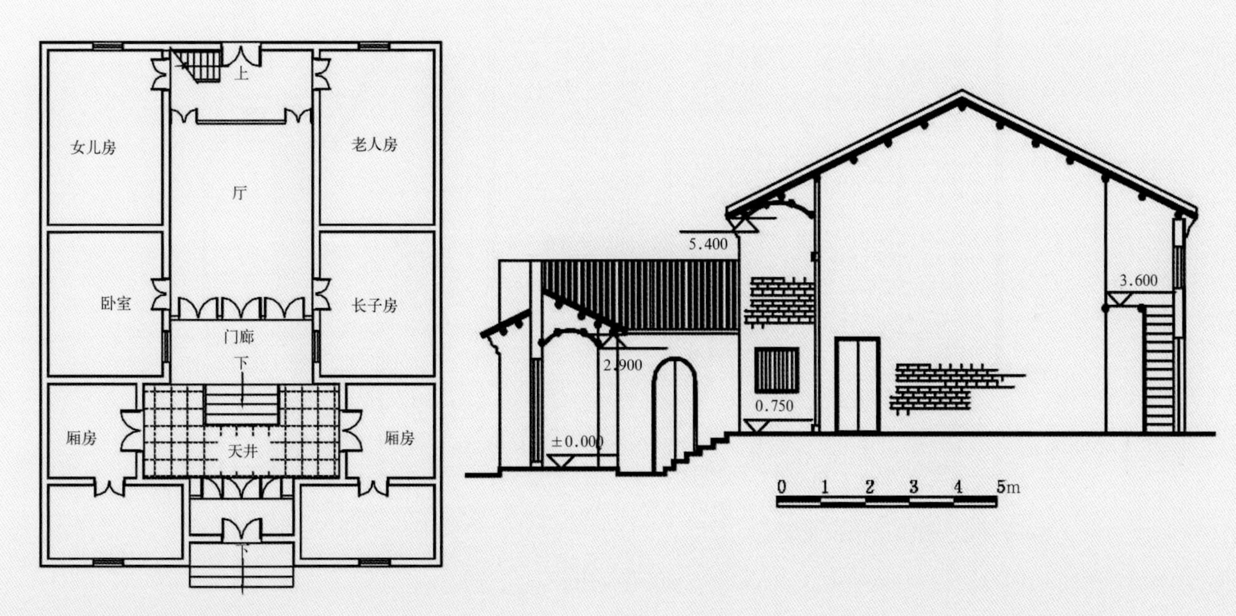

图3-2-101　龙腾村40号宅测绘图

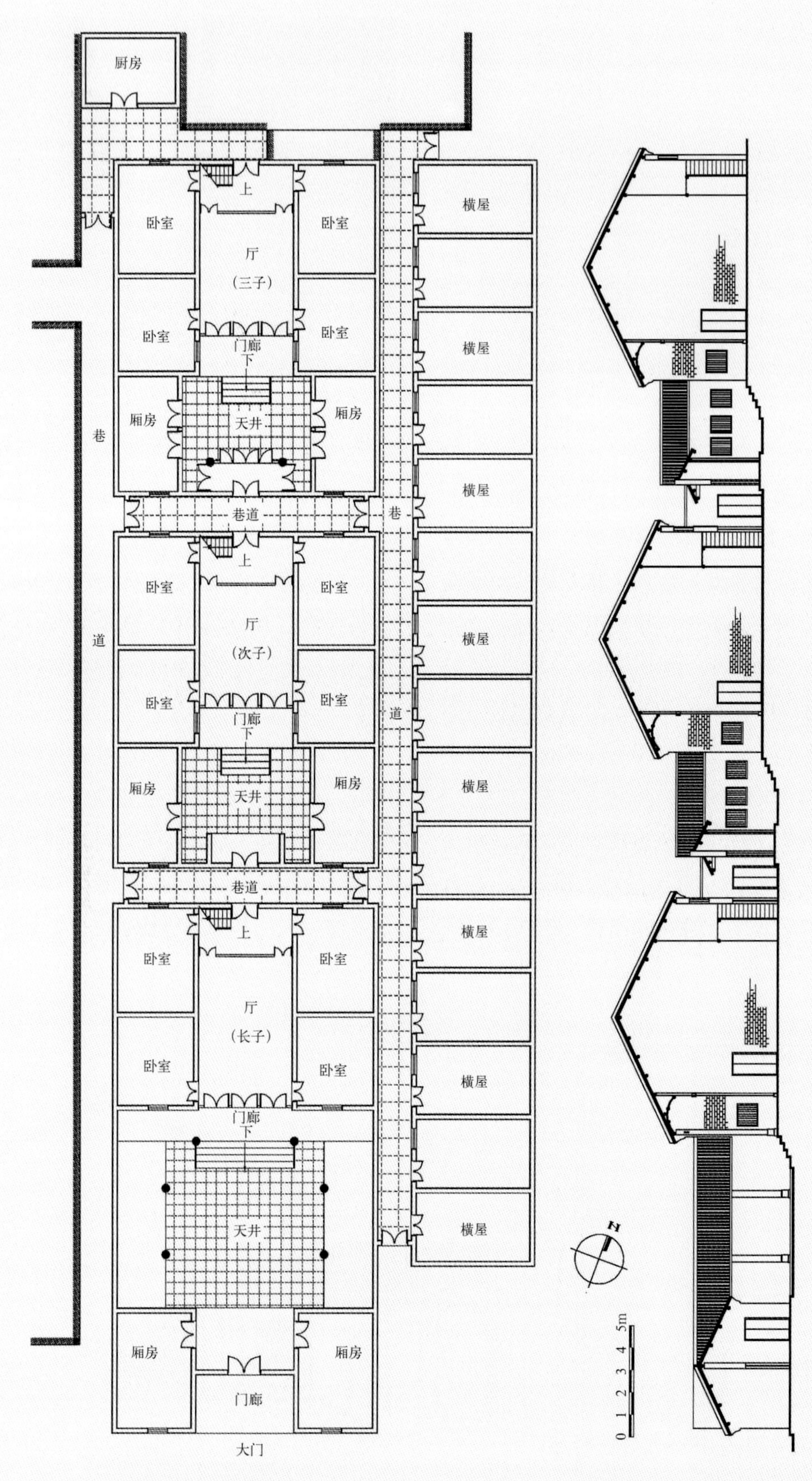

图3-2-102　龙腾村梁书科宅测绘图

后期大家族趋向解体而更加重视单个家庭的完整性。主屋和横屋之间设有2米宽巷道，横屋为家族所共有。

（二）贵港木格君子垌客家围屋群

君子垌客家围屋群位于距贵港市城区东南48公里的港南区木格镇云垌村君子峒，现称云垌村，原包括上垌、大垌、云龙、里那、石板5个客家村屯，清朝时属贵县怀北二里。由段心围、济昌城、茂华城、隆记城、祥合城、奎昌城、紫金城、火砖城、寿光城、茂隆城、元隆城、云龙围、桅杆城、畅记城、达记城、同记城、盈记城、显记城、谷坡城19座客家围屋城组成，单座面积在2500～4950平方米之间，分布范围约6平方公里，是广西最大的客家围屋群，也是一处十分奇特罕见的客家人文聚落景观（图3–2–103）。据民国20年《贵县志》记载，最早的围屋始建于清乾隆未年，大部分为清咸丰年间（1851–1861年）建成，距今已有200多年的历史了。这个客家围屋群最显著的特点就是城座多，规模宏大，设计精美，文化底蕴厚，历史悠久，原生态状况保持较好，交通便利。下面着重介绍段心围和桅杆城两座围屋。

段心围坐落在君子垌平坦田野的中间，把广阔的田垌分为两段，故称“段心围”，也叫“犁头城”。段心围为清朝附贡生邓逢元于清咸丰四年（1854年）建造，至今已有155年历史，是君子垌客家围屋中建造得最早的围屋之一（图3–2–104）。整座围屋坐南向北，建筑面积3000多平方米，二进五开间结构。正屋前面30米外是半月形的池塘，有围墙隔开；后面是一幢2层楼客厅，东西两侧各有2列横屋，与四角方楼组成方城。围屋四面是用灰砂夯实的80厘米厚的厚重围墙。围屋前面东西两侧各开一大门。东门较窄，平时不开，外有壕沟护城；西门较宽，为平时家人出入门户。门设3层，外层是坚硬的横式圆形条木大拖门，客家人称为“拖弄”，装有隐蔽暗锁；中层为厚实的木板门扇，里面是竖式原木“弄子”。关上东西两扇大门，围屋俨然就是一座城堡

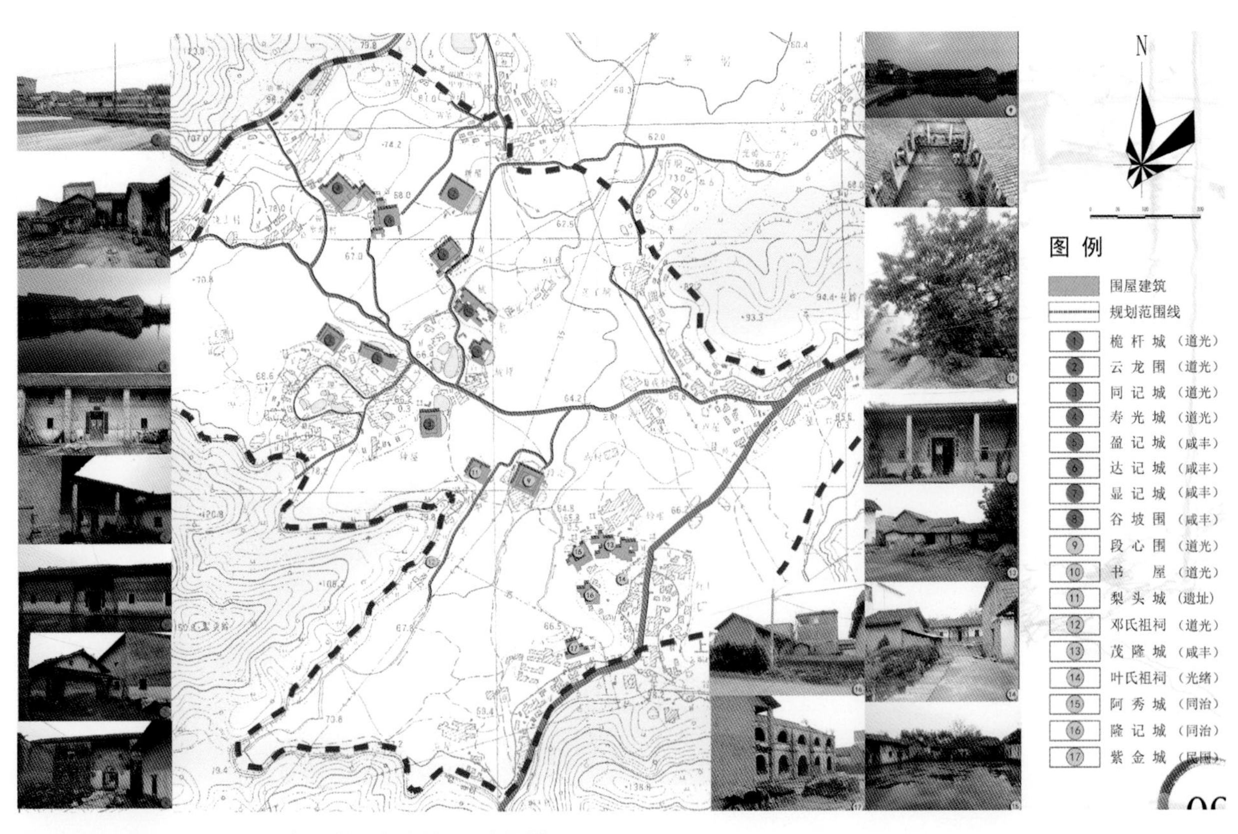

图3–2–103　君子垌客家围屋群分布图（广西大学城规2009级绘制）

图3-2-104　段心围北向立面

图3-2-105　段心围三重防护的大门

（图3-2-105）。围屋前面池塘边的围墙有4个直径约30厘米的“炮眼”一字摆开，后面与东西两侧楼上遍布“枪眼”。如发生匪贼扰乱，只要关上两个大门，挂上土炮，备好枪械，匪徒就不敢靠近。况且围屋生活设施齐全，有磨房随时可以加工大米，有水井，保证人们生活用水，还有一次能蒸30斤米饭的大饭甑。即使围屋关闭一月半月，里面的居民也能饮食无忧。由于历史的原因，现在的段心围从内部空间被分成南北两部分，互不相通，分别住着不同的人家，这和客家内聚互通的性格完全不符。邓逢元的后代多在段心围四周建起新楼，围屋人去屋空，许多砖瓦已经破旧脱落，屋门前的半月形水塘已被泥土填平，整座围屋显得苍老，缺少生气和灵气。

桅杆城，又名畅记城。民间之所以称为“桅杆城”，是因为清宣统年间客家人黎庚杨才学超人，考取拔贡，地方官府为了褒奖客家人的杰出表现，特拨出专款，在拔贡者所在的城座月牙池塘前筑建两条别的城所没有的桅杆，杆高四丈，古代官吏过此，文官须下轿，武官须下马，以示敬意。桅杆城属于

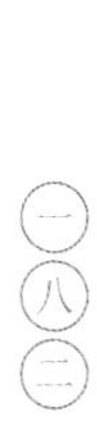

图3-2-106 桅杆城北向立面

粤桂常见的长形的四方城围城结构，具有四方城外部及内部结构变化多端的特点，分新城（也称畅记城）和旧城，祠堂分别采用“二进二横式”、“三进三横式”两种，围屋以宗祠为中轴，不断向两边扩展出横屋。该城是君子垌保留得比较完整的围屋之一，整座围屋用青砖青瓦砌成，方形四角四楼，门前为半月形水塘（图3-2-106）。围城分三道门来防御，外城墙门是入城的第一道门；第二道门是围屋屋门，门框是用坚固的青石条雕刻成形的，门分为三层，第一层几条粗大的圆柱从上方石孔直插到门框下方的石窝，形成栏栅，第二层是粗圆木制成的拖笼从一边向另一边横向拖拉开关，第三层是从内侧完成操作的对开的加厚板门；祠堂大门是第三道门，打开它，除了厅堂，就是客家人的房或厢了。桅杆城中间的祠堂和两侧的厢房都保留得很好。主体结构砖木抬梁结构，屋檐精雕镂刻、飞檐翘角；板墙外壁、厅堂内壁沿墙均绘有长幅壁画，内容为麒麟送子、飞禽奔马、竹木花草等精美图案。

注释

① 覃彩銮等．壮侗民族建筑文化［M］．南宁：广西民族出版社，2006：218．

② 白正骝．“款约”与广西近代侗族社会［J］．广西师范大学学报（综合专辑）1997增刊．1997：130．

③ 龙脊古壮寨生态博物馆资料。

④ 杨昌鸣．东南亚与中国西南少数民族建筑文化探析［M］．天津：天津大学出版社，2004：125．

⑤ 陈耀东．鲁班经匠家镜研究［M］．北京：中国建筑工业出版社，2010：22．

⑥ 钟文典编．广西近代圩镇研究［M］．桂林：广西师范大学出版社，1998：371．

⑦ 陆琦．广东民居［M］．北京：中国建筑工业出版社，2008：46．

⑧ 马丽云．桂林江头村科举家族兴盛原因初探［J］．传承，2009，第11期：158．

广西古建筑

第四章　寺观坛庙

广西寺观坛庙分布图

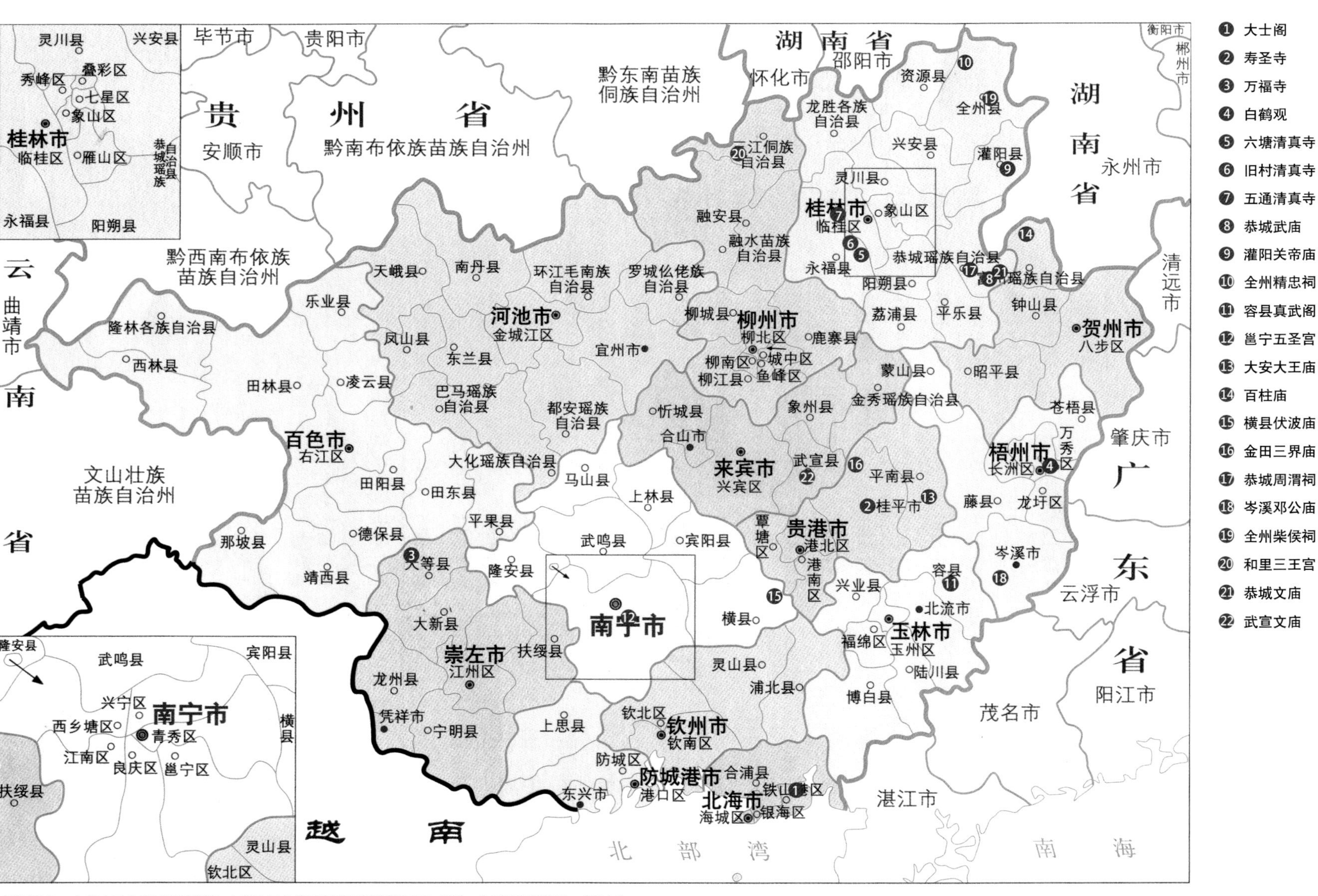

（地图引自：中华人民共和国民政部编. 中华人民共和国行政区划简册2014. 北京：中国地图出版社，2014.）

第一节　佛教、道教建筑

一、佛教建筑

（一）概述

关于佛教传入广西的时间，当今学术界较为一致的意见是在汉末三国。汉末三国是佛教进入广西的初传期，佛教由海上经扶南到达交趾港，然后由南至北传至江南。唐至宋是传入广西的鼎盛期，中国化的大乘教又由北至南传回广西，以桂州（治今桂林）为传播的中心。因此，广西佛教宗派起于唐代，自唐后，中国曾流行过律宗、天台宗、净土宗及禅宗，但只有净土宗与禅宗在广西流传时间最长、流传面最广。宋朝为广西佛教传播的鼎盛期，以禅宗和净土宗传播最快。南明在桂林抗清失败后，一些著名文士如浑融、性因、方以智、石涛等以遁入空门的方式避世，从而给广西佛教文化的发展注入新鲜的力量。他们的出家地如桂林的栖霞寺、全州的湘山寺、梧州的冰井寺等因此重新兴旺。清初入桂的清将孔有德等为了在广西振兴佛教，在桂林建造了规模巨大的定粤寺，并鼓动各府州县建新寺修旧庙。

但这只是短期现象，从总体来看，自明以后广西佛教进入衰落期，主要是因为此期禅、净两派合一，儒释道三教合一，宗派不再那么森严，虽吸引了很多文化较低又深受苦难的平民，促使佛教走向民间，甚至深入到桂西山区，但日趋儒释道三教合一的佛教，在民间巫教的包围下日趋世俗化。观音、关公、文昌在许多佛堂中合祀的现象十分普遍。清嘉庆《广西通志》中言："粤西民力俭薄，二氏之庐无宏观杰构，为一方名胜者。然自明以来，乡里之间，茅庵村院，亦不可胜计。"[①]这些数量众多的茅庵村院，很少按伽蓝七堂的布局。多属观音堂、观音庙，与文昌庙、真武庙、关公庙并列，或是同在一神坛共祀。有的地方还把地方俗神花婆放入观音庙共祀。清初，在广西著名的佛教圣地桂平县西山建成的洗石庵，即体现了清代广西佛教儒释道三教合一，以及走向世俗化的倾向：庵内设佛像、老子骑牛像、儒家三帝像，以及文昌、魁星等像。佛教在柳州的变迁更有代表性，宋代柳州宗教中心仙奕山山下为佛教，山上为道教。明以后，转以对面的鱼峰山为中心。山上既有观音大士阁、十八罗汉岩，也有三清、三星神仙像，还有盘古、花婆神，甚至还有原始的石祖生殖崇拜。这种把巫教神祇与佛教混合的方式，使佛教在广西无可避免地走向了衰落。

根据广西方志统计，广西较大的寺院庵堂，"明代新建的有106座，其中万历后建的占70%；清代道光前新建的有76座，其中康熙间建的占50%"。[②]清代，寺院遍及广西所有州县，包括未改流的州县亦有佛堂。在民间巫教的包围下，佛被当作神来膜拜。但由于社会发展及历史原因，广西能较完好遗存至今的寺庙屈指可数，其中包括北海市合浦大士阁、桂平市寿圣寺、崇左市天等县万福寺。

（二）实例

1．北海市合浦大士阁

大士阁位于广西合浦县山口镇永安村的海边，建于明成化五年（1469年），原为坐落在永安古城中心（两条主要通道的交叉点）的鼓楼，是古城内具有报警功能的重要军事设施之一，也是古城的地标。清以后，随着永安城军事地位的下降，鼓楼逐渐成了供奉观音大士的佛教场所，也因此被称为"大士阁"。大士阁坐北朝南，由前后两座2层重檐歇山顶楼阁建筑勾连搭而成，前后楼阁的二层楼板连接一体。在其建筑结构与局部构件中遗存了许多已经在其他地方消失的古制，颇有宋制风韵，是研究广西古建的难得实例。

大士阁两阁皆面阔三间，殿身通面阔9.66米，前座进深三间（6.6米），后座进深四间（8.46米），前座后檐柱与后座前檐柱间相距1.34米，因此两阁通进深八间，共16.4米，阔深比为0.59：1。因为是楼阁式建筑，所以大士阁二层平面布局与一层相左，呈"凸"字形，其中前座二层面阔由一层的三间缩为一间（4.66米），即仅余明间；后座为三间，但后座二层的次间缩进，其面阔仅是一层次间的近

1/2，所以二层通面阔为7.66米；二层进深为六间，进深方向较一层前后各收进一间，因此二层通进深为13.1米。二层凸字形的空间中，前座部分为参拜空间，后座二层四金柱间为祀奉空间，设供奉观音大士像的神龛，四周以樟木精雕花窗壁体围合，显示了宗教的庄重感和序列性（图4-1-1）。

大士阁的柱子均采用当地的铁力木，其柱径有三类：360毫米，420毫米，520毫米。其中底层一圈外檐柱及二层后座外檐柱的直径均为360毫米，后座金柱柱径520毫米，前座一层明间梁架（除前檐柱外）柱径均为420毫米。木柱均为梭柱造，每柱柱头以下1/3柱高处、柱底以上1/3处卷杀呈弧形，下收分率是上收分率的1/3[③]。因其优美的弧度具有一定的装饰性，这种梭柱常在桂东南、桂南一代的公共建筑中使用。每根柱底均设石柱础，其形式有方唇素面鼓墩、圆素面覆盆墩、方唇莲瓣覆盆墩等。此外，前后角檐柱略微向明间内倾，形成侧脚，但无升起。从用材上看，檐柱柱径0.36米、柱高3.14米，柱径是柱高的1：8.7，接近清工部《工程做法则例》1：10的规制（图4-1-2）。

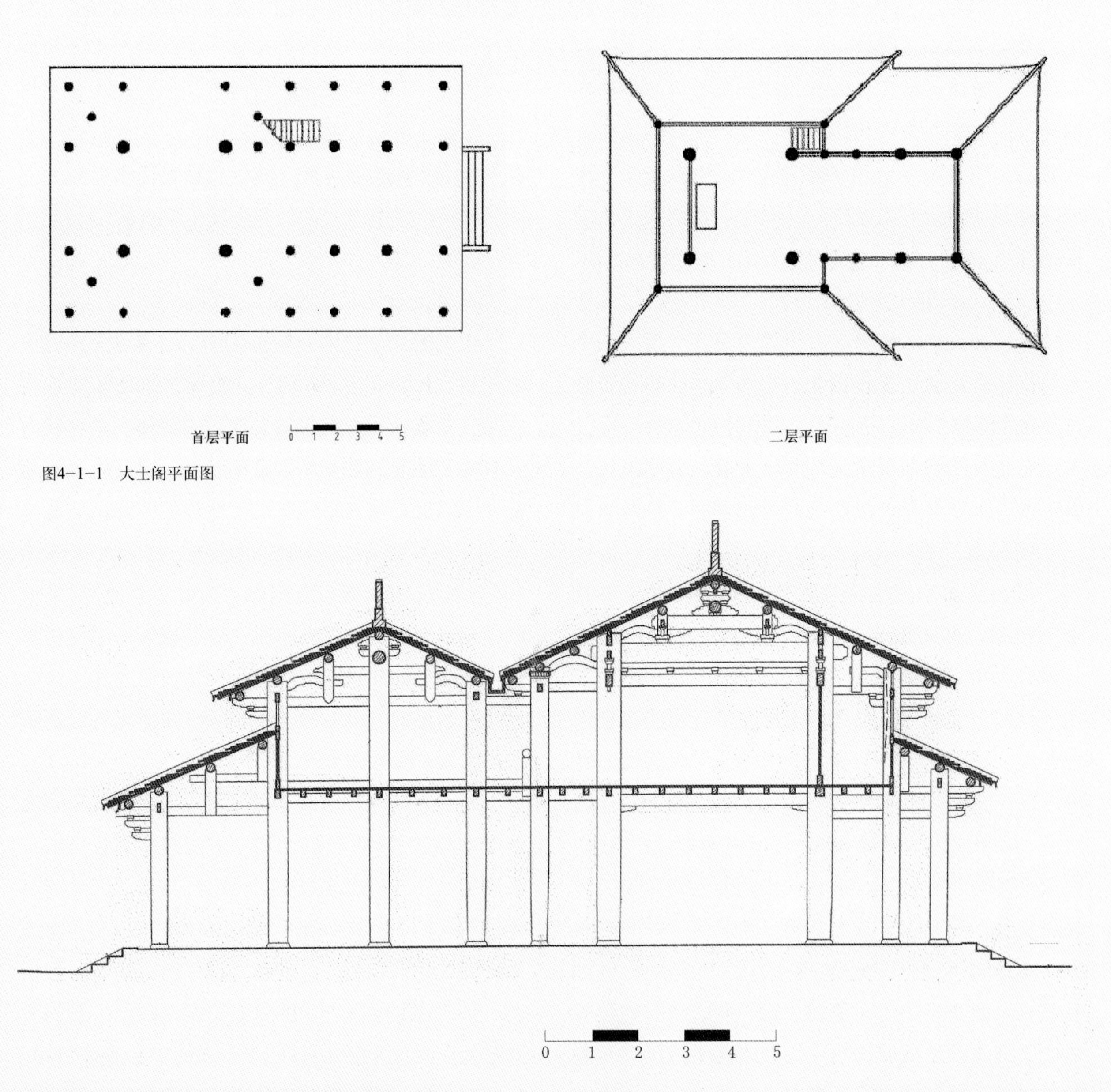

图4-1-1　大士阁平面图

图4-1-2　大士阁剖面图（广西文物保护研究中心绘）

合浦大士阁采用插梁式和穿斗式两类木构架。其中前座两山用穿斗式木构架，为五檩中柱无廊式；于中柱上设梁枕木两层，以斗相连；为了增强楼阁式建筑梁架间的拉牵作用，前座两山木构架使用了特别粗大的随脊枋（直径26厘米），较檩径大10厘米；蜀柱与前后檐柱间设扁作月梁式劄牵（束水枋），梁肩有卷杀，梁底向上拱起，不设梁项，梁头穿出柱外，具有装饰性（图4-1-2）。

后座为插梁式木构架，九架椽屋前后双步梁通檐用四柱，其中两金柱间的五架梁为插梁式，前后双步梁为穿斗式；中柱上设三层梁枕木，每层梁枕木形式都不同，其中最下层为两瓣驼峰形，为较古之制，梁枕木间以斗相连，很具装饰性，也凸显了后座空间在宗教仪式中重要的地位；随脊枋直径与前座同，以大斗承托，枋两端设替木，替木与大斗相连，即使用单斗只替的做法，这种做法在《营造法式》中多次提及，是等级较高的木构架的做法，强调了空间的等级；五架梁以大斗承托蜀柱，蜀柱上的随檩枋端头设插栱，有襻间意味，可减小随檩枋跨距，并构成倒三角形加强对节点的支持，减轻了柱头的直接受压；为了强调空间象征意义，在后座前后金柱上设看架式屋内额，即在内额上方用一斗三升栱，其上加施两层素枋，素枋间以斗相连，这样的看架式内额在增强两榀梁架间拉牵作用的同时，极富装饰性，在广西现存的古代建筑中也是较为罕见的；为了增加后座横向梁架的装饰性，不仅使用扁作月梁式劄牵（束水枋）、雀替，还在五架梁下的随梁枋上使用斗与其相连，和梁枕木间的斗相呼应；此外，后座前檐柱柱头直接设雕刻成莲花状的异形圆斗及替木来承托檩条，圆斗这种类型在北方很少出现，在岭南地区至迟到唐代便已运用，是具有地方特色的构件，这种斗既保护了柱端，增加柱与檩的接触面，也有较强的装饰作用。而在柱头设斗和替木来承托檩条的方法，与《营造法式》中的单斗只替接近，这种方式在晚期消失，这再一次印证了该阁木构架时间上的先期性（图4-1-2）。

前座较后座略低，体现了建筑空间的主次关系。前后座之间以隋、唐以后少见的“承霤”做法衔接前后两座，并将前座上层大穿枋穿出前座后檐柱与后座前檐柱相卯接，并在其上设斗承托后座前檐挑枋，使前后两座楼阁无论在空间上，还是结构、装饰上都融成一体，提供更大的统一空间供民众聚集、休憩。挑枋的形制也具本土特色：除前座二层前檐用双层挑枋外，其余使用三层挑枋，挑枋均采用枋端上加斗的做法，以达成插栱的意象，这其实是北方抬梁式木构架中插栱与南方穿斗式木构架挑枋相结合的结果，既显示了建筑的高规格，也反映了地域特色，挑枋最上层都穿过檐柱，与室内的金柱相连，加强木构架的横向联系（图4-1-2）。

大士阁前后两座顶层均为歇山顶，屋架举高与二层前后檐檩距离之比约为1∶4，基本符合宋代《营造法式》以房屋前后撩檐枋之间的水平距离为（B），在前后撩檐枋的连线中点举起1/3至1/4（B）作为脊槫上皮的高度的规制，使整个屋面曲线趋于平缓（图4-1-3）。

因临近大海，风力较强，屋面使用厚重的辘筒瓦和红色板瓦底瓦，以石灰砂浆裹垄。屋脊为广府式，其中前座正脊高约90厘米，为博古脊式样，脊两端砌图案化的夔龙纹，夔龙纹上设尾部向上翘起的鳌鱼，正脊中央设莲花托团花寿字灰塑，脊身中间饰以蝴蝶、花卉灰塑图案；其垂脊及戗脊为大式飞带式，垂脊相交之处如山峰，脊底化作卷草向上卷翘；垂脊脊身饰道家八宝及卷草灰塑浅浮雕，戗脊饰花草灰塑，腰檐翼角戗脊脊身饰夔龙纹。后座正脊采用高达1.1米博古脊，正脊两端为夔龙纹，夔龙纹上设圆雕灰塑凤凰，正脊中央设莲花托镜面灰塑，脊身分为3幅矩形框主画，中央一幅饰浮云龙纹灰塑，西侧一幅饰仙鹤（暗喻“寿”）和鹿（暗喻“禄”），东侧一幅饰燕子（暗喻“平安”）和两头狮子（暗喻“事事如意”）；后座垂脊及戗脊也为大式飞带式，但在垂脊底化作昂首的瑞龙，彰显后座空间在整组建筑中的主体地位（图4-1-4、图4-1-5）。

此外，大士阁虽为两层楼阁式，但二层高度较低，上层檐口距一层腰檐不到1米，并以木雕花窗

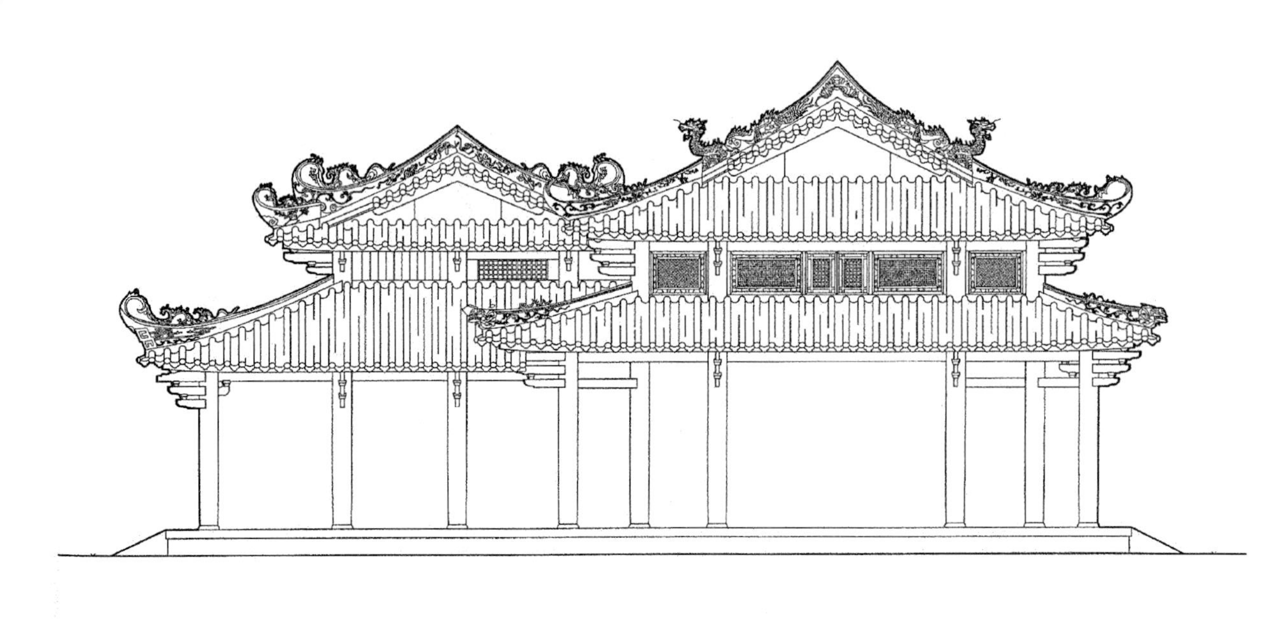

图4-1-3 大士阁侧立面图（广西文物保护研究中心绘）

图4-1-4 大士阁侧面（卜晔婷等摄）

图4-1-5 大士阁正面（卜晔婷等摄）

作为封墙，使整座建筑更似重檐歇山顶的单层建筑。为了使二层有足够高度的空间进行礼拜，匠师将二层楼板设于腰檐之下的位置，高度约与腰檐檐口平齐，从剖面上看更似夹层空间。

2．桂平市寿圣寺

白石山“寿圣寺”建于宋嘉祐三年（1058年），历10年而成，明正德年间重新扩建，后历代均有重修。现存建筑为清道光二十八年太学生黄焆祖等重建，寺内现有佛像重塑于1988年，除大殿破废外，其余各殿均保存较好，寺额为宋神宗赵顼敕赐。

该寺坐东北向西南，为三进三路合院式建筑群，中轴线上依次布置着该寺最重要的建筑：山门、钟楼、前殿、大殿和后殿，建筑台基依托地形由前至后渐次升高。各殿之间设天井，其中第一进天井中间设钟楼，山门前设石牌坊。中轴左右各有一路建筑与之并列，每路均设厢房、天井以及各殿之副殿（耳房）（图4-1-6、图4-1-7）。

中轴线上第一座建筑是仙宫牌楼，三间四柱五楼，以朱砂条石榫卯连接而成。四柱下两侧均设抱鼓石，额枋上有栩栩如生的八仙人物及奇禽怪兽等浮雕装饰。正面二重檐下正中刻“仙宫”二字，额刻“白石洞天”四字，落款“郡守卢陵伍典题书”。

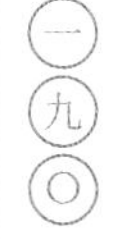

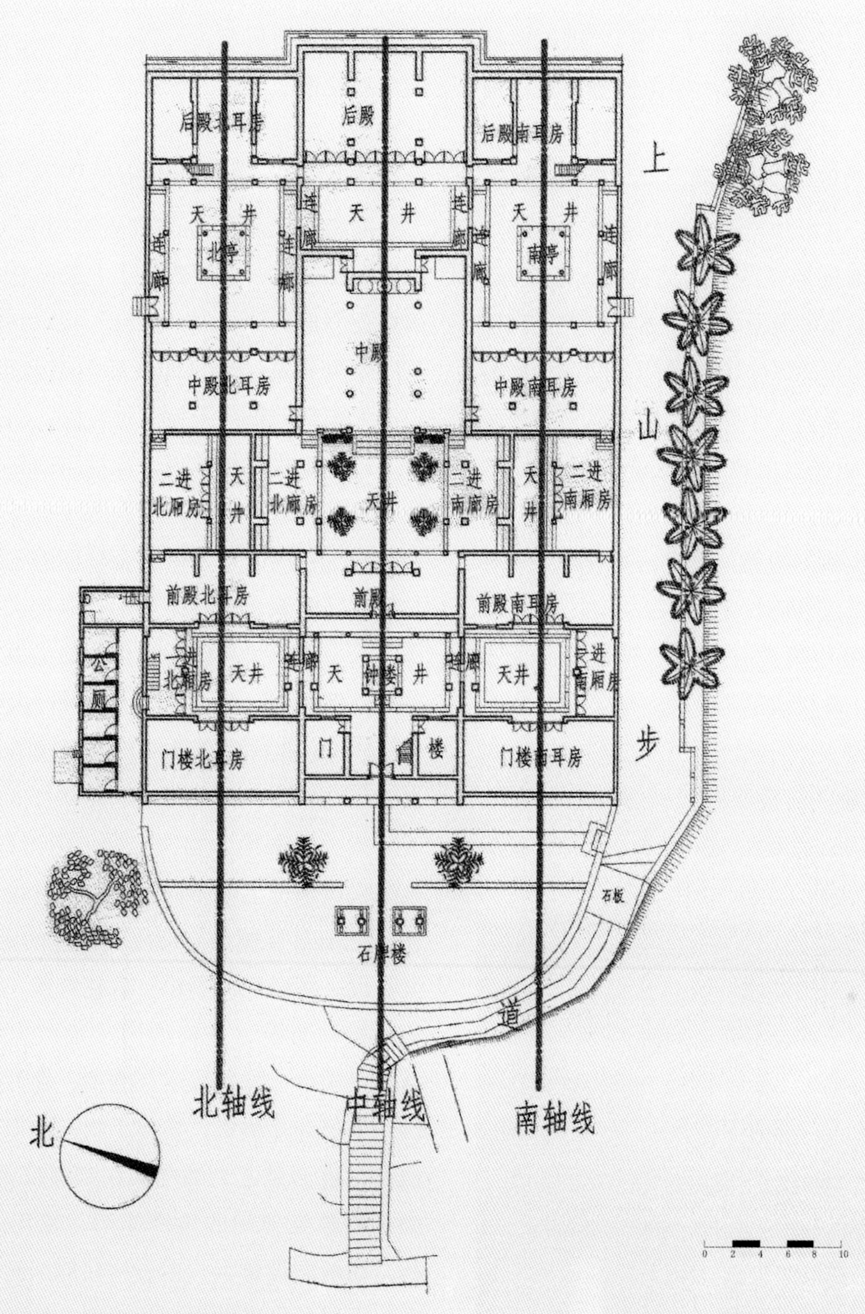

图4-1-6　寿圣寺总平面图（广西文物考古研究所绘）

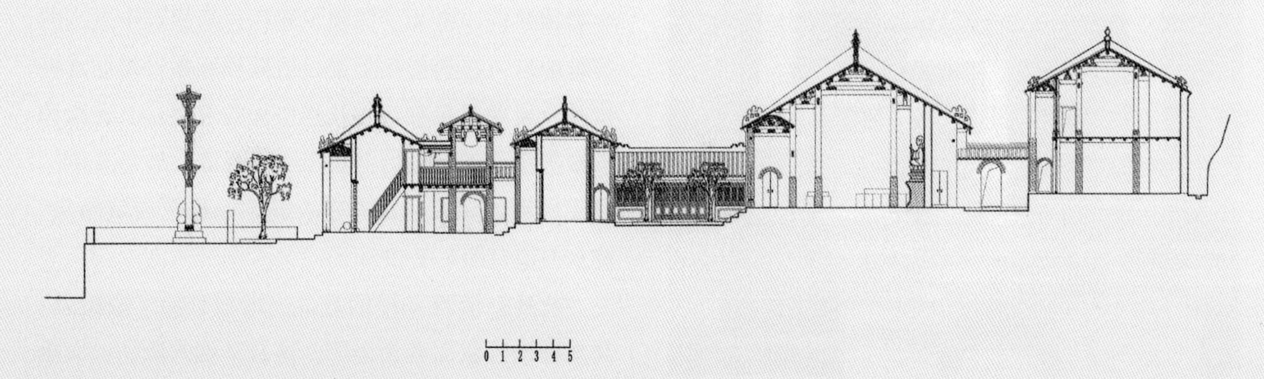

图4-1-7　寿圣寺剖面图（广西文物考古研究所绘）

寿圣寺山门面阔三间（宽11.3米），进深两间带前廊（6米），高6.6米，采用硬山搁檩方式。前廊柱为砖砌圆柱（直径约44厘米），两柱之间以及柱与山墙间以木枋拉牵，木枋两端向下微微曲折，略呈“虾弓”状，其形仿广府式石虾弓梁。前廊顶设船篷轩，以繁复的雕花博古梁架衬托，是桂东、桂东南清中后期常用的做法，以增强入口的正式感和华丽感。大门为岭南风味的趟龙门，门前设抱鼓石一对。门旁墙上各开上下两窗，墙上沿施彩色画幅式墙楣画，山墙伸出至檐柱之外的部分饰以墀头，以承托前后出檐。屋顶用合瓦屋面，绿色勾头滴水剪边，封檐板雕刻精美，正脊、垂脊都采用朴素的板瓦叠瓦而成（图4-1-8）。

山门后的天井中央设一钟楼，钟楼平面为方形，边长2.8米，钟楼通高8.2米，用穿斗式木构架，中悬铜钟。

钟楼后是前殿，前殿面阔三间（宽11.3米），进深三间十一架（5.72米），高6.2米，构架为插梁式（十一架前后廊式）。前廊构架、形制与山门同；前后墙间设七架梁，梁头榫入墙体；七架梁上置源自夔龙纹的回字形梁架承托檩条；后廊不设轩棚，以简洁的回字形梁架承托檩条。

图4-1-8　寿圣寺山门

前殿与大殿间为二进天井，天井进深8.5米。大殿面阔三间，进深四间十七架前卷式（12.4米）。前廊设方形砖柱，以“虾弓”状木枋拉牵；前廊柱与山墙间砌筑砖墙（即次间前廊砌砖墙），开拱形门进入大殿，拱门上设三排花窗；明间前廊设船篷轩，以画轴式花板承托，花板下的三架梁及随梁枋间以雕花柁墩相连。殿身内部用插梁式木构架，前檐柱与金柱间的双步梁、金柱间的七架梁、后金柱与后墙间的双步梁均采用扁作月梁式，端头榫入柱身，其中七架梁穿出柱身部分斩凿成向上起翘的卷草样，似龙头。前双步梁上设驼峰及一攒十字斗栱（隔架科斗栱）承托水束及方形檩条，同时起到很强的装饰作用；七架梁上以驼峰加大斗的形式承托五架梁，五架梁为扁作直梁，两侧直接承托檩条，其端头造型与七架梁同；五架梁上设单挑驼峰斗栱承托三架梁及檩条，即以驼峰上的大斗直接承梁，大斗设一跳纵栱（华栱）承托方檩，其中纵栱可减小随檩枋跨距，并构成倒三角形加强对节点的支持；三架梁上设蜀柱承托脊檩，蜀柱上设梁枕木两层，下层为斗栱状，支撑上次三角形花板，很具装饰性，也凸显了大殿空间在宗教仪式中的重要性；为了增强梁架间的拉牵作用，使用了较大的随脊枋，枋两端设替木。后金柱与后墙间的双步梁上则直接设蜀柱支承檩条，体现穿斗特点；为了与前双步梁相呼应，也为了体现正殿在这组建筑中崇高的等级地位，在其蜀柱上设一层纵栱和雀替辅助承托檩条，展现了正殿明间礼拜空间的重要性。大殿为供奉佛像，于正殿后部设凹字形屏墙，墙后开侧门通往后殿。大殿屋顶亦用合瓦，以绿色琉璃勾头、滴水剪边（图4-1-9）。

此外，值得一提的是，大殿檩条除了脊檩外，其余檩条的截面皆为矩形，这是早期的做法。大概由于圆形檩条等级更高，因此在后期均改用圆檩。

图4-1-9　寿圣寺大殿

若圆檩下不设方形的随檩枋，则会在驼峰斗栱上加替木以更好的承托圆檩。大殿除廊柱外，其余柱子都使用了高约1.8米的砖做柱础，其高度甚至超过了神坛的高度，在广西为此一例。

后殿面阔三间，进深四间十六架（9.3米），高9.5米，用插梁式木构架。前廊形制与大殿相仿，殿内插梁式木构架则不再用斗栱辅助承托檩条，仅以具有一定装饰性的柁墩承托梁架，梁架端头有些用夔龙纹，其整体等级较大殿低。因为后殿为双层，因此使用了高约3.7米的方形砖砌柱础来承托其上的木柱及柱础，这样一层皆为砖柱，二层皆为木质圆柱，突显了二层空间的相对重要性。

3. 崇左市天等县万福寺

万福寺位于天等县向都镇北郊1公里处万福山（琅山），该山孤峰挺拔，圆如卓锥，高约60米，腰径约50米。南麓有一洞直通北面山巅，数小洞通左右山腰。《徐霞客游记》载："夫此一山，圆如卓锥，而其上则中空外透，四面成门，堂皇曲室，夹榭飞甍，靡所不备。"

清康熙十一年（1672年）于山上洞口建万福寺，洞下层建文武庙供奉孔夫子、关公、岳飞几位历史人物。洞前石壁上用枧木架一天桥，经300余年仍相当坚固。沿岩建设亭台楼阁，云梯曲折，栏槛透迤，层叠而上，直达山巅。寺门两柱镶有对联："文笔纪春秋万古纲常照日月，武功盖汉宋两朝义勇壮山河。"今寺内佛像已毁，寺院犹存。

图4-1-10　万福寺

寺院在岩洞里建造，所以也可以称为"窑洞寺院"。寺院的建筑分为5层，层层升高，直至山巅。首先是在山洞之前建有山门5间，为两暗三明的方式，硬山顶，砖木结构建筑。山门次间与梢间之间砌山墙，梢间前墙开大花窗口，内壁各开小拱门出入。次间穿斗式屋架，分前后档，前档四架穿，后档六架穿，不用人字架，以瓜柱支撑檩条。木柱均用当地有名的硬枕木，柱下为石鼓倒莲花形柱础。封檐板上的桷板外头削成扁葫芦状，涂蓝漆。后墙正间开一大圆门，门外是一斜坡天井，通往文武殿。

第二层是两层歇山式顶的文武殿，因两面临崖，整座建筑面阔为不多见的两间，用穿斗式木构架。殿分地、楼两层，上层可能是寺内僧人寝宿间，一层殿内还有一个大的窑洞。外筑弧形围墙，围墙墙基以片石砌筑，其上为火砖。在大门两边对称地开设3组（每组七直孔）窗口。歇山顶屋面覆小青瓦，正脊上塑浮云、火球装饰，两端塑龙首吞脊。

第三层从侧面向上，为4大间，此殿曰观音殿。从右侧有斜梯可以登上第四层。第四层为如来殿，上覆歇山式顶，此殿与观音殿甚近。第五层建有一个木质

图4-1-11　万福寺山道

小桥，从这里可以进入山间窑洞之中。万福寺是窑洞寺院，采用木质挑悬式结构。用窑洞建筑作为寺院，这在全国是唯一的实例（图4-1-10、图4-1-11）。

二、广西道教建筑

（一）概述

道教源于中国古代的巫术、秦汉时的神仙方术，殷周时期的尊天祀祖观念是我国道教的思想根源。道教于东汉传入广西，时有道士到广西容县都娇山修道。东晋著名道士葛洪曾在北流勾漏山修炼。唐宋时，道教在广西发展很快，桂东北、桂北、桂东南、桂南、桂东等地均有宫观分布，其中以桂东北居多。元朝时，道教向桂西、桂西南传播，土司地区如土万承州（治今大新县）、土上林县（治今田东县）的治所分别建起了道观。桂北的永福、桂南的崇左也传入了道教。

明朝时，道教失去了官方的政治支持，再加上道教自身理论的停滞、组织涣散，从而走向了衰微之路。内因及外因交织迫使道教走向世俗，其内容变得明显简单化和粗俗化。明朝，道教的传播范围扩大到广西的一半地区，尤以桂南、桂西发展较速。桂西边远少数民族地区如镇安府（治今德保县）、田州府（治今田东县）、泗城府（治今凌云县）、旧城土司（治今平果县）均建立了道观；桂西南少数民族地区的土府思恩府（治今平果县）、向武土州（治今天等县）等地亦修有道观。

清朝统治者明确尊黄教（即喇嘛教）抑道教，道教走向衰落。但在广西，道教却走出另外一番天地，新建许多道观，并深入桂西地区。究其原因是因为广西土著多为百越族的后裔，越人好鬼，荆楚多巫，百越民俗信鬼、好淫祀，专事巫祝。道教与广西民间信鬼好巫的习俗相遇，迎合了民间的信仰心理，二者相互渗透、相互影响，促进了粗俗化道教的传播，逐渐形成了一种道巫难分、土汉不辨的局面。据统计，清代广西新建的宫观共76座，主要分布在桂东南、桂东和桂东北，各有19、18、14座；其次为桂西南，11座；另外桂北有3座，桂中有3座；桂西有8座。④

民国时期，道教活动在广西受到限制。1926年，桂系首领黄绍竑令各县，改道观为学校，变庙产为公产，道具被没收，道士被迫改行⑤，道教活动停滞，道士不足百人，道观倾圮。

从广西总的历史情况看，道观主要分布在桂东南、桂东和桂东北；从内容看，广西的道教为了满足人们鬼神迷信的思想，从而任意发展道教的内容，自由改变道教的形式，兼采儒释道的内容。但时至今日，遗存现状较好，有一定建筑艺术价值的就仅存梧州市白鹤观。虽然广西一些祠庙祭祀的偶像（如北帝）也列入道教的神系，但兴立的原因是因为国家礼制，因而属于坛庙体系中祀或小祀的范畴，而非道教体系，所以将其列入坛庙建筑小结进行讨论。

（二）实例

梧州市白鹤观

白鹤观位于广西梧州市城西鸳鸯江畔白鹤岗之南麓，始建于唐代开元年间（公元713-714年），是道教供神、诵经、修道的场所，是广西保存较好的道教观宇。据乾隆年间的广西通史记载，唐咸通年间（公元860-874年）翰林承旨学士郑畋被贬谪为苍梧太守时增修观宇，清康熙年间重修、光绪九年（1883年）重修，2001年再重修。现白鹤观占地面积3000平方米，建筑保存基本完整。

梧州白鹤观坐西朝东，面向浔江，在其东西轴线上依次布置牌坊（新建）、山门、院落、主殿（三清殿）。此外，在主殿两侧设三界殿（主殿之南）及鹤仙殿（主殿之北），殿与殿之间设青云巷道通往后山；在院落两侧布置廊庑，其中南侧廊庑的东端设地母殿，北侧廊庑的东端是养生池。

白鹤观山门为面阔三间的门堂式硬山顶建筑，山门分心槽，脊檩落在金柱，分前后檐，明间开木板门。前廊檐柱为石柱，檐柱与两侧山墙用檐枋连接，檐枋上隔架科的形式为“石虾弓梁石金花狮子”。前廊为船篷式轩廊，轩梁梁架与山门里的梁架一样，使用典型的圆作梁葫芦瓜柱插梁式。山门正脊为博古脊，脊的两端是博古架，脊身上端中间是宝珠，宝珠两侧为鳌鱼，脊身是一组陶塑人物。山门垂脊为直带式垂脊，垂脊端头以博古收尾。博古端头另立墩子，左右分别设圆雕灰塑日、月神。此外，墙的上端装饰墙楣画（图4-1-12～图4-1-14）。

图4-1-12　白鹤观山门

图4-1-13　白鹤观山门檐枋

图4-1-14　白鹤观山门梁架

白鹤观三清殿面阔三间，进深三间，设前廊，前廊形式与山门同，但相异之处在于檐枋，三清殿使用木直梁，是清早期的特色之一。殿内明间梁架为插梁式，但做法与山门完全不同，梁虽然还是圆作直梁，但梁与梁间不再用葫芦形瓜柱承托，而是用更具抬梁意味的柁墩。这主要是因为，三清殿的屋顶坡度更缓，所以，梁间距更小，无法使用瓜柱之故。三清殿正脊依然用博古脊，但垂脊用大式飞带垂脊，垂脊在脊顶相交呈山峰状，脊底端头转呈卷草向上翘，端头设一小彩狮，墀头为简单的一幅式，内有灰塑浮雕。墙的上沿也装饰墙楣彩画。但值得注意的是三清殿的封檐板，将封檐板雕刻成织物褶皱、垂坠的式样是广西东部、中部常用的手法，显示了本土特色（图4-1-15～图4-1-17）。

总体而言，白鹤观从木构架到装饰，从屋脊到柱础都显示了广府建筑的特点，展示了广府民系对梧州建筑的深刻影响，但在类似封檐板的小装饰上则显示了地域风格。

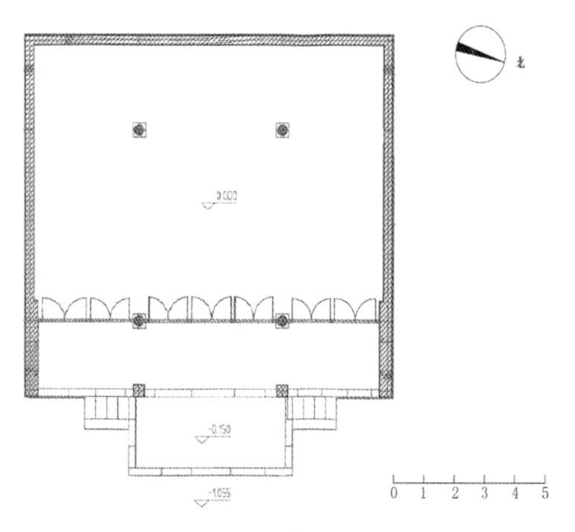

图4-1-15 白鹤观三清殿平面图（广西文物考古研究所绘）

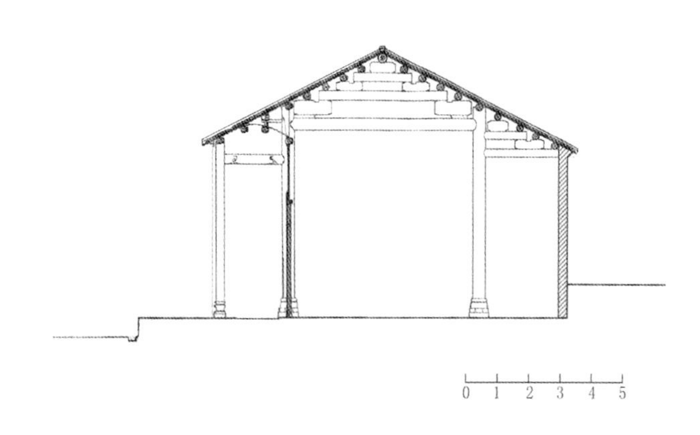

图4-1-16 白鹤观三清殿剖面（广西文物考古研究所绘）

图4-1-17 白鹤观三清殿

第二节 伊斯兰教建筑

一、概述

回族入迁广西始于元代。有元一代，回族或随军作战，或为将镇抚，更多的是为官参政，陆续进入广西，不少后裔定居下来，繁衍后代，成为广西回族的先祖。由于桂东北地区是广西与中原进行经济文化交流的通道，桂林是当时广西的政治中心，因而进入广西后的回族首先落籍桂东北地区，桂林也就成为广西回族最集中的聚居地。桂林穿山和西门桥、临桂县六塘镇、永福县苏桥镇、灵川县大圩镇一带形成了回民聚居区。

明、清两代，回族入迁广西形成高峰期。大量的回族从江苏、云南、河北、河南、四川、广东等地迁徙而来，分布于广西各城镇聚居。桂林以其广西政治、经济、文化中心的优势吸引了更多的回民入迁。明清时期，桂林的回族明显增多，主要居住在今桂林市内的民族路、福旺路、码坪路、西城路等八条街道以及市郊的西外街[⑥]。回族进入桂林后，大部分居于市内，小部分以桂林为基地不断向周围圩镇迁移。广西其他地方，如柳州、南宁、百色等交通、政治、贸易重镇，自明末始有穆斯林从桂林一带或其他省份陆续迁入，但人口规模都小于桂东北地区。

因此，就总体分布而言，自明清以降，广西回族多集中于桂东北地区，其回族人口占了广西回族人口总数的近三分之二。从明清时期桂东北地区回族的分布来看，主要呈现以下特点：一是以桂林为中心，沿湘桂走廊南北纵向分布，走廊两侧极少回族分布。桂林及附近临桂、灵川的回族人口占了当时回族人口的绝大多数，南北两端回族分布较少。但相比较而言，湘桂走廊南端的回族人口要比北端多。而两侧的龙胜、灌阳等县，回族的分布极少。二是回族的分布主要集中在桂东北的城镇地区，乡村人数不多。明清时期回族虽然广布临桂、灵川的乡村地区，但其人口与在城镇生活的回族人口相比要少得多，其农业人口较少就反映了这一点。这主要是与回族是个商业民族，与这一地区的回族人多从事商业和手工业有关。三是回族尽管有大杂居、小聚居的分布特点，但其主要与汉族杂居，而不与壮瑶等其他民族杂居，因而回族与汉族的关系较为密切，而与壮瑶等族往来较少[⑦]。

清真寺是回族穆斯林的崇拜场所，是穆斯林的宗教中心，在回族生活中起着非常大的作用，凡具有一定数量穆斯林的城镇及乡村，一般都设立清真寺。因此，广西回族人口的分布形态就奠定了广西清真寺建筑在广西的分布格局。明清以来广西先后兴建了30多座规模不一的清真寺，大多集中于桂林及附近的乡镇，个别散见于广西其他地区。由于各种原因，现仅存近20座，其中很多已不复当年面貌，遗存较好的几座也集中在桂林及附近一带，如临桂六塘清真寺、临桂厄底清真寺、五通清真寺、灵川大圩清真寺、黄冕清真寺、桂林崇善路清真寺等。

现存清真寺多位于当年商贸繁盛的市镇，从平面看都为东西向布局的多进传统院落式，院落在不同的位置，尺度及作用就不一样。一般而言，为了集会或宣讲的需要，大厅或大殿前会设一个较宽阔的院落，尺度从150～300平方米不等，而其余的院落则采用南方常用的横长天井，其中最具地方特色的做法就是在大殿后设天井，增加大殿的通风、采光。从构架看，大殿及大厅（对厅）心间梁架的金柱间多用抬梁式或插梁式木构架，以展示较高的等级，并获得较开阔的室内空间，大殿、大厅的次间则使用典型的桂北穿斗式构架。其中大殿、大厅心间的插梁式构架吸收了广府插梁式建筑的特色，这是由于一方面顺西江而来的广东商人是清代广西繁盛圩镇的重要经商力量，另一方面圩镇的商人往来于广府地区，耳濡目染，为广府式建筑所折服，因此在圩镇的公共建筑上使用了广府建筑的山墙、构架及装饰，但由于工匠体系不一样，所以在比较考验木匠师傅的木构架部分和装饰部分出现了细部变形，融入了本地传统建筑的特色。大殿、大厅心间的抬梁式构架则较好地反映了湘赣建筑中厅堂建筑

木构架形式的影响。从装饰上看，现存清真寺都较为朴素，装饰多集中在门窗，以植物、花草纹样为主，脊檩及米哈拉布则雕刻《古兰经》的经文，有的梁架上会雕刻卷草纹及花瓶形短柱。总体而言，广西清真寺是传统而朴素的，在木构厅堂中植入少量的异域元素，但更多地反映了本土传统建筑的特点，其简约的装饰、疏朗的布局、充足的采光成功地塑造了穆斯林所追求的光明、清净的氛围。

二、实例

（一）桂林市临桂六塘清真寺

临桂县六塘古镇地处桂林南郊30公里，始建于清朝康熙年间，是古代自桂林通往柳州、南宁、玉林、梧州等地的要道。古镇街道狭长，连绵3里多长的青石板路贯穿镇内8条街巷。六塘最早的回族先民可追溯至明朝，为波斯人伯笃鲁丁的后代，约于明洪武年后迁居六塘，此后陆续有其他省份的回民因商贸之故定居六塘，使六塘成为桂林临桂县里最大的回民聚居点，至今回民人数600余人。

临桂六塘清真寺，位于桂林市属临桂县六塘镇西水街西侧，始建于清康熙年间（1662−1722年），是广西现存最大、保存最完好的传统木构清真寺。六塘清真寺坐西朝东，为三进院落式布局，自东向西在轴线上依次布置着大门、二门、大厅（也称对厅）及清真寺的主体建筑——大殿（图4−2−1）。

大门为门厅式，面阔一间（宽约5.1米），进深两间（深约9米），于中柱位置砌筑砖墙，中开门洞，安装门扇。门墙与前后檐柱间以梁枋相连，不同的是门墙与前檐柱间的梁枋、两前檐柱间的圆作檐枋、封檐板均装饰华丽，除了其上使用压地平綦方法雕刻描金植物、花卉图纹外，在前檐桁与前挑檐枋间还设小巧的卷棚轩，强调入口的等级及华丽感。而门墙与后檐柱间的梁枋、后檐柱间的扁作檐枋则素平无雕饰。此外，外侧扁作月梁低端挖底约一寸，形若茶壶把，与正门石梁样式一致，而内侧梁枋则不做斩凿，直梁一根伸出后檐柱承托后挑檐檩。屋顶为镬耳式硬山顶，高耸的镬耳增强了其标识性（图4−2−2）。

进入正门，经过狭长的第一院落便是二门，二门为面阔五间的门屋（宽约20米），进深六架（深约3.7米），单坡屋檐。仅在明间设门罩式门，在门石梁上方，由墙内伸出悬挑的短木枋支撑飘檐，形

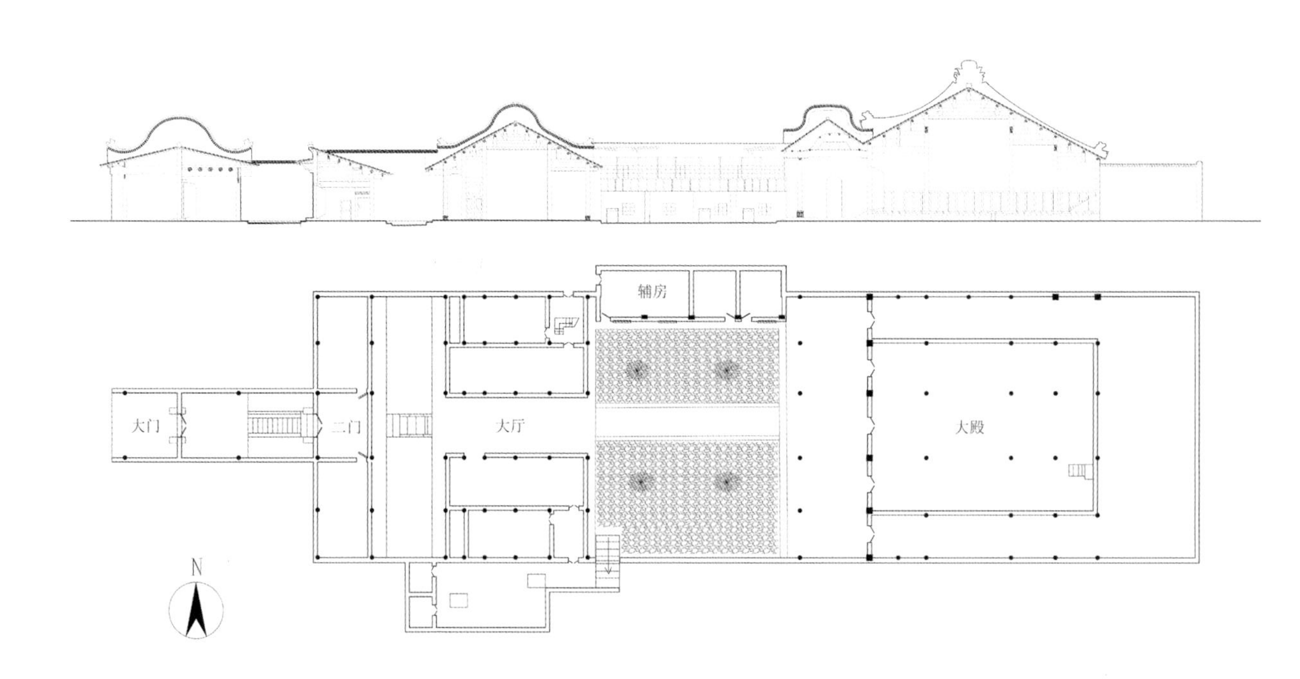

图4−2−1　临桂六塘镇清真寺剖面、平面图（高洪利、满雯佳等绘，谢小英指导）

图4-2-2　临桂六塘清真寺大门

成门罩。门框上设门簪两颗，门簪雕刻成花瓣形，其上刻菊花纹样。次间并梢间作门房之类的用途。门屋屋顶正脊略低于檐墙两个檩径（图4-2-3）。

过二门后，为一横长形的天井院落，天井宽约20米，长约1.5米，比路面下沉15厘米，正中设青石路通往大厅。青石路将天井分为左右两部分，每个部分正中设八边形水池一个。

大厅与清真寺最主要的建筑——大殿相对，面阔五间，进深四间（约12米），为清同治八年重建。其中南侧两间用于开学讲经，北侧两间用于穆斯林丧葬仪式活动。大厅心间（明间）用插梁式，构架为十五架梁前卷式用五柱。心间两金柱间由五个瓜柱和圆作七架梁、五架梁、三架梁组成，获得一跨度较大的室内空间。前金柱和前檐柱间用圆作三架梁。后金柱至前檐柱间的瓜柱均为上面小、下面大的葫芦状，梁由瓜柱上端卯入瓜柱，即在瓜柱上部开一个槽，梁在相应的交接口削薄与槽相应，梁自上而下卯入瓜柱预先挖好的槽内，这种样式及做法是受广府式建筑的影响。后金柱与后檐柱间用扁作五架梁、三架梁，其上的短柱也不再是饱满的瓜柱，而是相应转变为扁的短柱，与扁作的五架梁、三架梁一起形成夔龙纹样。五架梁穿过后檐柱挑起伸出的挑檐檩，起到挑枋的作用，有地方穿斗式干阑建筑的遗韵。前廊用扁作三架月梁，梁架伸出廊柱承托挑檐檩，前廊三架梁低端（檐柱与廊柱间）挖底约一寸，形与大门外侧梁枋一致，其上为瓶状瓜柱，寓意平平安安。大厅次间构架形式与心间不同，用穿斗式木构架，用六柱，除了在前后

图4-2-3　临桂六塘清真寺二门

图4-2-4 临桂六塘清真寺大厅正面

金柱间加中柱外，在后金柱与后檐柱间也加了一根柱子，这样次间柱与柱之间的跨度均在2～3步架间，与桂北穿斗式木构架形制相一致。此外，次间穿枋上的柱子也是用上下宽度一致的短柱。大厅脊檩高约7.5米，心间脊檩上刻阿拉伯字体的《古兰经》经文，两次间脊檩上刻修建年代。大厅山墙式样与正门一致，也是用镬耳山墙。大厅右侧另设水房及卫生间，供信众祈祷前净身之用（图4-2-4、图4-2-5）。

大厅与大殿间是一个宽约18米，长约16米的开阔院落，院落北侧设两层高的附属建筑，供阿訇及管理人员使用。

大殿（礼拜殿）为清光绪十年重建，由两部分勾连在一起，前为轩廊，宽同殿身，进深约6米，作为殿前的敞厅，能容300多人聚礼。轩廊为鹤颈式，八架轩梁底部挖底约一寸余、顶部梁肩处向下曲半寸余，使梁架曲如软带。八架轩梁上设异形扁短柱，状若花篮，支撑着其上的半月形栋梁（其形式来源于桂北穿斗式民居脊檩处的“纱帽”），栋梁两侧垂下弯曲的花束状角云（叉手）与八架轩梁衔接，使鹤颈轩的弧度突显。栋梁、轩梁、檐枋、封檐板雕满漂亮而繁复的植物花卉纹样，强调了大殿在建筑群中不凡的地位（图4-2-6）。

大殿通面阔五间，进深17架（约18米），脊檩高约10米。由于地形缘故，大殿地平较其前廊下凹约80厘米，因此石块垒砌高约76厘米的石墩，将大殿柱子置于石墩之上。明间、次间柱脚还以梁枋相连，一方面加强了构架整体的稳固性，另一方面在其上铺密肋梁，之上铺木地板，形成大殿祈祷空间。大殿左右梢间则不铺木地板，形成左右两条下凹的宽阔走道，走道与大殿后墙之后狭长的半院落相连接，形成可以绕行的环道。这种底层架空的做法既适应了地形及南方湿热的气候（凉风从大殿后半院进来，通过两条宽阔的走道进入大殿内部，形成空气的循环对流，既可降温，也可防止木材糟朽），也使大殿明间、次间的祈祷空间更为突出，符合广西清真寺将大殿心间地板抬高，增强仪式性的做法。

从木构架看，大殿明间、次间梁架为十七架桁屋前五架后四架并四架用五柱，桁架水平间距为

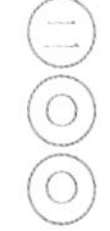

图4-2-5　临桂六塘清真寺大厅次间梁架

图4-2-6　临桂六塘清真寺大殿正面

1.15米，较大厅88厘米的桁距为大。明间、次间两金柱间由5个瓜柱（瓜柱为上小下大的葫芦形）和圆作七架梁、五架梁、三架梁组成。前金柱和前檐柱间由3个上下同大的长方形短柱和扁作五架梁组成，短柱与前金柱、短柱间以穿枋相连接。后金柱与后外金柱间用扁作四架梁及两个长方形短柱，短柱与后金柱间以穿枋相连。后外金柱与檐柱（檐柱埋入后墙）间也用四架梁及两个长方形短柱，四架梁穿过后檐柱挑起伸出的后檐挑檐檩。大殿梢间（边贴）用十七架六柱穿斗式木构架，与明间、次间相较而言，多立了一颗中柱，其余柱子位置与前者对其，山墙金柱间的梁架换成穿枋，瓜柱变成长方形短柱。明间脊檩上刻阿拉伯字体的《古兰经》经文，两次间脊檩上刻修建年代。

清真寺的米哈拉布位于大殿后墙正中，为凹入墙体的拱券式，其高约2米，宽约90厘米，凹龛内阿文上为“拜主的人要虔心诚意”，中为“万赞归于主”，底端绘莲花纹样，经文及莲花均描上金漆。米哈拉布左右两旁设小方形凹龛，内刻赞主、赞圣的词句。圣龛左侧是一座“敏拜楼”，即宣谕台，穆罕默德存在的象征。方龛再外侧设八边形玻璃大窗，大窗常年封闭，但保证了大殿内部，特别是大殿西部的采光。另在大殿次间前金柱与檐柱间的屋顶上以短柱支起小悬山顶的气窗，保证了大殿东部的采光。大殿正门为隔扇门，门上雕刻百寿图和兰竹花卉，工艺精湛古朴，堪称一绝。此外，大殿前后两部分均使用广府式硬山顶，但前部轩廊采用镬耳式山墙，而后部正殿则采用大式飞带垂脊，脊顶呈山峰状，其上装饰博古纹，脊底如正脊船脊般端向上翘起（图4-2-7）。

图4-2-7　六塘清真寺大殿明间及后墙米哈拉布

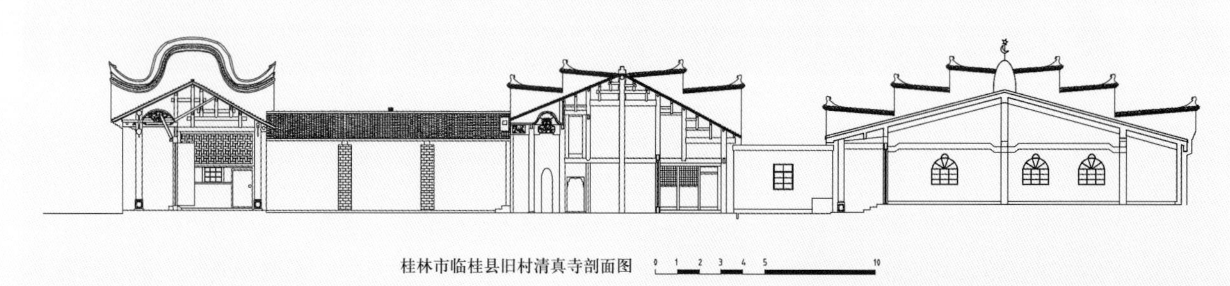

图4-2-8　旧村清真寺剖面、平面图（卜晔婷等绘、谢小英指导）

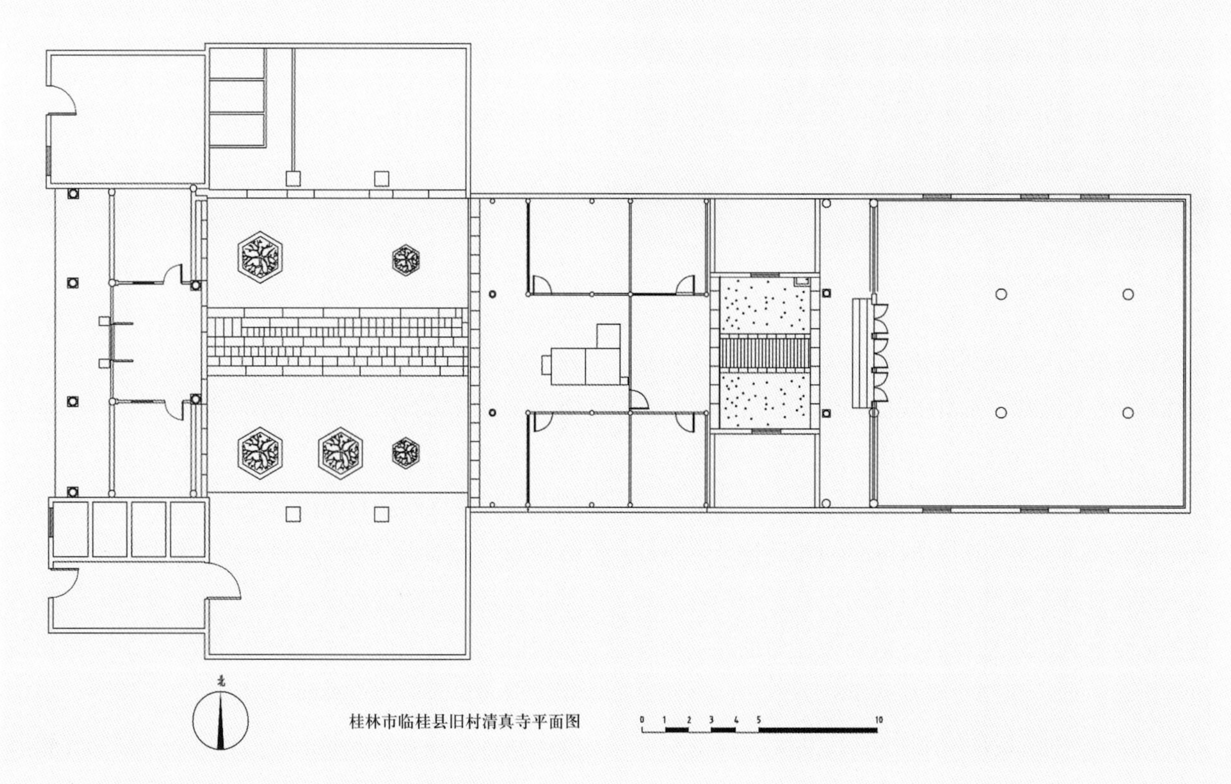

图4-2-8　旧村清真寺剖面、平面图（卜晔婷等绘、谢小英指导）

总体而言，临桂六塘清真寺反映了本土建筑与广府建筑间的交融，其开敞、明亮、清净的氛围突出了伊斯兰教的特色，是广西传统清真寺中不可多得的典范。

（二）临桂旧村清真寺

临桂县旧村清真寺位于临桂县会仙乡旧村，距桂林市25公里。因为过去宗教昌盛，各地回族到这里进行宗教交流，旧村有“小陕西”之誉，至今全村40多户皆为回民，村民环寺而居，民居朝向与清真寺朝向一致，清真寺就是村民宗教、生活和村落布局的核心所在。

临桂旧村清真寺始建于明代，是广西目前历史最悠久的清真寺。当地回族有个说法：“先旧村，后穿山。”穿山清真寺是桂林市的一座清真寺，建于明代，明清鼎革之际，毁于兵焚。旧村清真寺既早于穿山清真寺，说明旧村清真寺至少建于明代。民国20年左右重修，但大体保持原状；2004年再次大修，门厅、大厅保持较好，大殿则成为钢筋混凝土建筑，殿内的构架虽仿梁柱结构，但柱子、梁的样式及构架形式已非当年模样。

该寺位于老村西侧，坐西朝东，为二进院落式布局，自东向西在轴线上依次布置着大门、大厅、大殿。大门为门廊样式，面阔三间（宽约13米），进深两间九架（深约5.1米），于金柱位置砌筑砖墙，中央留宽约1.6米的门洞来安装门扇。明间两侧设塾房，放置仪式用品及供看门人住宿。为了使清真寺在入口处就与一般的建筑相区别，除了使用较大的面阔外，还加大了装饰力度，在明间外侧使用了鹤颈轩，内侧使用复水椽形成二层假屋面，将原简洁的屋顶草架遮掩其后。门厅两侧山墙为高高耸起的猫儿式山墙（图4-2-8、图4-2-9）。

图4-2-9 旧村清真寺门厅

进入正门后便是第一进院落，此院落宽与门厅同（约13米），长约12米，远远超出了南方常用的天井尺度，使门厅与大厅间显得相当开阔、疏朗。这样的布局是为了让更多的信众能聆听到阿訇在大厅的宣讲。院落两侧廊房，南侧为厨房，北侧为净身用的卡夫房（图4-2-10）。

大厅台基高约65厘米，面阔三间，进深四间（深约9米），脊檩高约6.5米。明间构架为穿斗式木构架，十七架梁前卷用五柱式，一根通长穿枋将前檐柱、中柱、后金柱、后檐柱串在一起，中柱与前檐柱间设一根长约3米的蜀柱，将构架前跨分成三架和四架两个部分，并在三架梁下设二层阁楼的入口。后金柱与后檐柱间也加了一根这样的长蜀柱，将后跨分为三架和四架两个部分，前后两根长蜀柱均落在那条通常穿枋上。这样柱与柱（包括长蜀柱）间的跨度为二至三步架（每步架水平距离约60厘米），宽约120～180厘米，与桂北穿斗式木构架的柱间距一致。大厅前卷为鹤颈轩式，轩梁使用扁作月梁，其上雕刻花草纹样，用方斗形边框、扇形边框框住。轩梁伸出檐柱承托挑檐檩，一如穿斗挑枋。平面为典型的一明两暗格局，中央明间向院落开敞，但在后金柱处设木隔断，将明间分为前后两个部分，木隔断左右两侧设木门，门框上端为弯曲的“M”形，有一定的拱券意味。左右次间则是用木墙封闭起来，在后金柱处将设木隔断，形成前后两间用房，二层平面与一层同。大殿山墙为跌落一次的马头墙（图4-2-11）。

过大厅为第二进院落，该院落为天井式，宽约5米，长约4米，中间以青石板路与大殿相连，左右添建厢房，有别于第一进院落的开阔。

大殿为原址新建的混凝土建筑，虽然梁架已不复当年原貌，但依然保留了原清真寺大殿底层架空

图4-2-10 旧村清真寺大厅正面

的做法。高约35厘米的架空层使大殿木地板下通风透气保持干燥，远离霉坏、糟朽。大殿山墙为跌落两次的马头墙，类似五岳朝山。大殿周围是用矮墙围合的绿色院落，大殿南北侧向院落开6扇拱券大窗，使大殿内部清新、明亮（图4-2-12）。

（三）临桂县五通清真寺

临桂县五通清真寺位于五通镇人民街，该寺始建于清嘉庆年间，现存建筑是1915年修葺后的样貌。

清真寺坐西朝东，为三开间二进加半天井型，自西向东依次布置着正门、第一进天井、大厅、第二进天井、大殿、半天井。正门位于中轴线东端，面阔一间（宽约2.6米），为凹入的门斗式大门，大门屋顶为硬山顶，高高的马头墙在两侧升起，瓦为黄色琉璃瓦。大门两侧各置面阔一间、进深一间的倒座，倒座屋脊略低于大门，屋顶均为马头墙式的硬山顶，但瓦为灰色板瓦（图4-2-13、图4-2-14）。

图4-2-11　旧村清真寺大厅前轩廊

图4-2-12　旧村清真寺大殿内部

大门后为第一个天井，天井宽约11米，进深约4.3米，中央设宽约1.5米的青石板路与大厅相连，天井左右两侧设圆形花坛。

大厅面阔三间（宽约11米），进深四间十七架（约8.3米），脊檩高约5.6米。明间、次间均为构架形制一致的穿斗式木构架，为十七架梁带前廊用五柱，中柱与后檐柱间为七步架，因此出于稳定性的考虑，除了在二者中部以大穿枋相连外，在距离中柱三步架的位置设长蜀柱，在中柱与后檐柱间形成前四架后五架的格局。中柱与前金柱、前檐柱间以另一大穿枋相连，它们之间的间距都为三个步架。为了进一步增强金柱与前檐柱的联系，在大穿枋上设六架穿枋，其端头起于金柱，穿过前檐柱，承托前檐柱与廊柱间的檩条。廊柱与前檐柱又以短枋相连，短枋不做任何装饰，穿过廊柱承托挑檐枋。明间及次间的廊柱、前檐柱、中柱、后檐柱间都以牵枋相连，用双层脊檩，并在脊檩下加连机木。这样通过反复的层层纵、横拉牵，形成了牢固的圈梁体系，尽显桂北穿斗木构架特色（图4-2-15）。

过大厅为第二进天井，尺度与第一进相约，但左右不再设花坛。

大殿面阔三间，进深六间（约13米），带后天井，脊檩高约7.1米，上刻阿拉伯文字的古兰经文。明间梁架为插梁式，十九架桁屋前四架后五架并三架带前廊式。明间两金柱间由5个瓜柱（瓜柱为上小下大的葫芦形）和圆作七架梁、五架梁、三架梁组成。前金柱和前檐柱间由两个上下同大的方形短柱和扁作四架梁组成，短柱与前金柱以穿枋相连接，为加强拉牵作用，在扁作四架梁下再加一层穿枋。前廊为扁作月梁，其上铺就素平木板遮掩草架。前廊柱间的牵枋形式与前廊梁架同，其上皆勾画花卉纹样彩画，惜年代久远已褪色大半。明间后金柱与檐柱间是阿訇布道的神圣空间，为了彰显空间的神圣，一方面设天花藻井，另一方面将地板抬高（在明间的前金柱与后檐柱间，以石块垫高30厘米，其上搭木梁，木梁上铺木地板），这样大殿空间就显出不同的层次，主从更有序了。大殿的天花

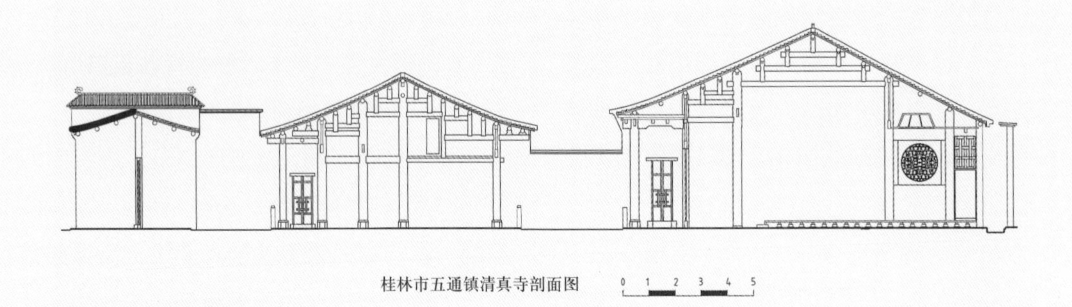

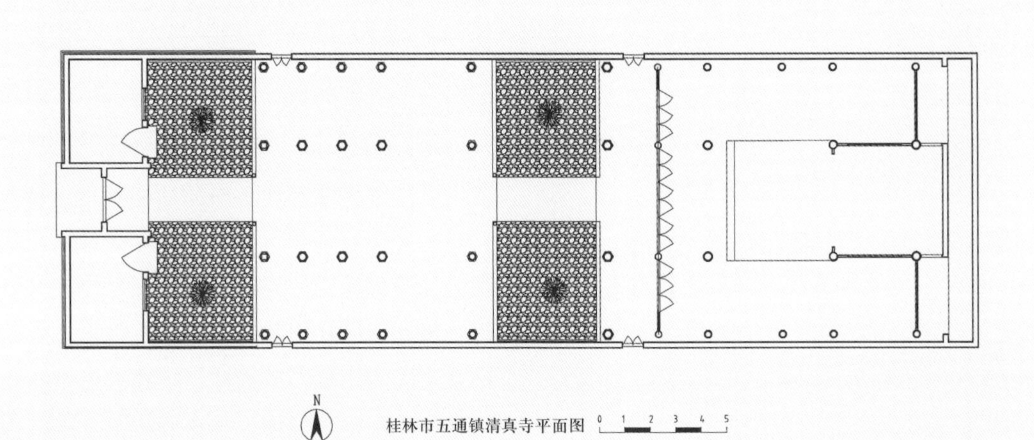

图4-2-13　五通清真寺剖面及平面图（卜晔婷等绘、谢小英指导）

图4-2-14　五通清真寺大门

图4-2-15　五通清真寺大厅

藻井为八边形，直径约2.5米，高约60厘米，位于明间后金柱—后外金柱所形成的空间的正中央，八边形藻井外以方形木条框围合，形成四边转八边的斗八藻井意象，增加了变化。后外金柱与檐柱间则平铺木板天花，其高与藻井四周天花同。此外，在后金柱与后外金柱间设木隔断，隔断上开圆形雕花大木窗；明间左右金柱位置还各设一扇木隔扇门，将米哈拉布前的神圣空间与金柱前的祈祷空间虚隔开来。大殿次间梁架虽然基本与明间梁架对位，但构架方式已是典型的穿斗式。多加了山墙中柱，圆作梁变成了穿枋，葫芦形瓜柱均变成长方形短柱（图4-2-16）。

图4-2-16　五通清真寺大殿

大殿后墙中央设拱券式的凹龛，这就是信徒门祈祷的焦点米哈拉布，米哈拉布上以阿拉伯字书写《古兰经》经文。伊斯兰教清真寺追求的不是神秘，因此其殿堂不需要营造昏暗的神秘氛围，他追求的是明亮效果，所以为保证大殿西侧（即米哈拉布区域）的通风和采光，在大殿后设一狭长的半天井，并在明间后外金柱和后檐柱间设木门通达。次间与

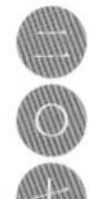

图4-2-17　五通清真寺大殿内的米哈拉布及其前方的斗八藻井

明间的后外金柱间则设槛墙及木窗将大殿内部与半天井隔开，但在槛墙位置做镂空花窗、其上的木窗也用镂空效果的富贵纹样，使半天井和大殿间虽隔犹通（图4-2-17）。

第三节　坛庙

一、坛庙建筑在广西的发展历史

坛庙建筑是中国古代城市的重要组成，是中国传统社会礼制规范和祠祀制度的产物，是具有专门祭祀功能的建筑类型。坛庙建筑的类型、分布、数量与国家祭祀礼仪的变迁息息相关。国家祭祀礼仪并非一成不变，随着朝代的更迭，整个国家祭祀礼仪也跟着不断调整和充实。为了更好地从精神层面控制民间百姓，越往后的王朝越善于吸收各种宗教的、民间的信仰和仪式，从而不断丰富以皇权为中心的国家祭祀礼仪系统。坛庙建筑成为以皇帝为中心的信仰系统中的重要组成部分，因此坛庙的身份特点是：官方性（纳入国家大祀、中祀、小祀）或准官方性（虽未明文规定，但得到地方官府的承认和支持），而非淫祠。坛庙的性质特点是：将儒教传统与宗教信仰、民间信仰相结合，其更倾向于礼制性、教化性、护佑性，而非宗教性[8]。

我国最早的城市坛庙约出现于原始社会末期[9]。到了秦汉时期，国家政权逐步以祭祀建筑来证明君权天授的合法性，开始在城市的空间中出现太庙、明堂这样的具有很强礼制色彩的坛庙类建筑，成为中国以后历代城市不可或缺的重要建筑群体。

坛庙建筑在隋唐时期逐步完善，除了汉代出现的明堂、辟雍外，在皇城设社稷两坛，在城南设圜丘祭祀天，在城北设方坛祭祀土地，形成了祭祀山川的四海、四渎、四镇、四岳的祭祀体制；社稷在这个阶段也纳入了国家礼典明文规定且通祀全国的范围[10]。还有一些是礼无明文，但得到地方官府的承认和支持，如《开元礼》小祀中之“诸神”，如《大唐开元礼》卷一规定的：“司中、司命、风师、雨师、灵星、山林、川泽、五龙祠等并为小祀。州县社稷、释奠及诸神祠并同小祀。”在这里我们看到了国家将地方祠祀纳入国家祭祀体系的努力。这些地方祠祀一般是在当地流传已久的信仰或名臣、先贤。相应的时期，在广西桂管制所桂州（今桂林）城内兴建了城隍庙及城郭东北的伏波庙，在梧州城内设城隍庙，在永福县城内也新建了城隍庙。到了隋唐时期，广西民众还在府城、县城外建立和地方信仰相关的祠庙，以纪念他们敬仰的先贤，如柳州城内的柳侯祠及县南十里的雷塘庙、灵川县城东二里的诸葛祠、永福县南门外的于王庙、藤州东门外出现伏波庙、浔州城西广佑庙、宜州西关外的遗烈祠等。

宋代在唐代庙祠制度的基础上进一步推进，通过赐额、加封、修庙等手段对于州县祠祀进行认定，后又直接编制“祀典”，对其实现了直接控制，建立起来一个由皇权支配的新的神明体系。在这个体系中社稷坛、城隍庙、关公庙的建设得到进一步强调，地方祠庙（特别是与战争相关的将领、官员祠庙）也得到更大发展。社稷坛在宋代成为定制，至元代颁布《至元州县社稷通礼》，用图式确定地方城市的社稷坛的筑规制。城隍庙在宋代也得到普及，究其原因有二，一是，战争频仍，城隍因其保护城池、主管生人亡灵的作用和职能，成为主要拜祭对象；二是，由于帝王与中央政府的重视，《宋史·礼志》中记载：“建隆元年（公元960年）六月，太祖平泽潞，仍祭……城隍。征扬州河东，并用此礼。”建隆四年“十一月，诏以郊祀前一日，遣官

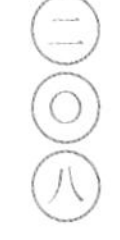

奏告东岳……城隍，浚沟庙、五龙庙及子张、子夏庙。他如仪。”[11]经过宋太祖如此推崇，城隍在宋后被列入祀典已经成为惯例，各地方奉祀城隍神的风习，更是俨若人间的地方长官，于是各州县的城隍神也就分别由不同的人鬼来担任。元代城隍依然受到统治者的青睐，再次封城隍为王，并大修庙宇。另外，由于死难将士尤多，统治者多鼓励修建以纪念忠烈为主题的祠庙，替代以往圣君成为地方纪念先贤的主体，其中骁勇与忠义结合的典范——关公被宋朝统治者先后追封6次，一跃成为国家祭祀最高的神，后元朝统治者继续两次封谥关公，至元朝关公庙便成为各级城市、乡村热衷建立的祠庙[12]。相应的，城隍庙、关公庙成为宋元两代广西官府主祀祠庙，如宣化县的关帝庙（宋建）、城隍庙（元建），再如临桂县关帝庙（元建），荔浦县的关帝庙（宋建）；很多有贡献于地方的忠烈之士也进入民间修建的祠庙，接受民众的供奉，如临桂县的陈崇仪庙、李师中祠，兴安县的临济庙等。

明清时期，地方城市的坛庙建筑不仅制度化，而且更加体系化、成熟化和普遍化。明代初年，朱元璋对国家各种制度进行重建，在唐宋两代礼制的基础上，制定了一套完整的礼制体系。作为礼制体系的重要组成部分，明代的坛庙建筑形成了从都城、府城、州城到县城的等级分明的一套完整制度。清代十分重视祀典，各类祀典较历代最为齐备，在清政府的推动和资金支持下，在雍正年间形成各地坛庙建筑建设的小高潮，上至都城下至县城均具有一套完备的祠庙体系。广西府、州、县的坛庙大多在此期得以修葺、重建、完善。

二、广西坛庙建筑的类型及分布

广西坛庙按祭祀对象不同可以分为：大祀包括社稷坛；中祀包括先农坛、神祇坛、雷神庙、龙神庙；群祀包括厉坛、北极真武庙、火神庙、东岳庙、古城隍庙、关帝庙、文昌庙、天后庙、旗纛庙。按祠祀坛庙的性质可以分为：国家祭祀性坛壝包括社稷坛、先农坛、云雨风雷山川坛、厉坛；地方护佑性祠庙包括城隍庙、关帝庙、东岳庙等；防灾驱祸性祠庙包括火神庙、龙王庙、雷神庙、天后庙、真武庙等；专业护佑性祠庙，包括旗纛庙、马神庙、文昌祠、三皇五帝庙、药王庙等；地方教化性祠庙包括名宦祠、乡贤祠、忠孝祠、节义祠、三贤祠、文庙（但由于广西文庙隶属学宫，因此在本书中另立一节，不列入祠庙）；地方信仰祠庙，如周渭祠、韩公祠、李公祠、李师中祠、邓公祠、令公祠、马殷庙、药王庙、伏波庙。如临桂县历代坛庙（表4-3-1），就展现了广西地方城市中坛庙的类型及布局。此外，与少数民族信仰相关的有三王宫、飞山宫等，这些少数民族祠庙一般位于少数民族聚居的村落，但反映了地方民族的信仰及建筑技艺水平，因此也列入本节的内容。

从地方志上统计看来，至清代为止，除未改流州县外，广西各府、州、县均具备国家祭祀性坛壝——社稷坛、先农坛、云雨风雷山川坛、厉坛，地方保护性祠庙——城隍庙、关帝庙，地方教化性祠庙——名宦乡贤祠、忠义节孝祠，这样完备的坛庙体系。但专业护佑性祠庙、防灾驱祸性祠庙、地方信仰祠庙属于民祀祠庙，政府推行的力度不如前三种，因此普及率也不及前者，分布各有其规律，显示出地方特色。

（一）国家祭祀性坛壝

在统计的清代广西50多个府、州、县级城市中，社稷坛、先农坛、云雨风雷山川坛、厉坛绝大多数处于城外，但个别改土归流的州县，将这些一般位于城外的坛 置于县治或州治附近，即位于城内，如凌云县、西隆州等。在位于城外的国家祭祀性坛 中，云雨风雷山川坛一般设在城南外（小部分设于城东外或城西外）；社稷坛一般设在城西外（小部分设在城外西北或城北外），先农坛一般在城东外，厉坛一般位于城北外。

（二）地方保护性祠庙——城隍庙、关帝庙

除了国家祭祀性坛壝，广西各地还普遍有自己的城隍庙和关帝庙，一些未改土归流的州县也概莫能外。城隍庙大多位于城内，一般设在治所附近或

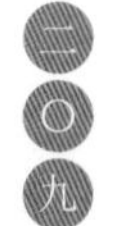

临桂县历代坛庙配置及方位　　表 4-3-1

			汉	唐	宋	元	明	清	不可考
临桂县	国家祭祀性坛	云雨风雷山川坛						神祇坛（中设云雨风雷位，左设本境山川之位，右设本地城隍之位。叠彩岩之后）	
		社稷坛			重建，文昌门外				
		先农坛						象鼻山南	
		厉坛					城北，望京门外		
	地方护佑性祠庙	城隍庙		位置不详			重修，府治东		
		关帝庙				城北，朝京门外榕树门上		迁府学西	
		东岳庙							西门外
	防灾驱祸性祠庙	雷神庙（龙王庙）					伏波山	城南，文昌门外	
		火神庙						城内十字街口	
		水神庙（包括天后、真武庙）						天后庙（王府坪大街）、真武庙（城东，癸水门外）	
	专业护佑性祠庙	旗纛庙		城内				后在城隍庙内	
		文昌庙					文昌门内		
		三皇五帝庙							
		马神庙					小校场北		
	地方教化性祠庙	忠义节孝祠						双忠祠（城隍庙右）、忠义祠（县学内）、节孝祠（十字街）、贤良祠（巡抚署右）	
		名宦先贤祠					四贤祠、二贤祠（宣城书院东）	三贤祠、桂林名宦乡贤祠、临桂县名宦乡贤二祠	
	地方信仰祠庙	地方信仰	越祝祠	伏波庙（桂州郭中之东北二里）	广福王庙（城西十里）、李卫公庙（七星山下）、三先生祠（明伦堂旁）、陈崇仪祠、嘉应侯祠（灭火）、李师中祠、仰山庙（城北）		庆元伯祠（城西一里）、诸葛武侯祠（宝积山），重修伏波庙（伏波山）	平章庙（城西北）	虞帝庙（虞山，古建）、越王庙、裴中丞庙（东南家洲）、乐将军庙（南门外）、赵崇宪祠、俞公祠（榕树门旧总兵府东）

在城门内。关公庙大多也设在城内，一般位于城市中某位向，其中有一定数量的关公庙位于城门内或城楼上（如贺县、永安州、来宾县等），起到城市保护神的作用。位于城外的城隍庙（如永福县、博白县、横州、西林县等）、关帝庙（如武宣县、马平县、怀远县、横州、永淳县、河池州等）要么属于清代改土归流的州、县，要么属于年代不可考的情况。因此，年代可考的非改土归流的府、州、县都将这两种地方护佑性庙宇设在城内，保护城市及城内民众。此外，一些少数民族受汉族的影响，也在村寨中立关帝庙以护佑村落的安宁，在当地除土地神外另加一道护佑，如三江八协寨武庙。

从遗存现状来看，广西的城隍庙已因各种原因消失殆尽，无一遗存；关帝庙中有桂林市恭城武庙、桂林市灌阳关帝庙、桂林市全州精忠祠、北海市廉州镇合浦武圣宫遗存至今。

（三）地方教化性祠庙

地方教化性祠庙主要是各级城市的文庙及两两相对而设的名宦祠、乡贤祠，忠孝祠、节义祠。这些祠庙的配置在明代完成，并成为广西各级城市必有的祠庙。广西文庙位于学宫之内（其历史、分布、布局规律等在文庙一节详述），名宦祠、乡贤祠一般位于文庙大成殿两侧的东西庑或明伦堂前的东西斋中，以纪念当地出现的名宦、勋臣。忠孝祠和节义祠分别是地方对底层男性民众、女性民众教化的场所，多位于学宫内或学宫侧，有时也设于各级城市治所之侧。

（四）专业护佑性祠庙

1．旗纛庙

旗纛祭祀起源于古代军队出征的祭旗仪式。东汉以来，军队在出征前就先祭旗。唐宋后，礼书说天子有六军，实行六纛之制，一军有一旗，于是形成了祭旗和六纛的祭祀礼仪。明代，旗纛祭祀进一步发展，在卫所城市中修建了专门祭祀的旗纛庙，并成为城市的常设祠庙。在广西，除太平府、柳州府、泗成府外，其他府城均设立旗纛庙，旗纛庙位于府城内，多与治所或千户所有关联，有些县城也设旗纛庙，如柳城县、富川县、贺县（今贺州市）等。

2．马神庙

马神庙大体在明代纳入国家礼制体系，马神庙的建立与马政制度推行有密切的关系，在地方城市建立马神庙，就是为了供奉司马之神，以荫护军马的畜养。广西在府一级城市建马神庙，其中包括桂林府、梧州府、柳州府、南宁府、庆远府、思恩府，其他府城及州、县城未设立。这些府城中的马神庙一般位于校场或府署附近。

3．文昌祠（阁）

文昌信仰起源于古代中国的星相崇拜，后文昌另有其人，明代政府封梓潼张氏为文昌帝，并在地方推行文昌庙。因此，广西的文昌庙一般称为文昌祠或文昌阁，均建于明代，主要分布在桂北、桂东的府、州、县级城市里。由于文昌与兴文相关，因此广西各级城内的文昌祠（阁）多位于府学、县学附近（如苍梧县、灵川县、兴安县等），也有一些位于城内其他位置。

（五）防灾驱祸性祠庙

1．真武庙

真武崇拜起源于古代的星辰崇拜，宋真宗时，为避圣祖名讳，始称真武。至宋元两代，因政治上的特殊需要，朝廷将其神格提高至玄天大帝（真武大帝）的地位。至明代，明成祖朱棣登基之后，加封真武神为“北极玄天上帝真武之神”，真武大帝的崇拜达到高峰，全国各地也随之建立真武庙。

广西的真武庙分布于桂江、郁江、邕江、左江、右江流域的各级城市，桂西北的柳州府、庆远府、泗成府中，除了泗城府和河池州外，其余各级城市均为建真武庙。广西真武庙呈这样的分布格局，原因有三：一是，国家提倡；二是，真武水神的本职与广西沿江流域的水神崇拜相符合，既可防洪涝，又可防火，因此成为以上所述流域城市的基本庙宇之一；三是，受广东商人的影响，真武信仰在广东地区极受重视，因为广东人相信崇拜真武大帝可以消灾去厄，因此广东真武庙宇在各府县的平均覆盖率达70%[13]，明中期以后，特别是清雍正以后

广东人涌进广西的浔江、郁江、左江、右江流域做贸易，因此受其影响，这些地区真武庙的覆盖率也极高。

2．天后宫

天后，又称妈祖，原名林默娘，生于宋元祐间，幼悟秘法，长能布席渡河，乘云游岛。雍熙四年升化。是后常衣朱衣，飞翻海上。宣和中，路允迪使高丽，中流八舟七溺，独边一舟神降于樯，安流以济。使还奏闻，特赐顺济庙号[14]。妈祖信仰本是福建东南沿海的地方神灵信仰，随着宋代航海业的发展，妈祖得到宋朝廷的重视。宋宣和五年朝廷赐予“顺济”庙额，南宋绍兴、淳熙年间又先后赐予“灵惠夫人”、“惠灵妃”封号，确立妈祖海神的地位，此后，历朝对妈祖一再褒扬诰封。清康熙二十三年封妈祖为天后。由于历朝中央政府对妈祖神的尊封，加速了天后信仰在全国范围内的传播，特别是在沿海地区的传播。妈祖信仰在沿海地区有强大的民间力量，在明代“造神运动”的推进下成为闽、粤普及率最高的信仰之一。随着国家的推行，以及闽、粤人在广西频繁的经商活动，天后宫也在广西普及开来。

从广西地方志统计来看，自明代开始，广西各地就已经有了天后宫，到清代时广西天后宫分布已相当广泛，共有62处，大多分布在桂江、贺江、浔江、郁江、邕江、左江、北流将、南流江及沿海地域，除桂江外，其他都位于今广西粤语、闽语分布区，可见其受广东、福建影响之深。桂江虽非粤语、闽语分布区，但由于桂林是当时广西的省会，也是广西通往岭北的必经之路，因此桂林与广州间的贸易也非常兴旺，所以，在桂江流域的很多城市里出现天后宫就在情理之中了。

3．龙王庙、龙母庙

中国龙文化源远流长，但“龙王信仰”的出现却与佛教的传入相关。在佛教中，龙为六道众生之一，住于水中，龙之首者称为“龙王”，有呼风唤雨的神力，也是守护佛法的异类。大约在魏晋时期传入中国，在隋唐时期形成龙王信仰，到明清时期，龙王成为具大法力、普救世间的神灵，各地遍布龙王庙，成为人们祈祷祭祀的重要场所[15]。

龙母信仰的产生与岭南越族的龙崇拜有关，开始仅属地方性民间信仰，从汉代开始政府对龙母始有封敕，其后官方不断对龙母进行封敕，将龙母信仰纳入国家祭祀体系。宋元时期，在尚鬼崇神的背景下，龙母信仰发展至高峰，其分布特点是以梧州、德庆为连接桥梁形成龙母信仰的祭祀带。明清时期龙母神日渐成为岭南诸神信仰的主角之一，并以基本祭祀带为基础，向外扩展。

无论是龙王庙还是龙母庙，都与岭南土生土长的龙崇拜契合，因此龙王庙和龙母庙在广西分布较广。其分布特点：一是，沿西江、桂江，往北上溯桂江，在平乐府、桂林府、灵川县（今灵川县）都有分布；二是，沿贺江往北，在贺县（今贺州市）继续向贺江源头处，到贺县、富川县；三是，沿西江往西，便是龙王、龙母崇拜的兴盛区，由藤县沿绣江、容江、南流江依次扩展到容县（今容县）、北流县（今北流市），形成一个以藤县为中心的西江支流祭祀带；四是，沿郁江扩展到广西最南端，经过横州（治今横县）、南宁府（治今南宁市），到太平府宁明州（治今宁明县），形成以南宁府为中心的信仰带；五是，沿西江往北，经黔江、柳江，在象州、柳州、宜山一带仍有龙王或龙母庙。

4．雷神庙

雷神之说最早见于《山海经》，唐人徐坚《初学记》中解释，“雷神为雷公”，主要有求雨、防雷的护佑功能。约在唐代出现了对雷神祭祀的官方记录，到北宋末年，雷神祭祀被纳入官方的仪典。广西的雷神庙多建于明清时期，主要分布在桂北、桂东、桂中及桂南，普及率不高。

5．火神庙

火神崇拜起源于对火的敬畏和感激，也有星辰崇拜的含义。在明代，火神祭祀成为国家礼制体系的重要部分，而且还在民间形成大规模的庙会活动。广西在明清时期也建立了火神庙，但分布不广，多设于各府府城内，起到防火的作用。

（六）地方信仰祠庙

1．伏波庙

伏波将军、东汉大将马援，主要功绩是平定了交趾郡麋冷县雒将之女的反叛，使岭南重归太平。东汉建初三年肃宗追谥他为“忠成侯”，唐乾符二年受封为“灵旺王”，宋元丰初年赐封“忠显王”庙额，宣和年间加“佑顺”两字，至绍兴年间再加“灵济”二字，元代至元年间又加“崇奉”两字[16]。

由于政府的大力推行，以及岭南人民对马援的由衷敬意，至迟到唐代广西已立庙祭祀马援。到清代广西的马援庙有36处，主要集中在太平府、南宁府、廉州府和直隶郁林州，以及桂江一线，但依然以太平府、南宁府的分布最为密集。因为这是马援平定叛乱的主战场，也是明清的边疆，政府立庙对边功卓著的伏波将军进行祭祀，可以激励边疆官员、战士、民众奋勇抗击外敌。但遗憾的是，遗存至今的传统伏波庙仅有横县伏波庙一座。下文将以案例形式分析。

2．三界庙

三界，即冯三界，名克利，旧志记其为明代贵县人。明嘉靖七年（1528年）王守仁征大藤峡时曾任参赞军务，后隐迹贵县北山，遇仙人授无缝天衣云游得道，被敕封为“游天得道三界圣爷”，羽化于苍梧。民间传说此神十分灵验，有求必应，祭祀之有消灾降福的效果。到清代三界神已成为广西本地民众崇拜的重要神灵之一，三界庙在广西各地广泛分布，根据统计有近70所之多，如图4-3-3所示。

三界庙在清代广西各府中都有分布，但集中分布于桂西南的南宁府、太平府，桂西北的庆远府，桂东南的浔州府、直隶郁林州，桂东的梧州府、平乐府，呈现出一种沿着西江流域自东向西的分布规律，西部直接楔入南壮、北壮的土州，成为对广西壮族人民有深远影响的重要祠庙。

3．三王宫

三江古属夜郎国，《纂修怀远县志序》（旧志廖序）载：“怀远，古为夜郎地，盖只溶江而言也。”三王宫祭拜的就是夜郎国竹氏三父子。关于竹氏三父子来历、功绩在民间有各种异乎寻常的神话传说，但据司马迁著《史记》和《西南夷传》记载，竹氏三父子为古之云南、贵州、广西河畔（又名遁水，今北盘江）施州歌罗寨人氏（今遵义竹县）。汉武帝误杀其父后，为弥补错误，厚待其子，并封竹兴继承夜郎王位。三王为统一大业也没有兴兵伐汉，夜郎国免去一场兵灾。后来西南边民为了纪念竹氏父子之功，建立三王宫、三王庙来祭奠。三王宫主要分布于广西三江县良口、老堡、和里三地，分别象征着竹氏的三个儿子。

4．其他

除了以上列举的各类祠庙外，在地方信仰体系中还有很多不同的祭祀性祠庙，如周渭祠、邓公祠、令公祠、柳侯祠、马殷庙、飞山宫等，用以祭奠造福一方的先贤。在广西，这些庙宇虽普及率不高，仅在一定的地域为当地民众所崇拜，但在地方民众的精神生活中占有重要地位，所以大多不吝钱财用心建造，体现了当时的技术、艺术水平。留存至今、保存较好的包括富川百柱庙、横县伏波庙、恭城周渭祠、三江良口乡和里村三王宫、岑溪邓公庙、全州柴侯祠等。

三、实例

（一）武庙（关公庙、诸葛祠）

1．桂林市恭城武庙

恭城武庙又称关公庙，始建于明万历癸卯年（1603年），清康熙五十九年（1720年）重修，清咸丰四年（1854年）毁于兵燹，清同治元年（1862年），再度重修。1984年广西壮族自治区人民政府拨款维修，并列为自治区重点文物保护单位。

武庙位于广西恭城瑶族自治县印山南麓右侧，印山南麓左侧为文庙，文、武两庙把印山一山分二脊，一东一西，相隔约50米。在中国传统里，左为东、为阳，东方主生，为尊，故为文庙，以示崇文；右为西、为阴，西方和杀，为卑，故为武庙，以示抑武。因此，恭城左文右武的文、武庙布局正是对中国传统空间观念的诠释。

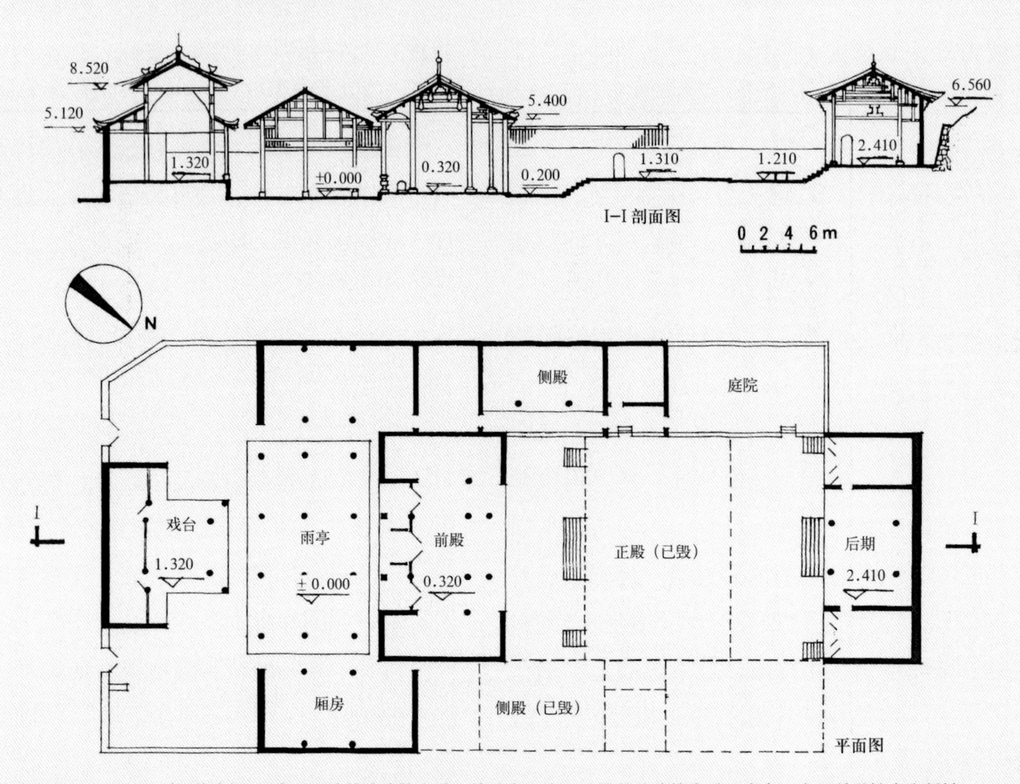

图4-3-1　恭城武庙平面及剖面图（图片来源：《广西民族传统建筑实录》编委会，广西民族传统建筑实录，南宁：广西科学技术出版社，1991.）

武庙建筑群占地面积2100平方米，建筑面积1033平方米，坐北朝南偏东45度，在南北轴线上自南向北依次布置着：戏台（演武台）、雨亭、前殿、正殿、后殿。在前殿及正殿前左右两侧，对称布局着庑房及配殿（图4-3-1）。

武庙戏台也称演武台，与前殿、正殿相对，是祭祀时表演节目以酬神的地方，因此其台基高于正殿，保证正殿关公像的眼睛可以正好观看到戏台的表演。戏台前是供民众观演的雨亭，通透的雨亭可以遮阳通风，也可避雨，呈现了岭南观演空间通透的特点。武庙戏台从观演角度看为三面观戏台，单层全伸出式，重檐歇山顶。扮戏房为面阔三间的硬山顶建筑，扮戏房与戏台的屋顶通过勾连搭的方式相连，沿戏台二层屋顶的垂脊设天沟排水（图4-3-2）。

戏台台高约1.32米，外侧有精美的人物浮雕石刻；台子四周以高约25厘米的石枋围护，使台子的高度增至1.57米，但这样高的戏台原不设固定台基的，据推测可能与其演武功能相关。戏台金柱为通柱造，直通顶层，金柱间为穿斗式木构草架，被其下的斗八藻井遮蔽。斗八藻井位于4根金柱间，分3层向上层层收缩，层与层间以鹤颈状弯曲的覆水椽及井壁木板，形似向下绽放的喇叭花。据武庙工作人员介绍，戏台板底曾安放36口水缸，当台上敲锣打鼓时，声音由水缸从不同角度向上反射，集中在藻井中产生共鸣，可扩大声响，使声传十里之遥（图4-3-3）。

戏台金柱与檐柱间设素平的天花衬托中间的藻井。金柱与檐柱间以斜向挑檐枋相连，挑檐枋伸出檐柱约50厘米，除了衬托两侧的挑檐桁外，还支撑着使垂脊高高上翘的子角梁，是翼角起翘的重要构件。此外前金柱还向左右两侧伸出细枋，辅助转角挑檐枋衬托挑檐檩。檐桁与挑檐桁间设小巧的半轩棚，与扮演房前檐的卷棚相呼应、相连接，使戏台

图4-3-2 恭城武庙戏台西面

图4-3-3 恭城武庙戏台藻井

一层似花边环绕。戏台上层的歇山顶翼角的构造方式与二层同，其檐桁与挑檐桁间的半轩棚与下层相应，增加了整体性。

戏台歇山顶正脊采用博古脊，正脊中央是宝珠，博古头与正脊衔接处上端设鳌鱼。正脊脊身正面是高浮雕灰塑。其垂脊为大式飞带垂脊，在垂脊交汇处饰卷轴式灰塑画框与夔龙纹垂脊相衔接，垂脊端头为彩色狮子。戗脊及二层屋檐的戗脊依然是飞带式，因翼角类似嫩戗发戗的做法，所以戗脊飞带在端头高高翘起。山墙上还用木质博风板，保护山墙处伸出的檩条端头，博风板交汇处设木质悬鱼。扮演房同样使用博古正脊和大式飞带垂脊，只是不若前者华丽，在保证整体性的同时，显示一定的层次。扮演房后墙面对庙外的通衢大道，因此是未进庙宇前的主要看面，所以后墙墙体上沿装饰黑地白纹的墙楣，与红色的墙体相得益彰。扮演房两山山墙的博风也使用黑地白纹，与后墙墙楣相衔接。山墙正面墀头为简洁的一段式，以建筑式梁柱为框，内置以圆雕小人，类似缩小版的戏台，与建筑主体内容相合。这样高高翘起的屋脊及华丽的装饰，使戏台显得轻盈而具有标志性。

戏台与前殿间是面阔三间、进深两间的雨亭，雨亭采用十五架梁用三柱的穿斗木构架形式，主要

功能是为民众提供观演场所。

前殿面阔五间（开间较小），为门廊式大门，即前殿明间、次间向内凹进至前金柱位置，以前金柱为檐柱，原檐柱为廊柱，形成入口前廊，以避风雨，亦增强仪式感。在檐柱与廊柱间以轩梁相连，其上设鹤颈轩棚。轩梁上设夔龙纹梁架，与廊柱、檐柱交接处有镂花雀替装饰，其前端则卯进石质檐柱内，不出头。前廊内两侧墙体即廊心墙上沿装饰弧形的黑地白纹墙楣画，与正殿梢间前墙上沿的墙楣画及其上的枭线檐口相对应。正殿明间、次间使用广府式插梁木构架，前檐柱与后金柱间由5个葫芦形瓜柱和圆作七架梁、五架梁、三架梁组成，为下沉式葫芦形瓜柱插梁木构架，脊檩由如意纹柁墩和倒置的如意纹驼峰支撑。后金柱与后檐柱间使用非常考究的驼峰斗栱，其结构方式是：在顺梁方向，三架梁（枋）上立柁墩（驼峰的变体），柁墩上置大斗承托单步梁，梁头上设斗承枫栱（类似花板），枫栱中间再设斗承檩；在顺檩方向，大斗出第一层纵栱，其上承托尺度更长的第二层纵栱，栱头皆有斗，不设替木，直接以斗承圆檩。此外，后檐的双步梁和单步梁为圆作月梁，在高于榫厚的梁身部分刻出梁肩和梁曲线项，很具装饰性，其中双步梁出后檐柱后为扁矩形（扁作直梁样），直接衬托檩条。为了与驼峰斗栱形式相近，后檐柱端头加入了仅作为装饰的纵向丁字栱及类似梁枕木的横向枫栱。梁（枋）头均雕刻成龙头式样，较前廊更具气势，度其原因，概与关公视线相关，让其所见之处的装饰等级更高、气魄更足（图4–3–4）。

值得注意的是，虽然后金柱与檐柱间使用了驼峰斗栱，但其实质仍是穿斗式的构架方式：（1）双步梁从后金柱伸出，穿出后檐柱承托挑檐檩，是挑枋的做法和用法；（2）单步梁梁头榫进后金柱，另一端由驼峰斗栱的大斗承托，并出头，这是典型的穿枋做法，只不过将短柱换成斗栱而已；（3）单步梁头的小斗上设一无结构意义、仅起到装饰作用的枫栱，有穿斗木构架中中柱顶端“梁枕木”的意象；（4）后檐柱直接承托檩条。因此这组斗栱显示了清晰的地方特色，是汉族建筑与本土少数民族建筑融合是重要证据。

正殿为1984年重修时所建，其木构梁架仿后殿，在此不详述。后殿建于一隆起约2.4米的平台上，面阔五间，进深十三架桁屋前十架梁对后四架梁，硬山屋顶。明间用木构梁架，使明、次间相通，梢间用砖墙与明、次间相隔，以砖拱门相连，形成独立的崇拜空间。明间梁架为插梁式木构架，梁为圆作梁，但瓜柱为圆筒式短柱。明间西侧梁架正脊桁与其侧两桁间，以上下两层叠梁衬托，叠梁与梁枕木一起，被雕塑成向前后开口的龙吻状，并在其上装饰蝙蝠纹。但明间两榀梁架并不完全对称，东边明间梁架不使用蝙蝠纹叠梁，仅使用夔龙纹梁枕木。十架梁与其上九架梁间，以木雕狮子做垫点（东侧梁架，西侧为后加的扁木夔龙纹板）即可起到装饰作用，又有一定结构性作用。室内隔墙及山墙上沿装饰黑地白纹的假博风（图4–3–5）。

图4–3–4　前殿明间东侧木构架

图4–3–5　后殿明间西侧木构架

2. 桂林市灌阳县关帝庙

灌阳县关帝庙位于灌阳县第一小学东侧，占地面积约511平方米，始建于明代万历四十八年（1620年），历经明代天启三年，清康熙三十五年，清乾隆、同治、光绪年间及1995年、2002年、2008年修缮，该庙虽历经兵燹和"破四旧"的磨难，现仍保存比较完整。

关帝庙为两进三座的建筑组群。建筑坐北朝南，中轴线上依次布置前殿、大殿和后殿。前殿、大殿为猫儿式硬山顶建筑，后殿为人字硬山顶；三大殿均面阔三间（12.1米），整组建筑通进深32.98米，主要使用穿斗式木构架（图4-3-6、图4-3-7）。

关帝庙临街而建，前殿之前建马头墙式硬山亭子，两侧山墙开拱门，供来往行人行走。拱门上饰题字框和马头墙式门罩，使山墙面具有了牌楼的意象，加强了关帝庙前空间的仪式感。亭子面阔三间，进深一间七架，用插梁式木构架，以短柱承接檩条，短柱间以穿枋衔接，短柱负荷的屋顶重量被传递给架于柱头的七架梁，使亭子获得开敞的、易于通行的统一空间（图4-3-8）。

关帝庙前殿位于高84厘米的台基上，进深三间十一架用四柱，高7.7米，用穿斗式木构架。为了获得较大的参拜空间，中柱不落地，明间前金柱后移，前檐柱和前金柱间设较厚的穿枋以承托中柱及中柱之前的屋顶荷载。前金柱柱径较前殿其他落地柱大，并在明间两金柱间的额枋位置饰一排如

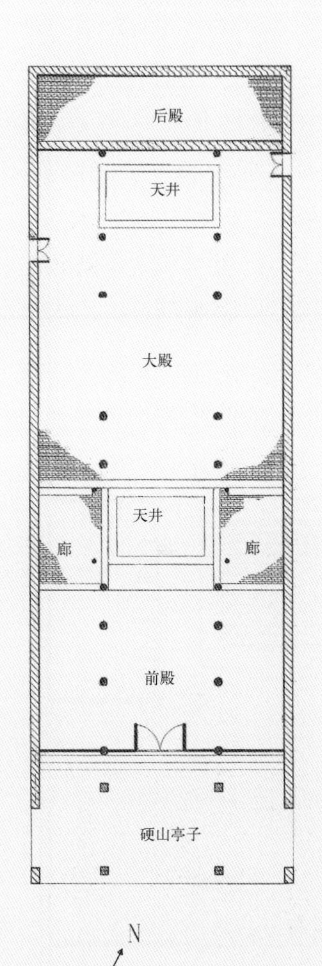

图4-3-6　灌阳关帝庙总平面图（广西区文物工作队）

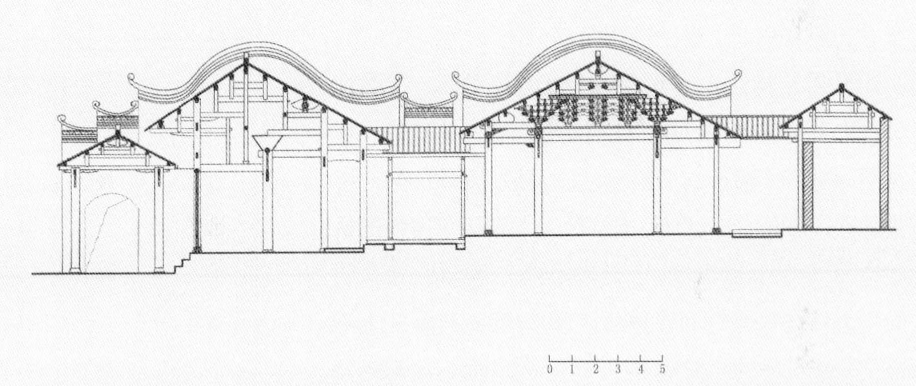

图4-3-7　灌阳关帝庙剖面图（广西区文物工作队）

图4-3-8　灌阳关帝庙马头墙式硬山亭子

意斗栱，在增强结构整体稳固性的同时，也衬托了前殿内这部分空间在仪式中的重要性。除此之外，在后金柱间设屏门，以前应在此位置立供人参拜的神像，为了使神像前空间神圣化，除了前金柱内额用如意斗外，还在前后金柱间空间的正上方檩条下设粗大的随檩枋，随檩枋以大斗承托，并在该檩条与随檩枋间设梁枕木扶持脊檩，这采用的是大殿脊檩的做法和形制，进一步烘托此空间的神圣性。

关帝庙大殿是该建筑群中最重要的建筑，面阔三间，进深三间十四架（10米），高7.8米，其四金柱间是最神圣的信仰空间，因此在其上方设藻井。藻井四周对称布局品字科斗栱，其中平身科三攒立于梁及内额上，之间以形似鸳鸯交手拱的“W”形弯枋相连；藻井为平綦天花，其上原绘彩画，但今已漫漶不清，其图纹不可辨认；梁及内额下设镂花雀替。这些精美、繁复的装饰都衬托了此空间非同寻常的地位。建筑空间是一个缩小的宇宙，它要体现群众的信仰、宇宙的秩序、信众的愿望，是庙中主神视线范围内的重要空间（关公庙的主神关公像的神坛、神龛便设在明间后金柱与后檐柱间，呈凹字形），因此其藻井上不被信众看见的的草架也依然做得一丝不苟，精美的梁枕木、以大斗承托的硕大随脊枋、形似插栱的上衔小斗的龙头短枋等都强调了建筑空间所试图体现的崇高精神宇宙（图4-3-9）。

图4-3-9　灌阳关帝庙大殿正面

后殿面阔三间，进深一间七架（3.6米），高6.6米，主要供奉关帝的祖先牌位，因此整体较为简洁、朴素。

3. 桂林市全州精忠祠

全州县精忠祠位于全州大西江镇锦塘四板桥村内，建于清同治元年（1862年），为村民纪念民族英雄岳飞而建。该祠坐辛向乙，为一进式合院，面阔三间的门厅及正厅在南北中轴线上依次排列；与门厅相对的是酬神用的戏台，可惜毁于祝融；门厅及正厅间设两廊，围合成一个具有岭南特色的天井（图4-3-10、图4-3-11）。

精忠祠门厅面阔三间（宽约13.2米），进深九架用四柱。在金柱位置设屏门，屏门门框宽约2米，

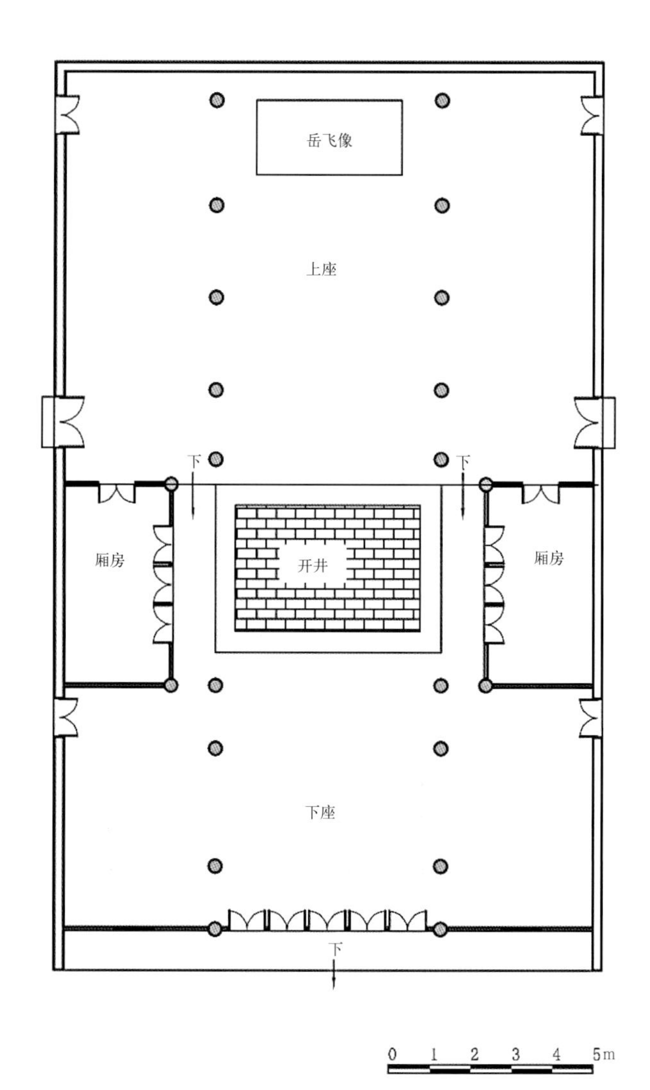

图4-3-10　精忠祠平面

图4-3-11　精忠祠戏台

门框额枋上设花形门簪四棵，额枋与上槛间设镂花木窗，门框与前金柱间设余塞板。金柱与前檐柱间设船篷轩，增强入口的华丽感。其中于屏门左右门框上方位置设四架轩梁及荷包梁承托轩棚，四架轩梁为扁作直梁，其上以驼峰大斗承托荷包梁，直梁、荷包梁及驼峰通体雕刻卷草纹样，直梁中间雕刻蝙蝠。前金柱与前檐柱间也设四架轩梁及荷包梁，不同的是，此处的四架轩梁用阴刻月梁的形式（图4-3-12、图4-3-13）。

门厅两金柱间通过枋子相连，其上设扁作短柱承檩，值得注意的是，门厅的三架枋上使用驼峰、大斗、替木组合承托脊檩，为《营造法式》中提及的“单斗只替”式。“单斗只替”是与梁柱作相类

图4-3-12　精忠祠门厅梁架

图4-3-13　精忠祠正立面、侧立面

似而等级稍高的木构架体系做法，“但在北方实物中都是作为殿宇和厅堂中的次要部分加以使用，合于《法式》所说，作为一种木构架等级的尚未发现宋代实物，但可见其余绪于江浙一带的明代官僚宅第中”[17]。精忠祠门厅的“单斗只替”做法显示了桂北木构架与江南建筑间的内在联系，也使古制得以延续。此外，斗还承托着三角形雕花“梁枕木”，类似于江南的“抱梁云”，与“单斗只替”相得益彰。建筑间的横向穿枋间填以鼓壁，在次间形成阁楼。

门厅后金柱与后檐柱间以扁作三架月梁连接，其上设驼峰和栌斗承托二架扁作月梁。扁作月梁的做法，只是将扁作直梁下皮挖成向上凹的弧形而已，梁肩、梁项皆为阴刻。二架梁有向上翘起的“卷草式”尾，类似福建地区的“束木”。后檐柱外侧设挑枋衬托出挑的屋檐，由于两廊的屋檐与门厅、正厅屋檐相连，因此门厅后檐挑枋与廊子挑檐下的天花枋相接，围绕天井形成一圈有素平天花的回廊道。此外，门厅前设挑廊，其做法是将端头在金柱的穿枋穿过檐柱，以挑枋的形式承托深约1米的前廊天花，挑枋上有精美的锦文雕刻。

精忠祠正厅面阔三间，进深十四架用六柱，深约9.3米。金柱檐柱间设轩棚，轩棚梁架形制与门厅前金柱的轩棚梁架同。正厅挑檐部分亦做素平天花，但由于正厅屋檐高于廊子，廊子挑檐的天花枋子便榫入正厅明间檐柱柱身，并在其与承托正厅挑檐天花的扁枋间设花板，使民众站在正厅明间时，看不到廊子的山墙。挑檐天花的扁枋上雕刻鳌鱼，增添了前廊空间的观赏性。

正厅脊檩与中柱相交位置不再使用单斗只替，仅以替木加强节点，但梁枕木依然保持，较之门厅更为朴实。明间后金柱间额枋之上设实木横披，将祈祷空间与岳飞像所处空间进行分割。除轩廊外，正厅明间梁架都填以鼓壁及镂花窗，在次间形成阁楼。此外，由于正厅高约6.5米，在次间又设阁楼楼板，对明间梁架产生了较大的侧推力，所以正厅檩条下假设较粗的随檩枋，增加明间两榀梁架间的拉牵作用（图4-3-14）。

正厅对面原有一座三面观戏台，单层全伸出式，单檐歇山顶干阑式建筑。戏台前檐柱与前金柱错开，形成八字形，使表演空间视觉上更宽阔。一条扁作穿枋从前金柱始斜向穿过前檐柱，支撑戏台翼角的子角梁及两侧的挑檐檩，挑檐檩上还设生头木，使戏台檐口向两侧高高翘起。斜向穿枋下增设一道扁作月梁，加强前金柱与前檐柱间的联系。戏台金柱间设斗八藻井、鹤颈式井壁，藻井四周为素平天花。正脊、垂脊和戗脊以卷草灰塑装饰，正脊

图4-3-14　精忠祠正厅明间梁架

中间为宝瓶，两端为鳌鱼。戏台扮演房为面阔三间的镬耳式硬山顶建筑，由于扮演房进深较浅，因此其山墙的曲折幅度显得更大、更局促。高高耸起的镬耳下装饰一圆形灰塑浮雕。后墙设3个门、一个壁龛，其中中间为矩形门，两侧为拱门。中间矩形门之上就是浮雕双龙匾额，匾额四周以门框状灰塑装饰。扮演房檐口下装饰一排出两跳的灰塑如意栱，与壁龛的假墀头相应，使整片后墙观赏性增强。精忠祠戏台是广西不可多得的造型优美、装饰华丽的戏台，但于2012年毁于祝融。

（二）真武庙（北帝庙）

1. 容县真武阁

真武阁位于广西容县城东绣江之滨的古经略台上，面向绣江，始建于明万历元年（1573年）。真武阁坐北向南，矩形平面，面阔三间，进深三间，高3层，重檐三滴水，绿色琉璃歇山顶，通高约13.7米。全阁用近3000条大小不一的格木构件榫卯而成。整个楼阁结构巧妙，最令人惊叹的是二层4根金柱在不落地的情况下达到木构架的平衡，被誉为“天南杰构”（图4-3-15）。

真武阁底层地盘为殿身三间金厢斗底槽，即面阔三开间，宽约13.80米，进深三开间，深约11.20米，首层阔深比为1.23：1。4根金柱围合成5.6米×5.6米的正方形，在东侧金柱的东面和西侧金柱的西面约1.30米的位置上增加金柱1根（这些附加金柱的直径小于4根金柱），作为上两层的角柱，

图4-3-15　真武阁正面

但未在底层正面增添柱子作为上层的檐柱。在柱网尺寸上看：进深方向，心间宽5.6米，次间宽2.8米，心间是次间的一倍；面宽方向，心间宽5.6米，次间宽4.1米，但由于添加了4根金柱，次间实际被分成了宽2.8米与宽1.3米的两部分。因此可推测2.8米是柱网的模数，代表一层回廊空间的宽度。

另一方面，一层檐柱未升上二三层，相当于回廊柱，二层并未挑出平坐层，所以回廊面积等于一层到二层的楼体收分值。一层的附加金柱上升至二三层，作为二三层的转角檐柱，4根金柱则作为二三层的前、后檐柱，这8根金柱成为最重要的起稳定性作用的柱子，使外部承托挑檐荷载的挑枋与内部支撑屋顶荷载的二层不落地金柱达到内外平衡，即二层金柱之所以可以不落地离不开一层升上来的这8根金柱的稳定支撑。二三层平面大小相等，平面长宽比接近传统殿堂平面8∶5的比例。二层由于添加了4根不落地的金柱，因此仍为三开间、三进深。这4根金柱其实相当于侗族鼓楼中的内瓜柱，靠与挑枋部分的荷载平衡达到不落地的效果，这其实就是“天平”原理。从结构上看，这4根不落地的金柱可以短至从二层檐柱穿进来的第三层挑枋处，但为了使殿阁开间、进深数达到殿阁等级的标准，才使这几根柱子贴近地面。这样的处理方式既不给一层大梁造成任何压力，也可以达到力学的平衡，是广西土著民族建筑的智慧。三层在二层的柱网基础上再加四根辅柱，形成五开间三进深的平面柱网形式（图4-3-16）。

在构架上，真武阁采用了抬梁式、穿斗式木构架相混合的做法，其中抬梁主要在一层的前檐轩棚、金柱间的七架梁以及额枋部分体现。一层前檐使用船篷轩，轩梁（四架梁、二架梁）为圆作隐刻月梁，梁尾榫入柱子部分并未按《营造法式》上规定有所减小，仅在厚于榫厚的部分做卷刹，呈梁肩状，下做曲线梁项。四架梁上设两跳驼峰斗栱和替木，驼峰呈峰状突起，雕刻如意卷草纹样，雕工简洁而有力；驼峰上设大斗直接承接二架梁及第一层

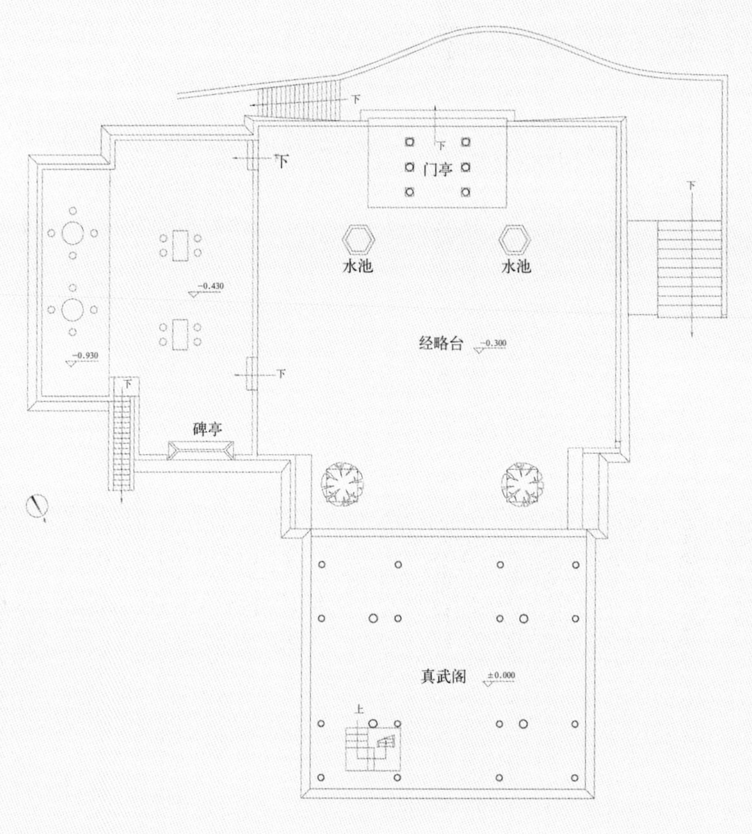

图4-3-16　真武阁底层平面图（莫波等绘，韦玉姣指导）

纵栱（顺檩方向）；二架梁梁头做斗口跳，并在其翘起的端头设小斗支承异形花板横栱（水束前伸，与其下梁头的斗口跳一起，形成两跳横栱的意象），其上承轩棚的元宝梁；二架梁身上也置一斗，承第二跳纵栱，较第一层长，设斗和替木承托圆檩。这样的轩棚形式以及构架方式都显示了真武阁与广府建筑间的联系，反映了明朝时期两广建筑文化交融的历史。金柱间的七架梁上置四朵隔架斗栱承托楼板，其形制与船篷轩驼峰斗栱同；檐下额枋使用驼峰上置品字形如意栱的方式承托挑檐檩及里拽罗汉枋，它们皆为抬梁方式（由于前檐无额枋，因此如意栱仅在一层侧面及背面）（图4-3-17）。

除此之外，其余大部分均使用穿斗式木构架。其中一层除了前金柱与前檐柱使用抬梁式外，其余几侧金柱与檐柱间均使用蜀柱支撑檩条的方式，四架梁及其上的穿枋均榫卯如柱。二三层，4根主要金柱均向外侧伸出三层枋子穿过檐柱承托挑檐。但三层金柱间的梁架为插梁式，具有早期广府式梁架的韵味：五架梁、三架梁均为圆作梁，但梁端向外斜杀，反弯形成立体鱼鳃状，使梁的截面由圆形变成扁矩形，易于穿过柱子；穿出柱子的梁头做斗口跳，其上以散斗与水束承托檩条。脊檩以瓜柱直接支撑，不设随脊枋，但有两层梁枕木，一层为斗栱状，承托上一层扁三角枕木，对脊檩有辅助承托作用。因此，二三层穿枋前端的斗、假昂、梁的跨度

图4-3-17　真武阁一层前檐轩棚梁架

及形式、梁枕木、水束等，都显示出官式抬梁的意味及广府式建筑梁架的端倪，宣告着这座楼阁建筑高出一般建筑的社会等级（图4-3-18）。

在空间形态上，真武阁的8根金柱形成了一个垂直向3层的柱网框架。其中二三层的外墙位于一层的金柱位置，两层平面上下对齐，四面开窗。底层无墙体无隔扇，显示架空意象，反映出本土少数民族干阑建筑的特点。在一层8根金柱外，添加一圈檐柱，扩大了底层空间，增加了楼阁整体造型上的稳定性。此外，一层承托45角相互交错式的如意斗栱的额枋距地仅1.9米，位置极低，因此为了使入口显得高敞，正面取消额枋及如意栱，代之以两跳插栱承托梁头的方式，与其余三面的封闭感相左。

真武阁立面构成按构成单元划分为：柱额+（腰）檐，无外廊也无平坐结构。在外观上，真武阁殿身不大，但出檐深远，各层屋檐的线条特别突出。建筑出檐与柱高之比，底层为1：1.2，二层为1：0.4。且真武阁虽楼身、柱额都隐藏在屋檐的阴影里，但斗栱雄大舒展，形象鲜明。底层斗栱高度与檐柱之比为1：2.4，远大于明清一般值1：1.2，二层斗栱也有0.9米高。真武阁二、三层斗栱均为插栱，支撑的金柱又是通柱式，故其不受一般斗栱位置和高度的局限。在檐层水平线条的分布上，上两层腰檐檐口相距较近，与首层檐口距离较远，看似重檐，但实际又有着独立的三层空间。因此，真武阁整体显得疏朗而大气，但不失轻盈（图4-3-19）。

2．邕宁五圣宫

邕宁区五圣宫位于南宁市邕宁区蒲庙镇中心，濒临邕江，以奉祀北帝、龙母、天后、伏波、三界“五圣”而得名，占地484平方米，始建于清代乾隆八年（1743年），1794年、1886年两次重建，2004年11月整体维修。武圣宫内大殿供奉北帝，左厢房供奉龙母、天后，右厢房供奉三界、伏波。北帝即玄武，为中国古代神话中的北方之神，后为道教所信奉，其形象为龟蛇合体，亦称水神，为求财求福者所崇拜；龙母为梧州和广东悦城一带信奉的神；天后即福建台湾一带的妈祖，两神被奉为长寿与尊

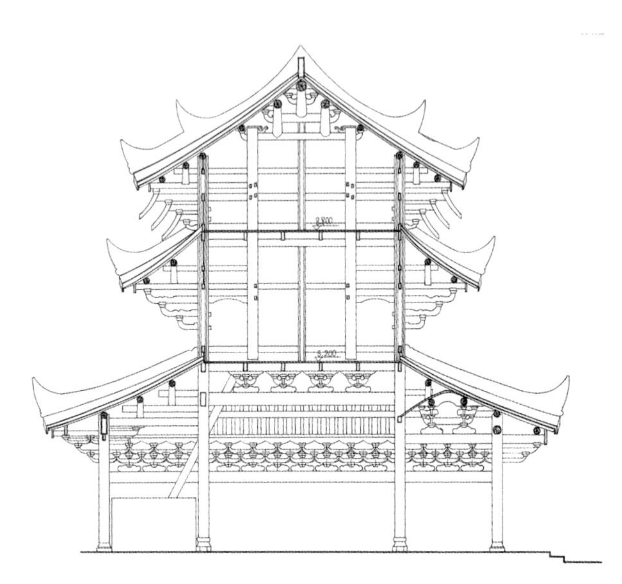
图4-3-18　真武阁剖面图（莫波等绘，韦玉姣指导）

图4-3-19　真武阁侧立面图（莫波等绘，韦玉姣指导）

老护幼的象征，也尊称为送子娘娘，故为求子续后者所顶礼膜拜；三界乃本地民间之神；伏波即伏波将军马援，东汉建武年猛将，被奉为驱邪避凶之神，民间信奉三界、伏波，多为安全无患，保家平安。5个毫不相干的“尊神”同列一庙宇供奉，而且他们还和睦共处享受了数百年香火，这在中国都是极其罕见的。

五圣宫坐北朝南，一进三路式建筑，重要的庙门、拜亭、正殿依次布置在中轴线上，轴线左右各一路辅助建筑。门厅、大殿为典型的硬山顶建筑，木构架采用广府插梁式（图4-3-20）。

门厅面阔三间（11.6米），进深带前廊（通进深6.4米，前廊进深2.6米），前廊设两塾台，为一门两塾制，这是桂东南、桂南等受广府文化影响较深的地区门堂式前堂通常采用的做法（民居只能设门，不能建塾）。一门二塾之制原只有大夫、士的级别能用，后用于明间的庙宇、祠堂，作大型祭祀庆典活动时的鼓乐台。塾台高70厘米，采用须弥座式，由上下枋、上下枭线、束腰以及底部基座组成，束腰转角处用竹节纹，底座两端饰浅浮雕夔龙纹，中间为花草纹。前廊梁架为扁作月梁式，但不做梁肩、梁项，仅在梁下凹进；月梁上为夔龙纹梁

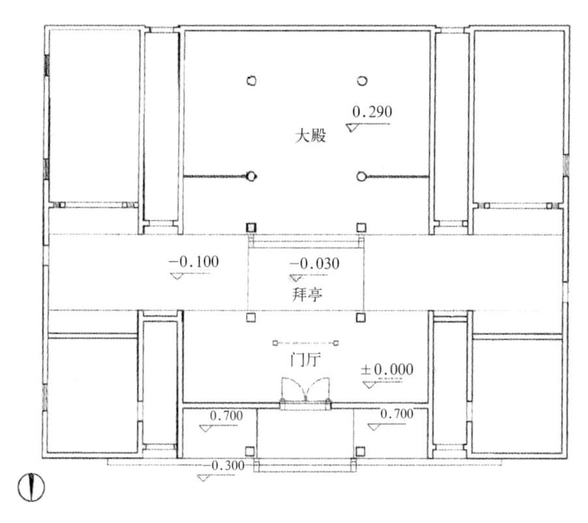

图4-3-20　五圣宫总平面图（广西区文物工作队绘）

架，其上雕历史人物故事；月梁梁头榫入方形抹角石质檐柱，不出头，出头部分用石梁头，石梁头上雕刻生动的人像。石檐柱与山墙间设石虾弓梁及石金花狮子，虾弓梁下设石雕雀替。门内梁架为插梁式，沉式瓜柱做法，但瓜柱不用葫芦形而是用瘦长形瓜柱。后檐柱前方，与大门相对处设屏门，使门前往来人不能轻易瞥见神像，达到内外有别、空间分割的作用；屏门由顶部横披窗、中间屏门、底部地栿组成，其中木屏门两扇，雕刻精美，平时关

闭，重大仪式时开启。从装饰上看，门厅用直带式垂脊，直脊端部化为博古，前面立日、月神像；山墙前为灰塑墀头，墀头由墀头身、墀头顶组成，墀头身内为透雕灰塑；檐下封檐板中央是亭台、人物，两端为花草纹样；正脊为两层式博古脊，脊两端是高高的博古，脊身分上下两层，下层划为若干个画框，里面饰以历史人物、瑞兽及花鸟，上层饰亭台楼阁、大小人物，脊中央为宝珠，两侧为高浮雕双龙，构图极富层次（图4-3-21～图4-3-23）。

门厅和大殿间设拜亭，拜亭面宽与山门明间同，进深4.4米，高7.9米。拜亭檐口高出门厅、大殿屋顶，这为拜亭获取了充足的光线。拜亭采用卷

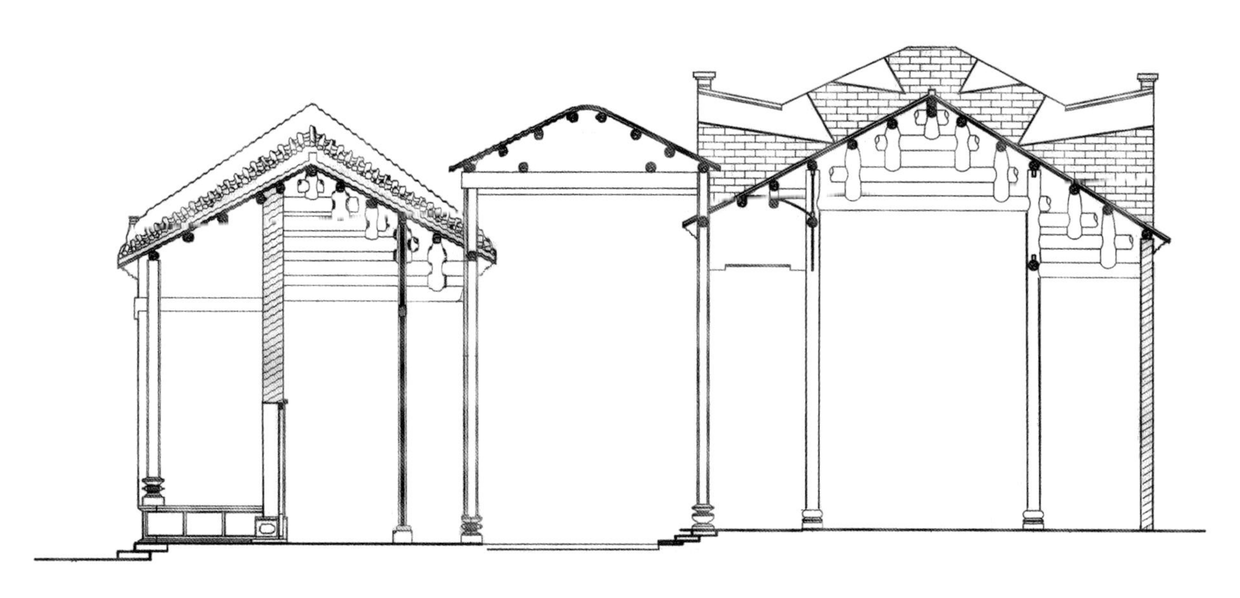

图4-3-21　五圣宫剖面图（广西区文物工作队绘）

图4-3-22　五圣宫正门

图4-3-23　五圣宫正门外廊梁架

棚式歇山顶，用蝙蝠状花板承托檩条。

大殿面阔三间，进深三间十三架前卷式（8.7米），高8.1米，用插梁式木构架，沉式瓜柱做法，瓜柱形式也为瘦长形。檐柱与金柱间设船篷轩，轩梁为扁作月梁，月梁厚于榫厚的部分向下弯曲，做成虾弓梁状，不做梁项，其上双鲤鱼博古架承托檩条。在装饰上，大殿山墙用两头起翘的马头墙；明间前金柱饰木雕飞罩；前金柱与山墙间设透雕横坡；殿内七架梁下用雕花雀替；金柱之前的山墙内上沿装饰分画框的彩色墙楣画，金柱内的山墙及后墙上沿用黑地博风样墙楣装饰；封檐板、墀头、墙楣画等与门厅做法一致（图4-3-24）。

东西两路建筑与中路间隔以巷道，两路建筑面宽较窄（4.4米），用硬山搁檩式梁架，装饰等也趋于朴素。

3. 大安大王庙

贵港市平南县大安镇大王庙又称列圣宫，位于广西贵港市平南县大安镇，主要供奉北帝，同时也供奉观音、关公、天后。始建于清康熙元年（1662年），始建时面阔一间，祭祀贤化大王。康熙五十九年，改为一进两座（庙门、正殿）、面阔三间的建筑，其中正殿祀诸神，更名“列圣宫”。乾

图4-3-24　五圣宫俯瞰屋顶、山墙

隆十五年增建面阔三间的后殿一座，使大王庙由一进变为两进，四十八年再次重修。嘉庆十年，重修庙门、大殿和后殿；为避水患，于后殿增建一高阁，名曰“文昌”；又增建大殿前两侧左右二祠，一为“至富财帛”，一为“惠福夫人”。此次重修的规模基本形成今天的建筑格局。

现存的大王庙是清光绪元年的遗物，坐东朝西，主体两进，从西至东的轴线上依次布置庙门、大殿和后殿，大殿天井两侧为廊。

庙门面宽三间，进深八架，设前廊，中墙位于脊檩位置，但墙内进深依然大于前廊进深一架。前廊是大王庙装饰的精华所在，前廊梁架为方梁，广厚比接近，梁身被雕成一幅场景画，两边梁端浅雕卷云纹，成为画框；梁间的柁墩亦刻满花纹。这种梁的做法属于清晚期手法，常用雕刻来表达美，而非梁本身的材质和造型。前廊檐柱为方形抹角石柱，柱子与山墙间设虾弓梁及金花狮子，梁下为石透雕雀替；石梁头上有人物雕刻，封檐板浅浮雕花卉纹样。门后梁架为抬梁式，以梁和夔龙纹柁墩承托檩条，梁为圆作梁，梁头刻回纹，其中最下层的五架梁架于砖檐柱端头（图4–3–25～图4–3–27）。

大殿面阔三间，进深十四架前卷式，硬山顶，下沉式葫芦形瓜柱插梁木构架。大殿前廊设船篷轩，轩梁为方形直梁，梁上设木雕板承托檩条（木板为带画框的主题画，但今已漫漶不清），檩条两侧有夔龙纹梁枕木。大殿内使用圆作直梁，梁端刻涡旋纹，梁以下沉方式卯入葫芦形瓜柱中，并以葫芦形瓜柱承檩。其中脊檩由如意纹柁墩支撑（图4–3–28、图4–3–29）。

后殿面阔三间，进深十五架，硬山顶，两层楼阁式。底层铺平梁承上层木地板，上层使用下沉式葫芦形瓜柱插梁木构架，其轩棚、梁架等与大殿一致，仅在轩梁上有所区别。后殿轩梁采用圆作月梁形式，梁身高出榫厚部分做梁肩和曲线梁项（图4–3–30）。

大王庙建筑是较典型的广府插梁式木构架，梁架、山墙、石柱、檐枋、柱础等都反映了广府建筑的深刻的影响，印证了清中期以后，广西市镇“无

图4–3–25　大王庙正门

图4–3–26　大王庙正门外廊梁架

图4–3–27　大王庙门厅石梁

图4-3-28　大王庙正殿

图4-3-29　大王庙正殿梁架

图4-3-30　大王庙后殿梁架

东不成市”[18]的历史。

（三）地方信仰祠庙（先贤庙（祠））

1．贺州市富川福溪村百柱庙（马殷庙）

百柱庙，俗称“灵溪庙”，位于湘桂交界的富川瑶族自治县油沐乡政府境内，是祭祀五代时期马楚的庙宇。马楚是五代时南方吴越楚王派往桂州平定匪患的大将，平定匪寇后，马楚被封为马大王，他跟部分随从留下来建立地方政权，从此人们安居乐业。福溪村中蒋姓始祖就是其中一脉。到了宋代，周、唐、何、陈、廖等姓瑶族祖先先后到福溪村安居。瑶民们为了赞扬马楚的军威德行便修建了马王庙、马殷庙。

百柱庙建造在福溪村西北，坐东南朝西北，背临福溪水，与马郎山相距约200米。明洪武永乐十一年立庙祭神，弘治十二年立大庙于灵溪河畔；清嘉庆丙寅重修，同治六年扩大庙的规模。庙内因采用120余根贵重的格木大柱而称“百柱庙”（图4-3-31）。

百柱庙通高5.5米，通面阔七间（约21米），通进深七间（约21.4米）。大殿由几座单体建筑通组成，通过勾连搭的方式组成一个整体。这几个单体建筑包括：（1）一北一南两座面阔七间、进深三间的殿堂（正脊跌落一次的假歇山顶建筑）；（2）北、南殿堂前东西（左右）两侧的廊。其中北殿堂（前殿堂）前的廊子与北殿堂通过勾连搭的方式连在一起，形成在“凹”字形的入口空间。凹字形的伸出部分即廊屋，在其后墙各开一个门，使民众可以从侧面进入大殿，不与正前方戏台上的酬神表演相冲突。

北殿堂（前殿堂）与南殿堂之间设三段廊子，一段位于二者间的明间位置，以两山与前后殿屋顶交接，形成类似宋代流行的“工字殿”。此廊的屋顶正脊跌落一次，低层屋顶与南北大殿屋顶相交，设天沟向小天井排水，并利用廊子跌落式屋顶间的高差形成气口，改善室内的通风、采光。另外两段分别位于二者间的梢间、尽间位置，相当于二者间的厢房，其屋顶不再跌落，正脊高度与中间廊子低层屋顶相同，屋脊与两殿低层屋顶的垂脊连成一体。这样两座殿堂和它们间三段廊子就形成了两个四水归堂的小天井，对称分布在中间廊子的两侧（图4-3-32、图4-3-33）。

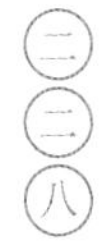

图4-3-31 百柱庙正立面

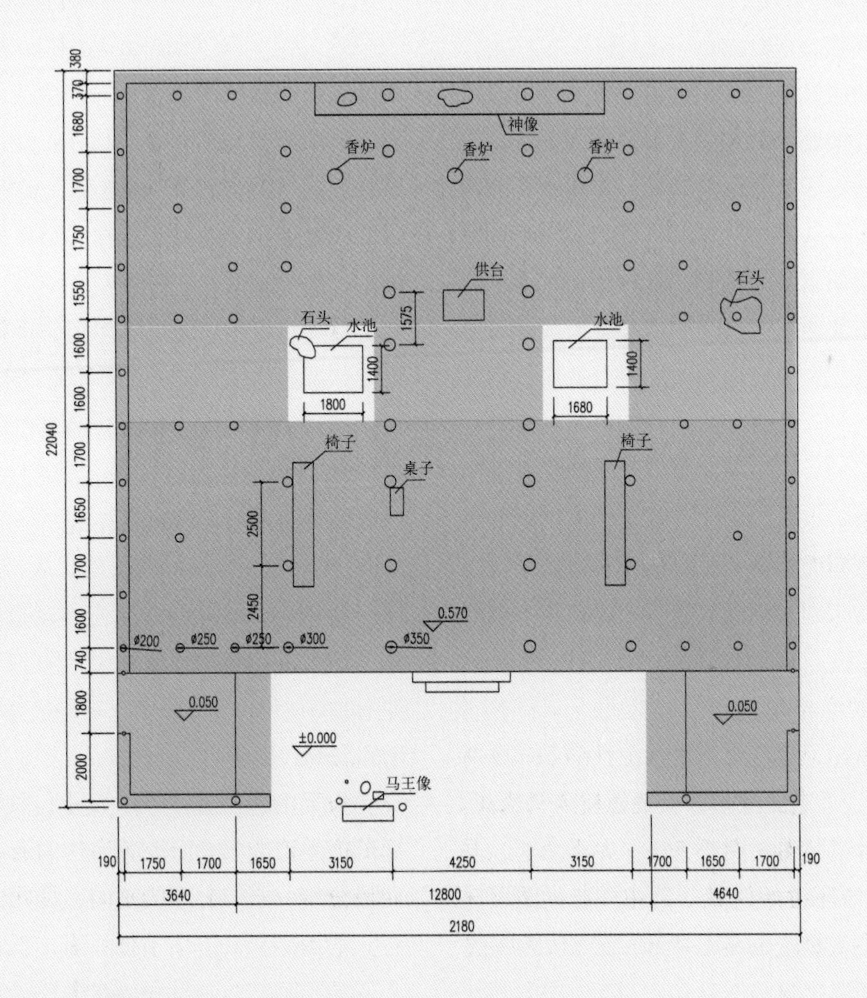

图4-3-32 百柱庙平面（红色表示北、南大殿，蓝色表示廊子）

图4-3-33　百柱庙屋顶示意图

因此，百柱庙实质上是一组建筑群，但由于单体建筑尺度大、间距小，屋顶又都搭接在一块，人们很容易迷失在柱子密集的建筑内，在视觉及心理上形成一座大殿的意象。

百柱庙的梁架繁复而精美，是广西古建木构架中的杰出代表，其中又以该庙明间梁架为甚，既遗存了宋《营造法式》或江南地区的古老做法，也反映了广西古建与长江流域古建木构架、形制间的联系。该庙明间梁架，由包括北殿堂明间的梁架、南殿堂明间的梁架，以及二者间工字廊的纵向构架组成，其中北殿明间的插梁式木构架为九架桁屋前四架后三架用四柱，南殿明间的插梁木构架为十架桁屋前后三架用四柱。

百柱庙明间梁架采用扁作月梁式，梁肩有卷刹，梁底向上拱起，梁项为斜线（在月梁上形成扇形图案），梁下设雀替式梁垫，梁项处理成“卷草”状穿出柱外，月梁整体饱满有力而不失装饰性。宋以前，中原等级较高的建筑中，其露明梁袱多用月梁式，在明清官式建筑中多不采用，但在岭南和江南的官式或民间建筑中却沿用至今。百柱庙的月梁做法最为接近宋《营造法式》，梁身中部平直，仅于梁肩作卷杀，入榫高度约为梁身中部高度的1/2，斜项为直线。但与法式规定相左的是：一是，百柱庙梁断面的高厚比要大于《营造法式》的规定；二是，斜项的长与梁底凹进部分长度之比也大于《营造法式》，因此梁的整体更薄，梁项更长，其与梁底的角度更小。另外，这样的扁作月梁形式还用于阑额，成为入口的主要方式。

百柱庙明间梁架还采用了“拱背”式劄牵（水束）。“拱背”式劄牵民间又称为“水束”，是头大尾小，形状犹如“拱背”的特殊扁作月梁，一般只是一步架，《营造法式》中将一步架月梁称为劄牵。这种形式的劄牵至迟在元代江南一带的木构架中已经使用，如浙江武义延福寺大殿。从“拱背”式劄牵在构架中的位置和作用来看，它应该是托脚和劄牵相结合的产物。其“拱背”的形式在江浙、湘赣、闽粤等省份都有使用，究其原因，可能是受岭南和江南水文化的影响。但各省份间又有一定差异，如江西地区的“拱背”式月梁跨度为二架梁，除了拉牵的作用还用承重的作用。潮汕的“拱背”月梁，喜平置，只有一架梁的拉牵作用，但无斜撑的作用。百柱庙的“拱背”式劄牵与福建、广东西部地区的相近，都为一架梁，斜向设置，同时起到类似托脚的斜撑作用和一架梁的拉牵作用，但较其他两个区域更扁一些。

为了增大蜀柱与梁之间的节点面积，减小压强、增大摩擦、增添装饰性的作用，百柱庙明间梁架采用驼峰和圆斗的组合。驼峰（驼墩）呈卷草花纹式钝角三角形状，其上置圆形的异形斗，二者结合共同支撑其上的短柱。其中圆斗这种类型在北方很少出现，在岭南地区至迟到唐代便已运用，是具有地方特色的构件。但在广西，这种驼峰加圆斗的做法仅富川地区有运用。另外，百柱庙南殿明间的插梁梁架中的蜀柱下使用平盘斗（类似于圆斗的垫块），其作用是增大蜀柱与梁的接触面积，并有一定的装饰作用，次间及边贴的穿斗式木构架不用。

为了增加横向梁架间拉牵作用，该庙明间梁架采用了顺脊串、随檩枋、三花檩，以增强支撑屋顶荷载的能力。百柱庙的顺脊串是圆作的纵向穿枋，其断面大小与脊檩相近，位于脊檩正下方并与之相隔一点距离，主要起到拉牵作用。顺脊串类似于《营造法式》中的襻间功能，梁思成先生的《营造法式注释》中，第67条“襻间是与各架槫平行，以联系各缝梁架的长木枋”，第69条“顺脊串与襻间相似”。百柱庙的做法是将顺脊串端头直接插入明间平梁的梁身和次间中柱的柱身，这与《营造法式》中将襻间置于梁上的抬梁式做法不同，显示了南方穿斗建筑的构架特色。随檩枋是位于檩条正下方且与之紧贴的纵向穿枋，有加强檩条的作用。百柱庙的随檩枋断面为方形，断面面积小于上部的檩条。三花檩就是在脊檩左右与之相隔一些距离的位置对称设置的伴檩，百柱庙的三花檩由平梁上的梁枕木承托，其作用是增加屋架上部空间的稳定性及纵向联系，也可协助脊檩承担屋脊的荷载。

此外，百柱庙明间梁架还使用了顺身串式屋内额，这样的内额一般使用于需要特别强调空间象征意义的厅堂金柱上，两端榫入柱子，节点处通常以替木加固。百柱庙顺身串式屋内额使用的位置与《营造法式》的用法相同，其断面为圆形，两端榫入柱子的节点处用卷草雀替。这种在顺身串式屋内额两端下装饰雕饰的做法可以追溯到宋代福建地区的殿堂，但福建地区一般扁作梁架的顺身串式屋内额也使用扁作，而百柱庙梁架虽为扁作，顺身串式屋内额依然用圆作，这大概与圆作更为饱满有力相关。

该庙明间梁架在檩枋的交界处还采用了等级较高、较精美的驼峰斗栱，驼峰斗栱以蜀柱或驼峰为底，并与檩条相平行，以减小檩条的跨度，构成倒三角形加强对檩条节点的支持作用。百柱庙北殿明间梁架前三架梁上驼峰斗栱的具体做法是：于三架梁上置大斗，大斗上设一组完整的十字栱，十字栱的中心及四个栱头上各有一斗，其中横栱（顺梁方向）直接承托栱背式劄牵，纵栱（顺檩方向）承托随檩枋，这是岭南较早期驼峰斗栱的做法。南殿明间梁架平梁上的驼峰斗栱就比较简单，仅纵向一跳：设大斗承托梁，纵栱及梁头卷草上的小斗形成一斗三升状承托随檩枋（图4–3–34）。

另外，百柱庙明间梁架的挑檐部分使用了插栱式挑檐，其特点是从檐柱插栱承托挑檐枋，再以挑檐枋承托挑檐檩。其具体做法是在檐枋下出两层插栱，其中底层为单栱、上层为双联栱。栱的形式与殿内斗栱接近，但弯曲弧度较大似象鼻。栱身细小，易断，其上不做雕刻，亦无结构性作用，但在上层双联栱的散斗之上、挑檐枋之下的位置装饰类似殿内雀替的花板，花板也呈波浪形，与双联栱相对，很有装饰性，又不失整体性。挑檐枋的端头雕刻成月梁尾的“卷草”状，与殿内月梁呼应。插栱式的挑檐其实是北方抬梁式木构架中插栱与南方穿斗式木构架挑枋相结合的结果，既显示了建筑的高规格，也反映了地域特色（图4–3–35～图4–3–37）。

图4–3–34　北殿明间梁架上的驼峰斗栱

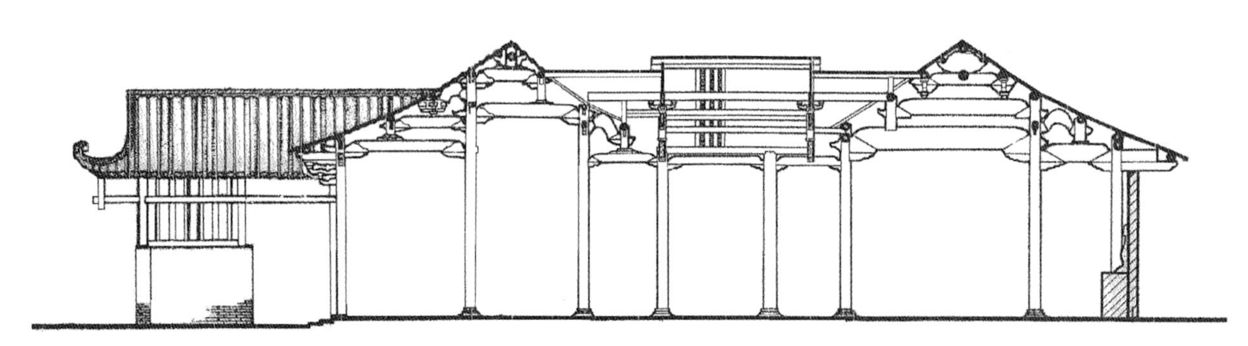

图4-3-35　百柱庙明间纵剖图（广西区文物工作队绘）

图4-3-36　百柱庙北殿明间金柱间梁架

图4-3-37　百柱庙南殿明间平梁、平梁中间的顺脊串、平梁两端的驼峰斗栱、平梁上的梁枕木、梁枕木两侧的三花檩

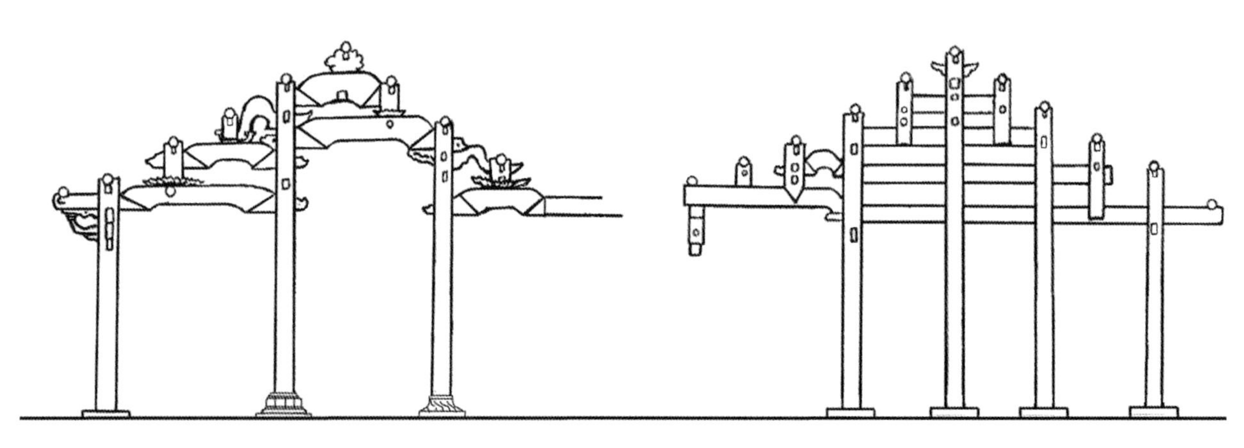

图4-3-38　百柱庙次间梁架示意图

百柱庙南殿次间，南、北殿梢间、尽间，以及南殿前两廊、北殿前两廊都用典型的穿斗式梁架。其中南殿次间的梁架为十架屋用四柱五瓜一柁墩，满枋跑马瓜式。前端（南）为了留出环绕东侧小天井的过道空间，在前檐柱位置用瓜柱，并将承托两个瓜柱、一个柁墩的四架穿枋搭接在连接北殿明间前檐柱与梢间梁架的枋木上。四架穿枋为月梁式，其上的二架梁（劄牵）亦用月梁的形式，其上的瓜柱下端斩凿成铅笔尖形，与月梁式穿枋相卯接，赋有江南气息，与苏州一带童柱的做法相近。北殿次间梁架与明间相似，用插梁式，但不再使用驼峰斗栱。其后檐柱为让出天井过道的位置也换成瓜柱，骑在明间后檐柱与梢间后檐柱间的枋子上，枋子与明间后檐柱的交接处用雀替，与梢间后檐柱的交接处用丁字栱（图4-3-38）。

梢间、尽间面阔都很窄，因此为了获得相对宽些的室内空间，梢间梁架用三柱落地（中柱和檐柱）的满枋跑马瓜式，柱与柱之间的跨度达到四个步架。为了增强梢间梁架的稳定性，除了用穿枋将其檐柱、中柱、瓜柱与尽间梁架拉牵在一起外，还用穿枋与南北殿间廊子两山的中柱相连接（图4-3-39）。

尽间其实就是南北两殿歇山屋顶的两山檐柱（檐柱架在槛墙上），在檐柱与梢间落地柱、瓜柱间的纵向穿枋上（与面阔方向平行的穿枋），设瓜柱支承歇山山面屋顶荷载的檩条（与横向梁架平行的檩条）。南殿梢间中柱与后檐杆间（相当于后金柱位置）的长瓜柱下端设一长枋，斜向穿过尽间檐柱支撑歇山屋顶的翼角。翼角并不依靠子角梁等起翘，而是采用挑檐檩上加生头木的做法，这是本土少数民族建筑（如侗族鼓楼）中常用的手法，虽翼角起翘不高，但充满地域特色。

总之，百柱庙明间与北殿（前殿）次间木构架采用插梁式，南殿（后殿）次间梁架与梢间、尽间梁架采用典型的穿斗式，既有插梁式空间跨度大、利于集众祈祷的优点，也有穿斗式木构架抗风性、抗震性强的特点，是少数民族建筑技艺与汉族建筑技艺相结合的经典案例。

2. 南宁市横县伏波庙

横县伏波庙位于横县东北约28公里的云表镇站圩村公所东南的郁江乌蛮滩（又称“大滩”）的北岸，是纪念东汉伏波将军的祭祀性建筑群。据相关记载，该庙始建于东汉章帝建初三年（78年），以后历代都有修葺。庙内石刻碑文记载，该庙在明万历三十年（1602年），清乾隆十二年（1747年）、乾隆二十一年（1756年）、乾隆四十一年（1776年）、乾隆五十五年（1790年）、道光元年（1821年）、道光三十年（1850年）、同治十二年（1873年）都进行过大规模的修缮。清光绪十七年（1891年）光绪帝御赐横县伏波庙“铜柱勋留”匾。现在遗存的建筑基本为清代风格。

横县伏波庙背靠百足岭、南临郁江，是一组依山傍水、坐北朝南的建筑群。伏波庙依山就势，拾级而上，沿着偏东10度的中轴线依次排列着牌坊（已毁）、前殿、祭坛、正殿、后殿（已毁），其中祭坛和正殿是建筑组群的核心。主要的建筑为硬山顶，使用直带式垂脊和双层博古式正脊，其间装饰人物、花草，甚为热闹，正殿正脊上设双龙，强调了庙宇的威严（图4-3-40）。

庙门设台基两层，一层台基高约80厘米，为包台基月台形式，方正石台明，正面设踏道，踏道两侧为钟、鼓亭。钟鼓亭采用单檐歇山顶亭子，立于高约2.8米的墩台上，墩台开拱门设楼梯向上。亭子翼角通过生头木的设置翘起，加上其上底部翘起

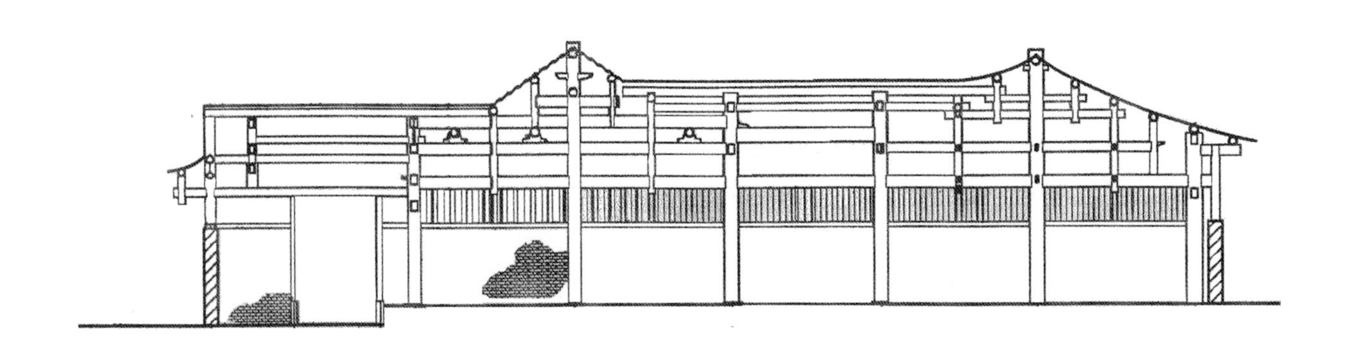

图4-3-39 百柱庙梢间纵剖图（广西区文物工作队绘）

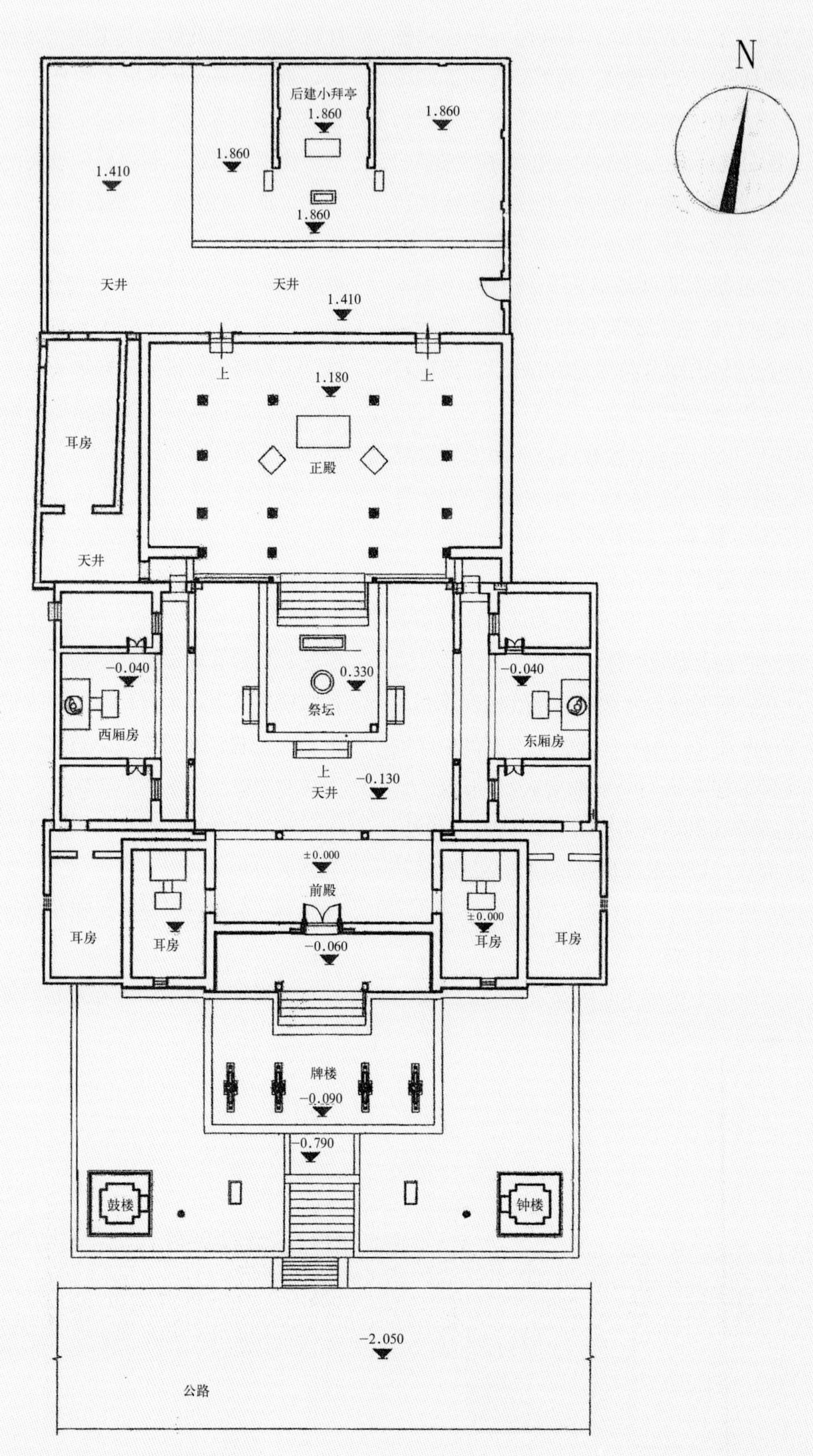

图4-3-40　横县伏波庙总平面图（区文物工作队绘）

的戗脊，有舒展欲飞之势。一层台基之上又设一层正座月台，但两者间的高差仅有10厘米，其上立三间四柱三楼牌坊（原牌坊已毁）。两层台基一般用于隆重的殿堂建筑，伏波庙虽有政府认可，但毕竟还是民间庙宇建筑，因此匠师将二层台基做得很低，远观似一层，尽量规避逾制问题，但又显示了该庙卓尔不群的地位（图4-3-41）。

前殿面阔三间两耳（宽约19.5米），左右各加一客房（客房面阔3.9米，客房不与耳房齐平，内缩约25厘米），使前殿远看似一座面阔七间、宽约27米的宏阔建筑，但《大清会典》中有规定，亲王才可运用面阔七间的建筑，所以为了避免逾制，匠师一是将客房缩进，二是将耳房和客房的正脊依次降低。前殿本身为面阔三间的无塾台、无塾间、无屏门型，进深一间带前廊（深约7.2米），高约5.6米。前廊进深四架（深约3米），因此门设在脊檩之前的位置，门与栋分离，是不分心的构架方式，使前后梁架数不一致，这种方式大体在清中期出现。门采用麻石门门框，前不设抱鼓石。前殿檐柱均为方形抹角石质柱，檐柱与山墙间用虾弓，梁上驮金花狮子。前廊梁架使用截面接近圆形的月梁，月梁端头以矩形截面榫入柱身，月梁不做梁肩，下做曲线梁项，梁底略微上凹，并以花草图纹装饰。四架梁上置柁墩、大斗，大斗上为两跳斗栱，以大斗直接承托梁，梁上置第二层栱，二层横栱（顺梁方向）为异形栱，上承“S”形鳌鱼水束，二层纵栱（顺檩方向）上设替木承檩条。大殿正门后进深五架（深约3.2米），其构架方式与前廊同。大殿两侧为耳房，东耳房为福德祠，西耳房为少侯祠。耳房屋脊低于正殿，采用硬山搁檩式梁架（图4-3-42）。

过了正殿便是祭坛，祭坛实为正殿前的正座月台，宽约5米，深约8米，高约45厘米，正面及侧面三出踏跺。

正殿坐落在高约1.2米带石勾栏的方正石台明上，面阔五间（宽约18米），进深五间十三架出廊式（深约11.8米），高7.4米，显示了正殿较高的等级地位。正殿明间使用插梁式木构架，次间使用中柱落地的穿斗式木构架。明间前廊木质方檐柱直接

图4-3-41　横县伏波庙全景图（从东南角看）

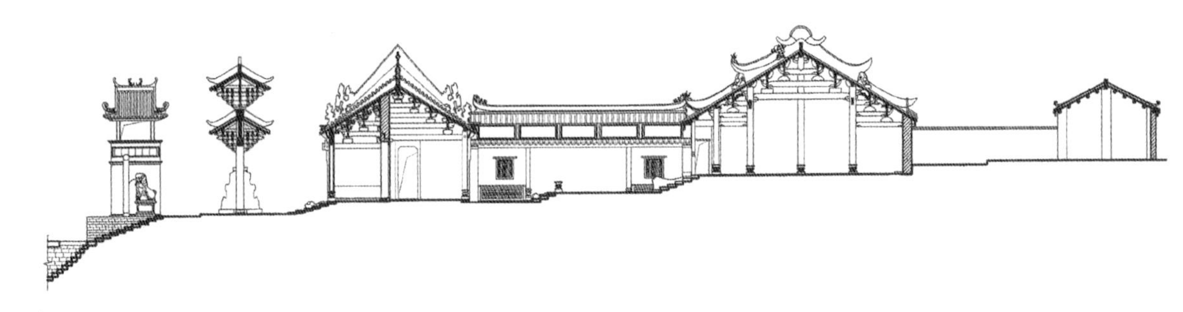

图4-3-42 横县伏波庙纵剖图（区文物工作队绘）

立在勾栏的望柱柱头上，下端有精美雕刻，檐柱与前外金柱间以扁枋相连，下有雀替。前外金柱、前金柱、后金柱及后墙间以截面近圆形的月梁相连，月梁梁尾做成薄于梁身的矩形榫入柱子，梁厚于榫厚的部分做卷杀，呈梁肩状，下做曲线梁项，底层梁底刻浅浮雕椀花图纹。梁上使用单跳驼峰斗栱，具体是在驼峰上设大斗，大斗直接承梁，梁端做斗口跳支承花板水束（两金柱间），单挑斗栱中心设齐心斗上承随檩枋，三个栱头上也各置一斗上承檩条或水束，使驼峰斗栱在面宽面位置呈一斗三升状，并在前外金柱与前金柱间、后金柱与后檐墙间斜置“C”形、“S”形水束，增强拉牵作用。脊檩由蜀柱承托，蜀柱上端雕刻成莲花斗状，并设两层梁枕木，下层为斗栱形，上层为三角花板形，具有较强的装饰性；脊檩下设随脊枋穿过蜀柱，与次间梁架相连（图4-3-43）。

正殿通过西侧的侧廊进入后殿，后殿为面阔三间的娘娘庙，原建筑已毁，今存为近期重修之建筑。

前殿、正殿间设面阔三间的东、西厢房，厢房为硬山顶，设前廊，前廊屋面上设雕刻精美的女儿墙。女儿墙中间是3幅灰塑浅浮雕画，其中为人物雕塑，两侧为花鸟雕塑；3幅灰塑浅浮雕画两侧则采用绿色琉璃花窗（图4-3-44）。

3．桂平市金田镇新圩三界庙

金田镇三界庙位于距桂平县城北25公里的金田镇新圩（又称大宣圩）中心街口，建于清乾隆五年（1740年），历代均有小修或重修，现状为清代遗物。三界庙是两路一进三开间的建筑，东路是建筑的主轴，依次布置最重要的建筑——庙门和大殿，

图4-3-43 横县伏波庙祭坛及正殿正面

图4-3-44 横县伏波庙东侧厢房

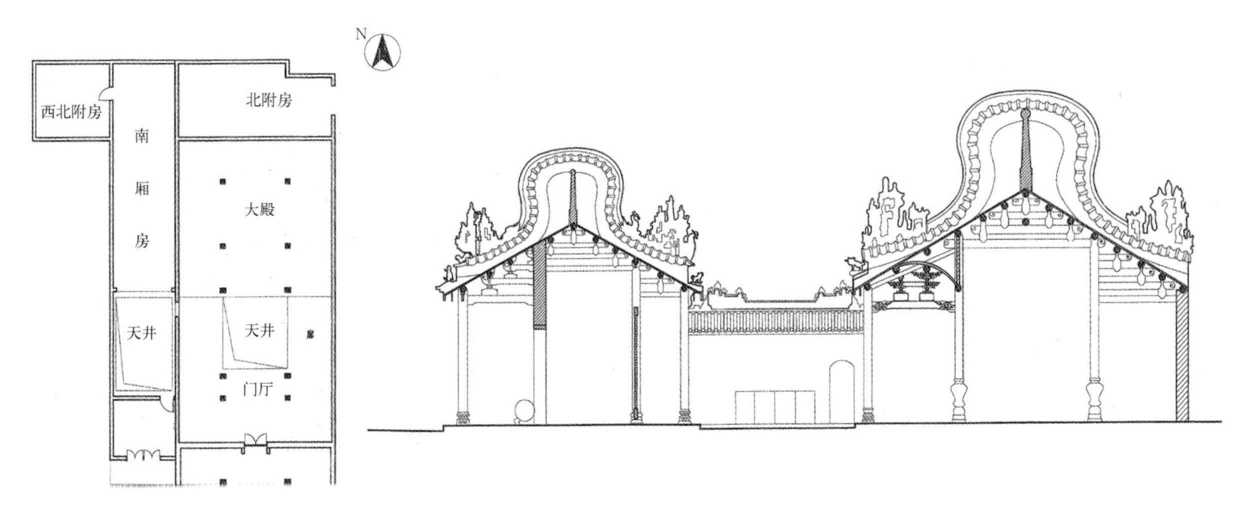

图4-3-45　三界庙平面及剖面图

两座建筑均采用镬耳硬山顶，用别具广府风味的插梁式木构架（图4-3-45）。

庙门面阔三间（11米），进深三间十一架带前廊（前廊进深2.5米，殿内进深4.6米），高6米，庙门中墙与前檐柱间仅进深三架，墙与后檐柱间进深九架，形成强烈不一致的内外空间，且前廊梁架装饰华美，后檐梁架则是简洁的瓜柱式梁架（图4-3-46）。

图4-3-46　三界庙正门（源自网络）

前廊檐柱为方形抹角石柱，柱子与山墙间以较粗的石虾弓梁连接，梁下设石雀替，柱础为典型的广府式方块状柱础，显示了此建筑与广府建筑间的亲缘关系。前廊不设轩棚，直接将梁架暴露出来，因此，无论梁还是其衔接上下层的驼峰、斗栱等都做工考究、精美。其中梁为圆作月梁，梁尾榫入柱子部分并未按《营造法式》上规定有所减小，仅在厚于榫厚的部分做卷杀，呈梁肩状，下做曲线梁项，既加强了结构，又不失梁肩卷杀的美观；底层梁底刻浅浮雕椀花图纹，其上两层梁仅刻出画框，里面不饰纹样。为了显示建筑的等级，在前廊四架梁上置驼峰斗栱、替木承托其上的三架梁和檩条，驼峰上的大斗直接承三架梁梁，三架梁梁头做斗口跳，并在其翘起的端头设莲花小斗支承花板水束，这样驼峰大斗上便是一朵单跳驼峰斗栱，其中心及三个栱头上各置一斗，使驼峰斗栱在面宽位置呈一斗三升状。三架梁、二架梁也如法炮制（图4-3-47）。

图4-3-47　三界庙正殿前廊梁架

庙门内木构架清晰、简洁，为广府式沉式瓜柱梁架，梁为圆作，自上而下沉入葫芦状瓜柱中，梁头浅浮雕涡旋纹。特别的是，在四架梁上架一条粗大的通长牵枋，加强山墙、梁架间的联系，此牵枋上设短柱与脊檩相连，起到辅助脊檩承托其上高耸、厚重的石湾正脊的作用。

庙门与大殿间的天井两侧设廊子，廊子梁架为大回纹式，在回纹上设小垫板承托檩条，有抬梁意象。

大殿面阔三间，进深三间十四架前卷式（10.3米），高7米，用插梁式木构架。殿内梁架构架方式及造型与庙门内梁架同，均为广府式沉式瓜柱梁架，也设通常牵枋加强联系和辅助承托正脊。不同之处是前廊用船篷轩，其下月梁式轩梁的梁肩、梁项部分雕刻成了相对吞梁的龙头，其上用驼峰斗栱承托上层轩梁及檩条。其中驼峰斗栱为两跳，以小驼峰上的大斗上直接承梁，梁上承第二跳斗栱。顺檩方向上第二层纵栱较第一层长，第二层横栱则为具有装饰性的枫栱，其纹样与上层轩梁端头相近，与龙髯相映衬。此外，从石质檐柱上端，设一斜向圆枋，穿过轩棚插入金柱七架梁下，起到托脚似的斜撑作用，在广西是极其罕见的。金柱下为高约90厘米的瓶状柱础，柱础造型别致，体现了地方特色（图4-3-48）。

图4-3-48　三界庙正殿轩棚梁架

图4-3-49　三界庙正门正脊陶塑

从立面上看，该庙的镬耳式山墙和石湾屋脊均繁复而华丽，其手法和用材均体现了清代中后期的广府式装饰的特点。硬山屋面盖筒瓦，端部以绿色琉璃勾头，滴水剪边，龙脊山墙。正脊为华美、热闹的博古式石湾陶塑屋脊，陶脊在上、灰塑在下，灰塑部分分为若干个画框，里面饰以历史人物、瑞兽及花鸟；其上陶脊部分饰亭台楼阁、大小人物，色彩鲜艳，构图极富层次。脊中央为宝珠，两侧饰鳌鱼。此外，庙门和大殿檐下都有雕刻精美的封檐板，封檐板雕刻成随风摇摆的织物样，上有图案化的花纹，这种类型的封檐板在桂东、桂东南一带较常见（图4-3-49）。

4．桂林市恭城县周渭祠

恭城县周渭祠为一组坐北朝南的建筑组群，由南至北在轴线上依次布置着戏台、门楼、大殿、后殿，但戏台、后殿已毁，今仅存门楼和大殿（图4-3-50）。

周渭祠的门楼面阔五间的歇山顶建筑，明间、次间开门（皆为双开门，门楣上设两颗门簪，其上饰木雕横坡，明间大门中槛上还有镂花木横坡进行装饰，次间则仅设一块小花板连接天花枋），门框立于中柱位置，两梢间为塾房。明间四金柱位置又升起一歇山顶小阁，这是全庙建筑的精华，其做法是将明间四金柱升高，其上端用横梁和牵枋拉牵，再在横梁之上架层叠梁架以承檩条。支撑歇山顶小阁悬挑部分屋檐的是伸出柱子的梁头，但檐下装饰了极其繁复的蜂窝状如意栱，如意栱全部以斜栱相互交错连接，连成一个连续不断的U字形整体。与

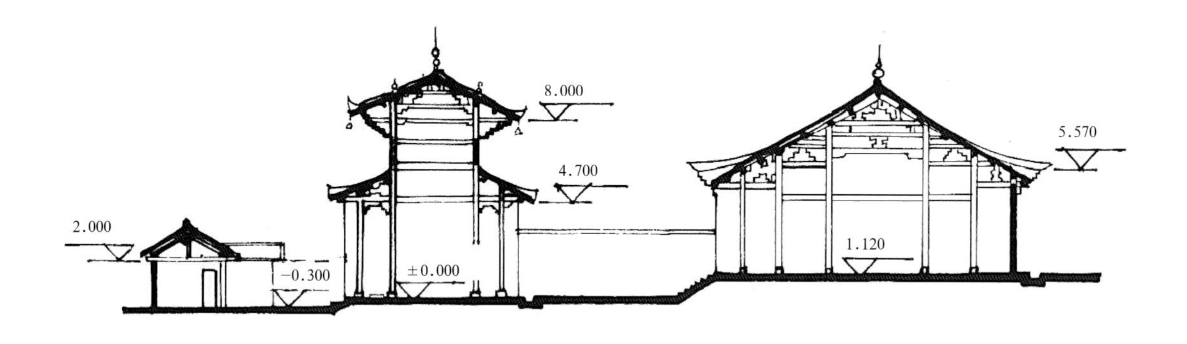

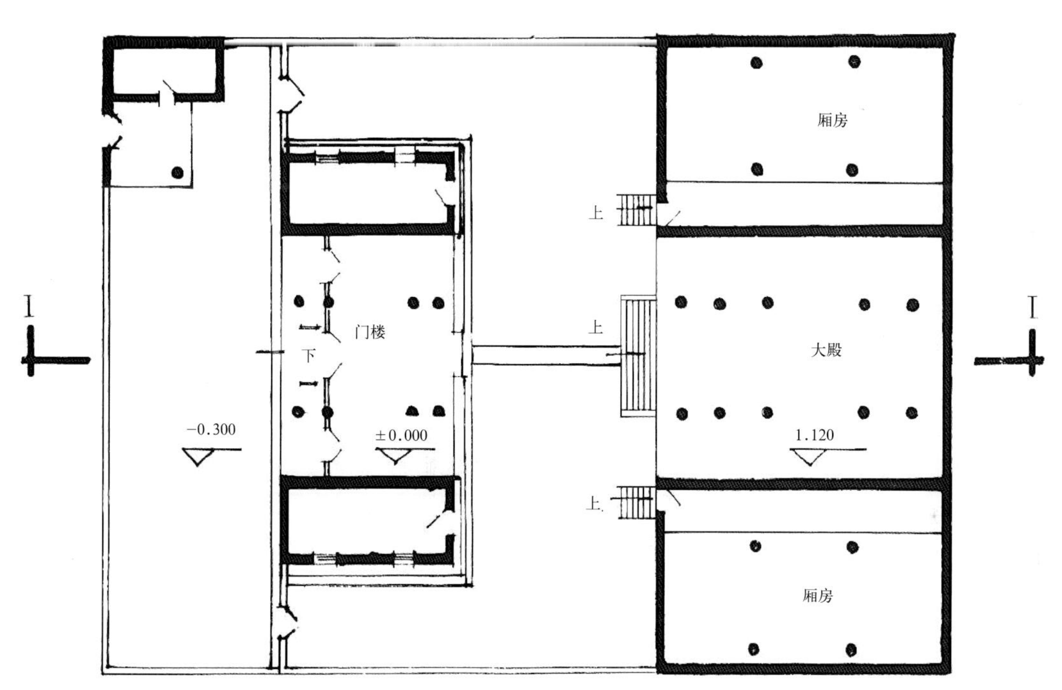

图4-3-50　恭城周渭祠平面及剖面图（图片来源：《广西民族传统建筑实录》编委会.广西民族传统建筑实录.南宁：广西科学技术出版社，1991.）

其相呼应，梢间的檐子除了叠涩而出的菱角牙子外，其下还有一排小华栱支撑出挑的菱角牙子。明间屋面铺绿色琉璃筒瓦，屋脊、檐口两端都做升起。正脊为卷草脊，脊身有浅浮雕灰塑花草，脊上设鳌鱼及宝珠；垂脊和戗脊较朴素，但小阁垂脊端头设狮子作为垂兽；设素平木质山花保护屋顶梁架，设木博风脊木悬鱼保护屋顶檩条（图4-3-51）。

门楼前廊明间不设天花，次间设素平天花，因此明间梁架装饰尤为华丽、繁复：明间前廊用扁作直梁，梁端头贴花板；梁上以云纹花板承托檩条，花板中刻出鳌鱼和仙鹤；梁下为异形贴花式月梁，梁身是双狮（东侧反面是双凤，西侧反面是凤和麒麟），梁肩上是含珠相对的鳌鱼头，梁下是一对镂花雀替，雀替的曲线和月梁下端上弯的曲线一体，共同形成了一美丽的廊下飞罩；伸出廊柱的直梁下则装饰鳌鱼和雀替。此外，前廊牵枋、天花枋用装饰性较强的扁作月梁式，无梁肩，梁底上凹，阴刻梁项；牵枋下设镂花雀替，其上以镂花板连接月梁式天花枋（图4-3-52）。

门楼金柱以内都设素平天花，但明间天花因小

图4-3-51　恭城周渭祠门楼

楼阁之故，特别高敞，又有小阁镂花墙采光，通间明亮；梁次间则相对低矮。前廊的直梁沿进深方向一直通到后檐柱，其下后金柱与檐柱间设夔龙纹飞罩，伸出后檐柱部分依然饰鳌鱼及雀替。后檐柱牵枋、天花枋装饰与前廊同。前廊两侧山墙饰漂亮的墙楣彩绘。

大殿面阔三间（12.2米），进深五间二十架（14.8米），为灰瓦硬山插梁式，三间均设雕刻精美的隔扇门。前廊进深四架，用扁作直梁，梁身贴夔龙纹（出廊柱部分贴双麒麟纹），梁上以栩栩如生的镂花木雕狮子承檩，梁头下的雀替雕刻一品当朝（东）、加官晋爵（西）人物主题雕刻。门内大梁用扁作月梁，但这种月梁仅在梁底做弧线上凹，梁肩和梁项均是隐刻而成。除后外金柱与后墙间以瓜柱承檩、以枋拉牵外，其余皆以夔龙纹大花板承托檩条。为了显示空间上等级的微妙区别，两内金柱间的月梁梁身隐刻三角形刻花包袱，檐柱与前金柱间的月梁则仅在梁身贴木花草纹。正殿正脊用博古脊，

图4-3-52　恭城周渭祠正门前廊梁架

垂脊用飞带脊，脊底化作卷草向上翘；由于起翘较高（为了与门楼翼角起翘相对应），脊底与山墙墀头间以灰塑夔龙纹装饰（图4-3-53～图4-3-55）。

正殿两侧设厢房，并留过道通往后殿，但后殿已毁，今存为近期修复时重建。

5. 岑溪邓公庙

岑溪市邓公庙坐落于岑溪市南渡镇黄华河畔，

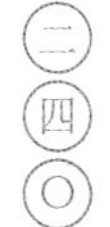

图4-3-53　恭城周渭祠大殿

图4-3-54　恭城周渭祠正殿前廊梁架

图4-3-55　恭城周渭祠大殿梁架

始建于明朝，清雍正十二年（1734年）重修。邓公庙坐北朝南，沿轴线由南至北分别是前殿、拜亭、后殿，通进深22.4米，轴线两侧各设一列辅房。邓公庙为硬山顶插梁式木构架建筑（硬山垂脊为大式飞带垂脊，正脊朴素），梁架保留了明代风格，庙内后殿的4根高浮雕蟠龙木柱为广西孤例（图4-3-56～图4-3-58）。

该庙前殿面阔三间（宽12.7米），进深三间十一架（深7.7米），高5.5米。全殿梁架使用广府式月梁，其截面接近圆形，梁身凸出于榫厚的部分做梁肩和曲线梁项，既坚固又美观。前檐柱与前金柱间的三架梁穿出檐柱承托出挑的屋檐，三架梁上则设两跳驼峰斗栱承托檩条和花板式水束，其具体做法是用柁墩（驼峰的变体）直接承托梁架，梁架端头做斗口跳，梁上再置大斗承第二跳及水束。两跳驼峰斗栱的设置使入口更具装饰性。金柱间及金柱与后檐柱的梁架为穿式瘦瓜柱插梁式木构架，瓜柱呈瘦长形立于梁上，梁端削薄呈扁平状穿过瓜柱。脊檩由瓜柱承托，柱端设卷草梁枕木，对脊檩起到扶持作用。为了增加梁架间的拉牵作用，脊檩下用较粗大的随脊枋（其直径甚至略大于脊檩），前檐柱、前后金柱也设牵枋，其中后金柱间的牵枋雕刻尤为精美，枋端以月梁的方式斩凿、浅浮雕飞凤，枋身刻缠枝纹，枋底为铜钱椀花纹（图4-3-59）。

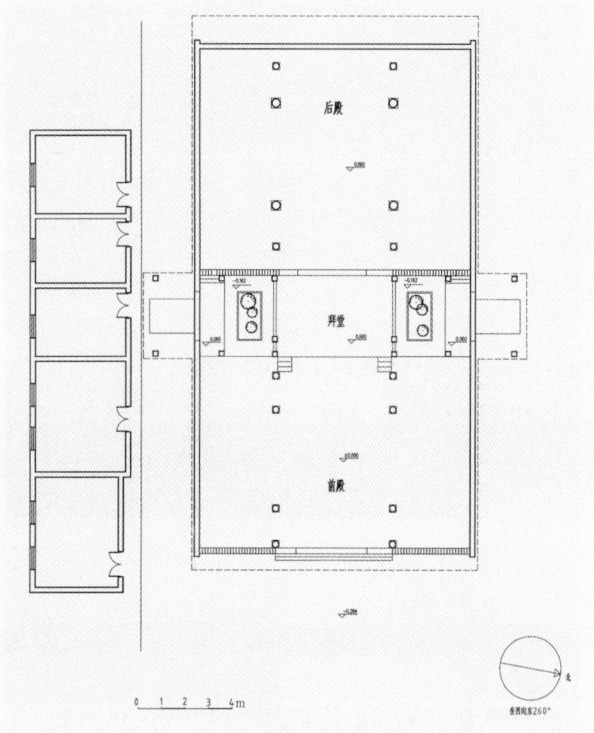

图4-3-56 岑溪邓公庙平面图（阳慧绘，谢小英指导）

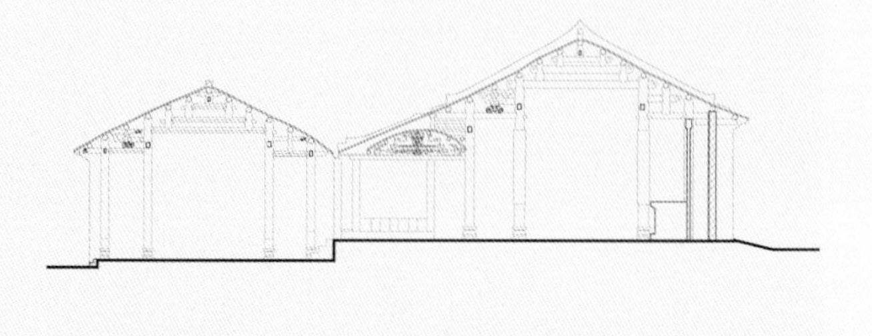

图4-3-57 岑溪邓公庙纵剖面图（阳慧绘，谢小英指导）

图4-3-58 岑溪邓公庙

图4-3-59 岑溪邓公庙前殿梁架

图4-3-60　岑溪邓公庙拜亭

前殿与后殿间为拜亭，拜亭立于砖砌台基之上，面阔一间，宽与前殿明间同，进深3.2米。拜亭的屋顶是将后殿明间部分屋顶延长而成，与前殿后檐相接，设天沟排水。拜亭屋顶东、西两侧加披檐，略呈歇山之形，有遮挡风雨之效。拜亭屋架为穿斗式，其下与前殿相接一侧设跨度达六架的船篷式卷棚，与后殿相接一侧设跨度为一步架的素平天花。卷棚檩条由夔龙纹大花板承托，使拜亭空间华丽而精美（图4-3-60）。

后殿面阔三间，进深三间十二架，高6.2米，采用插梁式木构架。前檐柱与前金柱间用广府式月梁，月梁出头承托挑檐檩；月梁之上置两跳驼峰斗栱承托檩条，其做法是在柁墩上置大斗，大斗上设一组完整的十字栱，十字栱的中心及4个栱头上各置一斗。大斗直接承梁，梁头做斗口跳，梁身上也置一斗，形成顺梁方向的第一层横栱，承托其上的栱形水束，栱形水束即为第二层横栱。顺檩方向第一层纵栱承托其上第二层纵栱，较第一层长，不设斗，直接承托圆檩。因此，第二层纵栱实质起到的是替木的作用，与圆形檩条结合得更好。这样的做法在明代建筑和清早期建筑中出现较多，说明了该庙的历史较为悠久。4根金柱都有精美的高浮雕木龙装饰，其上梁架采用下沉式葫芦瓜柱形插梁木构架，使用圆作直梁，梁头不削薄，并有回纹装饰。后金柱与后檐柱则直接用瘦长瓜柱和扁形穿枋。为了增加拉牵作用，后殿脊檩下使用了随脊枋，前、后金柱也都设牵枋。其中随脊枋两端雕刻生动的龙头，前金柱间的牵枋雕刻精美（纹样与前殿后金柱牵枋相近），这些手法都烘托了金柱间空间的神圣性（图4-3-61）。

图4-3-61　岑溪邓公庙后殿梁架及龙柱

6. 全州柴侯祠

全州县柴侯祠是当地民众为纪念柴崇稀而建，柴崇稀在全州任职期间，曾率兵击退来犯的敌寇，故建祠纪念。该祠位于全州县县城西隅，始建于唐登封元年（696年），该祠明、清两代都曾修缮。整组建筑坐北朝南，沿轴线原有戏台、前殿、中殿、后殿，现戏台、中殿已毁，仅余前殿、后殿（图4-3-62）。

前殿面阔五间（宽约18米），进深五间二十一架前卷式（深约14.5米），高约10米，为硬山顶（猫儿式山墙）穿斗式建筑。檐柱与前外金柱间深约四架，设船篷轩；四架轩梁为扁作月梁式，梁上部卷刹出梁肩，底部向上凹进，梁身隐刻出梁项，梁身高与榫厚一致，这为月梁伸出檐柱支承挑檐檩提供了结构上的保证；四架梁上置两跳驼峰斗栱承托檩条，其做法是用大斗直接承托支撑轩棚檩条的花板，顺檩方向第一层纵栱承托其上第二层更长一些的纵栱，不设斗和替木承托圆檩，这些做法使入口空间更具装饰性（图4-3-63）。

前外金柱与前内金柱间仅两步架，是轩棚连接内金柱间藻井的过渡空间，其上设素平天花进行过渡，简洁的双步梁仅以其下的雕花雀替点缀。

由于后内金柱与后外金柱位置设凹字形神龛，因此龛前的4根内金柱空间就成为最神圣的参拜空间之一，其装饰也尤为华丽：4根内金柱间设斗八藻井，其下九架梁为扁作直梁，两端设镂花“L”形雀替；九架梁及内金柱间的额枋上均设通花木质横披进行装饰。

后外金柱与后檐柱间为前殿至中殿的过渡，因此其梁、柱、檩完全暴露出来，不作遮掩，也不作装饰。

图4-3-62　全州柴侯祠前殿（源自网络）

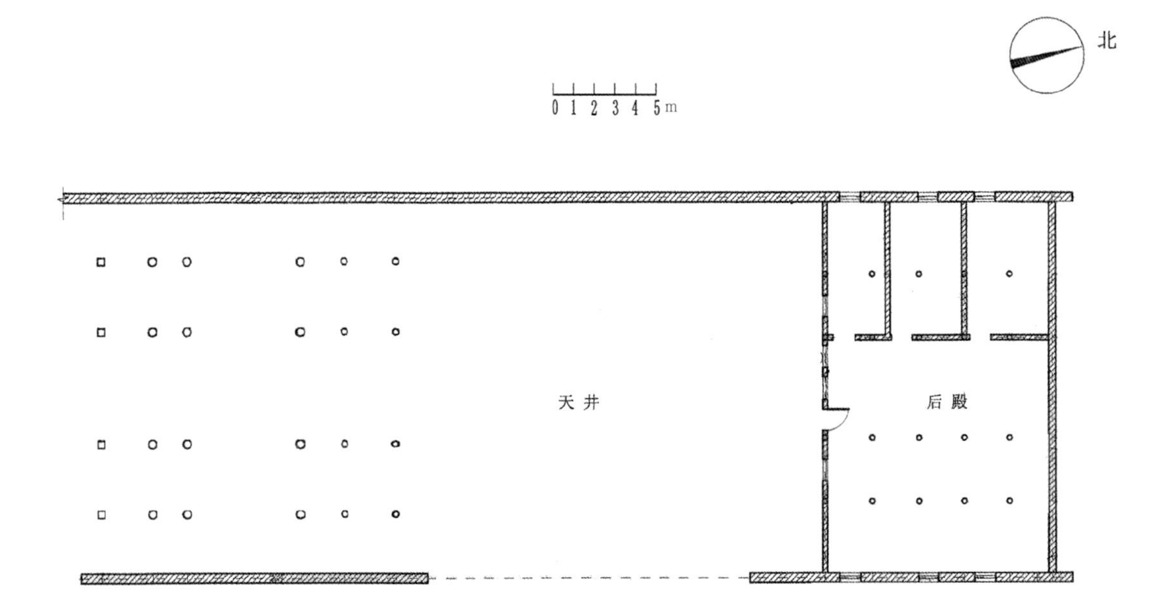

图4-3-63　全州柴侯祠总平面图（广西区文物队绘）

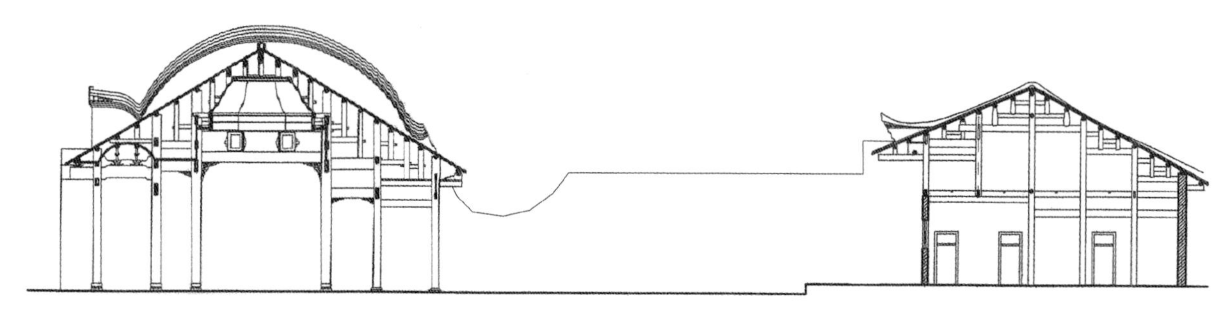

图4-3-64　全州柴侯祠剖面图（广西区文物队绘）

后殿同样面阔五间（宽约18米），进深五间十六架（深约11米），高约8.5米，硬山顶（金字山墙）穿斗式木构架，其内设楼阁。木构架为中柱落地减枋跑马瓜式，房身采用当地民居中喜闻乐见的前浅后深、前高后低的处理手法，使建筑获得充足阳光的同时，增加了使用空间（图4-3-64）。

7. 柳州市三江侗族自治县良口乡和里村三王宫

和里村三王宫位于和里、南寨双溪合流处的小山包上，是侗寨村民演戏酬神及进行其他民俗活动的地方。此宫建于明隆庆六年（1572年），经历清乾隆、道光、同治三次大修，2012年整体修葺。三王宫坐北朝南偏东15度，中轴线上由南至北依次布置庙门戏台、前院（兼看台）、仪门、后院、庙堂（东西并列两座）。各主体建筑因山就势逐层升高，是充分利用地形的典型代表。东西对称布置两座庙堂，且庙堂共用墙体，是现存古建中罕见的实例（图4-3-65、图4-3-66）。

该建筑的庙门与戏台合为一体，前后相连，能最大限度地在小山包上留出相对宽裕的观演院落空间，并充分运用干阑建筑底层架空的方式解决了地形高差和庙门、通道问题。该戏台为单层全伸出式三面观戏台，单檐歇山顶，面阔三间（宽约5.8米，

图4-3-65　三王宫（从东南面看）

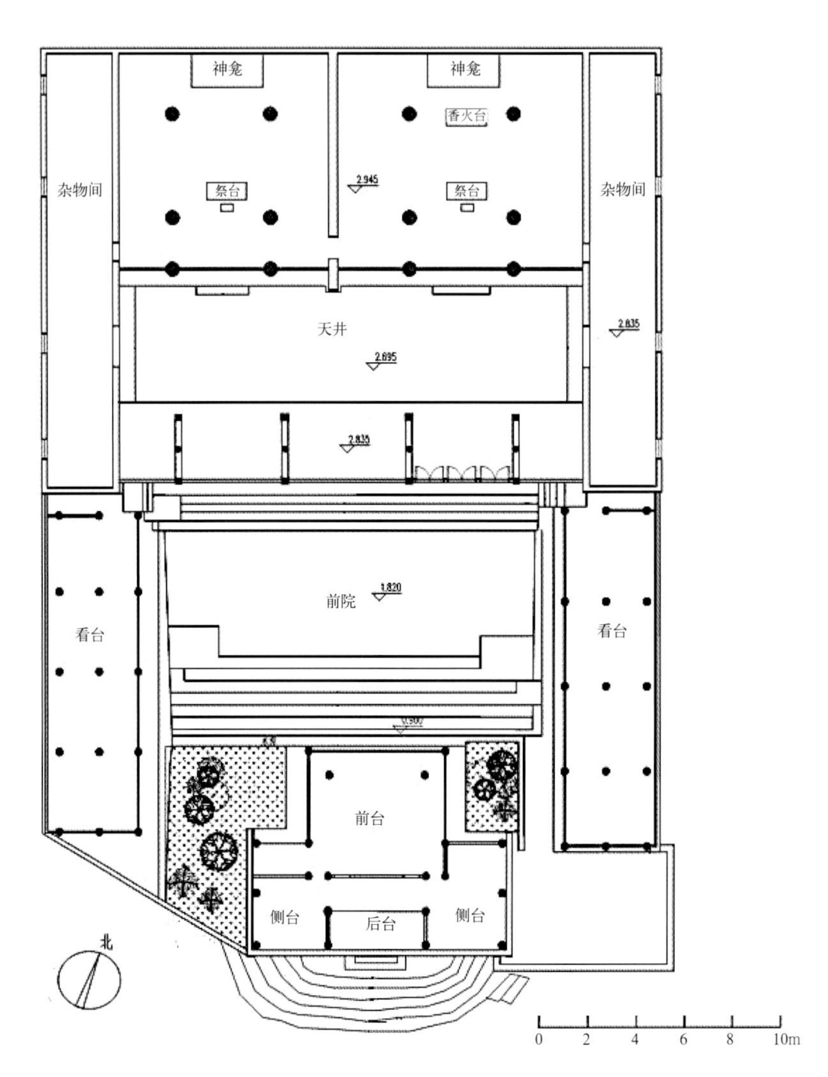

图4-3-66　三王宫总平面图（赖盼等绘，韦玉姣指导）

其中明间宽4米）、进深两间（深约4.5米），后加面阔三间（宽约10.5米）、进深一间（深约2.8米）的扮演房。戏台总高9.9米，其中架空底层高3米，二层木地板至立面檐口高3.2米。戏台明间屋身高、宽约为0.8：1，即从戏台地板至立面檐口高约为明间宽度的4/5，台口相对较高，利于多人表演。戏台为穿斗式木构架，金柱间设方形藻井，戏台四周挑檐部分设半鹤颈式卷棚，藻井及半鹤颈式卷棚漆以红、黄、绿三色进行装饰，其中藻井中央以这三色描绘出抽象的太极鱼图案。翼角起翘的方式均采用从前金柱伸出前檐柱的穿枋来衬托翼角的方式（即转角穿枋），在转角穿枋前端斜立子角梁（子角梁外以圆雕木鳌鱼头遮掩装饰），在檐桁之上设置较高的老角梁，老角梁斜向伸出卯入端部斜立子角梁内，并以两侧的生头木辅助支撑，这样子角梁、老角梁与两侧生头木相互扶持，形成达到110度至125度的倾斜角度。扮演房为马头墙式硬山顶，山墙前墀头部分装饰彩绘。但三王宫的马头墙与桂北汉族的相左，它每层两端向上翘起的高度远高于桂北汉族马头墙，显示了地域特色（图4-3-67）。

过了戏台便是第一进院落，依就地形，院落设多层台基以便观演之用。此外，第一进院落两侧为

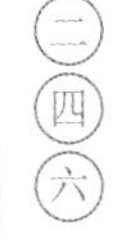

面阔四间（14.5米）、进深一间（深约4米）悬山顶观演房，观演房亦采用干阑式，底层架空适应地形，上层观演。

仪门立于高约1米的平台上，面阔五间（宽约20米）、进深两间（深约3.2米），硬山顶穿斗式木构架，中柱位置设门框。面阔五间，中柱设门框是高级的仪门形制。此外，在中柱与前、后檐柱间设一支香轩，挑檐部分饰半鹤颈式卷棚，这不但加强了仪门的装饰性，也再一次突显了仪门的高等级（图4-3-68）。

后院之北便是东西并立的两座面阔三间，进深三间十四架（深约9米），高9.8米的庙堂。其中东

图4-3-67　三王宫戏台

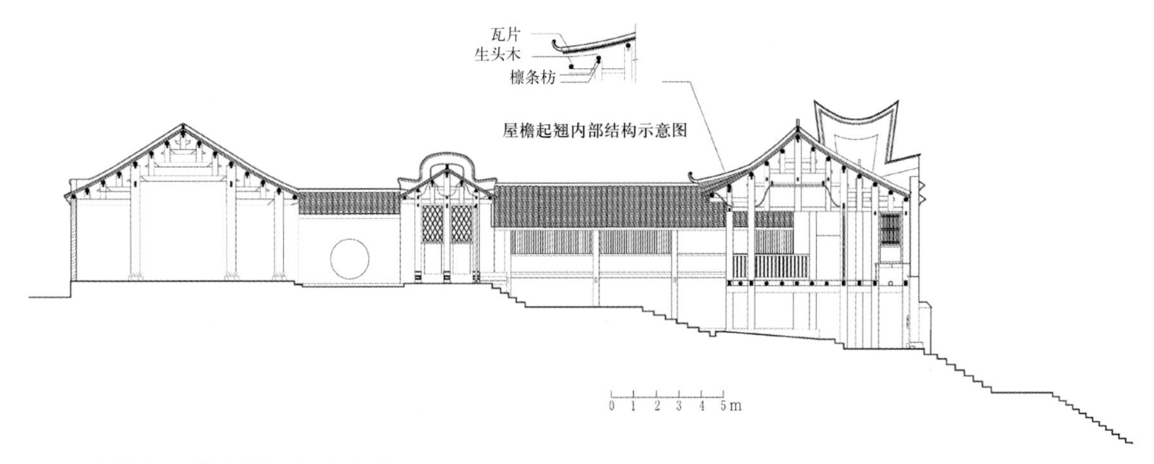

图4-3-68　三王宫纵剖面图（赖盼等绘，韦玉姣指导）

侧庙堂宽9.4米，西侧庙堂宽10.7米。这样与戏台正面相对的是东庙堂的次间，这在庙宇布局中是很少见的。东、西庙堂形制一致：进深十四架，用插梁式木构架；瓜柱使用侗族穿斗木构架中瓜柱的形式；落地柱也是直上直下，不做卷杀；梁为扁作直梁，梁身凸出于榫厚的部分做曲线梁项，但不做梁肩，梁底不向上凹进，梁穿出柱子的部分处理成向上微翘的鱼尾状，这是侗族公共建筑（鼓楼、庙宇、桥梁）中梁的传统做法；为了增强拉牵作用，檩下设随檩枋，金柱间及金柱与山墙间设纵向的牵枋，但不设随脊枋。装饰上，挑檐部分都做半鹤颈式卷棚；山墙内上沿饰博风脊式墙楣画。稍微不同的是，东侧庙宇有梁枕木，而西侧无；东侧庙的墙楣画为黑地白纹，西侧为彩色如意纹。

第四节　广西文庙

一、广西文庙历史发展及分布

在中国数量众多的文庙建筑中，除了曲阜孔庙因其独特的地位始终被称为“孔庙”外，其他地方（包括古代都城）则称为先师庙、圣庙、文庙、夫子庙、学宫等，其中最普遍的称呼是“文庙”或“学宫”。“文庙”，即文宣王庙，此称始于唐玄宗开元二十七年，因是年封孔子为文宣王。被称为“学宫”，是因为中国自汉以来实行“庙学”制度，使“庙学”长久以来并存，“学”即具有教学功能及教学空间的官学，“庙”即祭祀孔子的空间——文庙，“庙学”就是在各级官学（太学、府学、州学、县学）内设置文庙，供师生及民众参拜，这样“庙”（文庙）就成了“学”（官学）的信仰核心及布局核心，同时“学”也成为支配组群的重要元素。地方上就将这种管理上“庙学”合一、空间布局上“庙学”亦合一的官学称为“学宫”。

学宫是地方官学庙学合一的体现，也是地方官学的主要形式。这种形式和做法可以追溯到汉代，到隋唐时，从中央到地方县学已普遍完成庙学制度。到宋、金时代，“学必立庙，以祀孔先圣先师”已达普遍化，如程方平《辽金元教育史》中记载：“隋唐以来，学遍天下。虽荒服郡县皆有学，学必立庙，以礼孔先圣先师。……至于近代，庙学制益备。”[19]。到元朝，边疆地区如两广、云南、福建，特殊地区如军队驻地、转运司治所、盐场等也都有庙学的建置[20]。至明朝，全国的官学（自中央到郡邑）均建有“庙学”，如明朝王阳明《万松书院记》[21]云：“惟我皇明，自国都至于郡邑，咸建庙学，群士之秀，专官列职而教育之。其于学校之制，可谓详且备矣。……夫三代之学，皆所以明人伦；今之学宫皆以“明伦”名堂，则其所以立学者固未尝非三代意也”。清代承袭明制，“凡建学必立庙以崇祀先圣”[22]，因循明代学宫，或扩建、修缮。

今天广西遗存的或有史可查的文庙，几乎都属于学宫范畴，隶属于官学，因此广西文庙的兴建、分布、数量等都与广西古代地方官学的兴衰息息相关。

根据历史记载和统计，广西自唐代开始，在所辖州、县设立官学，广西第一批文庙便出现于唐代兴建的学宫中，如元和十年柳宗元被贬到柳州后，也在柳州修复文宣王庙，“尝为此州而新庙学矣”[23]；大历年间，李昌夔任桂州都督时，提倡读书教化，建“宣尼庙于山下，设东西庠以居胄子”[24]。此外，武德五年（公元622年）在岑溪县治东，开始建置学府；贞观初，于博白县城南建县学；贞观元年（公元627年）厉文材为容州刺史时，在容州建立了容州学府。

宋代，迁居广西的北人渐多，岭南与中原的文化交流增加，来广西就职的外地官员都比较注意广西教育的发展，如天圣年间知浔州孙抗兴“庙学”，“亲为据按讲说”[25]，相应的广西学宫（文庙）在数量上空前增加。据现存广西地方志记载，宋代广西共设置府、州学20所，县学21所。这41所府、州、县学大部分分布在广西的东北部、东南部和中部，其中包括桂北地区的桂林府学、兴安县学、全州州学、灌阳县学、荔浦县学、永福县学、阳朔县学、古田县学；柳州地区的宾州州学、象州州学、来宾县学、柳城县学、融县县学；平乐的平乐府学、贺县县学；庆远的庆远府学；以及梧州府学、南宁府学、浔州府学、北流县学、博白县学、贵县县学等都是宋代兴建的学宫[26]。广西的西部和西南部，特别是少数民族聚居的羁縻州，依然很少设立官学，宋代左右江地区全无官学设置。

明太祖朱元璋十分重视教育事业，在全国大兴办学之风，中央设立国子监，地方设府、州、县学，乡村设社学、义学。《明史》卷六九《选举一》中记载："天下府、州、县、卫所，皆建儒学，教官四千二百余员，弟子无算，教养之法备矣。"[27]在全国办学之风的推动下，广西的学宫也有了较大发展。据黄佐《广西通志》等地方志所载，当时广西有府学10所，即桂林府学、柳州府学、庆远府学、平乐府学、梧州府学、浔州府学、南宁府学、太平府学、思恩府学、思明土府学。府、州、县学共65所，其中州学13所，有县学42所。明朝广西的学宫包括修复以前各朝设立的和明代新建立的。明代兴建的学宫有马平县学（在今柳州市内）、罗城县学、迁江县学（在今来宾县境）、河池州学、平乐县学、恭城县学、富川县学、永安州学（在今蒙山县境）、桂平县学、平南县学、宣化县学（在今南宁市内）、隆安县学、上思州学、新宁州学（在今扶绥县境）、太平府学和左州学（均在今崇左县境）、养利州学（在今大新县境）、思明土府学（在今宁明县）、永康州学（在今扶绥县境）、思恩府学（在今武鸣县境）、合浦县学、怀远县学（在今三江侗族自治县境）、思恩县学（在今环江毛南族自治县）、昭平县学等24所，但分布依然以桂北、桂东、桂中、桂东南为重，桂西、桂西南多数地方依然未设立官学[28]。

清代是广西学宫发展的鼎盛时期，广西现存的文庙大都是在这一时期兴建或经大修。清代广西官学的特点是进一步向桂西、桂西南改土归流地区发展，这样学宫开始进入少数民族群众集中的地区。至清末，广西共设府、厅、州、县学宫共84所，其中14所府学（含厅学2），21所州学（含土州学），县学49所。12个府及两个直隶厅都设有府学级学宫。所有学宫中，69所是兴复前代，15所则是清代新办[29]。清代虽然在土司地区大刀阔斧地执行改土归流，但未改土归流的土司地区"例不设学"，因此除了宁明州设学宫外，其余皆不设。

由上可知，广西文庙始建于隋唐时期，隶属于府学、州学、县学等各级官学，有史可查者10座，大多分布在桂北、桂东、桂中地区；至宋朝，政府采取重文政策，导致各地兴起新立官学的高潮，广西概莫能外，一时间广西文庙数量骤增4倍，遍布在桂北、桂东、桂中、桂南。宋朝的文庙数量虽未及后代，但除桂西、桂西南的少数民族羁縻州外，各府均有设立文庙，且多是各地开先河的创建，因此其布局模式成为宋以后广西各级文庙重修或重建文庙的重要参考。明朝进一步完备各级官学，桂北、桂东、桂中、桂南各府及所辖州县均设文庙，但由于广西是明朝最后抗击清朝的主战场，战争惨烈，文庙多毁于兵火。因此，广西文庙大多在清康熙、雍正年间重建或修复，建筑形制多承明制，建筑布局则多因循宋代以降的旧制，今日广西遗存较完整的恭城文庙、武宣文庙，以及主体建筑保持较好的北流文庙、玉林文庙、镇安府文庙、富川文庙均属于此类，广西其余文庙多因历史或社会发展原因或拆，或毁，消失于历史长河中。

二、广西文庙的建筑特点

从现存文庙中考察及历史典籍中考证可知，广西文庙大体具有如下特点：

从朝向上看，广西文庙多坐北朝南，但也有一些因循地势、风水，选坐西朝东方向（如浔州府学宫、太平府学宫）。

从布局上看，广西学宫中的文庙布局多按北宋雍熙年间从皇家流出的《文宣王庙阁》布置，一般为三至四进，在中轴线上依次布置照壁、棂星门、泮池、大成门、大成殿、崇圣祠（启圣祠（宫）），一些在崇圣祠后或侧建尊经阁（崇圣祠之后建如永宁州学宫、怀集县学宫，轴线之侧建如全州学宫），一些将尊经阁置于大成殿后，而崇圣祠在其侧（如庆远府学宫）。轴线两侧则对称布局斋庑、名宦乡

贤祠、神厨膳房等。一般由棂星门至大成门为第一进，大成门至大成殿为第二进，大成殿至崇圣祠为第三进，崇圣祠到尊经阁为第四进。由于棂星门前设照壁，所以文庙入口一般位于轴线南端棂星门两侧，在其侧的墙垣上开“义路”、“礼门”，而不会设正南门。这样安排的原因是因为若南端开正门会直接看到正殿，于礼不合，有损孔夫子威严。此外，在照壁外的通衢上经常会设一对牌坊，以标明圣域所在。

广西学宫中的“学”的布局则包括儒学门、明伦堂、藏书阁（如奎文阁，或御书楼，或尊经阁）、敬一亭、斋舍（或斋庐，供师生住宿）、会膳堂、庖厨，以及特定的学习场所等。“庙”、“学”均各有其围墙，但彼此设门相通。它们间的布局关系大致有4种：（1）左学右庙（如柳州府学宫、梧州府学宫、灵川县学宫、雒容县学宫、怀远县学宫、庆远府学宫、平乐县学宫、隆安县学宫、北流县学宫）（图4–4–1、图4–4–2）；（2）左庙右学（如永宁州学宫、浔州府学宫、归顺州学宫）；（3）前庙后学（如全州学宫、灌阳县学宫、马平县学宫、武宣学宫、思恩县学宫、永安州学宫、岑溪县学宫、怀集县学宫、武宣文庙）；（4）庙右左学（如河池州学宫、上思州学宫）。4种类型中又以左学右庙、前庙后学为多。

就建筑规格而言，由于自宋设广南西路以来直到民国时期，桂林都是广西的省会所在，因此桂林府文庙的等级最高，其大成殿面阔七间（《广西通志》：3812），其他府学的大成殿一般面阔五间（如梧州府学宫大成殿、柳州府学宫大成殿等），少数县学大成殿亦用五间（如陆川县学宫大成殿等），从这可以看出在既有的规定下，传统社会对地方文庙在建筑规模上的僭越采取了较为宽容的态度，州、县学宫中的大成殿一般面阔三间（如灌阳学宫大成殿、北流学宫大成殿等）（图4–4–3、图4–4–4）。

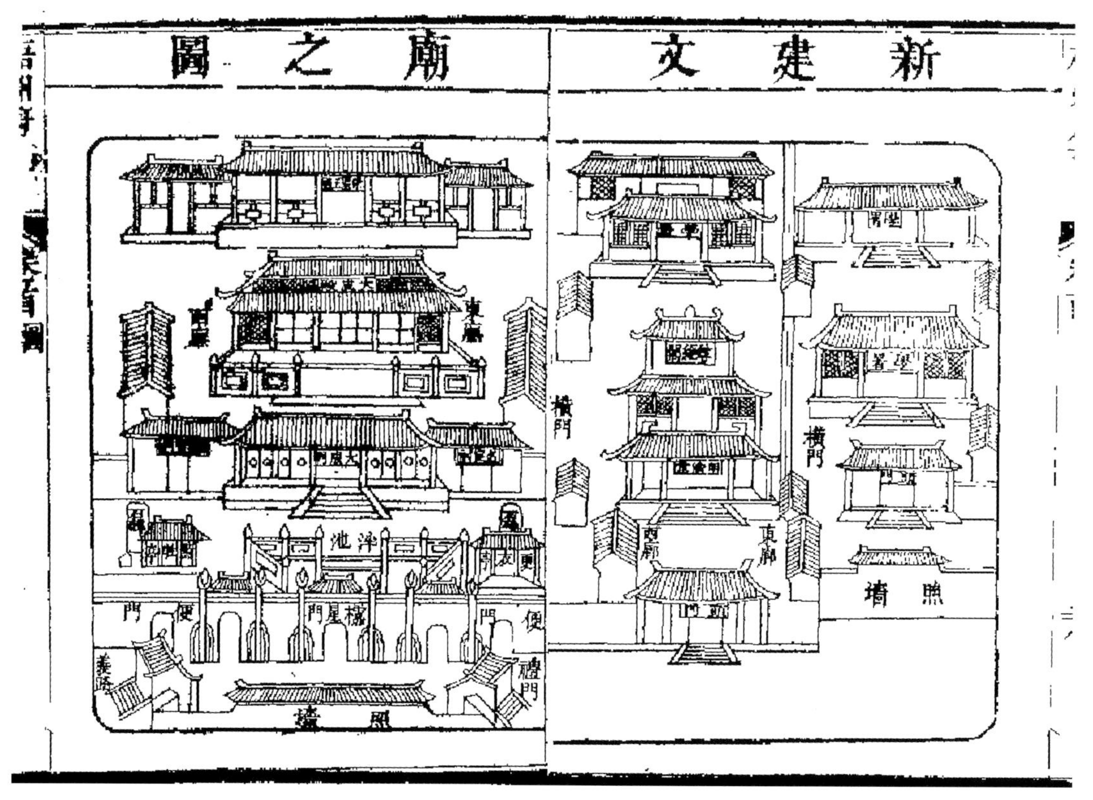

图4–4–1　梧州府学宫图（同治年间）

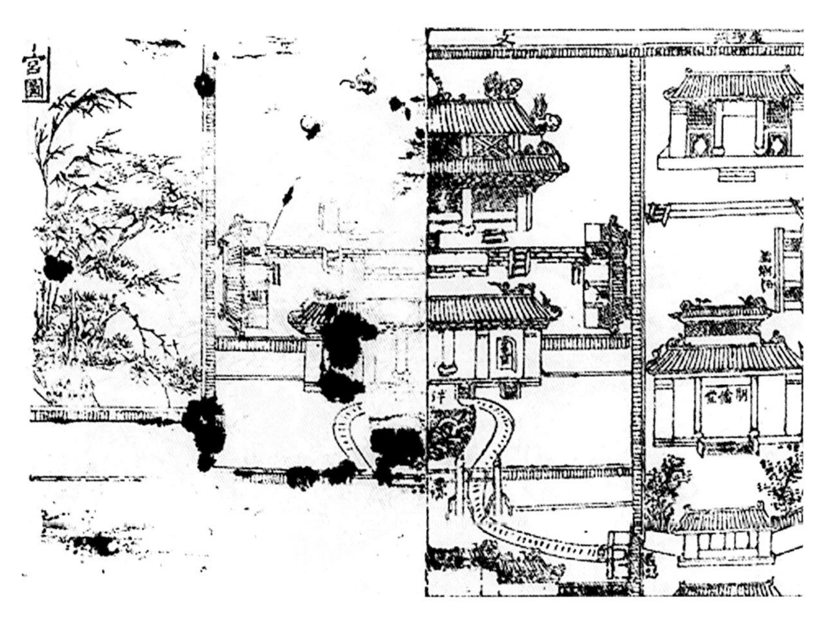

图4-4-2　北流县学宫（嘉庆年间）

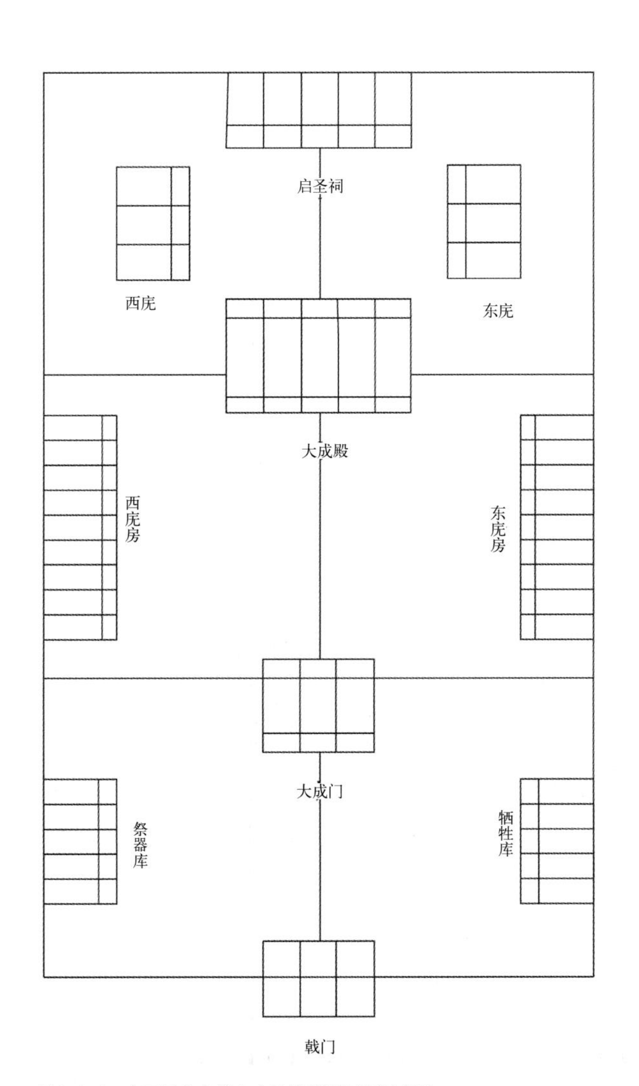

图4-4-3　广西地方府学文庙建筑规格平面示意图

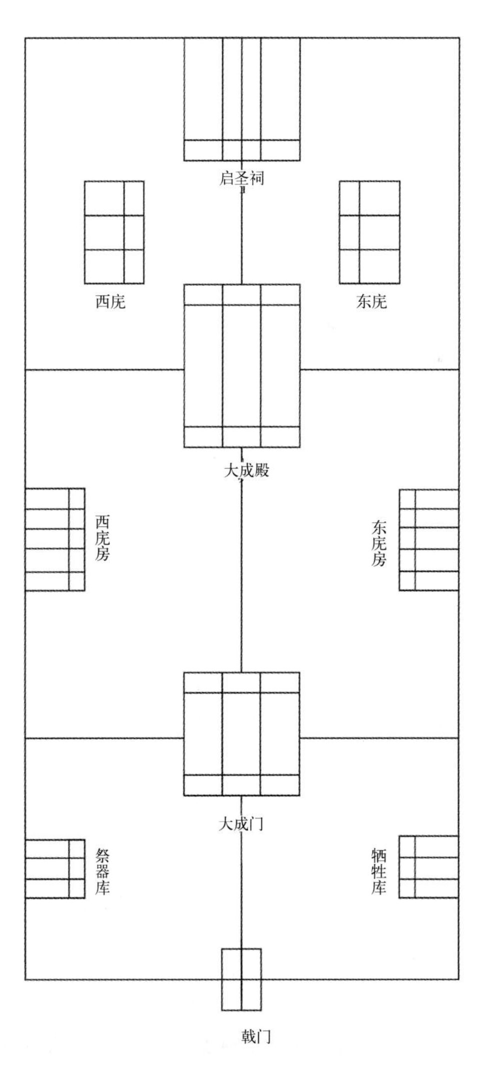

图4-4-4　广西地方州、县学文庙建筑规格平面示意图

就屋顶形制而言，各级学宫的大成殿通常使用歇山顶，其中府学中的大成殿用重檐歇山，大成门用单檐歇山（如梧州府文庙、柳州府文庙）；县学中大成殿通常用重檐歇山或单檐歇山（个别用悬山顶或硬山，如灌阳县文庙大成殿）（图4-4-5），大成门则普遍使用硬山顶或悬山顶（恭城文庙）。就屋顶材料而言，府学一级的文庙一般采用琉璃瓦，县一级的多采用灰色筒瓦或板瓦。

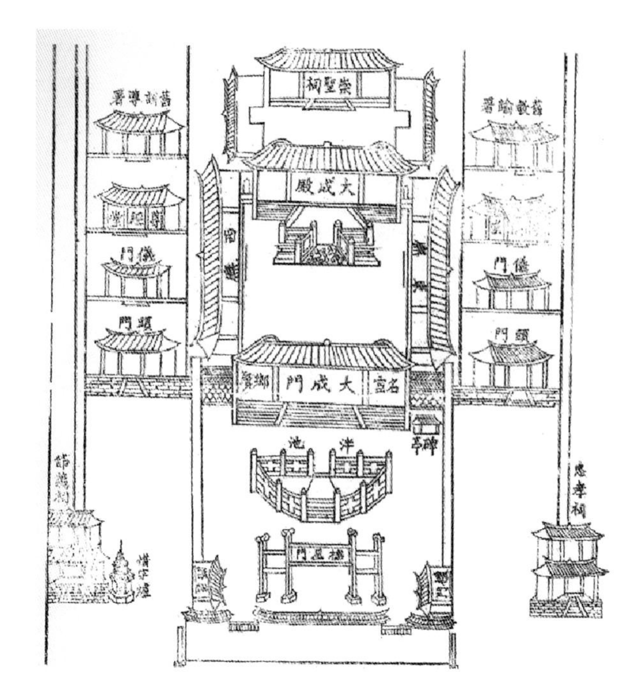

图4-4-5　灌阳县学宫（嘉庆年间）

就台基形制而言，大成殿一般做凸出的须弥座台基式月台，中出御路，以合规制（如恭城文庙、武宣文庙、灌阳文庙等）。大成门、崇圣祠、明伦堂则有阶无陛。但一些县级文庙的大成殿不做月台，只在殿前砌筑三个阶，其中与明间相对的阶梯为简易的御路（如清嘉庆年间的北流县学宫大成殿）。从台基上看，广西较高级或较大型的大成殿台基、月台、栏杆均采用石料，月台形式采用石料砌筑的须弥座台基，转角刻角兽浮雕，如恭城文庙大成殿月台（图4-4-6）。这相对于曲阜等重要孔庙的大成殿、大成门采用一至二层汉白玉须弥座台基和栏杆的做法而言，级别降低了一等。文庙中大成门、崇圣祠，以及很多县级文庙的大成殿都用砖砌台明，仅在阶条、角柱用石料。

图4-4-6　恭城文庙大成殿月台及御路

从装饰装修上看，由于文庙所配享的是帝王礼遇，色彩处理上，广西府学一级的文庙类似于宫廷规格，遵循传统宫殿建筑的规律：一般大成殿主要采用红色的墙、柱、门、窗等。档次较高的府学文庙大成门、大成殿均采用黄、绿的琉璃瓦及琉璃装饰屋脊、垂脊、戗脊，檐下用金、青、绿等色彩绘，整个格调华丽高雅（如恭城文庙大成殿、玉林文庙大成殿、武宣文庙大成殿等）。县学一级文庙大成殿则使用灰筒黄琉璃瓦剪边（如北流文庙大成殿、石南文庙大成殿等）一些则使用灰色筒瓦（如合浦孔庙大成殿）或灰色合瓦屋面（如镇安府文庙大成殿、河池文庙大成殿、富川文庙大成殿等）；大成门则通常使用灰色合瓦屋面或仰瓦灰梗，但屋身依然色彩浓重。

从建筑形制上看，广西学宫的大成门、大成殿都较高大，室内空间宽阔，殿前设宽大的前廊，出檐深远，以适应南方湿热、多雨的气候。在木构架及装饰上，广西文庙多使用地方做法，反映地域特色。如桂北大成门明间多用具有湘赣建筑构架特色，明间喜用抬梁式，平梁及梁架间的柁墩刻有夔龙纹，或直接在梁架间置夔龙纹板，并在梁上相应阴刻夔龙纹，这样整榀梁架就若夔龙一般（如恭城县文庙）；大成殿则用斗八藻井和平綦天花（如恭城县文庙），或用抬梁式木构架（如富川县文庙）（图4-4-7）。桂东南大成殿明间用广府式的插梁木构架，使用圆作梁架及上小下大的葫芦形瓜柱，梁与瓜柱间采用瓜柱上部槽，梁在相应的交接口削薄与槽相应，梁自上而下卯入瓜柱的做法，这种样式及做法是受广府式建筑的影响（如玉林文庙、镇安府文庙）（图4-4-8、图4-4-9）。

图4-4-7　富川县文庙大成殿木构架（图片来源：《广西孔庙》）

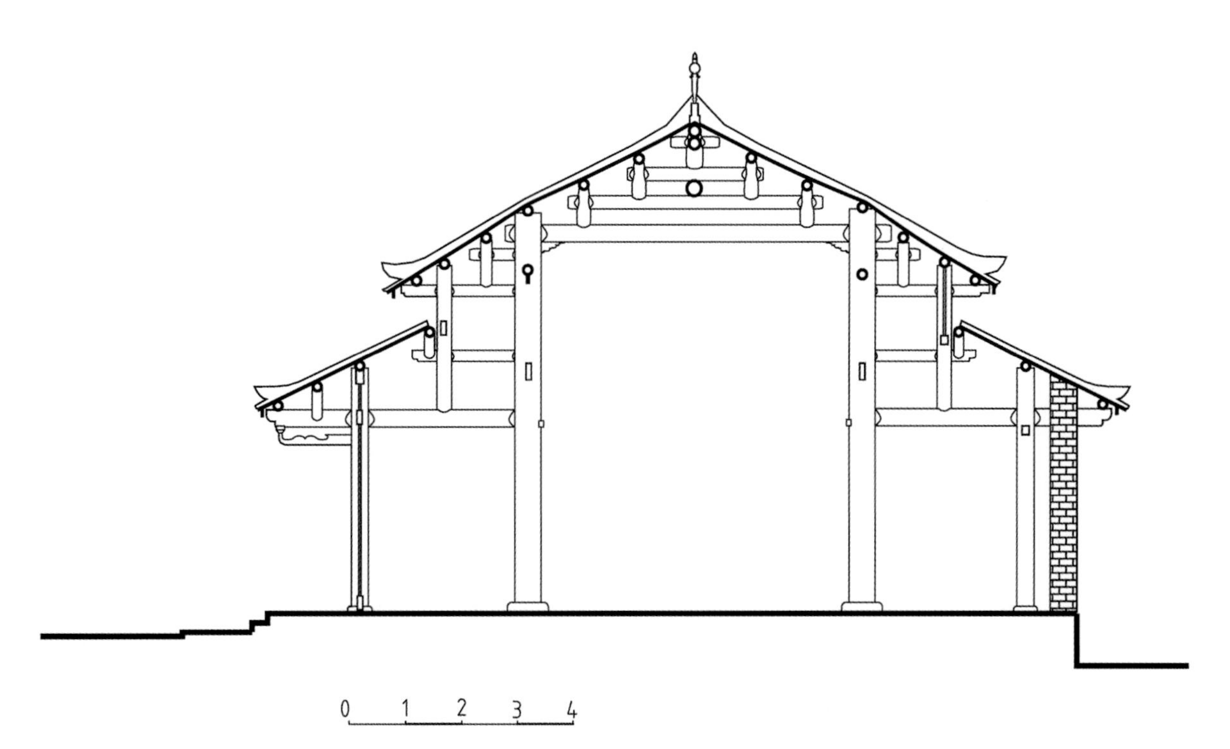

图4-4-8　玉林文庙大成殿木构架（阳慧绘，谢小英指导）

图4-4-9 镇安府文庙木构架（图片来源：《广西孔庙》）

三、实例

（一）恭城文庙

恭城文庙，位于恭城县拱辰街74号。始建于明永乐八年（1410年），原址在城东南凤凰山麓。明成化十三年（1477年）迁至县西黄牛岗；明嘉靖三十九年（1560年）迁至西山南麓，后因战乱部分建筑被毁。清康熙九年（1670年）、康熙四十年（1701年）曾局部维修；清道光二十年（1840年）扩建，二十二年（1842年）形成如今的规模；清光绪十四年（1888年）修缮。民国12年（1923年）大修。

恭城文庙坐北朝南，南偏东6度，占地面积3600平方米，建筑面积1800平方米，南北中轴线上依次为状元门、棂星门、泮池、状元桥、大成门、露台、大成殿和崇圣祠；东西两侧对称分布礼门、义路门、东西碑亭、东西厢房（更衣所、忠孝祠和省牲斋、宿所）、名宦祠、乡贤祠，加上东西庑房、昭文楼、尊经阁，构成院落式建筑群，是现今广西保存最完整、规模最大的文庙建筑群，也是岭南地区保存最完整的文庙建筑群之一（图4-4-10）。

恭城文庙状元门门前立有石碑，其上雕刻“文武官员至此下马”字样。过状元门便是以青石砌筑的五间六柱式棂星门，冲天柱头安辟邪狮子，明间阑额设石牌匾，其上书刻“棂星门”。明间、次间

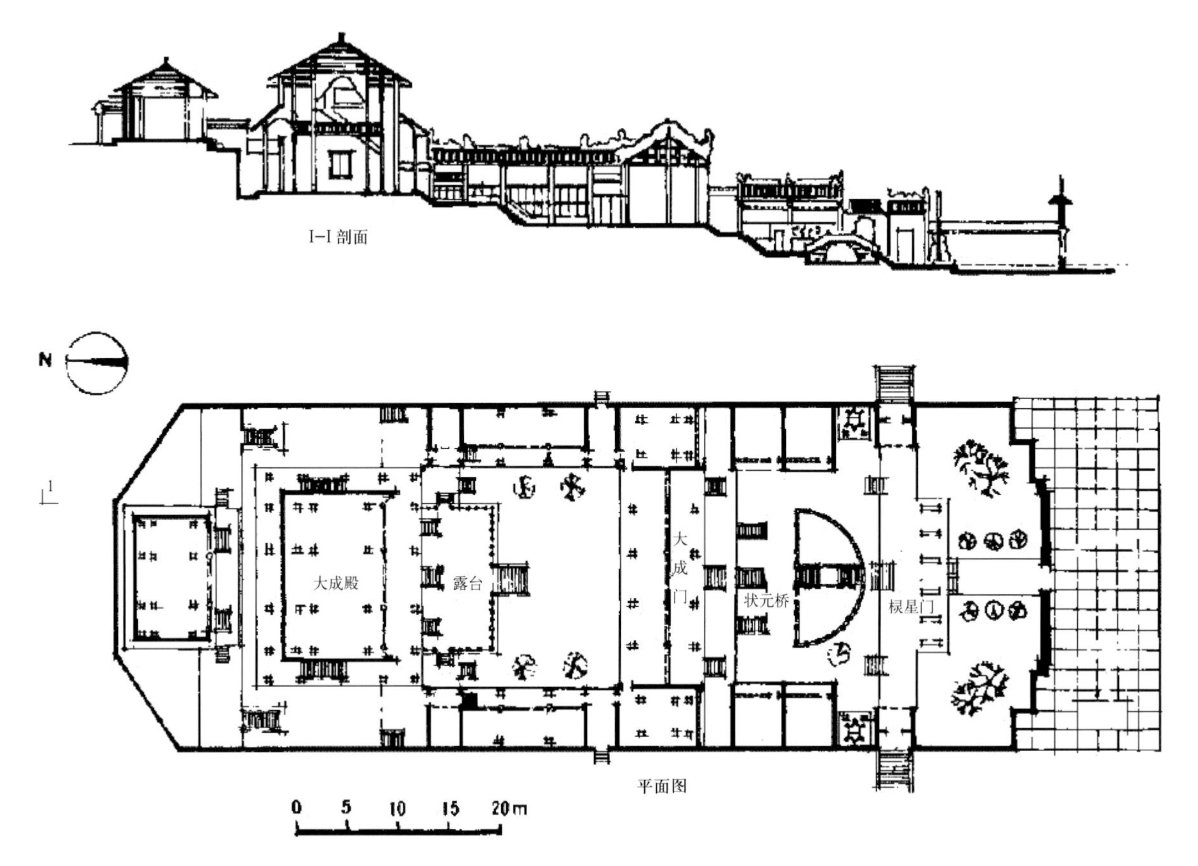

图4-4-10 恭城文庙平面及剖面（图片来源：《广西民族传统建筑实录》编委会.广西民族传统建筑实录.南宁：广西科学技术出版社，1991.）

阑额上刻有“六合长寿”、“拜相封侯”、“鱼跃龙门”、“二龙戏珠”、“双凤朝阳”等精美浮雕。再往北是半月形的泮池，泮池以石料砌成，周围青石栏板栏杆。池上设单孔石拱桥，名曰“状元桥”，状元桥桥面有一块雕刻云纹浮雕的青石，寓意由此过便能一跃龙门、平步青云（图4-4-11）。

恭城文庙的大成门位于泮池、泮桥之北，采用面阔五间中柱五门的戟门样式，进深二间中柱分心用三柱，梁架为夔龙纹抬梁式梁架。檐柱用石柱，中柱为木柱，木质梁架置于檐柱端头，抬梁式的叠叠感展现无遗。值得注意的是除了脊檩外，中柱自脊檩一下使用了3条较粗的圆枋，加强拉牵作用。前檐柱间以扁作月梁式檐枋连接。屋顶为硬山顶，采用大式飞带垂脊，垂脊在山墙顶端相交处高高耸起，形成锐角三角形立面，垂脊向下延到檐口时转为卷草向上翘起，在前后檐脊底设一彩带狮子。正脊采用博古脊，脊高约两尺，脊身由博古头、小品、花窗、主画几个部分构成，主画为人物彩塑，小品为花鸟彩塑。脊上是双龙戏珠圆雕灰塑，两侧为鳌鱼。屋面使用黄色琉璃瓦。大门由22扇隔扇组成，窗棂为几何方格和精美的镂空花。大成门两侧设耳房，耳房屋脊低于大成殿，且用第一等的绿色琉璃瓦（图4-4-12、图4-4-13）。

大成殿是整座文庙中体量最大、等级最高的主体建筑。大成殿位于六级平台的第五级平台上，形同济卦六爻中的第五爻，为九五之位，表现大成殿地位尊贵地位。其单体面阔五间（22.7米），进深三间（16.5米），高16.8米，建筑面积370平方米。大殿平面采用副阶周匝形式，殿前设宽阔的月台。月台形制为正座月台，其正面中央设龙浮雕御路，侧面分别设一垂带踏跺登临月台。月台及御路两侧使用栏板式栏杆，望柱柱头为石雕寿桃，御路栏杆端头设石狮子石墩及抱鼓石。大殿台基比月台高约1米，三出垂带踏跺与月台相连，踏跺垂带的端头

图4-4-11　恭城文庙棂星门及泮池

图4-4-12 恭城文庙大成门

图4-4-13 恭城文庙大成门明间梁架

都设很有地域特色的抱鼓石，其中中间的踏跺为石短柱加寿桃形式，两侧的踏跺为石短柱加圆形鼓镜样式（图4-4-14）。

大殿采用抬梁兼穿斗式木构架，明间、次间的金柱间用抬梁式，金柱与檐柱间则用穿枋相连。大殿内设平綦天花，明间正中设斗八藻井。大殿前廊使用扁作船篷轩，轩梁使用底部凹进的扁作月梁，月梁穿过石廊柱支撑挑檐檩，月梁和石柱间还有漂亮的镂空花雀替。轩梁上则做一简单的博古架梁架，轩棚檩条置于博古架上。大殿屋顶为重檐歇山顶，其上铺黄色琉璃瓦（图4-4-15）。

大殿为重檐歇山顶，其正脊采用博古脊，正脊两端的博古头化作吞兽，向内咬住正脊。正脊脊身正面是“五代荣封”高浮雕灰塑，背面则分为5幅

图4-4-14 恭城文庙大成殿

图4-4-15 恭城文庙大成殿的天花藻井

矩形框主画，主画画心为花鸟。正脊上是双龙戏珠圆雕灰塑，吞兽头上是鳌鱼。其垂脊为大式飞带垂脊，在垂脊交汇处饰卷轴式灰塑画框及人物、狮子画心，垂脊面上饰多幅灰塑小品，垂脊端头设彩色陶狮，高浮雕垂兽则趴在垂脊中段。戗脊及二层屋檐的垂脊依然是飞带式，只不过在二层飞带中段置彩色陶狮。山墙上还用木质博风板，保护山墙处伸出的檩条端头，博风板交汇处设木质悬鱼。这样繁复的装饰、高高翘起的屋脊，使大殿显得轻盈而辉煌。大殿门窗、檐板、雀替均饰以木雕。

中轴线上最后一座建筑是崇圣祠，它位于地势最高的第六平台上，体现“和我者父母”之说。通面阔三间，带前廊，单檐歇山顶。前廊不用轩棚，扁作月梁上使用夔龙纹作为梁架。堂内构架亦为抬梁式，平梁及梁间均使用夔龙纹板。屋顶为单层歇山顶，虽地势较大成殿高出约2.6米，但其总体高度并未超过大成殿，保证了大成殿在天际线上的主体地位（图4-4-16）。

（二）武宣文庙

武宣文庙，位于武宣县老城区城东路。始建于明宣德六年（1431年），明正德年间（1506—1521年）至嘉靖年间（1522—1566年）相继修葺，崇祯年间（1628—1644年）建尊经阁。清康熙十一年（1672年）修大成殿、启圣祠，五十八年（1719年）修明伦堂，

图4-4-16 恭城文庙崇圣祠

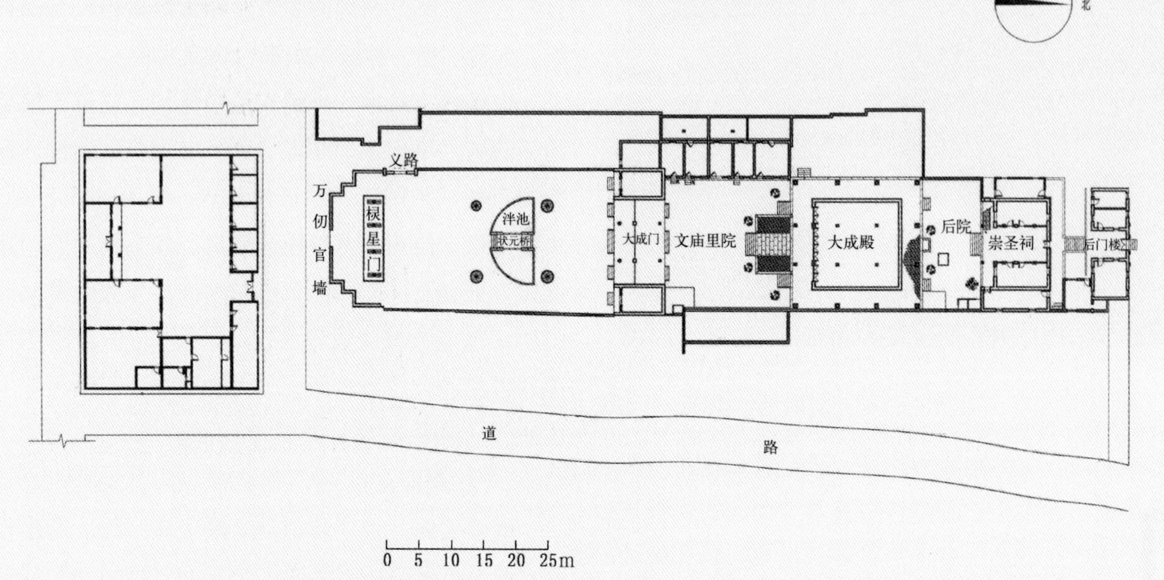

图4-4-17 武宣文庙总平面图（广西文物考古研究所绘）

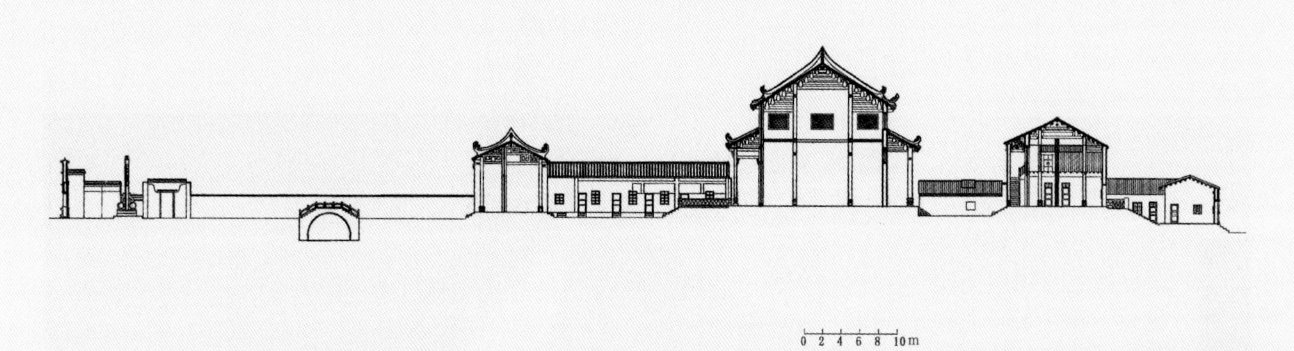

图4-4-18 武宣文庙纵剖图（广西文物考古研究所绘）

雍正元年（1723年）更名启圣祠为崇圣祠，嘉庆五年（1800年）重修崇圣祠、东西庑、名宦祠、乡贤祠、宫墙、泮池、棂星门等，道光十五年至十七年（1835–1837年）重修礼门、义路，同治七年（1868年）修围墙照壁。民国元年（1912年）秋，形成照壁、东西厢房、礼门、义路、棂星门、泮池、状元桥、大成门、名宦祠、乡贤祠、东西庑、露台、大成殿、崇圣祠、尊经阁、明伦堂等建筑群体。

武宣文庙坐北朝南，占地面积4760平方米。现存建筑为大成门、乡贤祠、名宦祠、大成殿、崇圣祠（图4–4–17）。

大成门采用面阔三间（13.7米），中柱山门戟门样式，进深两间中柱分心用三柱（9.7米），高8.7米。硬山顶，正脊为船脊，无船脊托。船脊两端向上翘起，脊上中央是宝珠，两侧是灰塑鳌鱼。脊身用灰塑勾勒雉堞式纹样，其上饰浅浮雕花纹和动物纹。山墙采用大式飞带垂脊，垂脊端头不设狮子。大成门梁架采用博古式梁架，五架梁穿过檐柱承托挑檐檩，檐柱上伸出丁字栱承托五架梁梁端。丁字栱都饰以莲花，具有一定装饰效果。大门14扇，形成屏风式，木条组成菱形对称图案，古朴大方（图4–4–18、图4–4–19）。

图4-4-19　武宣文庙大成门

大成殿面阔五间（19.6米），进深三间（20.1米），高约17.3米，重檐歇山顶。木构架为二十三架桁屋前后七架梁带前廊用四柱，檩条间的水平距离约为90厘米，因此柱与柱之间的跨度相对较大，金柱间达9米，但柱直径相对较小，约30厘米。梁架形式为广府式的插梁木构架，使用圆作梁架及上小下大的葫芦形瓜柱，梁与瓜柱间采用瓜柱上部槽，梁在相应的交接口削薄与槽相应，梁自上而下卯入瓜柱的做法，这种样式及做法受广府式建筑的影响。大殿副阶周匝部分使用素平木板天花，天花有方形细木梁承托，其下再设一道较粗一些的方梁，以增加墙体与廊柱间的拉牵作用。底层方梁及石柱外侧端部都使用镂空竖向扁雀替进行装饰。回廊墙壁还绘有清代早期壁画（图4-4-20）。

图4-4-20　武宣文庙大成殿梁架

大殿平面采用副阶周匝形式，殿前设正坐月台，长8.9米，宽5.5米，高1.3米。其正面设较宽的垂带踏跺，垂带端头设圆形抱鼓石。月台四周以红砂岩砌筑栏杆，栏杆为镂花栏板式，望柱不出头，柱身横向向外出跳三次，与大殿柱础形制接近。大殿台基比月台高约5寸，即一个踏级，既便

图4-4-21　武宣文庙大成殿

于台明排水，又尽可能保证月台与台明的一体感。除了月台正出垂带踏跺外，月台两侧紧贴月台处设单垂带踏跺直接通往大殿台明（图4-4-21）。

大殿虽为重檐歇山顶，但歇山的做法比较简易，采用广西本土少数民族建筑中常用的悬山加披檐的做法，两层屋檐间开镂花窗，以通风透气，防止天花之上的梁架糟朽。大殿正脊为船脊，船脊托是灰塑小博古架。船脊两端向上翘起，脊上是圆雕双龙戏珠主题的灰塑，双龙外侧是灰塑鳌鱼，有鲤鱼跃龙门意象。船脊脊身中央是浅浮雕灰塑主画——仙山图，两侧分别是两幅辅画，以花草为主体。大殿山墙垂脊采用大式飞带垂脊，垂脊下端设戗兽，戗脊及二层屋檐的垂脊也是飞带式，以卷草纹结束。山墙沿屋顶斜坡的墙上刷出一条高0.6米的黑地白纹博风板，博风头饰白色浅浮雕灰塑。这样的博风板已无遮挡檩条端头风雨的作用，但因黑地是用黑烟加灰浆调和做底色，所以依然可以保护墙体，间接地也保护了墙内的檩条。从大殿正脊、垂脊、戗脊，以及博风的样式、做法来看，为清中期广府公共建筑中的典型做法，显示出异地文化的影响，但歇山的做法又显示了本土建筑的基因，所以武宣文庙大殿是本土建筑与广府建筑交融的典型案例。

崇圣祠面阔三间（13.7米），进深三间（10.2米），两层高10.75米，台基高1.2米，硬山顶。崇圣祠设前廊，前廊使用船篷轩，轩梁为夔龙纹式。在前廊西侧设木梯至二层，这种在正面设明梯的做法，源自本土少数民族的干阑建筑（图4-4-22）。

图4-4-22　武宣文庙崇圣祠

注释

①（清嘉庆）．广西通志．卷240．

② 广西壮族自治区地方志编纂委员会编．广西通志．宗教志．南宁：广西人民出版社，1995：191．

③《营造法式·卷第五·大木作制度二·柱》上的规定“凡杀梭柱之法，随柱之长分为三分，上一分又分为三分。如栱卷杀渐收至上径比栌枓底四周各出四分，又量柱头四分紧杀如覆盆样，令柱项与栌枓底相副。其柱身下一分，杀令径围与中一分同。”

④ 广西地方志编纂委员会编．广西通志·宗教志．南宁：广西人民出版社，1995：260．

⑤ 广西大百科全书编辑委员会．广西大百科全书［Z］．北京：中国大百科全书出版社，1994．

⑥ 桂林市志编纂委员．桂林市志下册：民族［M］．北京：中华书局，1997．

⑦ 刘祥学．明清时期桂东北地区回族的分布、迁徙及与其他各族的相互影响．南宁：广西民族研究，2000，3．

⑧ 这些坛庙建筑中祭祀的偶像，有时与明清时期混入民间信仰的道教神系相交叉，如关帝、北帝（真武）等，但他们之间有着根本的区别。道教的关帝庙、真武庙为宗教原因和宗教人士所建立，在里面要进行相应的道教活动；坛庙体系内的关帝庙、真武庙是在国家礼祀制度上建立的，由政府倡导和支持，不是宗教推动的结果。根据地方志记载，广西现遗存较好的几座关帝庙、真武庙都是在国家礼祀制度推动下建立的，因此纳入此节进行探讨。

⑨ 傅熹年．中国古代城市规划、建筑群布局及建筑设计方法研究．北京：中国建筑工业出版社，2001：35．

⑩ 大唐开元礼．卷六八．诸州祭社稷．

⑪ 宋史·礼志．卷一百二［M］．北京：中华书局，1977：2497．

⑫ 张镇．解梁关帝志．山西人民出版社，第77页

⑬ 冀满红，吕霞．略论明清时期广东地区的真武信仰．暨南学报，2008（5）．

⑭ 乾隆十一年修《横州志》，光绪重刻本，横县人民政府1983 年重印。

⑮ 张培锋．中国龙王信仰与佛教关系研究．文学与文化，2012（3）．

⑯（清）谢启昆．广西通志．卷一百四十一（建置略十六）．

⑰ 潘谷西．法式初探．（二）．

⑱ 东指广东。

⑲ 程方平．辽金元教育史．重庆：重庆出版社，1993：17．

⑳ 张鸣岐．金元之际的庙学考论．北京师范大学学报．1990：6．

㉑ 王阳明全集（卷7），文录四。

㉒ 蔡云瀚．重修学记：3915．

㉓ 粤西文载卷二五。

㉔ 桂林石刻（上册）．

㉕ 谢启昆．广西通志．卷二四三．宦绩录．

㉖ 寰宇通志．卷一O七至卷一O九．

㉗ 明史．卷六九．选举一．

㉘ 广西壮族自治区地方志编纂委员会．广西通志．教育志．南宁：广西人民出版社，1995：15．

㉙ 据（民国）《广西通志稿》第15册“文化编”统计

广西古建筑

广西古建筑

第五章　书院会馆

广西书院会馆分布图

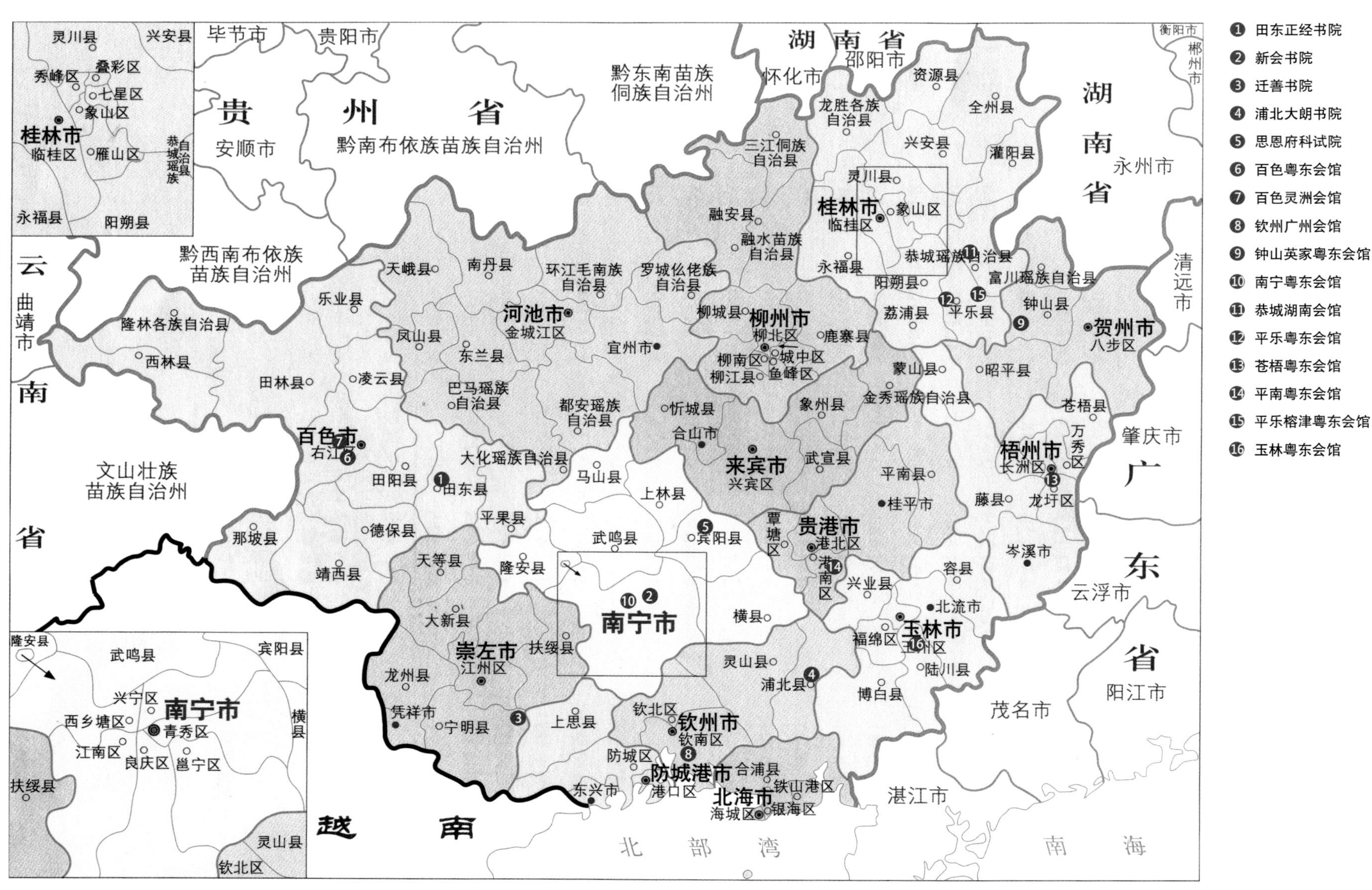

1. 田东正经书院
2. 新会书院
3. 迁善书院
4. 浦北大朗书院
5. 思恩府科试院
6. 百色粤东会馆
7. 百色灵洲会馆
8. 钦州广州会馆
9. 钟山英家粤东会馆
10. 南宁粤东会馆
11. 恭城湖南会馆
12. 平乐粤东会馆
13. 苍梧粤东会馆
14. 平南粤东会馆
15. 平乐榕津粤东会馆
16. 玉林粤东会馆

（地图引自：中华人民共和国民政部编. 中华人民共和国行政区划简册2014. 北京：中国地图出版社，2014.）

第一节　书院、试院

一、概述

书院是学者讲学、传播学术思想的地方，它是古代一种非常重要的教育组织形式。广西的书院始建于南宋绍兴年间，迄于民国，前后存在近800年。

历史上，广西书院由北部兴起，这与湖南的文化影响有关。缘由是湖南书院文化兴起较早，有南宋四大书院之一的岳麓书院，而且广西桂北地区由于地理位置的关系受到湖南文风的影响较大。到清代，广西书院逐渐向西部少数民族地区发展，这与改土归流的推行有关。在原土司制度下，土司为了维护自己的统治，实行愚民政策，不许土民读书，也不开办学校。改流之后，设立官学，创办书院，客观上有利于各民族的经济文化交流，如镇安府的秀阳书院、泗城府的云峰书院、归顺州的道南书院，都是在当地改土归流之后办起来的。

广西的书院建院早，数量多，从书院教育而言，广西跟得上中原地区的教育文化发展。清代广西的书院遍及各府、州、县，过去从未建过书院的百色地区也建起了12所，这对促进少数民族地区的文化教育事业，起到极大的作用。广西省会桂林有秀峰、宣成两所省级书院，这在各省省会中属少有的。省会书院，在礼部登记，多由地方大吏奏准设立，皆有赐帑，供师生膏火之需。另外，各府、州、县的书院，有的是绅士出资、有的是由地方官拨经费，向各级官府申报。所有书院皆受学政考察。

书院作为一种教育机构，是士子和学者读书、修行、讲学、自习、著述、休憩、生活和崇祀先圣先贤的场所。书院为适应自身各项活动的需要，更有效地发挥其教学、教育与学术研究功能，在建筑方面有不少讲究，不仅非常注重院址的选择，而且在整体建筑布局上相当考究，形成了一定的规制。

由于讲学、藏书和祭祀先贤被看作书院的“三大事业”，与之相应的，讲堂、祠堂和藏书楼即成为书院的主体建筑。书院除了讲学、藏书和祭祀三大主要功能之外，也同时兼有生活、游憩以及面向社会的文化学术交流等多项功能，从而使书院成为一个开放的多功能的综合体。

按功能划分，书院建筑大体上可分为讲堂、藏书楼、祭堂、斋舍和园景等五大部分。

讲堂平时是讲学之用，是书院中最为重要的建筑，故一般处于整个建筑布局的核心位置。除了讲学，讲堂还会被用作其他用途，如文会、讲会等学术集会活动，也召集其他学者参与。规模上，广西的书院大多3～5间，讲堂前设有较大空间的庭院，可在平时作灵活安排，适当加大讲堂的面积，容纳更多的听众。

而作为书院的最重要的标志，藏书楼显得格外的醒目。几乎所有的书院将藏书楼的建设作为整个建筑的重心工作，一般情况下，藏书主要来源于师生和社会的捐赠，大书院有能力的也可以自行刻印，除了藏书，也对外销售。藏书楼的规模也是3～5间，高2～3层楼阁。

另外，用于祭祀的祭堂也是书院中不可缺少的一部分，祭堂常与书楼或者讲堂灵活安排，祭祀书儒贤人。如在理学取得正统地位之后，书院较为普遍地供祀“宋儒五子”——周敦颐、程颢、程颐、张载、朱熹。清代经学书院不祭祀宋儒，而供汉儒，反映学术思想的不同。而由地方官员主持创建或重修的书院，则一般供祀孔子，有些地方祭堂更是成为供奉孔子的场所，或者另辟一处设孔庙，与书院形成整体。随着时代的变迁，书院也增加供奉先贤，如地方乡贤名宦、楷模等，常设专院。后期，祭祀的活动日益增多，书院修建文昌阁、魁星楼等祭祀文昌、魁星，更有供奉土地、山神、菩萨等，形成儒道共存的现象，体现世俗宗教观念的影响。

学生住宿用的斋舍一般设在书院的两侧，规模不等，有的几间，有的上百间。一般一院数斋，一斋数间。原先多以一层为主，后期也有两层的情况，并且宿舍配套相应的厨房、厕所等设施。

古代书院重视环境的营造，讲究庭院景观的设

计，一般建筑水池、亭子，景色优美，是师生闲暇时交流观赏的休憩场所，很多优秀诗词歌赋就在这种环境下谱写的，成为书院不可或缺的第二课堂，这也是书院的传统特色之一。

从等级上看，省会书院结构一般为三进至五进式院落，形制规模相对较大。三进式的书院，第一进为门厅，第二进多为三到五开间的讲堂，第三进为先贤祠堂、文昌阁或魁星楼、藏书楼等。府、州、县的书院规模较小，一般为一二进的规模。二进式的书院，第一进为仪门，第二进为讲堂，讲堂后附设祭堂。

从空间布局上分，广西书院的建筑有两种形式，一为寺庙式建筑，一为园林式建筑，寺庙式建筑比较普遍，园林式建筑数量较少，但也有一部分把两种形式混合起来修建。

寺庙式书院结构一般为中轴对称式布局，作为书院主体建筑的讲堂、祠堂和藏书楼，三者的空间排列是严格地按照中轴对称的布置原则逐次递进的，体现出对中国传统礼乐思想的遵从。

寺庙式书院有三间三进式，如郁林紫泉书院、平南武城书院、陆川三峰书院、永安州（今蒙山县）眉江书院、灌阳龙川书院、龙州同风书院、梧州鼓岩书院等。有三间四进式，如归顺直隶州的道南书院、迁江（今属来宾市）的印山书院，前为头门3间、讲堂3间、正殿3间、后殿3间，内外东西两翼为考棚。有五间三进式，如泗城府（今凌云县）的云峰书院、柳城的凤山书院、象州的象台书院等。有五间四进式，如桂林的桂山（孝廉）书院。

园林式书院布局主体上仍是中轴布置，不同的地方在于庭院设置较为灵活，依山就势，依照环境的特点，在不同的空间营造各种的庭院供师生休闲观赏，或筑山水盆景，或栽种竹林小道，自成佳境。

园林式书院比较著名的有全州的清湘书院。清湘书院在南宋建立，后毁于战火。元元统元年（1333年），州守柳宗监重修书院，规模比宋代扩大，计有房屋158间，建有应门、重廊、燕居堂、明伦堂、率性堂等。据柳宗监《清湘书院记》记载，这次重修在建筑上特别注意依据山水地势的情况来加以布置，使亭台斋舍与山光水色相互配合，交相辉映，尽得山水林泉的精神情趣。学人到此洗尽一切杂念，能专心学问，深得书院建筑结构的要旨。

书院作为一种独具特色的教育模式和文化机构，是中国古代传统文化遗产中的瑰宝，是近千年来中国传统文化的依托，它在长期的教育和传播文化的过程中所积累与保留下来的宝贵经验，是我们今天一笔巨大的财富。

试院，是旧时科举考试的考场，是我国科举制度考试中第一级考试的地方，清代科举院考，3年举行一次，通常春季举行州考，由州官主持；夏季举行府考，由府官主持；秋季举行院考，由学政主持。

明清的科举考试分为4个级别，最低的一级叫院试，由府、州、县的长官监考，考试通过后为秀才；第二级是乡试，是省一级的考试，考中的成为举人；第三级是会试，由礼部主持，考取的叫贡士，就有资格参加最高一级的考试，也就是殿试；殿试又叫廷试，由皇上亲自主持。

广西试院的发展跟书院有密切的关系，宋元时期试院数量及规模不大，到明清发展到高潮，特别是清政府在广西改土归流的成功推行，以及在少数民族聚居地区发展教育，试院的规模逐渐扩大。后到民国时期，科举制度废除，试院也作为他用，至今仅思恩府试院等少数留存。

二、实例

（一）田东经正书院

经正书院位于百色市田东县平马镇南华街91号。

清光绪二年（1876年），恩隆县知县陈如金在田州府初行改土归流，采风问俗，亟需培养文人学士，于次年向民间借民舍，开办书院招收学员，取名“经正”。因报名读书的生员太多，同年年底，陈如金动员大商号捐资建造书院，并发动四乡民众捐资建院舍，是年冬始建，光绪四年（1878年）落成。

清末民国初，经正书院是右江一带最具规模的书院。据《田东文史资料》记载："清光绪初年，平马建为恩隆县治，在今之南华街建筑平马土城，城内建县署、经正书院和城隍庙，驻军上字营，扎在城外的小西门边，平马厘卡设在壮帝庙前右江岸。"

后由于科举制度废除，于光绪三十二年（1906年）改为县立丙等小学堂。1963年国家曾拨专款对经正书院进行修缮、复原。前、中、后三进，各座自成体系。

经正书院坐北朝南，为五间二进式院落式布局，整体布局沿用传统的中轴对称形式（图5-1-1），前院为四合院，后院为单排平房，建筑自成院落，环境清幽，围合而封闭，形成了安静没有干扰的学习空间，属于寺庙式的书院。第一进为书院门楼，两侧为杂物房，门廊两根檐柱，石头基座。第二进为书院讲堂，门有对联阐明书院主旨："经天纬地，正心修身。"讲堂左为延宾之所，右为院长起居室，庭院中为石砌甬道，两旁厢房为学舍各5间（图5-1-2）。建筑为硬山顶，明间使用极具广府建筑风情的沉式瓜柱木构架，两山采用硬山搁檩的构架方式，清一色砖铺地，青砖砌墙，青筒瓦盖顶，白灰勾缝。

书院的建筑，既没有繁复的装饰和夸张的细部，也不故作粗犷之态，在设计上张弛有度、收放适中。主体建筑严格地顺次布置在中轴线上，师生日常起居生活所用的斋舍等则结合院落对称地布置于两厢，这样既突出了书院以讲学为中心的教育功能，又宣扬了书院尊师重道的传统精神。

由于知县陈如金为浙江人，故整个书院的建筑风格兼具东南的韵味。第一进以回廊为帘，临街高墙以砖砌为窗，朝内的一面则墙为台，木窗为墙，借助于院落的空间。居室上部以木梁架撑，空旷干爽；立柱以石为基，避潮防腐。后进为单排宿舍，现为田东县博物馆（图5-1-3）。

图5-1-1　经正书院俯瞰

图5-1-2　经正书院讲堂

图5-1-3　经正书院后庭院

（二）南宁市新会书院

新会书院位于南宁市解放路42号，建于清乾隆初年，由广东新会县人士集资兴建，重修于道光二十三年（1843年）。据文献记载，前清时期，南宁商务已盛，各省商帮云集，并设立同乡会馆，作为商务及同乡聚会、议事的活动场所，新会书院就是当时有名的会馆之一。1949年，在书院旧址设冈州小学，后改为解放路小学，1987年和2002年先后两次由市文物部门组织进行全面维修。

虽名为书院，但建设之初其功能实际上主要作为同乡会、文化娱乐、商会等活动场所，究其原因，之所以没有取名为“新会会馆”，一则避免用字重复，二则因为广东商人此前已在附近兴建了一座“粤东会馆”，不宜再建新的会馆，遂命名为“新会书院”。

整个书院建筑坐东北向西南，布局紧凑，高低错落，庄重古雅，具有岭南古建筑的风格。书院平面呈中轴对称布局，分前、中、后三进，后天井两侧设走廊。宽14.2米，总进深53.8米（图5-1-4）。

门楼于民国21年（1932年）因拓宽马路向后移重修。1982年屋顶脊瓦被拆，1987年重修。门楼平面呈正方形，面宽三间（13.2米），进深三间（13.2米），花岗石面台基高0.4米。建筑门楼与后座采用沉式瓜柱梓插梁式木构架，中座采用襻间斗栱承托的抬梁式木构架，但大梁榫进金柱内，这些均为广府式木构架的典型做法（图5-1-5）。

屋顶铺绿色琉璃筒瓦，屋脊上宝珠最高，居正中，屋顶为石湾陶瓷脊饰，塑有各类人物、花鸟、凤凰、鳌鱼等，下为灰塑，正中间为“九狮镇江山”，两侧的浮雕为“鹤鹿呈祥、民富国强”。

门楼前后檐采用石檐柱各4根，金柱4根，金柱柱径42厘米；门厅前廊采用抬梁式屋架，柁墩瓜柱均浮雕花鸟人物，门厅内则采用沉式瓜柱梓插梁式木构架，蜀柱和梁均素平无花。檐柱间设虾弓梁，上有金花狮子雕塑，檐柱柱础为双束腰方形石柱础。因此，门厅无论木构架、石柱、石梁、柱础、装饰

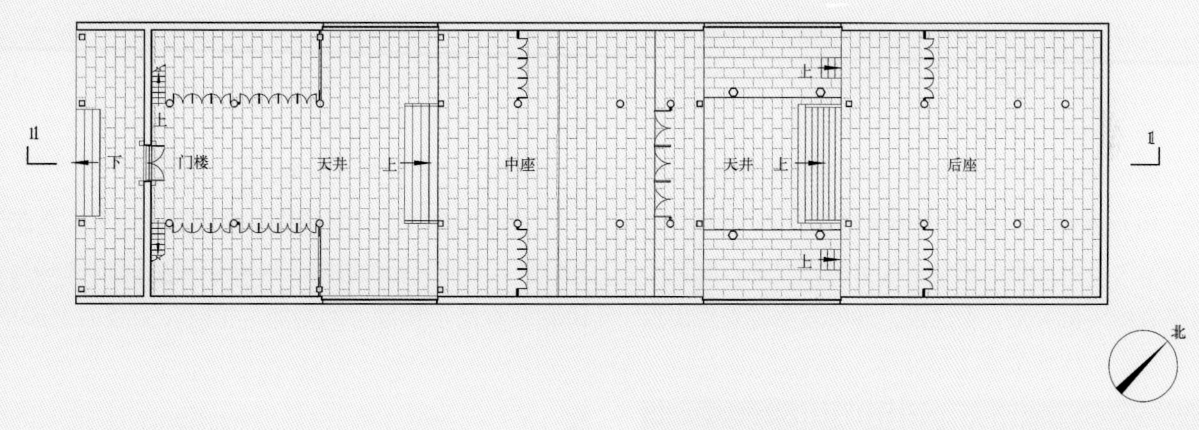

图5-1-4　新会书院平面图

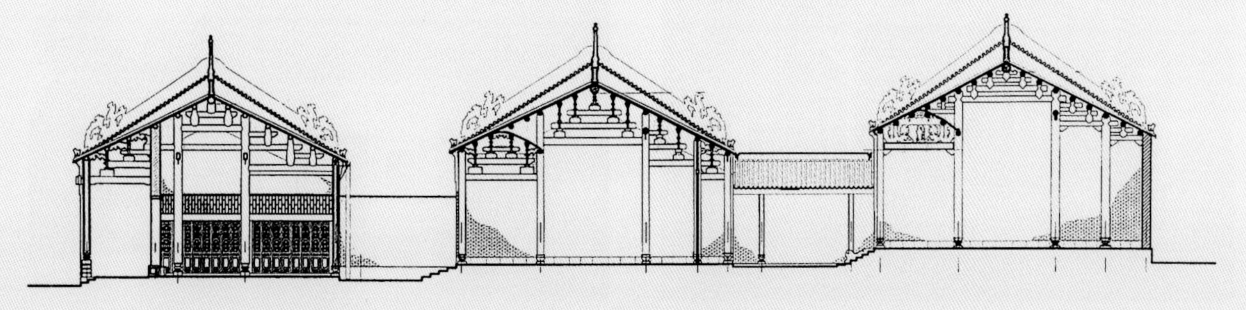

图5-1-5　新会书院剖面图（广西文物考古研究所绘）

图5–1–6　新会书院门楼

纹样都具有浓郁的广府建筑的特点（图5–1–6）。

中座面宽13.2米，进深14.5米，硬山式砖木结构，盖绿色琉璃筒瓦；花岗石台基比门楼高0.8米，台阶5级；中座立石檐柱、金柱各6根，抬梁式屋架十七架，金柱前设卷棚，明间梁架檩梁间以襻间斗栱过渡，显示了中座在建筑组群中至高的地位。

后座面宽三间，进深四间，三面砌墙，花岗石台基比中殿高0.9米，台阶7级，两侧垂带设抱鼓石，石檐柱4根，金柱6根，柱径0.42米，石柱基础高0.4米。后座进深十七架，用沉瓜式插梁式木构架，梁上施葫芦形瓜柱，后檐双步梁一端砌于墙上，结构十分牢固。中殿与后殿之间设两条廊子，廊子用石质廊柱，绿色琉璃瓦屋面（图5–1–7）。后座原为祭祀之用，供奉祖先灵牌，原有一阁位于后座右侧，祀关帝，今已毁。2001年书院发掘出供奉孔子的香炉，说明书院不仅作为新会同乡会、集会、祭祀之用，也同时是新会籍子弟读书学习的地方。

重修后的书院于1947年开办私立冈州小学（新会盛产金刚，又称冈州），教师全是新会籍人士，新中国成立后新会书院改名解放小学，与隔壁两湖会馆的湖光小学合并，在后墙上打通。至此，新会书院真正地完全转化成了读圣贤书之地。

（三）迁善书院

迁善书院位于宁明县那堪乡迁隆村，又名迁峒书院（图5–1–8）。

迁善书院系土司黄振纪主持发起，采用摊派和募捐银款等方式建造，始建于清光绪二十年（1894年），是年春季兴工，次年夏季竣工。据《上思县志》卷四《迁善书院》载："建于峒治东北街，清光绪甲午夏兴工，越乙未夏章竣工，现成正座一间，首座一间，两旁为教员室以翼，正座首座两旁为藏器所，中庭左右长廊则学生寝室，长廊之左侧体操，操场之后有厨房。"

清光绪三十二年（1906年）改为两等小学堂，三十四年七月改办初等小学堂。宣统三年（1911年）秋扩充改办高初两等小学堂，民国时改堂为校。今作为小学及幼儿园使用。

书院为面阔五间的建筑，通面阔22.2米，进深10.1米，中间三间为讲堂，两侧为耳房（图5–1–9）。讲堂兼有祭祀和授课的功能，平时作为教书之所，

图5–1–7　新会书院天井

图5–1–8　迁善书院

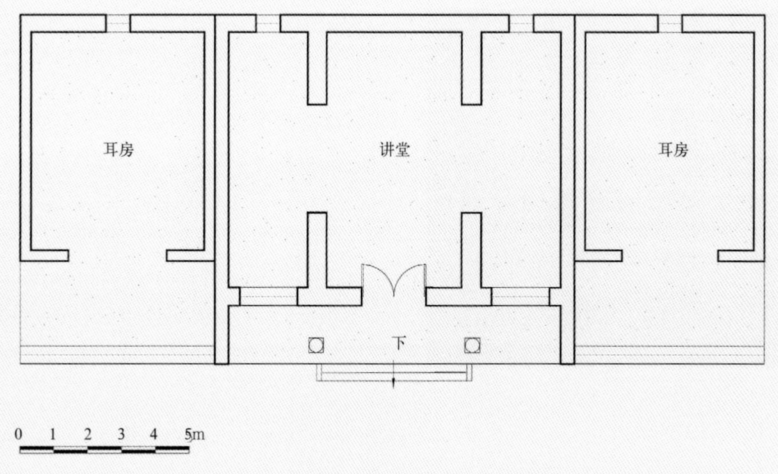

图5-1-9 迁善书院平面图

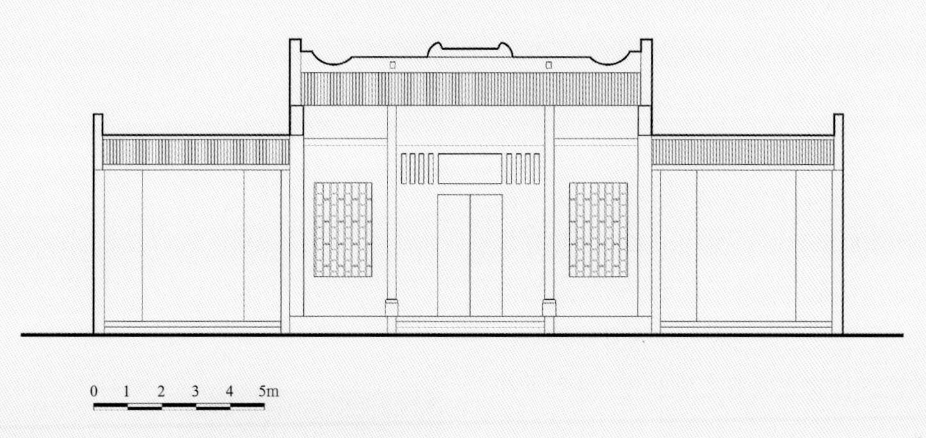

图5-1-10 迁善书院正立面

同时祭祀孔子，体现书院充分利用空间的特点，属于寺庙式的书院类型（图5-1-10）。书院明间用两幅墙代替落地柱，墙上架梁，两层梁间及檩下不用童柱，而用类似驼峰木和麻叶墩的雕花木，这种做法是很少见的，梁架木雕图案优美，线条简练有力。

正堂有横联“至圣先师孔子神位”，左联为“尼山道德昭中外”，右联为“泗水文章贯古今”。中间脊檩有“大清光绪贰拾年岁次甲午孟春月榦谷旦世袭迁隆峒事黄振纪暨合邑绅族耋目民人等仝鼎建”字样（图5-1-11）。

如今讲堂为小学教师办公室及存放学习用具的地方，不论世事如何变迁，书院依然为迁隆及周边区域的教育发展发挥着光和热。

（四）浦北县大朗书院

大朗书院位于广西钦州市浦北县小江镇平马小学旁。书院始建于清朝光绪二十五年（1899年），由地方绅士伯玉公祠主人宋安甲筹资创建。书院原建成于小江镇六新村委，并且曾经培养出两广总督、陆军少将、二品顶戴花翎宋安枢和宋安革等栋梁之才，清光绪年间，书院才从六新村委迁建于今小江镇平马村委并取名为大朗书院。

大朗书院坐北向南，位于平马中学的前面。整个书院建筑布局紧凑，庄重古雅，中轴对称又具有岭南古建筑轻巧秀丽的风格，属于园林式书院。书院为三进式，悬山屋顶，硬山搁檩式木构架，占地面积约0.333公顷，建筑面积1800平方米。

书院门楼为面宽三间（14.6米），进深三间

图5-1-11　脊檩字样

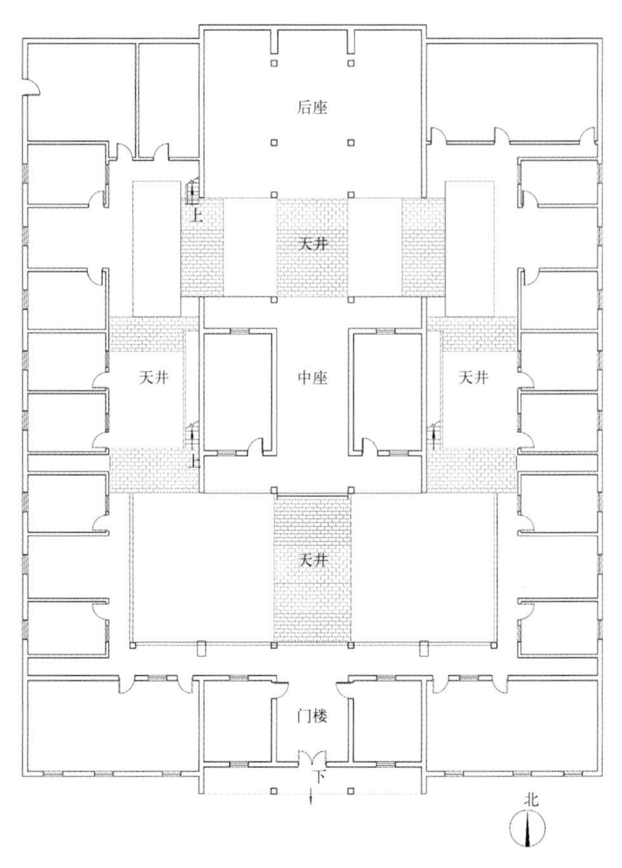

图5-1-12　大郎书院平面图

图5-1-13　大郎书院天井

（9.3米）的悬山顶建筑，其花岗石面台基高0.15米（图5-1-12），明间大门上方用长2.5米、宽0.9米的长方形花岗石板阳刻有“大朗书院”牌匾，两旁嵌挂有“大成声振尼山铎、朗润文方浦水珠”的对联。中座比天井高0.6米，面宽与门楼一致，高7.8米，进深12.2米，前后为门廊通往两侧厢房（图5-1-13）。后座高8.46米，进深10.7米，两侧耳房为两层结构，从门楼至后座地平逐步抬升，以附会步步高升的寓意。整个建筑拥有大小教室和教师住房等16间，教室、住房之间有走廊相连，4个天井把三进两厢的建筑分隔开来，书院是浦北县清代兴建的16所书院中保存较完整的两所书院之一，展现了清代时期浦北县教育风貌和岭南建筑艺术（图5-1-14）。

浦北县已将大郎书院的维护融入“客家文化村”景区中，以保存完好的古建筑和翔实的实物系统介绍了以古越州为中心的客家文化。

（五）南宁市宾阳思恩府试院

思恩府科试院位于南宁市宾阳县城北宾州古城县职业技术学校内，原以右江道行署改建，年月无考。至清乾隆六年（1741年），知州宋允升以试院倾圮详请重建；八年（1743年）知州阮维章、二十五年（1760年）知州徐尚忠、二十六年（1761年）知府梁居震先后补修。清道光六年（1826年），知府李彦章率先捐金，武（鸣）、宾（阳）、上（林）、迁（江）四邑士民争出财力，大修扩建。清咸丰八年（1858年）世乱而毁于寇。清同治四年（1862年），知府熊寿山与邑绅陆生兰、蒋承周等筹款重建，规模如旧。清末废除科举制度，兴办学堂，即就试院创办“思恩府中学堂”，后改为“宾上迁中学”。民国15年（1926年），改为广西省立第十二中学。

据资料记载，思恩府试院“三年两试”以及

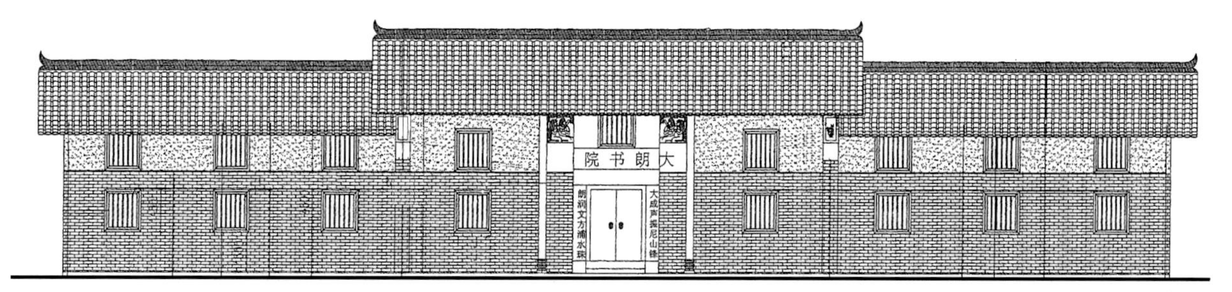

图5-1-14　大朗书院正立面

“科考、岁考”，应试生员即驻考于此。知府考核宾、上、迁三县之士亦以试院就考。试院原有试棚仅1200间，随着教育兴起，人们科举求官心切，应试生员倍增，试棚已不能满足应考所需。经知州李彦章于清道光六年大修扩建后，试院占地面积和试棚都比以前增加了一倍，规模如此宏大，居广西之首。

建筑群坐西北向东南，布局规整，一条中轴线贯穿南北，建筑群的功能分区十分明确，各部分既有明确分隔，又紧密连接（图5-1-15）。

试院为三进式，左右两侧有厢房。正中3座主体建筑面阔三间，宽15米，门楼深8.4米，讲堂深7米，后座深7.5米。左右厢房各宽3.2米，深41米。交通联系方面，门楼和讲堂之间天井两旁各有一月门通向厢房，门楼大门外廊两侧各有一个拱门，中座后廊两边各有一拱门通向走廊（图5-1-16）。

思恩府试院为硬山顶建筑，明间梁架采用硬山搁檩加插梁式木构架，即中间伸出半幅墙代替梁架支撑（图5-1-17）。建筑装饰简素，空间利用率高，体现试院追求功能简洁的特点。试院结构特点是大量使用砖砌方柱，除厢房走廊有10根圆柱外，其余为方柱。

另外，原试院分监考官殿、陪考老师房，以及2400间封闭式考房的“试棚”。监考官殿立于“试棚”前面，分门楼、中殿和后殿，居高临下。殿的左右设有廊室，每侧9间为考官憩室。陪考老师房在殿的正右方10米开外，各种设施的配套比较齐全。

图5-1-16　思恩府试院

图5-1-15　思恩府试院俯瞰

图5-1-17　与墙体结合的梁架形式

第二节　会馆

一、概述

会馆，又称公所，是明清时期旅居异乡人士在客地都市中建立的一种特殊的社会经济组织，是明清两代特定历史条件下社会经济发展的产物。广西的会馆首建于明，至清而盛。广西最早的会馆当推明万历年间（1513−1619年）在平乐府建造的平乐府粤东会馆。粤商入桂经商，最早可溯至宋代。南宋人周去非的《岭外代答》已有关于广东富商入桂，购谷米运销广东番禺“以阁市利”的记载。伴随大批的外籍商人来桂贸易，广西的会馆空前兴盛。明清时期，粤商桂达到第一个高峰，苍梧、藤县、平南、桂平、武宣、北流、横县、南宁、宾阳、龙州、大新、百色、迁江、平乐等府县均有成批粤商抵达。晚清以后，随着新经济的增长和交通的发展，粤商更以前代未有的速度与规模涌入广西。

清代广西绝大多数县境（包括少数民族地区在内）建立有会馆组织。从目前资料看，广西境内之会馆绝大部分建于清代，其中康熙至光绪年间建造的占70%以上。桂东南、桂西地区以粤东会馆为多，而桂东北则以湖南、江西会馆势力见长。从广西总体看，以粤东会馆为最盛，粤东会馆遍及广西各地。

明清代广西会馆的普遍设立，表明入桂外省籍人的增多。广西少数民族地区经过历史上长期的开拓，已逐渐改变了过去恶劣的生态环境，随着改土归流政策的推行，民族交往的地域障碍逐渐消除。一批又一批的汉人前来垦荒、淘金、冒险。清代广西人口流动的力度和范围较前代增加，入桂商旅长期贩运，居所无定，从而奠定了会馆创建与兴盛的社会基础。同时，明清时期随着商品经济的发展，中国传统的贱商思想有所改变，士绅阶层对商人及其职业由鄙视、对立转取认同的态度。商人与商业的社会价值得到较普遍的认同，这是各地会馆兴盛的社会舆论环境。他们迫切需要一种类似同乡会的组织联谊乡情，并保护他们在广西这块新的创业土地上的各项利益。从活跃于广西城乡的外籍商人群体来看，这些进入广西的汉人，以广东、湖南籍最多，江西、四川、福建为其次。外省商人为了保护自己利益，扩大自己的经营，协调与本地人以及官府的关系，纷纷通过建立会馆来加强自身的力量。会馆创建的牵头者往往是在广西当地为官的同乡，这让会馆更具有号召力与影响。

会馆的分布上，东南、桂西地区以粤东会馆为多，而桂东北则以湖南会馆势力见长。从广西总体看，以粤东会馆为最盛。粤东会馆遍及广西各地，约有90个以上，平均每县一个。除了桂东北的全州、兴安、灌阳等几个州县没有粤东会馆外，多数州县都有一个乃至几个粤东会馆。粤东会馆如此兴盛，与两省毗邻，广西境内水路交通便利有密不可分的关系。粤商在明清时期，经西江溯江而上到达梧州，再通过得江、郁江、邕江，可到达苍梧、藤县、平南、桂平、贵港、横县、南宁等地区，这是一条西进的线路。北流江与得江交汇于藤县，通过北流江南下，可以到达容县、北流、玉林、兴业等地区，这是一条南下的线路。黔江与郁江交汇于桂平，沿着黔江北上、通过柳江可到达柳州等地。通过西江、桂江、漓江北上就可到达广西东北和北部地区，如昭平、荔浦、平乐、阳朔、临桂、桂林等地。这是一条北上的线路。广东商人正是通过以上水路交通网络将他们的商贸业务扩展至广西的广阔区域，在沿江圩市从事商贸活动。粤东会馆在广西各府属地中均占有优势，粤商持续数百年之久的“西进运动”，除了桂林府等少数地方外，都能在主要的商业府镇看到粤东会馆的身影。在整个粤商贸易体系中，他们以水路为交通基础，以粤东会馆为据点呈网状，把珠江三角洲地区的商品源源不断地带到广西，又把广西物美价廉的农副产品销往广东乃至海外，同时也把资金、信息、技术带进了广西，客观上打破了地处边陲的广西原有的孤立闭塞状态。

与此同时，广西境内另一主要的外来商业派系——湘商，也顺流而下，通过现全州地界进入广西，他们主要以与湖南最靠近的桂林府为据点，在广西境内进行贸易买卖。湘商的主要活动范围，基本以桂北地区为主，部分延伸到边界。在整个桂林府地区基本上是粤东会馆与湖南会馆共同出现在一个集市中，粤商和湘商能在共同的市场里建立会馆，和平相处，说明他们正确划分了市场的空间，而这种划分，是以商品的合理组配作为前提的。在调查中了解到，当时粤商经营的商品以米、茶和布匹为主，而湘商则以杂货、药材和木材为主。他们相互支持、相互促进，共同开发市场，促使商业日益昌盛，并在此过程中共同赢利。在调查中还发现，其他地区的商业码头使用权通常只属于某一会馆，例如，中越边境重镇龙州城内，左江两岸共有30多个码头。其中骑楼街附近的几个码头属于粤东会馆。桂林市灵川县潭下镇的漓江两岸，也有10余个码头，其中几个属于湖南会馆。贺州的码头数量不多，规模却很大。由于资料缺乏，无法查证其修建者，但是，根据各地商人和民众均可使用的情况判断，应为公共设施。按照惯例，公共设施在修建过程中，政府、社会团体和普通民众都会以各种方式贡献自己的力量。粤商和湘商作为主要的使用者，自然贡献的力量更多，这是完全可以肯定的。只有在开放的市场条件下，才会出现共建和共用码头的现象。

除了粤商与湘商，明清以来，还有山西、陕西、安徽、河南、浙江、湖北、四川、江西、贵州、云南、福建等10余个省份的商人在广西从事商业经营活动。但从现存的会馆调查来看，存留最多的为粤东会馆，部分地区还保留有湖南会馆，其他地方会馆都已基本上荡然无存。目前只能从各地的地方志记录中才能了解到当初各大州府存在过什么会馆，具体可以从下表统计中较为清晰地了解清代广西境内各种会馆分布的地区与数量（表5–2–1）。

清代广西各地会馆分布数量统计表　　表 5–2–1

	粤东会馆	湖南会馆	江西会馆	福建会馆	其他省会馆	小计
桂林府	11	22	21	1	13	68
平乐府	14	5	3	3	3	28
梧州府	14				2	16
郁林府	3					3
浔州府	7					7
柳州府	11	6	5	1	5	31
庆远府	4	3	1	1	2	11
思恩府	3	1	1	1	4	10
南宁府	10	1	1	1	6	19
太平府	7	1				8
镇安府	2					2
泗州府	5					5
广西合计	91	39	32	8	35	205

这些会馆的建立，基本位于所处地区的商业繁华街道或是沿江圩市一带，交通便利，方便从事商贸活动。各会馆建设规模一般比较大，如地处府城一般为两进庭院，如地处县城一般为一进庭院，重垣高阁，力求宏伟华丽，以彰显会馆之气派。建筑形制大都讲究房屋建筑左右对称，前后呼应，有正殿、左右厢房、天井、门廊、后座、戏楼、厨房、宿舍等，是一种集祭祀、聚会、观戏、居住于一体的多功能房屋建筑群体，与祠堂、宫殿的建筑形式相似。一般情况下，会馆命名多取自各省的著名庙宇，如江西会馆又称“万寿宫”，广东会馆又称“南华宫”，湖广会馆又称“禹王宫”，福建会馆和粤东会馆、又称“天后宫”等。各地会馆又因本身的风俗习惯不同，祭祀对象也不相同。粤东会馆祭祀关公、六祖慧能、北帝、天后等，湖南会馆祭祀禹王，福建会馆祭祀天后，湖广会馆祭祀关公，江西会馆祭祀许真君等。在祭祀的地点上，如会馆本身配有戏台或香亭，则祭祀地点在正殿；如会馆本身没有戏台，则祭祀地点在后殿。例如平乐的粤东会馆入口就是香亭，祭祀就放在了前殿；而苍梧的粤东会馆没有戏台，则把祭祀功能放在了后殿。但可惜现存会馆中难有保留完整功能的建筑群，大多只留下了前殿和正殿，厨房、宿舍等功能建筑鲜有再见。虽然各具特色，但所有的目的都是一样，祭拜家乡的神灵，祈祷保佑在外经商的商人们平平安安，财源广进。

在会馆的风格和装饰上，大都是借鉴明清宫殿与寺庙的建筑，装饰精美，风格华丽，戏台建筑尤为出彩，主要以石质建筑和木质构造为主。这些外乡人通过建立精湛华丽的会馆，吸引更多同乡、同业人士参与其中。一方面壮大自己的实力，以庞大的队伍、大量的会馆成员获得较高的社会地位；另一方面，吸收更多的资金，聚敛大量财富。同时，由于粤商在广西境内的广泛影响，使得整个广西境内的会馆都带上了明显的岭南建筑风格。例如湖南会馆，规模虽然比粤东会馆要大，主体构架仍然是湘式构架做法，但在屋脊装饰上就更偏广府式，融入了粤东风格。至于粤东会馆，为了让会馆成员有一种“他乡遇故旧”、“宾客如归”的乡土氛围，其主要修建的工匠都来自广东，甚至包括石材、灰裹、拢瓦等材料都经水路运到当地，只有木材等是在当地取用。如玉林粤商修建粤东会馆，“工人亦全由粤雇来，一石一木、一切器物俱购自广州及石湾”。百色粤东会馆修建，“凡木石夫工，多致自乡土”，整个建筑沿袭了广东佛山祖庙的设计风格。

会馆是多功能的，既是一种同乡团体组织，又是一种工商行业组织；既是外籍人士在长沙的“办事处”，又是外籍人士的管理机构；既是一种聚会、演戏的场所，又是一种文化的汇聚地。不同文化的融合构成了仅在城市中出现的这样一种富有特色的会馆文化。会馆文化中的团结共助的精神，为当代的城市人群的交往活动、生产、生活等提供了借鉴。会馆文化无声地陈述着历史，同时也告诫未来、教育后人，培育人们对城市的文化认同感、归属感、自豪感等。

按形制级别分，从大到小可按府、镇、县三个等级进行分类。府级的会馆为最大，一般为三进，如南宁粤东会馆；镇的会馆一般为二进，如钟山粤东会馆、田阳粤东会馆；县馆则多为一进。区域大小在某种程度上决定了会馆的规模。

由于现存会馆多是清代所建，按年代不同分，可分为清前期和清中后期两大类型。前清时期的会馆以苍梧粤东会馆为代表，作为清两广军门所在地，粤商在苍梧的发展规模较大，其会馆形制大多遵照广东本地会馆的基本形式，采用的结构以硬山砖木结构为主，斗栱、额枋等构件均为上等木材。清中后期的会馆由于建筑材料及装饰开始倾向使用石材，部分建筑构件采用石雕，以百色粤东会馆为代表，部分支撑柱使用石柱，檐枋梁架上用石金花狮子样式，梁头也是石制，体现了砖石与木构架完美的结合。

二、实例

（一）百色市粤东会馆

百色粤东会馆位于百色市解放街39号，正门外

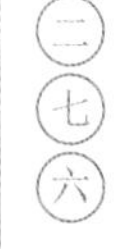

图5-2-1　百色粤东会馆鸟瞰

是解放街，整条街建筑风格基本相同，为骑楼式建筑，西面背靠盐仓巷，隔巷3.4米为错落的民居建筑群（图5-2-1）。

粤东会馆修建时间可分为三个历史时期：清康熙五十九年、清道光二十年、清同治十一年。会馆最早是旅居百色粤商梁煜领头筹款兴建于清康熙年间（1720年）。现存会馆建筑应为清道光二十年重建以后的构架。

会馆建筑具有不同时期的部分，各部的建筑年代大致可分为三段：一段是一进正殿建筑的修建年代为1813年以前；二段是二进至后殿，包括两侧厢房的建筑为1840年以前；三段为屋脊部分，属清同治十一年的维修部分。

会馆的建筑布局非常讲究，选址依山傍水，坐西向东。建筑布局中轴对称，以前、中、后三座正殿为主线，左右排列相对称的厢房和庑廊，形成统一的封闭性较强的四合院式建筑群落。会馆通高11米，面宽26.38米，进深55.27米。每座单体建筑之间以廊相连、以巷相隔，空间宽敞、主次分明。整个建筑群总占地面积2331平方米，为抬梁和穿斗式相结合的硬山砖木结构。

门楼面宽14.10米，明间7.3米，次间3.4米，进深11.31米。4级石阶上明间，台阶两边饰石雕墪台，两扇大门饰铜铸铺首，内设穿斗抬梁，金柱间施九架梁。梁间用瓜柱承接，山墙承接桁条。双步梁上施驼峰斗栱，依次叠加至大梁，梁以下以雀替承托。双步梁、驼峰、雀替均精雕细刻（图5-2-2）。

门楼与中殿间隔天井，纵深12.28米（图5-2-3）。4级石阶上明间，台阶两边屋脊装饰丰富，如彩陶名人故事、灰雕金鱼、狮子等。二进面宽14.10米，明间7.3米，次间3.4米，进深12.69米。中厅前后金柱间施用九架梁。双步梁上施驼峰斗栱，依次叠加至大梁，双步梁下以雀替承托。

后厅与中厅之间中有天井6.22米，两侧为耳房相连接，耳房为卷棚顶，面宽3.43米，进深6.12米。后殿3级石阶上明间，面宽14.13米，明间7.27米，次间3.43米，进深12.98米（图5-2-4）。

左右厢房面宽1.55米，进深同正殿，建筑高度略比正殿低，一进为二层阁楼建筑。在二进与三进之间天井两侧为厢房与庑廊，厢房金柱间施五架梁，双步梁上夔纹厚板承桁，施卷棚顶。每进设小天井，自立为单间。

图5-2-2　斗栱梁架

图5-2-3　门楼庭院

图5-2-4　中座立面

会馆三进呈梯形，一进比一进高0.5米。屋面盖无釉板筒瓦，青砖清水墙，正脊饰花鸟人物浮雕、琉璃雕塑、鳌鱼吞脊，山墙垂脊博古，前后垂脊头设独角狮子各一。檐板为花草木雕，殿堂梁柱雕刻人物飞禽。会馆的墙壁上保留有许多精美壁画。会馆墙画的国画风格就较为素雅，并只做墙边装饰。馆内墙画均属国画工笔画系列，均分布于山墙头部，其中有人物画、山水画、城市建筑画、花鸟画、字画等（图5-2-5）。会馆檐柱均为石质，有利于防潮防蛀以及南方湿润的气候。

粤东会馆集岭南建筑工艺装饰大成，几乎全部堂、院、廊、厅、门、窗、栏、壁、屋脊、架梁都展示了岭南建筑的“三雕三塑”，即石雕、木雕、砖雕、陶塑、泥塑、灰塑，以及铁铸工艺的高超技艺。特别是陶塑五彩缤纷，琳琅满目，题材主要是龙凤、花鸟、吻兽、山水，以及历史故事和人物

图5-2-5　墙楣壁画

等，令人目不暇接。

（二）百色市灵洲会馆

灵洲会馆位于广西壮族自治区百色市右江区解放街7号。会馆始建于清乾隆五十六年（1791年），清光绪二年（1876年）重修，系广东新会商人捐资兴建，用作广东新会商人往来百色歇脚住宿、汇聚议事之所。会馆东面为解放街，隔街约30米为澄碧河，南面为商铺，西面为邮政大楼，北面为中山一路，东北面约30米为中山大桥。占地面积860平方米，保存完好。

灵洲会馆选址位于粤东会馆南侧路口，与之遥相呼应。会馆为三间二进式，建筑为硬山顶，木构架为广府式的沉式瓜柱木构架，其规模及等级均小于粤东会馆，也体现了一定的等级观念。整个建筑群坐西南向东北，由门楼、正殿、庑廊、北面廊道等组成，建筑形似“回”字结构，整体布局方整，为长方形布局，轴线清晰。庭院铺花岗石石板，四周设石檐柱。门楼及正殿有两拱门，由庑廊进行连接（图5-2-6）。

门楼位于建筑最东边，面宽三间、15.6米，高7.4米，屋顶铺绿色琉璃筒瓦，屋脊上宝珠最高居正中，两侧为博古脊座，下正中塑有各类花鸟、风景等（图5-2-7）。门楼前檐2根石檐柱，双束腰方形石柱基础，两侧上下石檐枋梁架间置精雕石狮各一只，具有典型的岭南清后期建筑风格。大门前与道路缓坡连接，门头上有“灵洲会馆”大字匾额。

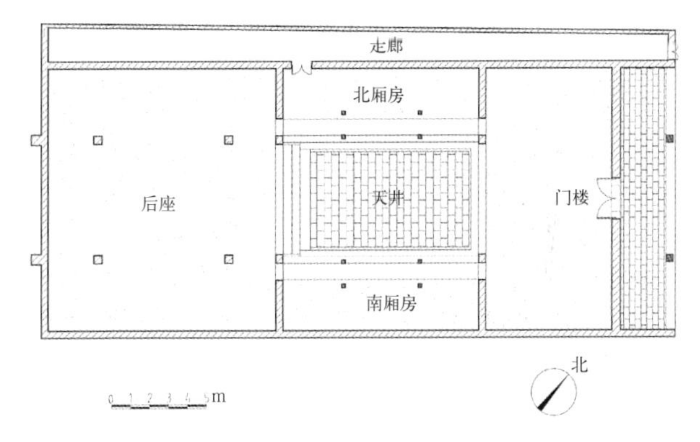

图5-2-6　灵洲会馆平面图

中庭地面比门楼低0.09米，有利于排水，后座比门楼高0.27米，拾级而上。后座面宽三间；三面砌墙，花岗石台基，台阶2级，金柱6根，石柱基础高0.4米，插梁式梁架（图5-2-8、图5-2-9）。屋脊宝珠最高居正中，下为石湾陶瓷脊饰，往下为灰雕，两侧为直带式垂脊，博古装饰。

灵洲会馆与粤东会馆等会馆建筑的存在，既是广东、福建、江西、云南等地商人艰苦奋斗、努力开拓南疆商业领域的见证，也是当时百色城经济繁荣的证明，更是对百色城三省交界中心城市，右江流域政治、经济、文化中心地位的肯定。

（三）钦州市广州会馆

广州会馆位于古钦州城东门外、今钦州市第一招待所内（胜利路29号）。

会馆始建于清乾隆四十八年（1783年），清道光十四年（1834年）、清光绪十六年（1890年）两次重修。会馆内的“窃在钦州贸易百有余年”、“会

图5-2-7　灵洲会馆正面

图5-2-8　中庭

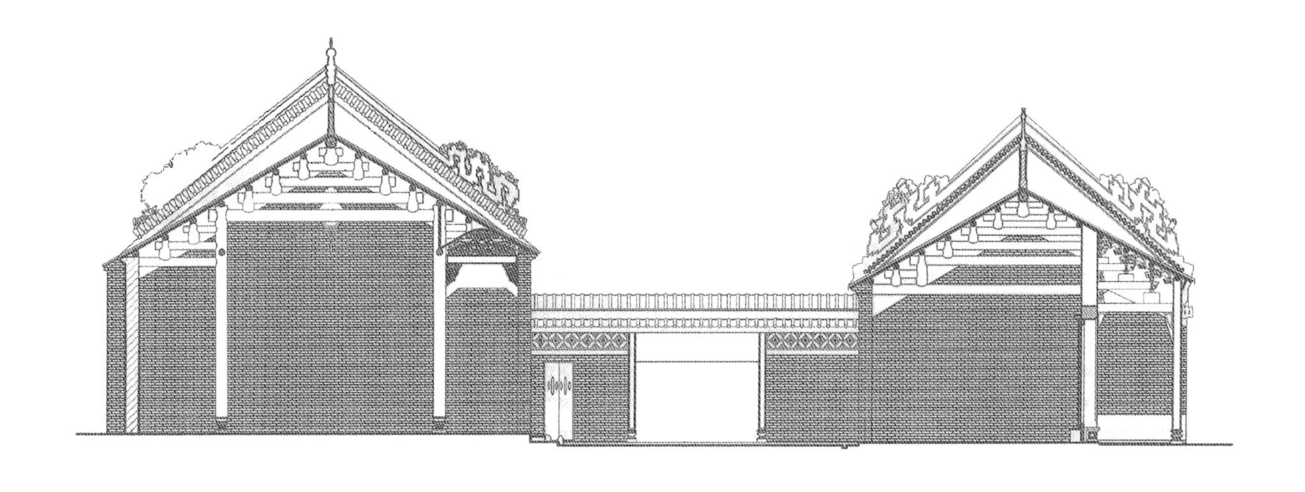

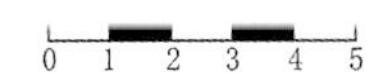

图5-2-9　灵洲会馆剖面图（广西文物与考古研究所绘）

馆之设所以叙乡邻而联亲谊也……”、“为我客聚会之所”等碑记道出建馆的宗旨。

广州会馆为五间二进式，占地面积1180平方米，建筑面积449平方米，檐口高8米，坐西向东；门楼、庭院、正殿依次排列在中轴线上。总体布局上兼有公共聚会和待客住宿之特点。中间为天井，两侧厢房为客厅，门楼、正殿与耳房、庑廊相通，光线充足，空气流通。

门楼位于建筑最东边，面宽五间，前檐设2根石檐柱，双束腰方形石柱基础（图5-2-10）。门楼与道路有9个台阶的高差，正殿与庭院有6个台阶高差，整个建筑从东到西依次抬高。“广州会馆”四字大石匾镶嵌在门楼的正门顶上，为清乾隆年间状元、书法家庄有恭（广东番禺人）所书。正殿面宽三间，两侧有耳房，三面砌墙，花岗石台基。

屋面盖琉璃瓦，脊饰走兽和历史人物塑像；水磨青砖为墙身，有彩绘；门厅、台阶及檐下等处，装点各种精致的石人、石狮和大量的石刻、木刻，雕工精湛细腻。雕刻画面均取材于历史故事和古代戏剧中的人物形象，形态各异，线条流畅。梁架上的瓜柱，下骑横梁，上托梁头，瓜柱做成细颈斜肩直腹圆底瓶胆形，线条流畅，精美柔和。一进门梁架最为华丽，双步梁上、驼峰、斗栱均精雕细刻，雕刻人物繁多（图5-2-11）。庭院两侧设庑廊，门楼、正殿台基为须弥座，栏杆、垂带踏步、门、窗

图5-2-10　广州会馆正面

图5-2-11　斗栱梁架

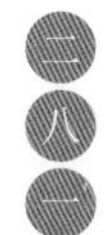

的抱框均为花岗石雕凿而成，上面刻有牡丹、吻兽等，线条流畅、造型生动。广州会馆属明清庭院建筑风格，从整体上看，显得坚实、庄重、高雅、堂皇。

广州会馆是明清时期商品经济发展的产物。明清时期钦、廉、防地带属广东，广东经济对钦州的影响力要比广西大得多。在商业开拓和发展过程中，成功的广州商人建成广州会馆，这是旅居钦州的广州人自发组织起来的、以“敦乡谊、叙桑梓、答神庥、互助互济”为宗旨的一种商业团体。

（四）钟山县英家粤东会馆

英家粤东会馆位于钟山县英家乡英家街西。英家街作为明清时期的商业街圩，街道为石板街，其建筑模式基本为就街而向的古民居。

英家粤东会馆于清乾隆四十二年（1777年）广东商人集资兴建。建筑面积近1000平方米，以麻石、琉璃瓦、水磨砖、木头为主要建筑材料。

会馆建筑坐北朝南，沿中轴线布局，三间二进式，为四合院式结构，两侧有耳房，中有天井回廊，今现存门楼及正殿主体建筑。门楼面宽三间、12.3米，进深32米，高8.1米，硬山砖木结构，青色筒板瓦盖，模印花卉纹琉璃瓦当。

会馆正门前廊为花岗石柱础叠梁构架，前檐两侧石柱上为浅浮雕双龙戏珠石额枋，其上是通体透雕的瑞兽石麒麟，石枋下两端雀替为两两相伴的石雕八仙人，两侧叠梁为百尊木浮雕戏剧故事人物，大门两侧为花岗石饰浮雕花边阴刻楹联：“近俯澄潭涌宝燕，远环峻岭拥灵狮。”门上为花岗石阳刻“粤东会馆”，其墙上方金饰大幅画工精细的山水、花鸟、人物工笔彩画，其瓦面正脊博古内外均为花鸟彩灰塑，门楼内廊为素身木叠梁（图5-2-12）。后殿为八柱叠梁构架，外檐双柱为花岗石，石柱阴刻楹联：“水德配天镇西粤无殊南海，母仪称后对螺岭如在羊城。”整座会馆富丽堂皇，庄重典雅，

图5-2-12 会馆门楼

两副楹联即道尽了此地的魅力所在，也反映粤东人对此地由衷的称颂及视异乡如故土的情怀。整座建筑无不体现了岭南社会文化融于建筑美学的艺术风貌（图5-2-13）。

（五）南宁粤东会馆

南宁“粤东会馆”位于南宁市壮志路22号。始建于清朝乾隆元年（1736年），由广东旅邕商帮集资修建。

南宁“粤东会馆”于清道光年间重修，1950年粤东会馆门楼曾作局部修缮，1997年南宁市人民政府拨款进行全面维修，整体上恢复该建筑原貌。新中国成立前先后开办粤华小学、中学两所私立学校，1954年改为公办小学，20世纪60年代后期，中、后两进及厢房被拆除，只保留原来的前进门楼其两侧耳房。

会馆分前、中、后三进，现仅存前进（图5-2-14）。前进坐北朝南，由正殿和东西两侧殿组成，沿中轴线对称布局，通面宽29.65米，通进深12.14米。正殿面宽三间计16.6米，进深12.14米，花岗石台基高1.1米，通高约10米；硬山式砖木结构，清水墙，磨砖对缝，灰缝1.5～2毫米；小青瓦屋面，琉璃沟头滴水和排山汤滴，五脊高耸，置陶瓷瓦饰。殿内明间为宽6米的过厅，两侧为耳房，以内墙分隔，内墙砌山头，直接承檩；大门宽2.8米，门上悬“粤东会馆”四字大匾；檐廊深4.4米，立石檐柱4根，花篮柱础；两边檐枋间立石狮各一只，刻工精细、惟妙惟肖。中间两根石檐柱至前墙之间架三步梁，梁架镌雕历史人物故事，工艺精湛（图5-2-15、图5-2-16）。两侧殿亦为硬山式砖木结构，两层盖木楼板，屋面瓦及装饰与正殿同；面宽一间、4.8米，进深12.14米，与正殿相隔1.76米，临街处围以矮墙。

（六）桂林市恭城湖南会馆

恭城湖南会馆位于恭城县城的太和街，与周

图5-2-13　后座

图5-2-14　南宁粤东会馆

图5-2-15　南宁粤东会馆壁画

图5-2-16　木雕装饰

渭祠相邻，是一组三进两天井布局的院落式建筑组群。

会馆始建于清同治十一年（1872年），为当时的三湘同乡会集资所建，占地面积为1847平方米，建筑面积约800平方米。因其结构独特，造型奇巧，雕饰丰富，花草人物繁杂，故有“湖南会馆一枝花”之美称，它是恭城“四大会馆”（广东会馆、湖南会馆、福建会馆、江西会馆）至今唯独保存完整的一座。

1993～2002年，先后维修过其门楼、戏台、会馆正厅、回廊、正殿及两边厢房。

目前会馆较完整地保留了原有的建筑形制：坐西北向东南，沿中轴线从南至北由门楼、戏台、正厅、左右厢房、东西连廊和后厅组成（图5－2－17）。门楼和戏台连成一体，临街一面是高3层的门楼（图5－2－18），建筑平面呈凸字形，两侧采用镬耳山墙。其后为戏台，不设正门，由底层开侧门出入，勾连搭式琉璃屋面，青石垒砌台基，台底浅埋水缸36口，以增强音响效果。看台能容纳1000余人。门楼和戏台互为前后，在梁架结构上采用“移柱造”法，以适应戏台和门楼双层使用的功能（图5－2－19）。采用陶塑屋脊，显得玲珑又富于变化；屋顶垂脊高高翘起，在端部采用卷草装饰；檐枋梁架细致的木雕、丰富的彩饰使古戏台显得古朴又富丽堂皇，具有明显的岭南古建特色，有较高的艺术价值和研究价值，是广西较为罕见的古建筑珍品。

前座正厅为湖南籍商人联络议事的厅堂，后座是供奉禹王等神的殿堂。前后两进厅堂为面阔三间，进深三间，穿斗式构架，硬山顶，小青瓦面，屋脊上饰以宝珠、博古纹等，琉璃勾头滴水剪边，马头式封火山墙灰塑卷草装饰，做工精细（图5－2－20），融合了湖南与岭南建筑风格（图5－2－21）。

左侧厢房为义所，右侧厢房为护馆人员食宿之所。东西连廊位于前厅与后厅之间天井的东西两侧，乃联系前后厅的主要交通要道，两廊均为小青瓦单坡屋面的悬山顶砖木结构建筑。两座两廊面

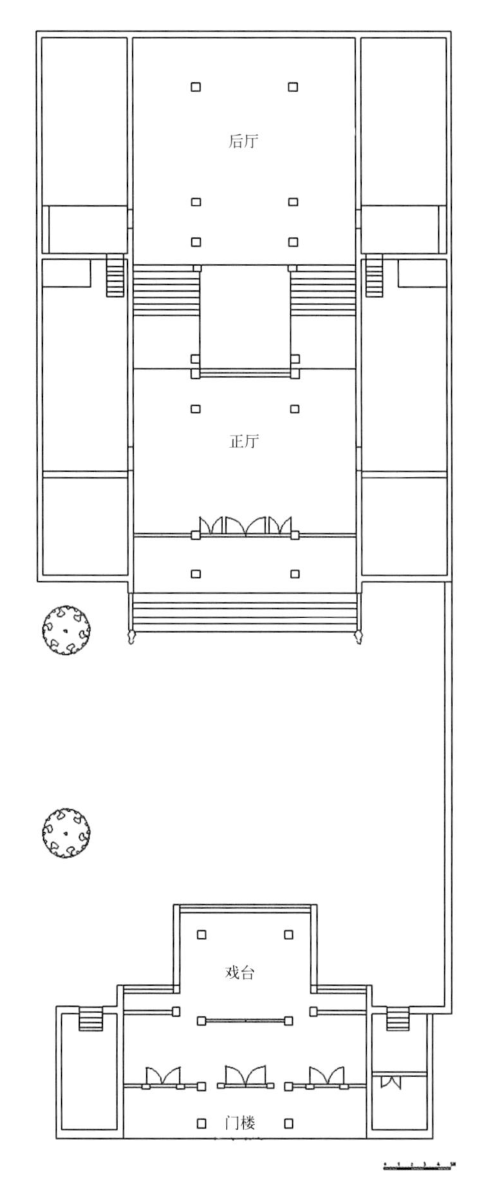

图5－2－17　会馆平面图

图5－2－18　会馆门楼

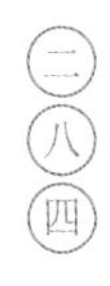

图5-2-19　会馆戏台

图5-2-20　前座正厅

图5-2-21　马头式封火山墙灰塑卷草装饰

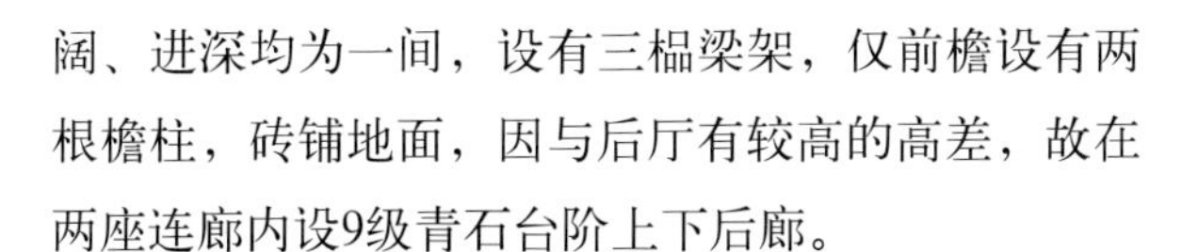

阔、进深均为一间，设有三榀梁架，仅前檐设有两根檐柱，砖铺地面，因与后厅有较高的高差，故在两座连廊内设9级青石台阶上下后廊。

整个会馆布局严谨，红墙黄瓦，泛翠流金，飞檐挽天，蔚为壮观。大殿装修华丽，壁画花饰繁多，前后风檐镂雕细致，檐墙彩绘勾画新颖。在会馆门楼两边的石柱上镌刻长联：“客馆可停骖，七泽三湘久矣，同联梓里；仙都堪得地，千秋百世遐哉，共镇茶城。”从长联中对当年湖南会馆的盛世可见一斑。

（七）桂林市平乐粤东会馆

平乐粤东会馆位于平乐镇大街56号，系广东籍人士为进行交往和开展商业活动而兴建的会馆。据《平乐县志》记载，该会馆“始建于清顺治十四年间（1657年），康熙三十六年（1697年）建成，嘉庆十一年（1806年）重修，咸丰年间毁于兵火，同治年间复修。”但对照立于会馆内的《重修会馆并戏台碑记》[1]，可知县志的这段记载基本上是依据该碑记，但是却没有完整地表达碑记的基本含义。实际上，碑记对修筑过程的记载更为具体，该碑记由“赐进士及第三品顶戴广西尽先补用道前翰林院侍讲掌京畿道监察御史番禺许其光撰文”。许其光在碑记中说，“会馆之设，创自明”。同时又进一步指出，由于历史沧桑，“以前无可考”。从这个意义上说，平乐粤东会馆至迟建于明末是毫无疑问的。这一点，从清雍正三年（1725年）的《重建粤东会馆碑记》“平郡粤东会馆始建于万历年间”的记载也得到证实[2]。广西的大多数会馆都建于清朝和民国，其中又集中在清康熙、乾隆、嘉庆、道光朝等。而平乐粤东会馆却建于明末，是广西现存会馆中建造时间最早的会馆之一（图5-2-22）。

图5-2-22　会馆鸟瞰图

在修建过程中，不仅主要工匠来自广东，而且许多材料也从广东运来，所以历时数十年才建成。整个会馆为砖、石、木结构，坐东朝西，南、北宽28米，进深29米，建筑面积约812平方米，整个建筑布局呈“回”字形，沿会馆中轴线（由西向东）筑有前厅、香亭、大殿，大殿南北侧对称建有配殿，香亭南、北侧对称建有天井、厢房，前厅的北面筑有“延芳”碑廊和膳房。目前会馆内建筑除南侧配殿和厢房被毁外，其他建筑基本保存完好（图5-2-23）。

前殿南、北宽12.73米，进深7.45米，建筑面积94.84平方米。会馆大门台基高0.5米，回廊地面铺筑青条石，4个雕刻石柱础（前、后檐各2个），4根方形石柱直至屋檐口，高4.67米，边长

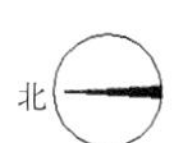

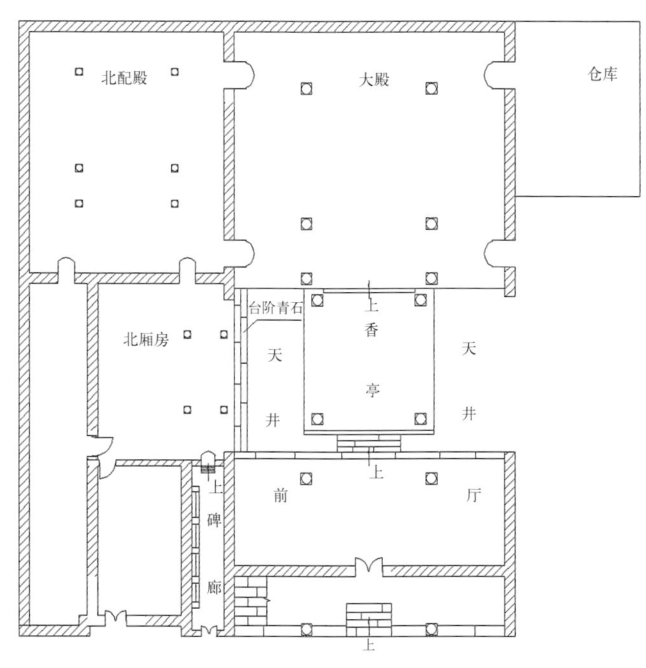

图5-2-23　会馆平面图

图5-2-24　会馆入口立面图

图5-2-25　香亭

图5-2-26　香亭博古梁架

0.295米×边长0.295米，大门前石质的2根拱形穿枋雕刻精美，具有较高的艺术价值。木构架为抬梁式，梁上的短柱为瓜柱，屋顶为硬山式，正脊和垂脊用石灰砂浆批灰，屋脊高0.20米，宽0.35米，屋面盖小青瓦和琉璃筒瓦，沿檐口盖有琉璃勾头和琉璃花片（图5-2-24）。

香亭南、北宽5.69米，进深5.35米，建筑面积31.89平方米，亭四周台基用四方形青石筑砌，高0.55米，面层铺筑阶条石，4个雕刻石柱础，4根木立柱（平均直径0.3米），高5.85米。木构架为抬梁式（图5-2-25）。屋顶为歇山式，正脊、垂脊、岔脊共九条，屋脊高0.5米，用砖筑砌批灰，并绘有古代人物故事画像。屋面盖小青瓦和琉璃筒瓦，沿檐口盖有琉璃勾头和琉璃花片。屋檐下的博古梁架保存完好，人物、花鸟仍清晰可见，栩栩如生（图5-2-26）。

大殿南、北宽12.73米，进深11.12米，建筑面积141.56平方米，大殿前台基用方形青石筑砌，高0.7米，6个雕刻石柱础，檐柱为四方形石柱，高4.9米到檐口，边长0.38米×边长0.38米，木内柱4根（平均直径0.38米）高5.35米，东面檐口为砖墙，高5.35米，厚0.46米，地面为青石板。木结构为抬梁式，走廊天棚为拱形，西面南、北角檐口为木雕花封檐板，长3.35米，宽0.40米，雕刻精美，

图5-2-27　大殿

屋顶为硬山式，南北筑有防火山墙，高0.7米，用转筑砌，正脊用石灰砂浆批灰，高0.2米，宽0.35米，屋面盖小青瓦和琉璃筒瓦，沿檐口盖有琉璃勾头和琉璃花片。殿名为天后宫，用于祭祀妈祖（图5-2-27）。

北侧配殿南、北宽8.91米，进深7. 97米，建筑面积71.01平方米。6个雕刻石柱础，檐柱2根为四方形石柱，高3.92米，边长0.28米×边长0.28米，木内柱（平均直径0.3米）长4.3米，东面檐口为砖墙，高4.15米，厚0.46米，三合土地面。木构架为抬梁式，屋脊石灰砂浆批灰，高0.2米，宽0.35米，屋面盖小青瓦和琉璃筒瓦，沿檐口盖有琉璃勾头和琉璃花片。

北厢房南、北宽5.9米，进深5.69米，建筑面积33.57平方米。其柱础、立柱、木构架、屋面与配殿基本相同，屋面为硬山式，南、北面排水。

碑廊南、北宽1.58米，进深6.4米，建筑面积10.11平方米，原有历代修建会馆石刻共14件，现存4件。

平乐镇除粤东会馆外，原还有湖南会馆、江西会馆、福建会馆、灵川会馆等，这些会馆在城镇现代化进程中已经被毁。

（八）梧州市苍梧县粤东会馆

苍梧县粤东会馆位于苍梧县县城龙圩镇忠义街西边，前临西江。会馆建于清康熙五十三年（1714年），其前身为关夫子祠。当时由于苍梧，特别是龙圩市场商业繁荣，两广商贸发达，广东商人倡导集资建会馆。清乾隆五十三年（1785年）重修。在《重建粤东会馆碑记》中描述此次重修为“拓旧基，辟新局，工匠极一时之选，材石收两省之良”。灰裹、拢瓦、石材等材料从广东经水路运到当地，而木材则取自当地较好的铁黎木，故而会在碑文中有“材石收两省之良”一说。当时会馆有主体建筑及致富宫、更楼和厢房等附属建筑，致富宫等附属建

图5-2-28　会馆鸟瞰

图5-2-29　会馆入口

筑惜于“文革”时被拆毁。

粤东会馆坐南向北，现存的建筑有门楼、中殿和后殿。在门楼与中殿、中殿与后殿之间均有天井和东西过廊。会馆现存建筑面宽13米，进深45米，占地面积540平方米。3座建筑均为硬山顶，人字山墙，灰裹陇屋面，青砖墙。梁架为抬梁式与穿斗式的混合结构。砖石墁地。梁枋等木构件均使用坚硬的格木制成，加工精细，用材讲究。梁枋上的雕刻精美，花纹图案种类繁多（图5-2-28）。

门楼面阔三间，进深二间，建筑面积93平方米（图5-2-29）。门楼的第一进深间与第二进深间以砖墙分隔，形成第一进深间是前檐，第二进深间是后檐的布局。大门设在明间隔墙的中间，门是对开的木板门。门楼为清代两广地区会馆、祠堂中常见的门楼形式，两旁设塾台，门楼的梁上设有雕花柁墩和十字开口的莲盘斗承托上面的构件，梁的表面全部雕刻有花草虫鱼、飞禽走兽等图案，雕工精细、构图讲究（图5-2-30）。

图5-2-30　门楼细部装饰

门楼之后为天井，将门楼与中殿分隔，天井两边有东西连廊。天井面积约65平方米，地面铺石板。

中殿面阔三间，进深三间，台基高0.78米。明间的前面设置花岗石条石踏步5级。台明用石板砌筑（图5-2-31）。中殿建筑面积134平方米。前檐第一进深间作廊，起船篷轩，廊深2.5米，前檐柱为方形抹角石柱。两次间的前檐柱和东、西山墙之间各用一根木质雕花额枋联系，上有雕花柁墩，柁墩上设一斗三升斗栱，座斗做成莲花状。明间中的4根金柱为直径40厘米的格木圆柱，其构成的四榀木构架也是使用格木制作的穿斗式木构架，梁架上雕有花纹，保存较好。

中殿后面也设天井，将中殿与后殿分隔，天井东西两面是连廊。西连廊内嵌镶有清乾隆时重修会馆的碑刻，屋顶使用船篷轩顶。

后殿面阔三间，进深三间，建筑面积134平方米（图5-2-32）。前檐的第一进深间为廊，起船篷轩。前檐柱为方形抹角石柱，与东西两山墙间各有一雕花额枋联系。额枋上各有雕花柁墩和一斗三升三斗栱，座斗做成莲盘斗，与檐柱头出的莲盘头正心瓜栱、方栱，东西山墙出的与桁条同向的莲盘斗丁头栱，共同承托前挑檐桁。苍梧粤东会馆是一处

图5-2-31　中殿

图5-2-32　后殿

带有明代建筑特征的清代早期建筑，在后座的中柱上可以看出明显的明代风格，其是目前所知广西最早的商业会馆。会馆整座建筑布局得体，用料讲究，特别是木构件上的雕刻，取材丰富，构图严谨，非常精美。

（九）贵港市平南县大安镇粤东会馆

大安粤东会馆，在大安县城东南25公里的西江南岸，创建于清乾隆五十八年（1793年），清道光二年（1822年）迁建于此。为了显示资本实力，在会馆的建造中极尽人工之能事，绘画精美，雕刻精细，争奇斗艳。昔有民谣曰："湖南会馆一枝花，粤东会馆赛过它；福建会馆烫金箔，江西会馆笔生花。"粤商在平南、大安及思旺皆设立会馆。论年代之早和建造宏伟壮观，皆首推大安粤东会馆。

大安粤东会馆原貌为三进，宽三间，左右有侧门；主体有头门、中座和后座。前后天井，井翼为廊房；后座、后天井和廊房在清咸丰初年毁于战火。现后天井已取消，后座及廊房为后人新建，采用了现代建筑材料，目前总建筑面积为1072平方米。原有建筑为石、砖木结构，前后三楹，穿斗式结构，硬山顶，封火墙，琉璃脊饰，建筑样式与苍梧县的粤东会馆极为相似。门楼面阔三间，进深二间，也是由砖墙分隔出前檐与后檐（图5-2-33）。前檐梁上的雕刻保留较为完好，有6组木雕，如"八仙过海"、"包公审郭槐"等，人物或站或坐，或蹲或跪，或笑或颦，或嗔或怒，形象毕肖，千姿百态（图5-2-34）。中殿中采用世界稀有珍材的扫帚木（长4.75米，圆周长1.32米）为柱，与苍梧会馆一样为面阔三间，进深三间，台基高0.72米（图5-2-35）。前檐第一进深间作廊，起船篷轩，廊深2米，馆内四壁檐下皆是画廊，这些出自名家妙笔的画，描绘各种花卉以及虫、鱼、鸟、兽，争妍斗艳，栩栩如生。门前这些木雕，至今还保存得较为完好。

图5-2-33　会馆入口

图5-2-34 会馆入口檐廊梁上木雕

图5-2-35 会馆中殿

（十）平乐县榕津村粤东会馆

广西平乐县榕津村位于桂江支流榕津河与沙江河交汇处，自古是平乐中部地区最大的码头，水运发达，商贾云集。广东商人在榕津村新街与老街的交接处建粤东会馆，作为聚会和洽谈生意的场所。清朝乾隆年间，曾进行过一次大规模的重修。广东沿海地区民众有供奉海神妈祖的传统，清嘉庆十一年，会馆内修建了天后宫用于祭祀妈祖。粤东会馆平面布局呈规整的左右对称。面宽9.9米，进深44.2米，采用单层二进院落的形式（图5-2-36）。入口部分凹入约3米，明间大门前设有两根八棱石柱，落于约1米高的台基之上，形成前檐空间。正立面不设窗，在檐口处有线描彩绘（图5-2-37、图5-2-38）。屋顶下部的挑檐木，木雕装饰精美。进入大门后为门厅，以墙体分隔三开间，旁为耳房。第一进天井后为正厅（天后宫），进深12.2米，平面开敞，两侧无耳房，内设妈祖金身，为祭祀和举行仪式所用，其檐部下设弧形轩（图5-2-39）。天井两侧为抄手游廊，在屋顶和梁架交接处，设有精美木雕。二进院落，地坪逐级抬高，设侧门与街道相连，应为后院和辅助用房。

粤东会馆建筑的主体结构采用砖墙承重，但祭祀使用的大空间厅堂，仍然使用木结构。如一进正厅部分为扩大内部空间，仅设有前檐柱、前金柱、后金柱，取消了中柱，屋顶后檐部支撑在墙体上，二进正厅部分取消前后檐柱、中柱，屋檐完全落在前后砖墙上。它们的梁架结构都采用具有抬梁式和穿斗式结合的插梁式做法，檩条支撑在瓜柱上，柱压在下端的梁上，梁两端插入临近的瓜柱上。

粤东会馆采用青砖和红砖混合砌筑，清水砖墙白灰勾缝，硬山屋顶灰瓦，屋顶坡度较陡。屋顶山墙封檐处的灰埂越往屋脊处越高，因此与屋顶坡度

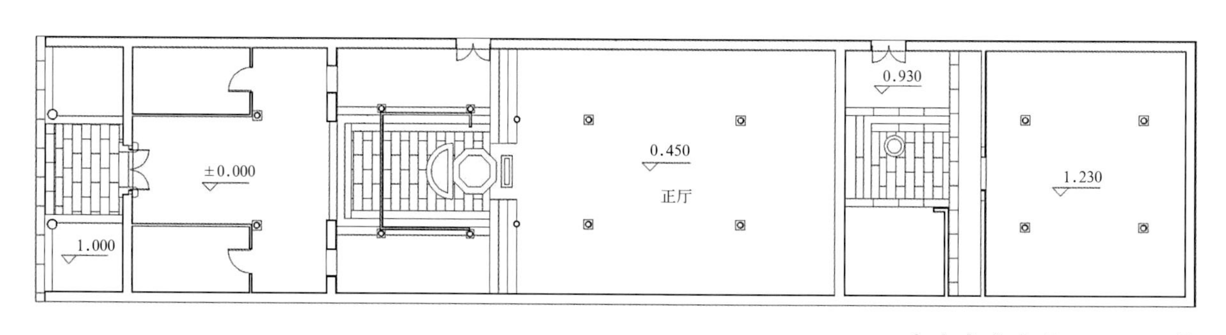

图5-2-36 粤东会馆一层平面图

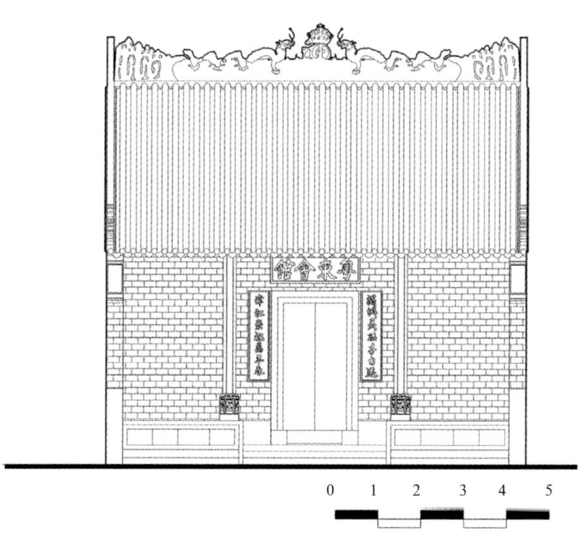

图5-2-37 粤东会馆正立面图

图5-2-38 檐口的线描彩绘

图5-2-39 第一进院落

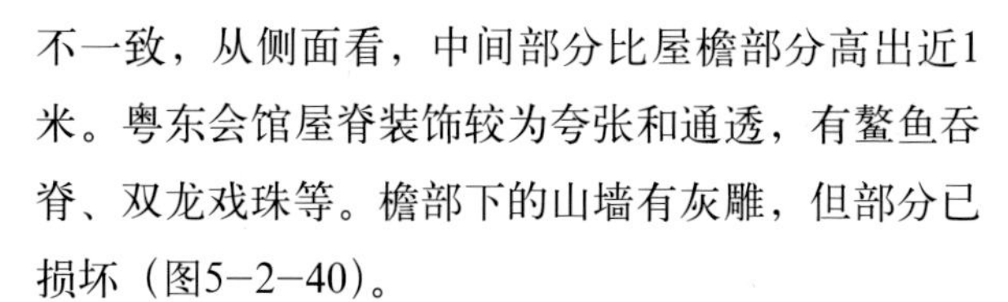

不一致，从侧面看，中间部分比屋檐部分高出近1米。粤东会馆屋脊装饰较为夸张和通透，有鳌鱼吞脊、双龙戏珠等。檐部下的山墙有灰雕，但部分已损坏（图5-2-40）。

（十一）玉林粤东会馆

玉林粤东会馆位于玉林市城区大北路玉州区大北小学校园内。

玉林粤东会馆始建于清初，倡仪人陆储实等，原址在州城内西北隅。清雍正三年（1725年）玉林升鬱林直隶州后，广东南海、顺德来鬱林经商的人渐多。清乾隆五十九年（1794年）广东商人嫌会馆地近荒僻，规模太小，遂由博白知县区大登等倡仪迁建今地。一时赞助者600余人，并得粤商生花行首捐铺址三间为馆址，又募捐得银1548两，支出1857两。清道光年间又得南海庆祥堂捐铺三间（出资购会馆左邻铺业三间），扩充会馆。清光绪五年（1879年），广东嘉应州李学恂任鬱林知州期间，倡议扩建，当时推选四十八间商店为倡修值事，应捐者达1300余人，筹得银子14030两。因当地人士认为会馆风水不利，群起抵制反对，以至建筑工人及所用的建筑材料，俱从广州及石湾采购。光绪六年完工。共支银13920余两，包括购置台椅、灯色、玩器、字画、炕毡、地毡、袍褂、鞋帽等。

玉林粤东会馆坐西南朝东北，原为三间三进两厢院落式硬山砖木结构，面宽13.2米（图5-2-41），现仅存两进（门楼和中座）。

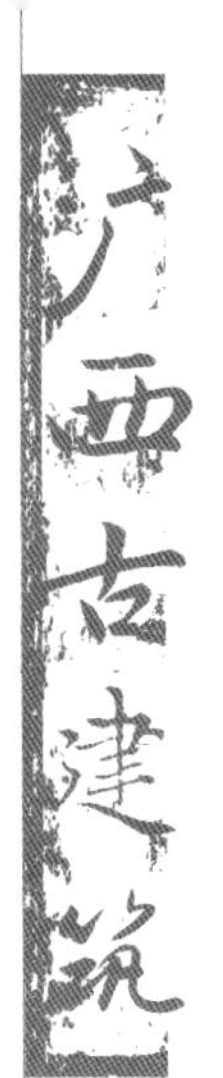

图5-2-40　粤东会馆屋顶的垂脊装饰

图5-2-41　会馆正面

注释

① 平乐县城粤东会馆《重修会馆并戏台碑记》，该碑立于会馆内，碑高约1.2米，宽约0.8米，楷书。

② 平乐县城粤东会馆清雍正三年（1725年）《重建粤东公馆碑记》。该碑立于会馆内，宽约1.1米，高约0.8米，楷书。

广西古建筑地点及年代索引

名称	类型	地点	建成年代 （变化情况）	材料结构	文保 等级
桂林王城	古城	桂林市秀峰区	建于明洪武五年（1372年），洪武二十六年（1393年）筑城墙，1650年毁于兵火，清顺治十年（1657年）在靖江王府故址上修建贡院，1921年孙中山准备北伐于王城设立大本营。孙中山离桂后，王城内曾辟为中山公园，并为广西省政府所在地。于抗日战争时期（1944年）毁于战火，抗日战争胜利后著名建筑师钱乃仁规划设计于1946-1947年间，花了18个月才建成现在的王城		全国历史文化名城
南宁古城	古城	南宁市兴宁区	建于宋，明清沿袭宋城，清末沿江向东西两侧扩展		
贺州市贺街镇临贺故城	古镇	贺州市贺街镇	建于西汉早期，五代时将西、北城墙内缩90余米，重新夯筑土城墙630米，南宋时包砌青砖，元、明、清沿用宋临贺城。清中叶以后形成河东故城，内有石板街、民居街巷及粤东会馆、文庙、魁星楼、八圣庙、观音楼等	城墙夯土、砖包土，建筑木构、砖木结构	国家级
柳州三江县丹洲古城	古城	柳州市三江侗族自治县	始建于明朝万历十九年（1591年），从城故（老堡）迁建于此处直至民国21年（1932年）迁治古宜（现在的三江县城）为止	城墙砖石结构，建筑砖木结构、木构	自治区级
桂林市大圩古镇	古镇	桂林市灵川县	始建于公元200年即北宋初年，中兴于明清，鼎盛于民国时期	砖木	国家级
黄姚古镇	古镇	贺州市昭平县	发祥于宋朝年间，兴建于明朝万历年间，鼎盛于清朝乾隆年间	建筑为砖木结构	国家级
柳州市鹿寨中渡古镇	古镇	柳州市鹿寨县	最初形成于西晋武帝泰始元年（公元265年），设置长安县，南北朝时期长安县改名为梁化县，属梁华郡。隋代开皇年间又改名为纯化县。唐、宋隶属洛容县，元在今中渡镇域设置大岑、桐木、银洞三个关隘，并设百夫长。明万历四年（1368年），设置巡检司于平乐镇，即今中渡古镇	建筑为砖木结构	国家级
兴安界首古镇	古镇	桂林市兴安县	界首古镇，是一座具有1000多年历史的古集市。明朝地理学家、旅行家徐霞客曾到此一游	建筑为砖木结构	国家级
桂林兴坪古镇	古镇	桂林市阳朔县	兴坪古镇历史悠久，该地三国时吴甘露元年（公元265年）起即为熙平县治，治所设在今兴坪镇狮子崴村。隋开皇十年（公元590年），熙平县治由狮子崴迁往阳朔镇	建筑为砖木结构	国家级
瑞枝公祠	祠堂	桂林市阳朔县高田镇	清同治年间	砖木	无
刁经明祠堂	祠堂	来宾市武宣河马乡	清咸丰年间	砖木	无
周氏宗祠	祠堂	桂林市恭城瑶族自治县豸游村	清光绪六年（1880年）	砖木	自治区级
莫氏宗祠	祠堂	桂林市永福县桃城乡四合村	清同治年间	砖木	无

续表

名称	类型	地点	建成年代（变化情况）	材料结构	文保等级
梅溪公祠	祠堂	桂林市全州县绍水镇梅塘村	清后期	砖木	县级
爱莲家祠	祠堂	桂林市灵川县九屋镇江头村	清光绪八年	砖木	国家级
牟绍德祠	祠堂	玉林市玉州区高山村	清雍正至乾隆年间	砖木	自治区级
梁氏宗祠	祠堂	玉林市兴业县石南镇庞村	清乾隆四十一年，嘉年间大规模扩建，至晚清基本定型	砖木	自治区级
黎氏祠堂	祠堂	贵港木格镇云垌村桅杆城	清咸丰年间	土木砖	市级
朱氏宗祠	祠堂	梧州藤县濛江镇双底村	清中期	砖木	无
陈氏宗祠	祠堂	北海市合浦县曲樟乡璋嘉村	清嘉庆十九年	砖木	无
伯玉公祠	祠堂	钦州市浦北县小江镇	清光绪二十二年（1896 年）	砖木	自治区级
蔡氏宗祠	祠堂	玉林市博白县那林村	清晚期	砖木	无
春台梁公祠	祠堂	来宾市七建乡龙腾村	1792-1804 年	砖木	无
陈嘉（勇烈）祠	祠堂	崇左市龙州县	清光绪二十三年	砖木	自治区级
黄氏家祠	祠堂	南宁市横县龙乡下白面黄氏家祠	清同治八年	砖木	无
廖仕隆宅	宅第	桂林市龙胜县和平乡龙脊村	建于清末同治至光绪年间	木构	无
赵恒钟宅	宅第	百色市德保县足荣镇那雷屯	有 200 余年历史	木构	无
梁进文宅	宅第	百色市那坡县龙合乡达文屯	民国	木构	无
武魁堂	宅第	来宾市武宣县河马乡莲塘村	始建于清嘉庆六年，落成于道光八年	木石	无
颜氏古宅	宅第	南宁市邕宁区蒲庙镇北觥村	清代	砖木	无
莫土司衙署	宅第	来宾市忻城县	衙署始建于明万历十年，土司祠堂建于清乾隆十八年，道光十年大修	砖木	国家级
岑氏家族建筑群	宅第	百色市西林县那劳乡	建于清光绪二年，落成于光绪五年	砖木	国家级
文化户宅		柳州市三江县独峒乡高定寨	20 世纪 50 年代，按传统工艺设计施工	木构	无
杨开柱宅	宅第	柳州市三江县良口乡南寨村	20 世纪 50 年代，按传统工艺设计施工	木构	无

续表

名称	类型	地点	建成年代 （变化情况）	材料结构	文保 等级
曹建利宅	宅第	柳州市三江县 良口乡和里村	20世纪80年代，按传统工艺设计施工	木构	无
卜令屯杨宅	宅第	柳州融水苗族自治县香粉乡卜令屯	20世纪四五十年代，按传统工艺设计施工	木构	无
张家寨张宅	宅第	百色市隆林县 德峨乡张家寨	20世纪50年代，按传统工艺设计施工	木构	无
潘桂恩宅	宅第	桂林市龙胜县 和平乡黄洛瑶寨	20世纪70年代，按传统工艺设计施工	木构	无
六段屯某宅	宅第	来宾市金秀县 金秀镇六段屯	光绪年间	木构	无
石围屯银宅	宅第	河池市罗城县 东门镇石围屯	清代	砖木	
南昌屯谭宅	宅第	河池市环江毛南族自治县下南乡 南昌屯	清后期	砖木	无
卫守副府	宅第	桂林市灵川县 灵田乡长岗岭村	清晚期	砖木	国家级
秦家大院茂兴堂	宅第	桂林市兴安县 白石乡水源头村	明末清初	砖木	自治区级
李吉寿故居	宅第	桂林市永福县 罗锦镇崇山村	清乾隆年间	砖木	无
朗山村2号宅第	宅第	桂林市恭城县 莲花镇朗山村	清晚期	砖木	自治区级
按察使府第	宅第	桂林市灵川县 九屋镇江头村	清乾隆年间	砖木	国家级
多福堂	宅第	桂林市灌阳县 文市镇月岭村	清道光年间	砖木	自治区级
陶家大院（静安庄）	宅第	贺州市仁义镇 保福村象角寨	清朝乾隆年间	砖木	无
江氏围屋	宅第	贺州市八步区 莲塘镇仁冲村	清乾隆末年	夯土、砖木	县级
叶氏围屋	宅第	梧州市昭平县 樟木林乡	清嘉庆乙丑年	土木	无
硃砂垌围垅屋	宅第	玉林市玉州区 硃砂垌	清乾隆年间	夯土、 砖木	市级
刘永福故居（三宣堂）	宅第	钦州市钦州镇	清光绪十七年	砖木	自治区级
劳氏祖屋	宅第	钦州市灵山县 佛子镇大芦村	明嘉靖二十五年至清康熙五十八年	砖木	国家级
李萼楼庄园	宅第	南宁市横县 马山乡翰桥村	清道光年间	砖木	县级
李家大宅	宅第	来宾市武宣三里镇	建于清代道光年间	砖木	无

续表

名称	类型	地点	建成年代（变化情况）	材料结构	文保等级
刘氏围屋	宅第	柳州柳南区竹鹅村凉水屯	建于 1898 年	土木	市级
黄家大院	宅第	南宁市中尧南路 88 号	始建于清康熙十年	砖木	市级
韦氏祖屋	宅第	南宁市罗文村	建于清康乾年间	砖木	市级
谢鲁山庄	园林	玉林市陆川县乌石镇谢鲁村	始建于 1920 年		国家级
雁山园	园林	桂林市雁山区	建于公元 1869 年		市级
明秀园	园林	武鸣县城厢镇灵源村蒙家屯	始建于清嘉庆年间		自治区级
龙脊村古壮寨	聚落	桂林市龙胜县	明至今		中国第一批传统村落名录
达文屯	聚落	百色市那坡县	清至今		无
那雷屯	聚落	百色市德保县	清至今		无
程阳八寨	聚落	柳州市三江侗族自治县	明至今		无
高定寨	聚落	柳州市三江侗族自治县	明至今		中国第一批传统村落名录
东田村田头屯	聚落	柳州市融水县四荣乡东田村	清至今		中国第一批传统村落名录
小寨村	聚落	桂林市龙胜县和平乡	明至今		无
下古陈屯	聚落	来宾市金秀县六巷乡六巷村	明至今		中国第二批传统村落名录
古砦古建筑群	聚落	柳州市柳城县古砦仫佬乡	明至今		无
长岗岭村	聚落	桂林市灵川县灵田镇	明清时期		国家级文物保护单位、中国第一批传统村落名录
江头村	聚落	桂林市灵川县九屋镇	明、清时期		国家级文物保护单位、中国第一批传统村落名录
大桐木湾村	聚落	桂林市灵川县海洋乡	清乾隆至今		广西第一批传统村落名录
朗山村	聚落	桂林市恭城瑶族自治县莲花镇	始建于 1818 年		广西第一批传统村落名录
月岭村	聚落	桂林市灌阳县文市镇	明末清初		自治区级文物保护单位、中国第二批传统村落名录
榕津村	聚落	桂林市平乐县张家镇	始建于宋		中国第二批传统村落名录

续表

名称	类型	地点	建成年代 （变化情况）	材料结构	文保 等级
秀水村	聚落	贺州市富川县 朝东镇	明、清时期		中国第一批传统村落名录
龙道村	聚落	贺州市钟山县 回龙镇龙福村委	清末		中国第一批传统村落名录
庞村	聚落	玉林市兴业县 石南镇	始建于清乾隆四十一年		自治区级文物保护单位、广西第一批传统村落名录
高山村	聚落	玉林市玉州区	始建于明朝天顺年间		自治区级文物保护单位、中国第一批传统村落名录
大芦村	聚落	钦州市灵山县 佛子镇	明嘉靖二十五年至清道光六年		国家级文物保护单位、中国第一批传统村落名录
苏村	聚落	钦州市灵山县 石塘镇	始建于清初康熙年间		中国第二批传统村落名录
龙腾村	聚落	来宾市金秀县 七建乡	明清时期建造		广西第一批传统村落名录
君子垌围屋群	聚落	贵港市 港南区木格镇	始建于乾隆末年，大部分为清咸丰年间建成		市级文物保护单位
北海市 合浦大士阁	佛教 建筑	北海市合浦县 山口镇永安村	明成化五年（1469 年）	木构	国家级
桂平市寿圣寺	佛教 建筑	桂平市	宋嘉祐三年（1058 年）兴建，明正德年间重新扩建，后历代均有重修	砖木	自治区级
崇左市天等县 万福寺	佛教 建筑	天等县向都镇 北郊 1 公里	清康熙十一年（1672 年）	木构	自治区级
梧州市白鹤观	道教 建筑	梧州市城西	始建于唐代开元年间（713-714 年），清康熙年间重修，清光绪九年（1883）重修，2001 年再重修	砖木	自治区级
桂林市临桂六塘清真寺	清真寺	桂林市临桂县 六塘镇	始建于清康熙年间（1662-1722 年）	砖木	自治区级
临桂旧村清真寺	清真寺	桂林市临桂县 会仙乡旧村	建于明代，民国 20 年左右重修，2004 年再次大修，大体保持原状	砖木	
临桂五通清真寺	清真寺	桂林市临桂县 五通镇人民街	建于清嘉庆年间，1915 年修葺，1998 年维修	砖木	县级
桂林市恭城武庙	坛庙	桂林市 恭城瑶族自治县	始建于明万历癸卯年（1603 年），清康熙五十九年（1720 年）重修，清咸丰四年（1854 年）毁于兵燹，清同治元年（1862 年）再度重修。1984 年广西壮族自治区人民政府拨款维修	砖木	自治区级
桂林市 灌阳关帝庙	坛庙	桂林市灌阳县	始建于明代万历四十八年（1620 年），历经明天启三年、清康熙三十五年，清乾隆、同治、光绪年间及 1995 年、2002 年、2008 年修缮	砖木	自治区级

续表

名称	类型	地点	建成年代（变化情况）	材料结构	文保等级
桂林市全州精忠祠	坛庙	桂林市全州县大西江镇锦塘四板桥村	建于清同治元年（1862年）	砖木	自治区级
容县真武阁	坛庙	玉林市容县	始建于明万历元年（1573年）	木构	国家级
邕宁五圣宫	坛庙	南宁市邕宁区	始建于清代乾隆八年（1743年），1794年、1886年两次重建，2004年11月整体维修	砖木	自治区级
大安大王庙	坛庙	贵港市平南县大安镇	始建于清康熙元年（1662年），清康熙五十九年、乾隆十五年扩建，清乾隆四十八年、嘉庆十年重修	砖木	自治区级
福溪村百柱庙	坛庙	贺州市富川福溪村	明洪武永乐十一年立庙祭神，弘治十二年立大庙于灵溪河畔，清嘉庆丙寅重修，同治六年扩大庙的规模	木构	国家级
横县伏波庙	坛庙	南宁市横县	始建年代不详，宋庆历年间（1041年）修，以后历代都有修葺	砖木	国家级
金田镇三界庙	坛庙	桂平市金田镇新圩	建于清乾隆五年（1740年），历代均有小修或重修，现状为清代遗物	砖木	国家级
桂林市恭城县周渭祠	坛庙	桂林市恭城县	建于明成化十四年，清雍正元年重修	砖木	国家级
岑溪邓公庙	坛庙	岑溪市南渡镇	始建于明朝，清雍正十二年（1734年）重修	砖木	自治区级
全州柴侯祠	坛庙	桂林市全州县	始建于唐登封元年（公元696年），明、清两代都曾修缮	砖木	县级
三江良口乡和里村三王宫	坛庙	柳州市三江侗族自治县良口乡和里村	建于明隆庆六年（1572年），经历清乾隆、道光、同治三次大修，2012年整体修葺	砖木	国家级
恭城文庙	文庙	桂林市恭城瑶族自治县	始建于明永乐八年（1410年），明成化十三年（1477年）迁至县西黄牛岗，明嘉靖三十九年（1560年）迁至西山南麓，清康熙九年（1670年）、康熙四十年（1701年）曾局部维修，清道光二十年（1840年）扩建，二十二年（1842年）形成如今的规模，清光绪十四年（1888年）修缮，民国12年（1923年）大修	砖木	国家级
武宣文庙	文庙	来宾市武宣县	始建于明宣德六年（1431年），明正德年间（1506-1521年）至明嘉靖年间（1522-1566年）相继修葺，明崇祯年间（1628-1644年）建尊经阁，清康熙十一年（1672年）修大成殿、启圣祠，五十八年（1719年）修明伦堂，清嘉庆五年（1800年）重修崇圣祠、东西庑等；清道光十五年至十七年（1835-1837年）重修礼门、义路；清同治七年（1868年）修围墙照壁，民国元年（1912年）终形成今日规模	砖木	自治区级

续表

名称	类型	地点	建成年代（变化情况）	材料结构	文保等级
妙明塔	塔	桂林市全州县湘山寺	始建于唐代咸通二年(公元861年),唐乾符三年(公元876年）建成。宋元丰四年（1081年）重建此塔,至元祐七年（1092年）建成7层新塔。后经明、清多次修葺，带上了明清楼阁式古塔的特点	砖木构	国家级
崇左市左江斜塔	塔	崇左市东北5.2 km的左江江心鳌头山上	建于明天启元年（1621年）	砖构	自治区级
桂平市东塔	塔	桂平市寻旺乡东塔村	始建于明万历年间（1573-1619年），当塔建至二层时停工，明崇祯年间（1628-1644年）继续建造，始成	砖木	自治区级
来宾市兴宾区迁江镇扶济村文辉塔	塔	来宾市兴宾区迁江镇扶济村	建于明万历年间（1573-1620年）	砖构	自治区级
横县承露塔	塔	横县峦城镇高村东北面金龟岭上	始建于明万历四十二年（1614年），后毁，于清同治十二年（1873年）冬十一月重建，翌年秋九月落成	砖构	县级
桂林市荔浦县荔浦文塔	塔	桂林市荔浦县城东南荔浦河西岸	塔址于南宋时曾建魁星楼，后倒塌，清康熙四十八年（1709年）重建,清乾隆四十八年（1783年）改建为塔，清光绪五年（1879年）增建二层成今日形式	砖木	自治区级
梧州市苍梧县炳蔚塔	塔	苍梧县龙圩镇下仄铁顶角山巅	建于清道光四年（1824年）	砖构	县级
桂林市木龙洞石塔	塔	桂林市叠彩山下	建于唐朝	石构	自治区级
桂林市万寿寺舍利塔	塔	桂林市民主路	建于唐朝显庆二年（公元657年），后崩塌，现存为明洪武十八年（1385年）重修	砖构	自治区级
桂林市象鼻山普贤塔	塔	桂林市象鼻山	建于明代	砖构	自治区级
环江县葫芦塔	塔	环江县川山镇都川村	清雍正三年（1725年）	石构	县级
贵港市漪澜塔	塔	贵港市港南区江南街道办罗泊湾村	建于清嘉庆二十三年（1818年）	砖构	市级
北海市合浦县廉州镇合浦文昌塔	塔	北海市合浦县廉州镇南郊四方岭	建于明万历四十一年（1613年），1981年修	砖构	自治区级
百色市靖西文昌塔	塔	靖西县城南八公里，旧州街东面	清嘉庆年间	砖木构	县级
贺州市富川瑶族自治县瑞光塔	塔	贺州市富川瑶族自治县富阳镇	建于明嘉靖三十年（1555年）	砖构	自治区级
玉林市兴业县石嶷塔	塔	玉林市兴业县城西的石嶷山上	始建于南宋景宝年间，明成化十八年（1482年）重修，清顺治十七年（1660年）被毁，清乾隆十二年（1747年）重建	砖构	市级

续表

名称	类型	地点	建成年代（变化情况）	材料结构	文保等级
北海市合浦石康塔	塔	合浦县石康镇大湾村委罗屋村	明天启五年（1625 年）	砖构	县级
桂林市兴安县三元塔	塔	兴安县高尚镇待漏村	清道光五年（1825 年）	石构	县级
崇左市板麦石塔	塔	崇左市江洲乡板麦村的板	明万历四十年（1612 年）	石构	自治区级
全州云公和尚舍利塔	塔	全州凤凰乡麻市黄獭井村	清嘉庆三年	石构	县级
桂林市寿佛塔	塔	桂林市七星区穿山社区刘家里村	明代	砖构	市级
梧州龙湖镇允升塔	塔	梧州龙湖镇	清道光三年（1823 年）	砖构	市级
百色市那坡县城厢镇丹桂塔	塔	百色市那坡县城厢镇	建于清光绪二十二年（1896 年）	砖木	自治区级
桂林市全州县燕窝楼	牌楼	桂林市全州县永岁乡石岗村委石岗村	建于明嘉靖七年（1529 年），后历代不同程度进行了维修	木构	国家级
桂林市全州白茆坞牌坊	牌坊	桂林市全州县枧塘乡塘福村委新白茆坞村东	建于清嘉庆四年（1799 年）	石构	自治区级
桂林市灌阳县月岭村石刻牌坊	牌坊	桂林市灌阳县月岭村	建于清道光十四至十九年（1834-1839 年）	石构	自治区级
岑溪五世衍祥牌坊	牌坊	岑溪市水汶镇莲塘村	清同治七年兴工建牌坊，同治十年（1871 年）建成	砖构	自治区级
贺州市钟山恩荣牌坊	牌坊	贺州市钟山县燕塘镇玉坡村	建于清乾隆十七年（1752 年）	石构	自治区级
三江马胖鼓楼	鼓楼	三江县八江乡马胖寨	民国	木构	国家级
平等鼓楼群	鼓楼	龙胜各族自治县平等乡平等村	清至民国	木构	自治区级
南宁市江南区江西镇杨美村魁星阁	楼阁	南宁市江南区江西镇杨美村	建于清代乾隆元年(1736 年),于道光二十年(1840 年）重建	砖木	市级
北海市合浦县廉州镇海角亭	亭	北海市合浦县廉州镇	建于北宋景德年间（1004-1007 年），经明代成化、嘉靖多次迁建，至隆庆年间迁定于今址	砖木	自治区级
合浦东坡亭	亭	北海市合浦县合浦师范学校内	建于清乾隆四十一年，现亭为 1944 年重修	砖木	自治区级
阳朔东山亭	亭	桂林市阳朔县福利镇夏村人仔山（又名东南山）村	民国 15 年（1926 年）	砖木	县级
恭城石头村神亭	亭	恭城瑶族自治县架木镇石头村	建于明万历二年(1574 年),清光绪三十一年(1905 年）重建	木构	无

续表

名称	类型	地点	建成年代（变化情况）	材料结构	文保等级
恭城蕉山神亭	亭	恭城瑶族自治县观音乡蛳塘村委蕉山屯	建于清乾隆五十年（1785 年），历代均有维修。清光绪八年（1882 年）铺设亭内石板，1989 年更换部分梁架和瓦面	木构	无
恭城狮塘神亭	亭	恭城瑶族自治县观音乡狮塘村	建于清乾隆五十九年（1794 年），清嘉庆二十二年，在木柱亭旁加修石柱凉亭，形成双亭，1989 年，村民捐资对其进行了维修	木构	无
三江归东井亭	亭	三江侗族自治县同乐乡归东寨边	近代	木构	无
三江马胖凉亭	亭	三江侗族自治县八江乡马胖寨	近代	木构	无
钟山县两安乡莲花村龙归庵戏台	戏台	贺州市钟山县两安乡莲花村	清	砖木	自治区级
钟山县公安镇大田村水口灵祠戏台	戏台	贺州市钟山县公安镇大田村水口	清	砖木	自治区级
秀水村仙娘庙戏台	戏台	贺州市富川县朝东镇秀水村	清	砖木	无
昭平县黄姚镇宝珠观戏台	戏台	贺州市昭平县黄姚镇宝珠观戏台	清	砖木	自治区级
富阳镇关岳庙戏台	戏台	贺州市富川县富阳镇城北	清	砖木	无
富川凤溪村七星庙戏台	戏台	贺州市富川县城北镇凤溪村	清	砖木	无
恭城县湖南会馆戏台	戏台	桂林市恭城县	建于清朝同治十一年（1872 年）	砖木	自治区级
八协寨戏台	戏台	柳州市三江县独峒乡八协村八协屯	清末	木构	无
朝东镇东水村戏台	戏台	贺州市富川县朝东镇秀水村	清	砖木	无
钟山县石龙镇石龙戏台	戏台	钟山县石龙镇石龙街	清	砖木	自治区级
武宣三里镇三里街老墟戏台	戏台	来宾市武宣县三里镇三里街老墟	民国	砖木	无
恭城县武庙戏台	戏台	桂林市恭城县	清	砖木	自治区级
全州精忠祠戏台	戏台	桂林市全州县大西江乡锦塘四板桥村	清同治元年（1862 年）	砖木	自治区级
和里三王宫戏台	戏台	柳州市三江县良口乡和里村	始建于明末，清乾隆、道光、光绪年间多次修缮，2012 年整体修葺	砖木	国家级
邕宁那莲戏台	戏台	南宁市邕宁区蒲庙镇孟莲村那莲街北端	清乾隆五十八年（1783 年）	砖木	市级
平南县大安镇大安桥	桥	平南县大王庙之右	清道光六年（1826 年）	石构	自治区级

续表

名称	类型	地点	建成年代（变化情况）	材料结构	文保等级
忻城石板平桥	桥	忻城县古蓬乡内连镇	始建于清末，1931 年重修	石构	无
旧县村仙桂桥	桥	桂林市阳朔县白沙镇旧县村西北部	建于北宋宣和五年（1123 年）	石构	自治区级
忻城县永吉石拱桥	桥	来宾市忻城县古蓬镇旧镇屯	建于清光绪十九年（1893 年）	石构	县级
钟山县石龙桥	桥	贺州市钟山县石龙乡	建于乾隆十一年（1746 年），清光绪四年（1878 年）重建	石构	自治区级
阳朔县白沙镇观桥村富里桥	桥	阳朔县白沙镇观桥村委南侧 200 米的遇龙河上	建于明代，民国年间重修	石构	县级
钦州市灵山县灵城镇接龙桥	桥	灵城镇镇北街东侧	始建于康熙三十一年（1692 年），清乾隆二十七（1762 年）重建	石构	县级
兴安县界首镇接龙桥	桥	桂林市兴安县界首镇界首村	建于清代中期	石构	县级
大化县贡川乡清波村石拱桥	桥	大化瑶族自治县贡川乡清波村	建于明正统十一年（1446 年）	石构	县级
南宁市邕宁区新江镇皇赐桥	桥	南宁市邕宁区新江镇新江社区新江街北端	清道光十七年（1837 年）	石构	县级
崇左市大新县桃城镇鸳鸯桥	桥	崇左市大新县桃城镇伦理路利江上	清乾隆元年	石构	县级
宾阳县城南街宾州南桥	桥	宾阳县宾州镇南街与三联街交接处	明洪武六年（1373 年）	石构	自治区级
覃村石拱桥	桥	柳城县古砦仫佬乡覃村屯	明	石构	自治区级
平洛乐登桥	桥	罗城仫佬族自治县东门镇平洛村	明洪武十八年（1385 年）	石构	自治区级
南边山双凤桥	桥	临桂县南边山乡双凤桥村	清咸丰十一年（1861 年）	石构	自治区级
程阳永济桥	桥	柳州市三江县程阳寨	重建于 1916 年	木构	国家级
三江县岜团桥	桥	三江侗族自治县西北的独峒乡岜团村	建于清宣统二年（1910 年）	木构	国家级
龙胜县平等乡蒙洞村风雨桥	桥	龙胜县平等乡蒙洞村回龙江蒙洞河上	建于清同治年间，民国 11 年重修，被毁于 1962 年的洪水，于 1964 年重建	木构	县级
龙胜县伟江乡潘寨风雨桥	桥	龙胜县伟江乡潘寨	建于清光绪二十一年（1895 年）	木构	县级
三江县良口乡和里村人和风雨桥	桥	三江县良口乡和里村	建于清光绪二十四年（1898 年）	石木构	无
油沐乡迴澜风雨桥	桥	贺州市富川县油沐乡中岗村与油草村之间	建于明万历年间，明崇祯十四年（1641 年）重修，清嘉庆、道光、光绪年间都曾修葺，新中国成立后，多次拨款维修保养	桥墩石构，桥体木构	国家级

续表

名称	类型	地点	建成年代（变化情况）	材料结构	文保等级
油沐乡青龙桥	桥	贺州市富川县油沐乡中岗村与油草村之间	始建于明代，清道光年间大修，后多次修葺	桥墩石构，桥体木构	国家级
田东正经书院	书院	百色市田东县平马镇南华街91号	建于清光绪二年（1876年），1963年国家曾拨专款进行修缮	硬山式砖木构	国家级
新会书院	书院	南宁市解放路42号	始建于清乾隆初年，重修于清道光二十三年（1843年）	硬山式砖木结构	自治区级
迁善书院	书院	宁明县那堪乡迁隆村	始建于清光绪二十年（1894年）。清宣统三年（公元191年）秋扩充	硬山式砖木结构	无
浦北大朗书院	书院	钦州市浦北县小江镇平马小学旁	建于清朝光绪二十五年（1899年）	悬山砖构	自治区级
思恩府科试院	试院	南宁市宾阳县城北宾州古城县职业技术学校内	清乾隆六年	硬山式砖木结构	自治区级
百色粤东会馆	会馆	百色市解放街	兴建于清康熙年间（1720年）。现存会馆建筑应为清道光二十年重建以后的构架	硬山式砖木结构	国家级
百色灵洲会馆	会馆	百色市解放街	始建于清乾隆五十六年（1791年），清光绪二年（1876年）重修	硬山式砖木结构穿斗式	市级
钦州广州会馆	会馆	钦州市中山路29号	始建于清乾隆四十八年（1783年），清道光十四年（1834年）、清光绪十六年（1890年）两次重修	硬山式砖木结构	自治区级
钟山英家粤东会馆	会馆	贺州市钟山县英家街	清乾隆四十二年	硬山式砖木结构	自治区级
田阳粤东会馆	会馆	田阳县田州镇隆平村	清代同治年间	硬山式砖木结构	自治区级
南宁粤东会馆	会馆	南宁市壮志路22号	清朝乾隆元年（1736年）	硬山式砖木结构	市级
恭城湖南会馆	会馆	桂林市恭城县城太和街	清同治十一年（1872年）	硬山式砖木结构	国家级
平乐粤东会馆	会馆	桂林市平乐镇大街56号	始建于清顺治十四年间（1657年），康熙三十六年（1697年）建成，清嘉庆十一年（1806年）重修，清咸丰年间毁于兵火，清同治年间复修	硬山式砖木结构	
苍梧粤东会馆	会馆	梧州市苍梧县县城龙圩镇忠义街	始建于康熙五十三年（1714年），清乾隆五十三年（1785年）重修	硬山式砖木结构	自治区级
平南粤东会馆	会馆	贵港市平南县大安镇东南25公里的西江南岸	清乾隆五十八年（1793年）	硬山式砖木结构	自治区级
平乐榕津粤东会馆	会馆	平乐县榕津村	始建于乾隆年间	硬山式砖木结构	县级
玉林粤东会馆	会馆	玉林市城区大北路、玉州区大北小学校园内	始建于清初，清乾隆五十九年（1794年）迁建今地，清光绪五年（1879年）扩建	硬山式砖木结构	市级

参考文献

[1] 雷翔.广西民居［M］.北京：中国建筑工业出版社，2009.

[2] 陆琦.广东民居［M］.北京：中国建筑工业出版社，2010.

[3] 蒋江生.漓江流域古村落研究［D］.浙江工业大学，2013.

[4] 宾长初.广西近代圩镇的发展和特点［J］.广西师范大学学报（哲学社会科学版），1991，01：29-35.

[5] 姚斌.关于大圩古镇保护性开发的思考［J］.广西城镇建设，2006，10：85-87.

[6] 田露平.SWOT分析在旅游规划中的应用——以桂林大圩古镇为例［J］.大众科技，2010，05：201-203.

[7] 杨宗运，覃骏.广西三江发现的怀远古城图碑［J］.考古，1965，08：429.

[8] 刘汉忠.旧志文献利用与实地踏勘——丹洲古城考察记略［J］.广西地方志，2014，01：38-42.

[9] 刘汉忠.柳州古旧地图的形态与研究价值［J］.广西地方志，2006，03：40-43+4.

[10] 贺艳.临贺故城城市史初探［J］.建筑史，2003，03：63-74+285.

[11] 廖家庄.潇贺古道的千年古镇——临贺［J］.南宁：文史春秋，2001，04：30-32.

[12] 王倩.临贺故城宗祠的装饰文化研究［J］.合肥：美术教育研究，2012，21：47-48.

[13] 庞科.广西中渡古镇保护规划研究［D］.上海交通大学，2012.

[14] 朱国佳.人间胜境的文化变迁——兴坪镇渔村的人文资源与文化传承［D］.广西师范大学，2002.

[15] 范文艺，石薇.旅游小城镇外部空间特征分析——以广西兴坪镇为例［J］.城市问题，2012，11：28-31.

后记

本书即将付梓之际，心中既有收获果实的喜悦，亦有面临检验的惴惴之感。自2011年接受《中国古建筑》丛书编撰任务以来，《广西古建筑》的编撰便面临其他分册鲜有的艰难情况，我们没有太多可资借鉴的资料，也缺乏大量的实地测绘，对于广西古建筑的分布、分区、数量、特色等，付诸阙如。因此在2011年至2013年间，本书的编写小组成员从实地测绘开始，或三五为伴，或带领学生，冒着严寒酷暑、跋山涉水，分头深入广西各地的村寨，寻找、测绘广西古建筑的遗珍。在经费匮乏，条件艰苦的调研中，有翻山越岭、风餐露宿的艰辛，有兴奋而至但古屋已毁的失落，有半路迷途却觅得意外佳构的惊喜，有长途颠簸后峰回路转间古村落在眼前铺陈开的兴奋……所有这些，至今仍历历在目。失落与喜悦、现实和责任鞭策着我们追赶时间，将广西古建筑收集、整理、编撰出来，让更多的人能更全面地了解广西古建筑、喜爱广西古建筑、保护广西古建筑。然而，终因任务太重、时间过紧，一些遗珍至今依然默默于乡间未被纳入，一些调研有待深入却无暇再顾，一些分析尚待推敲却言之凿凿，这些都待业内同行批评指正。本书结稿亦为后续研究之开始，我们希望以此书为契机，继续广西古建筑的研究，以后续更丰厚的研究来回馈读者。

本书主要撰写者及撰写内容（章节）分别为：

第一章　谢小英

第二章　廖宇航、潘洌（其中南宁古城文字为谷云黎）

第三章　组稿人熊伟，第一节一熊伟，第一节二、三、四（其中侗族高定寨作者为韦玉姣，瑶族下古陈村作者为廖宇航）；第二节一熊伟，第二节二（一）、（二）蔡华，第二节二（三）、（四）、（五）、（六）许莹莹，第二节二（七）熊伟；第二节三（一）、（三）、（四）、（五）熊伟，第二节三（二）梁海岫；第二节四（一）熊伟、第二节四（二）潘洌。

第四章　谢小英、韦玉姣

第五章　第一节杨修第二节王丽

第六章　组稿人熊伟，第一节一熊伟；第一节二（一）熊伟；第一节二（二）赵冶；第一节二（三）熊伟（其中瑞枝公祠作者为谢小英，刁经明祠堂、武魁堂作者为潘洌）；第一节三（一）熊伟；第一节三（二）赵冶；第一节四赵冶；第二节一熊伟；第二节二（一）谢小英；第二节二（二）许莹莹（其中桂林市灵川县灵田乡长岗岭村卫守副府、秦家大院茂兴堂作者为熊伟，灵川县江头村按察使府第作者为蔡华）；第二节二（三）秦书峰；第二节三（一）熊伟（其中玉林兴业庞村庞氏宗祠作者为梁海岫，贵港木格镇云垌村桅杆城黎氏祠堂作者为潘洌），第二节三（二）熊伟；第二节三（三）秦书峰；第二节四（一）熊伟；第二节四（二）熊伟（其中南宁黄家大院作者为韦玉姣）；第二节四（三）秦书峰。

第七章　第一节谢小英、赵冶；第二节王丽；第三节谢小英、熊伟；第四节谢小英、熊伟；第五节赵冶、谢小英

第八章　谢小英

本书合作单位：广西文化厅文物局

广西住房和城乡建设厅村镇建设处

本课题部分成果受国家自然科学基金资助（项目号：51308134）。

另外，特别感谢《中国古建筑》丛书编委会对我们的信赖，感谢中国建筑工业出版社同仁的敦促和审阅，感谢广西大学土木建筑工程学院领导的支持，没有你们，本书难以顺利完成。感谢阳慧、刘少琨、曾国惠、李震、韦钰琪、银晓琼、蒋罗莹、顾雪萍、梁汉、班少飞、唐寄翁、龙阳军、黄迤滢、韦丽娜、罗晓莉、金子惟、高洪利、寇正、满文佳、卜晔亭、卢碧莹、李攸、李阳莉、庞云月、邱政适、覃媛媛、吕明、熊明辉、施行、邓若璇、梁禧鹏、肖仁芳、刘丹迪、林钧君、梁晓君、李萍萍、覃凤秋、吕世龙等学生，感谢他们在测绘、资料收集和图片整理中付出的劳动。

谢小英

2015年7月于广西大学

主编简介

谢小英，副教授，硕士生导师，华南理工大学建筑历史与理论专业博士。1976年生于广西桂林市。现执教于广西大学土木建筑工程学院建筑学系，主要从事中国传统建筑、广西地域建筑、东南亚宗教建筑、建筑遗产保护等方面的研究，主要教授中国建筑史、外国建筑史、建筑历史与思想、广西建筑文化、传统民居与乡土聚落等方面的课程。现主持国家自然科学基金一项、广西自然科学基金一项，完成学术专著《神灵的故事——东南亚宗教建筑》（2008年），发表学术论文十余篇。现为中国民族建筑研究会民居建筑专业委员会委员。